Manual Imprescindible de

Access 2007

MANUAL IMPRESCINDIBLE

RESPONSABLE EDITORIAL:
Eugenio Tuya Feijoó

DISEÑO DE CUBIERTA:
Blanca López-Solórzano Fernández
Cecilia Poza Melero

Manual Imprescindible de

Access 2007

Julián Casas Luengo

ANAYA MULTIMEDIA

Juan Ignacio Luca de Tena, 15. 28027 Madrid
Depósito legal: M-1.492-2007
ISBN: 978-84-415-2149-0
Printed in Spain
Imprime: Artes Gráficas Guemo, S.L.
Febrero, 32. 28022 Madrid.

Quiero agradecer a mi familia la cantidad de ánimos que me han dado a la hora de escribir este libro, que, como siempre, ha llegado en un momento de gran intensidad laboral.

Índice

Cómo usar este libro

Destinatarios de este libro

Este libro está dirigido a nuevos usuarios de Access que desean aprender a usar esta aplicación para gestionar sus datos. Esto significa que no se va a dar por sabido ningún tipo de conocimiento previo de bases de datos ni de Access.

Sin embargo, sí se asume que el lector conoce el entorno de trabajo de Windows. Por tanto, no se van a explicar acciones básicas como hacer clic o seleccionar una opción. Si bien todas las ventanas del libro están creadas con una versión del sistema operativo Windows Vista, el libro se puede seguir sin dificultad si está usando Windows XP.

Este libro no es un libro de programación, y mucho menos de programación avanzada. Tampoco es un libro de Internet, ni de aplicación de Access para la gestión remota de información a través de Internet o Intranet.

Por tanto, el libro va dirigido a usuarios noveles de Access que trabajen con Windows y quieran sacar partido a las bases de datos para gestionar su información, o bien para utilizar bases de datos que hayan creado terceros y que ellos necesiten usar.

Organización del libro

Este libro está dividido en 20 capítulos con los siguientes contenidos:

Capítulo 1 – Las bases de datos

Este capítulo introduce el concepto de base de datos relacional. Además, presenta la diferencia entre una tabla y una base de datos en Access, explicando los objetos que pueden incluirse en una base de datos: tablas, consultas, formularios, informes, macros y módulos.

Capítulo 2 – El entorno de Access

Este capítulo presenta los elementos que componen el entorno de trabajo de Access, además de explicar las herramientas que tendrá a su disposición para trabajar con el programa: la Cinta de opciones, la barra de herramientas de acceso rápido, los menús contextuales, el Panel de exploración y el sistema de Ayuda. Se crea en él la base de datos de ejemplo del libro.

Capítulo 3 – La primera tabla

Este capítulo muestra la forma de crear tablas. Además de explicar el método práctico de creación de tablas, se destaca la planificación necesaria antes de realizar el trabajo de creación.

Capítulo 4 – Cambiar la estructura de la tabla

Este capítulo muestra cómo modificar la estructura de una tabla una vez creada. Además, explica el concepto de campo clave (o clave principal), esencial para el trabajo futuro con las relaciones entre tablas. Finalmente, se explica también la vista Preliminar, muy útil no sólo en las tablas, sino también en el resto de objetos (principalmente en los informes).

Capítulo 5 – Introducir datos con la hoja de datos

Este capítulo muestra cómo utilizar la vista Hoja de datos de las tablas para introducir datos. Además de introducir los datos, también se explica en este capítulo cómo modificarlos en el futuro.

Capítulo 6 – Opciones básicas con los datos

Este capítulo explica una serie de operaciones que se pueden llevar a cabo con los datos introducidos en las tablas y que ahorran gran cantidad de tiempo. Se hace especial hincapié en las operaciones de copiar y cortar, usando el Panel de tareas Portapapeles para realizarlas.

Capítulo 7 – Propiedades e índices

Este capítulo trata, como su título indica, dos conceptos esenciales en Access: las propiedades y los índices. Las propiedades, centradas en este capítulo en los campos de las tablas, permiten controlar la forma en la que actuarán los campos en el futuro. El uso de índices acelera los procesos de búsqueda en los campos de las tablas.

Capítulo 8 – Las relaciones entre tablas

Este capítulo muestra cómo relacionar distintas tablas de una base de datos. Access es potente en tanto permite usar varias tablas relacionadas entre sí, de ahí la importancia de este capítulo. Además de ver cómo crearlas, se explican los tipos de relaciones posibles en Access y cómo cambiarlas en el futuro.

Capítulo 9 – Formularios

Este capítulo es el primero dedicado a los formularios, que son los objetos de Access pensados para ver, introducir y modificar los datos de las tablas. En concreto, se explica cómo crear los formularios en un único paso, y cómo usar los formularios una vez creados.

Capítulo 10 – Expresiones y otros tipos de formularios

Este capítulo explica cómo crear otros tipos de formularios automáticos llamados divididos. Además, se analiza el Asistente para formularios genérico, el cual da mucho más control a la creación del formulario. La segunda parte del capítulo se emplea en explicar las expresiones, que se utilizan, principalmente, con las consultas.

Capítulo 11 – Las consultas

Este capítulo es una introducción a la utilización de consultas en Access 2007, mediante las cuales se puede interrogar a Access sobre el contenido de las tablas de una base de datos. Además de ver la manera de crearlas, se analiza cómo ejecutarlas y las operaciones básicas que se pueden realizar con ellas.

Capítulo 12 – Modificar consultas

Este capítulo muestra la forma de modificar una consulta que ya esté creada. Además de cambiar las condiciones de la misma, se verá cómo añadir y eliminar campos, y cómo modificar su formato. Al final del capítulo se introduce el concepto de consultas de agrupación y totales, esencial para la realización de cálculos con Access.

Capítulo 13 – Filtros y modificación de formularios

Este capítulo explica el concepto de filtro. Los filtros aumentan la utilidad de los formularios, permitiendo extraer información de las tablas según cumplan o no unas condiciones. También se ve en este capítulo la forma de modificar los formularios, añadiendo y eliminando controles en los mismos.

Capítulo 14 – Otros controles y objetos en formularios

Este capítulo explica los tipos de controles que puede haber en un formulario y cómo crear cada uno de ellos. Además, se utiliza el nuevo tipo Datos adjuntos para introducir documentos e imágenes en las tablas de Access.

Capítulo 15 – Consultas de varias tablas

Este capítulo utiliza por fin varias tablas en un mismo objeto de Access: las consultas. Al usar varias tablas, se explica el concepto de combinación y la influencia de las relaciones entre tablas dentro de las consultas.

Capítulo 16 – Otros tipos de consulta

Este capítulo, último dedicado a las consultas, explica los otros tipos de consulta que hay en Access. Las consultas de acción permiten realizar operaciones sobre los datos de las tablas (o sobre las mismas tablas). Las consultas de búsqueda de no coincidentes y de búsqueda de duplicados facilitan la labor de localización de datos erróneos.

Capítulo 17 – Las macros en Access

En este capítulo, explicaremos cómo funcionan las macros en Access 2007, así como la manera de crearlas. El empleo de grupos de macros le permitirá incluir varias macros dentro de un mismo elemento, facilitando el trabajo futuro.

Capítulo 18 – Formularios de varias tablas

Este capítulo, último dedicado a los formularios, muestra cómo usar varias tablas en los formularios. Además, introduce las Tablas dinámicas y los Gráficos dinámicos.

Capítulo 19 – Informes

Este capítulo explica qué son y cómo crear informes usando los Asistentes de Access. Una vez creados, se estudian las distintas vistas de los informes y las propiedades de los controles que más afectan a su modo de funcionar.

Capítulo 20 – Secciones de informes

Este capítulo explica el trabajo con las secciones en los informes de Access. En concreto se habla de las secciones que existiendo en los formularios, son realmente importantes a la hora de imprimir, por lo que toman más relevancia en los informes.

Convenios que emplea este libro

Las combinaciones de teclas en este libro aparecen relacionadas con un guión e impresas en negrita; en este caso, **Control-U.** Estas combinaciones indican que pulse la primera tecla (**Control** en este caso) y, sin soltarla, pulse la segunda.

Los nombres de botones y combinaciones de teclas aparecen en negrita para facilitar su identificación, por ejemplo, el botón **Pegar**.

Los nombres de comandos, cuadros de diálogo, menús y submenús aparecen con un tipo de letra diferente para facilitar su identificación, por ejemplo, el menú Ventana.

En el libro aparecen resaltados una serie de temas, circunstancias o acontecimientos extraordinarios de la siguiente forma:

Nota:

Comentarios o noticias fuera de texto.

Advertencia:

Información importante a tener en cuenta para la integridad del trabajo o del sistema, o explicación del motivo por el que no se ha podido realizar alguna operación.

Truco:

Consejo o información que puede facilitar un trabajo.

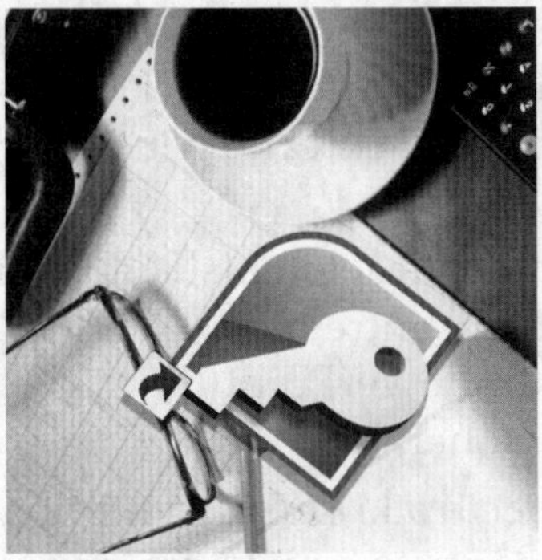

Introducción

Tiene en sus manos uno de los primeros libro escritos sobre la versión 2007 de Microsoft Access. Hoy día, Access se ha convertido en el líder de los gestores de bases de datos del mercado, al menos en el entorno personal y de pequeña y mediana empresa.

Desde hace algunas versiones, Access no es una aplicación aislada, sino que viene integrada en Office, que incluye también, entre otros, Word (el procesador de textos), Excel (la hoja de cálculo), PowerPoint (la aplicación de presentaciones) y Outlook (el gestor personal).

Esta versión 2007 trae bastantes novedades respecto a la versión anterior, pero si ya ha utilizado Access con anterioridad, no se asuste, ya que la inmensa mayoría de los conceptos y objetos (como tablas, formularios, consultas e informes) siguen funcionando de una manera similar y, lo más importante, siguen teniendo la misma función.

Nuevas características de Access 2007

En los capítulos del libro, no se va a realizar una comparación de la última versión de Access con las versiones anteriores, ya que no es relevante saber lo que es nuevo y lo que no, sino cómo utilizar Access en toda su extensión.

Sin embargo, sí es bueno que conozca las características que vamos a ver en el libro que sólo encontrará en esta versión de Access, pero no en las anteriores. Tenga en cuenta que es fácil que tenga que usar algún ordenador que no sea el suyo y es más que probable que disponga de una versión de Access y no de la última.

Las nuevas características de Access que veremos en el este libro son:

- Ha desaparecido la ventana de base de datos y ahora hay un Panel de exploración que, básicamente, cumple la misma función: contiene todos los objetos de la base de datos, aunque los puede clasificar de distinto modo.
- En lugar de menús y comandos dentro de dichos menús, Access muestra las opciones y comandos en la Cinta de opciones. En realidad, la nueva Cinta de opciones se puede considerar como una barra de herramientas, pero es bastante más ancha y está dividida en fichas que facilita la localización de lo que se quiere hacer.
- Cada ficha de la Cinta de opciones, a su vez, contiene distintas secciones que agrupan comandos relacionados entre sí.

- La única barra de herramientas tradicional que pervive se llama Barra de herramientas de acceso rápido y contiene, básicamente los botones para guardar e imprimir.
- En la parte superior izquierda de la ventana de Access, hay un nuevo botón llamado Botón de Office, que es común a todas las aplicaciones de Office y que permite realizar las funciones básicas de Access: guardar, salir, organizar, etcétera.
- Hay un nuevo tipo de dato para las tablas, llamado Datos adjuntos. Este tipo de dato permite almacenar documentos y archivos creados en otras aplicaciones (como Word, Excel, PowerPoint) y, de ese modo, enriquecer el contenido de las tablas.
- En Access 2007, se pueden abrir varios objetos (tablas, consultas, etc.) a la vez. Esto ocurría igual en las versiones anteriores, pero la novedad es que todos esos objetos aparecen en formato de ficha (unos debajo de otros). De ese modo, se puede ver siempre todo lo que hay abierto y pasar fácilmente de unos a otros.
- Hay una nueva vista tanto para formularios como para informes que se llama vista Presentación. Esta vista sirve para ver el contenido de los formularios e informes y permite (y aquí está la novedad) realizar pequeños cambios de diseño sin necesidad de entrar en la farragosa vista Diseño.

Objetivos del libro

A la hora de seleccionar este libro, o cualquier otro, creo que es esencial conocer cuáles son los objetivos marcados en su escritura. En concreto, este Manual Imprescindible de Access 2007 está pensado para lograr los siguientes objetivos:

- Lograr que el lector aprenda qué es un gestor de bases de datos y no sólo a usarlo.
- Aprender a instalar el programa y a modificar dicha instalación si es necesario.
- Reconocer la diferencia entre tablas y bases de datos en Access.
- Saber ejecutar la aplicación y entender el entorno en el que se mueve.
- Tener claro los distintos objetos que forman parte de una base de datos de Access: tablas, consultas, formularios, informes, macros y módulos.
- Saber crear y modificar todos y cada uno de los elementos citados anteriormente (con la excepción de los módulos).

- Aplicar cada elemento a su función principal. En otras palabras, usar los formularios para introducir, mostrar y modificar información, pero no para imprimirlos, ya que para imprimir es mucho mejor usar los informes.
- Sacar partido a las bases de datos relacionales, de forma que se eviten los problemas de usar las tablas de gran tamaño y de la información repetida en dichas tablas.

En definitiva, tener muy claro los cimientos del trabajo con Access, de forma que ante una nueva versión no tenga ningún problema.

Capítulo 1

Las bases de datos

En este capítulo aprenderá:

- El concepto de base de datos.
- La diferencia entre tabla y base de datos.
- Las bases de datos relacionales frente a las bases de datos simples.
- La importancia de la planificación de la base de datos.
- El concepto de gestión de bases de datos.
- Los elementos que forman parte de una base de datos de Access.
- La diferencia entre tabla y base de datos en Access.

Definición de base de datos

En la introducción al libro, comenté que Microsoft Access se encuentra dentro de la categoría de *gestores de bases de datos relacionales*. Por ello, antes de comenzar a trabajar con él, vamos a dar una visión global de las bases de datos. En concreto, fijaremos la atención en las bases de datos relacionales, de forma que comprenda claramente cómo debe utilizar Microsoft Access para gestionar este tipo de estructuras.

Aunque tenga la tentación de saltarse este capítulo, para comenzar a utilizar Access directamente, no se lo aconsejo. Es bastante difícil sacar provecho a una aplicación, incluso una tan potente como Access, si no se tiene una idea clara de sus posibilidades.

Una base de datos se puede definir como un *conjunto de información organizada sistemáticamente*. Esta definición, sin más, no nos ayuda mucho, por lo que vamos a tratar de ver algún ejemplo de la vida real.

Las bases de datos son herramientas que utilizamos casi todos los días, muchas veces sin tener una conciencia clara de ello. El ejemplo más típico de uso de las bases de datos es la agenda telefónica que casi todos tenemos. Las agendas, desde la más sencilla hasta la más compleja, se utilizan para lo mismo: almacenar información sobre otras personas. De esta forma, solemos apuntar el nombre de una determinada persona, sus apellidos, la dirección (quizás) y, por supuesto, el número de teléfono.

Pues bien, no todas las agendas son bases de datos. Analicemos dos agendas distintas:

- La primera es la que utilizamos en nuestro domicilio para apuntar los teléfonos de nuestras amistades y los recados que recibimos por teléfono. En realidad, más que una agenda es un conjunto de papeles grapados que vamos arrancando y tirando conforme pasa el tiempo y hemos devuelto las llamadas.
- La otra es la agenda que utilizamos en nuestro trabajo y que hemos recibido como propaganda de uno de nuestros proveedores más importantes.

Entre una y otra pueden existir muchas diferencias, pero ahora nos vamos a centrar en uno de los adjetivos utilizados en nuestra definición: *organizada*. La agenda casera no suele tener una estructura clara, en unas hojas tendrá apuntado el nombre, el apellido y el teléfono; en otra hoja puede tener escrita una nota y un nombre de pila (que con el tiempo olvidaremos de quién es); en la última hoja estará apuntado el nombre de una persona que llamó hace dos semanas.

Frente a esa "agenda", tenemos la agenda de una oficina, que seguro que dispondrá de grandes cantidades de información. Vamos a centrarnos en la lista de teléfonos que tiene al final (que se puede parecer a la mostrada en la figura 1.1).

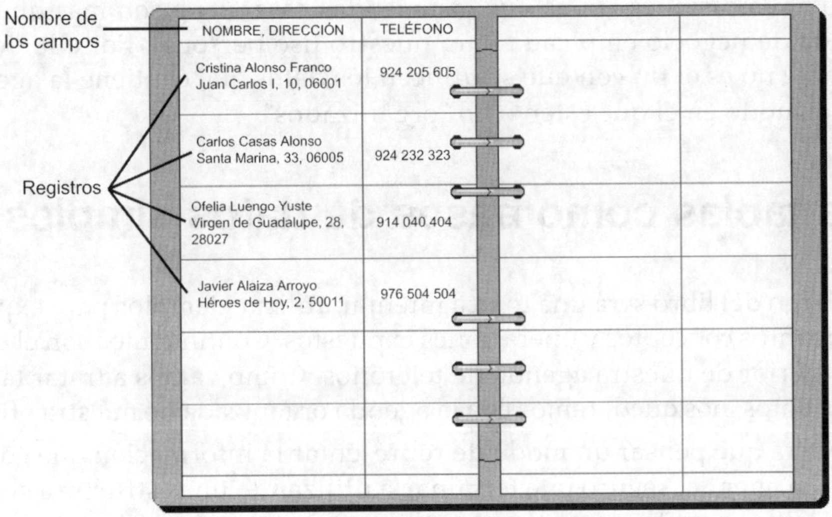

Figura 1.1. Ejemplo de una agenda con teléfonos y direcciones.

Seguro que permite escribir los siguientes datos de cada persona que incluyamos en ella:

- Nombre
- Apellidos
- Dirección
- Empresa
- Número de teléfono particular
- Número de teléfono de la oficina
- Número de fax
- Correo electrónico

E, incluso, puede incluir el código postal, la población, la dirección de correo electrónico, unas líneas de comentario, etcétera. En esta lista de teléfonos, siempre se encuentran los mismos tipos de datos, de forma independiente de la persona de la que se trate (incluso aunque no se disponga de todo ellos; las amistades no suelen tener fax). Lo que no se puede negar es que esta lista está "organizada" y, por tanto, la podemos considerar una base de datos.

Esto no es más que un ejemplo. Por supuesto, hemos visto en muchas oficinas cómo los mensajes y números de teléfonos están pegados por las distintas paredes y mesas en pequeños papeles amarillos; y, por contra, cómo hay ocasiones en las que las agendas caseras no son más que una agenda de negocio empleada para nuestro uso personal. Por ello, lo importante no es el fin con que se utilicen los datos que contiene la agenda, sino el modo en el que estén o no "organizados".

Las tablas como bases de datos simples

A lo largo del libro será una tónica intentar utilizar ejemplos para explicar los distintos conceptos y operaciones expuestos. Continuemos con el ejemplo anterior de nuestra agenda de teléfonos. Como vamos a tratar las bases de datos, nos quedaremos con la agenda organizada de nuestra oficina.

Si tuviera que pensar un modo de representar la información que contiene dicha agenda, seguro que terminaría utilizando una estructura similar a una tabla como la mostrada en la figura 1.2.

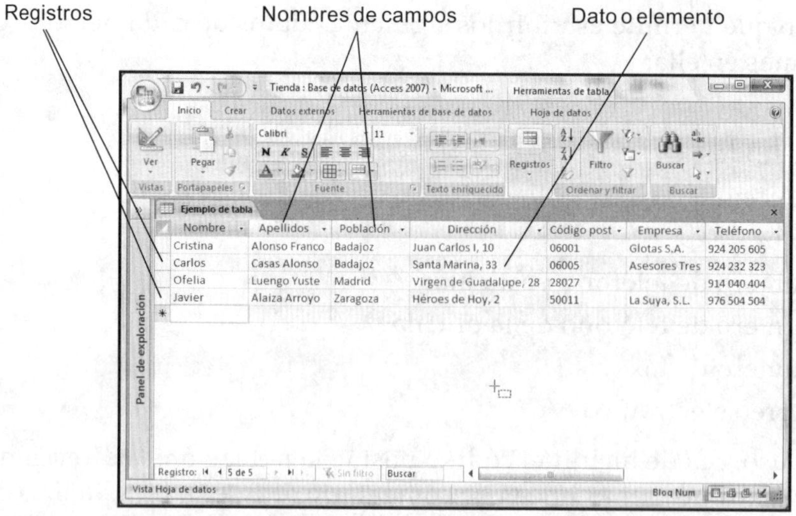

Figura 1.2. Ejemplo de tabla con los datos de nuestra agenda.

Observe la figura 1.2 de nuevo. En ella, puede ver más o menos los mismos datos que teníamos en la figura 1.1, pero con una estructura distinta. Recuerde ahora la definición de una base de datos: conjunto de información organizada sistemáticamente.

Está claro que la tabla contiene un conjunto de información; esto es, un conjunto de datos. El ver si está o no organizada no depende de lo "organizados" que seamos cada uno, sino de la forma en que estén situados los datos y de los datos en sí. Vamos a ver esto con más detenimiento.

Es posible que la tabla de la figura 1.2 no le parezca organizada, ya que es más lógico que el nombre de la calle esté situado delante del de la población. Además, puede no parecerle organizada porque no está clasificada por orden alfabético de apellidos y es complicadísimo encontrar algo.

Pues bien, estos factores, más o menos subjetivos, no influyen para considerar si una información está o no organizada, cuando estamos hablando de bases de datos. Lo importante es que la información que poseemos de cada persona sea siempre la misma (el nombre, los apellidos, el teléfono), y que aparezca en el mismo orden (siempre el nombre delante de los apellidos). Piense que estamos hablando de tipos de datos y no de los datos en sí (hablamos del nombre y no de *José*).

Frente a la agenda familiar que vimos al principio, que algunas veces contenía una información y otras veces otra, esta tabla de la figura 1.2 está organizada y, por tanto, se puede considerar una base de datos.

Nota:

Una tabla recibe también el nombre de base de datos simple o base de datos plana.

Componentes básicos de la tabla

La tabla del ejemplo anterior, como cualquier otra tabla, está formada por filas y por columnas. En la jerga de las bases de datos, las filas reciben el nombre de *registros* y las columnas, el de *campos.*

Como puede ver, las filas o registros contienen los datos pertenecientes a una persona en particular, mientras que los campos contienen los datos referentes a un "tipo" o categoría de información. Así, los datos del registro primero se refieren a (y sólo a) Cristina Alonso; y los datos bajo el título Nombre son los nombres (y sólo los nombres) de las diferentes personas.

La intersección entre una fila y una columna (esto es, el contenido de un campo determinado de un registro) recibe el nombre de *dato* o *elemento* de la tabla. El dato es la unidad mínima de información contenida en una tabla y será, como veremos, el objetivo de muchas de nuestras operaciones con ella (por ejemplo, la búsqueda de un dato determinado).

Lo normal en las tablas es identificar cada dato por el nombre del campo y por el número del registro a los que pertenece. De este modo, en la figura 1.2, el dato *Madrid* es la Población (que es el nombre del campo) del registro 3 (que es el número del registro).

Problemas de las bases de datos simples

Las tablas son estructuras muy sencillas. Como indicaba el apartado anterior, una tabla es una base de datos simple. Se denomina base de datos simple a la formada por una única tabla de datos. En muchas ocasiones, una base de datos simple solucionará nuestros problemas; por ejemplo, en el caso de nuestra agenda telefónica. Sin embargo, en otros casos no será suficiente, ya que provocará una serie de problemas difíciles de solucionar.

Para ver esto, pensemos en otro ejemplo. Imagine que tiene una empresa que vende libros de informática y desea conocer a quién ha vendido cada uno de los libros. Los campos de la tabla que solucione este problema podrían ser: **ISBN** (*International Standard Book Number*), **Título**, **Autor**, **Código cliente**, **Nombre cliente**, **Dirección** y **Fecha de venta**.

Por supuesto, podríamos incluir muchos más, hasta disponer de todos los datos de interés de un cliente (teléfono, fecha de la primera compra, etcétera). En la figura 1.3 puede ver un ejemplo del contenido de esta tabla. Debajo del nombre de campo correspondiente, puede leer el dato concreto para cada venta. Así, vemos que Cristina Alonso compró el 1 de enero de 2004 un libro sobre CorelDraw.

Esta tabla la utilizamos para conocer la dirección de los clientes cada vez que realizan una compra. Esto implica que tenemos los datos de los mismos clientes repetidos en varios registros (filas) a lo largo de la tabla.

Centrémonos en un cliente determinado: Cristina Alonso. Si observa de nuevo la figura 1.3, comprobará que todos los datos referentes al cliente de las filas primera, quinta y séptima coinciden, excepto, por supuesto, la fecha de compra. En resumen, los distintos registros existentes en la tabla de cada cliente contienen la misma información sobre el nombre y apellidos, la dirección y el código de cliente (lo cual es lógico) y difieren en la fecha y en los datos del libro adquirido.

Figura 1.3. Ejemplo de una base de datos simple sobre libros de informática.

ISBN	Título	Autor	Código cliente	Nombre cliente	Dirección	Fecha venta
978-84-415-2073-8	Manual Imprescindible CorelDRAW X3	Francisco Paz	00001	Cristina Alonso	Juan Carlos I, 10	04/01/07
978-84-415-2046-2	Manual Imprescindible Premiere Pro 2.0	María José Acosta	00002	Carlos Casas	Santa Marina 33	04/01/07
978-84-415-1634-0	Megatorpe Office 2003	José Casas	00003	Ofelia Luengo	Virgen de Guadalupe, 28	04/01/07
978-84-415-2046-2	Manual Imprescindible Premiere Pro 2.0	María José Acosta	00004	Javier Alaiza	Héroes de Hoy, 2	04/01/07
978-84-415-1605-7	Música digital	Julio Crespo	00001	Cristina Alonso	Juan Carlos I, 10	06/01/07
978-84-415-2073-8	Manual Imprescindible CoreDRAW X3	Francisco Paz	00003	Ofelia Luengo	Virgen de Guadalupe, 28	08/01/07
978-84-415-1634-0	Megatorpe Office 2003	José Casas	00001	Cristina Alonso	Juan Carlos I, 10	09/01/07
978-84-415-2046-2	Manual Imprescindible Premiere Pro 2.0	María José Acosta	00003	Ofelia Luengo	Virgen de Guadalupe, 28	09/01/07

Si hemos dicho que el objetivo de la tabla es conocer los datos de cada venta, esta tabla satisface nuestras necesidades, pero a un coste bastante elevado, ya que tenemos que repetir una gran cantidad de información.

Advertencia:

Repetir información en una tabla suele implicar que el diseño no es el correcto.

Otro problema que surge junto a la duplicación de información es la dificultad que encierra la modificación de un dato. Imagine que Ofelia Luengo se cambia de domicilio, de Virgen de Guadalupe, 28 a Ramón y Cajal, 24. El proceso que tendría que seguir para que toda la información de la tabla fuera correcta sería buscar todos los registros (filas de la tabla) en los que apareciera esta clienta y modificar, uno a uno, su campo Dirección. Es obvio que cuando tuviera los datos de ventas de varios años esta labor sería interminable.

Un problema adicional es que, si se le olvida, o se le pasa modificar dicho dato en uno de los registros, se perderá la consistencia de los datos. Esto es, la misma tabla indicará que Ofelia Luengo vive en dos direcciones distintas, perdiendo fiabilidad.

Por último, suponga que deseara eliminar todos los registros en los que aparecieran los datos de un cliente. Al igual que con las modificaciones, tendría que buscar todos los registros en los que apareciera dicho cliente y borrarlos uno por uno.

Bases de datos relacionales

En la figura 1.3, vimos que lo normal era que un cliente comprara más de un libro en su vida y, por tanto, que existieran varios registros dedicados a él.

Imagine ahora que, en lugar de esta tabla, utilizamos otras dos como las que muestran las figuras 1.4 y 1.5. Como ve, ya no está repetida la información de cada cliente en cada libro que hemos vendido (el único dato que aparece es un código de cliente que le hemos asignado aleatoriamente), aunque sigue repetida la información de cada libro (título y autor).

Si analizamos los datos existentes en estas dos tablas, veremos que ambas tablas se pueden enlazar por el campo "Código cliente". De hecho, no es difícil darse cuenta de que en la tabla de artículos vendidos tenemos, precisamente, los códigos de clientes que coinciden con los códigos de la tabla de clientes.

Nota:

Cuando se utiliza un ordenador para gestionar tablas, éstas han de poseer un nombre, que es esencial para su gestión. Este nombre se denomina nombre del archivo o nombre de la tabla. En el capítulo 3 se proporcionan algunas normas y consejos para asignar nombres a las tablas. En nuestro caso, nuestras tablas podrían llamarse Ventas y Clientes, representadas respectivamente por las figuras 1.4 y 1.5.

Figura 1.4. La tabla con los datos de artículos vendidos.

ISBN	Título	Autor	Código cliente	Fecha venta
978-84-415-2073-8	Manual Imprescindible CorelDRAW X3	Francisco Paz	00001	04/01/07
978-84-415-2046-2	Manual Imprescindible Premiere Pro 2.0	María José Acosta	00002	04/01/07
978-84-415-1634-0	Megatorpe Office 2003	José Casas	00003	04/01/07
978-84-415-2046-2	Manual Imprescindible Premiere Pro 2.0	María José Acosta	00004	04/01/07
978-84-415-1605-7	Música digital	Julio Crespo	00001	06/01/07
978-84-415-2073-8	Manual Imprescindible CoreDRAW X3	Francisco Paz	00003	08/01/07
978-84-415-1634-0	Megatorpe Office 2003	José Casas	00001	09/01/07
978-84-415-2046-2	Manual Imprescindible Premiere Pro 2.0	María José Acosta	00003	09/01/07

Figura 1.5. Esta otra tabla muestra los datos de los clientes.

Código cliente	Nombre	Apellidos	Dirección	Código postal	Teléfono
00001	Cristina	Alonso Franco	Juan Carlos I, 10	06001	924 205 605
00002	Carlos	Casas Alonso	Santa Marina 33	06005	924 232 323
00003	Ofelia	Luengo Yuste	Virgen de Guadalupe, 28	28027	914 040 404
00004	Javier	Alaiza Arroyo	Héroes de Hoy, 2	50011	976 504 504

Centrándonos en los datos de un cliente en particular, si éste cambia de domicilio (Ofelia Luengo deja su casa en Virgen de Guadalupe y se muda a Ramón y Cajal), lo único que tendríamos que hacer es ir a la tabla de clientes y modificar este dato. De este modo, evitaremos tener que buscarlo por todos los registros, como ocurría con el ejemplo anterior.

El enlace de las tablas

Ahora que tenemos nuestro primer ejemplo de base de datos con varias tablas, vamos a ver la forma en la que una persona normal utilizaría estas dos tablas para acceder a su información. Para ello, supongamos que deseamos localizar el teléfono del cliente que nos ha pedido el libro titulado "Música digital", ya que no dispondremos de él hasta dentro de dos semanas. Los pasos que seguiríamos serían:

1. En la tabla de ventas buscaríamos en primer lugar el registro que contiene los datos de este libro (en nuestro ejemplo, lo veríamos en el quinto registro).
2. Una vez en él, localizaríamos el código del cliente que nos lo ha solicitado (00001).
3. Con este código de cliente, iríamos a la otra tabla (tabla Clientes) y localizaríamos el registro correspondiente a este código (el primer registro).
4. Buscaríamos el contenido del campo Teléfono en el registro que hemos encontrado.

Lo que hemos hecho ha sido "relacionar" las dos tablas mediante el único campo que tienen en común: el código de cliente. Pues bien, el modo en que trabaja el ordenador es similar, pero, al no poseer intuición como una persona, necesita que le indiquemos cómo ha de realizar los pasos anteriores; esto es, necesita que le indiquemos qué relación existe entre las dos tablas utilizadas.

Sin darnos cuenta, hemos utilizado nuestra primera base de datos relacional de dos tablas. Como verá, aunque el término base de datos relacional pueda asustar en un principio, no es más que un conjunto de tablas relacionadas entre sí.

Nota:

El tema de las relaciones entre tablas lo trataremos en profundidad en el capítulo 8. Por ahora, no es necesario que acuda a este capítulo, ya que no vamos a utilizar la información contenida en él. Veremos primero cómo trabajar con una tabla antes de usar varias a la vez.

Aunque la solución que hemos dado a nuestro ejemplo ha reducido enormemente la cantidad de datos repetidos, vemos que todavía se repiten los datos de los libros cada vez que se vende uno (esto se puede ver en la tabla de ventas). De este modo, los datos del Manual Imprescindible de Premiere Pro 2.0 (autor, ISBN, etcétera) se encuentran tres veces en la misma tabla.

Como puede haber imaginado, la solución vuelve a ser dividir esa tabla en otras dos que estén relacionadas entre sí y que se presentan en las figuras 1.6 y 1.7.

Figura 1.6. Tabla Almacén con los datos de los libros de informática.

ISBN	Título	Autor	PVP	Colección	Existencias
978-84-415-2073-8	Manual Imprescindible CorelDRAW X3	Francisco Paz	22,40 €	00001	3
978-84-415-2046-2	Manual Imprescindible Premiere Pro 2.0	María José Acosta	22,40 €	00001	4
978-84-415-1634-0	Megatorpe Office 2003	José Casas	21,00 €	00002	10
978-84-415-1605-7	Música digital	Julio Crespo	24,00 E	00003	5

Figura 1.7. Tabla Ventas con el campo ISBN para indicar el libro vendido.

ISBN	Código cliente	Número pedido	Cantidad	Fecha venta
978-84-415-2073-8	00001	120001	1	04/01/07
978-84-415-2046-2	00002	120002	1	04/01/07
978-84-415-1634-0	00003	120003	1	04/01/07
978-84-415-2046-2	00004	120004	1	04/01/07
978-84-415-1605-7	00001	120005	1	06/01/07
978-84-415-2073-8	00003	120006	1	08/01/07
978-84-415-1634-0	00001	120007	1	09/01/07
978-84-415-2046-2	00003	120008	1	09/01/07

Advertencia:

A lo largo de este libro, se utilizarán una serie de ejemplos con el fin de facilitarle el aprendizaje de las distintas herramientas y posibilidades disponibles en Access. Sin embargo, no piense que la forma en que resolvemos los problemas que aparecen es la única, ni siquiera la mejor. Intente adaptar lo aquí dicho a sus problemas particulares.

La primera tabla, mostrada en la figura 1.6, la llamaremos tabla *Almacén* y contiene la información de los distintos artículos. Como ve, posee más información que antes y no tiene información repetida.

Nota:

Incluya en las tablas sólo la información que sea relevante, ya que cuanta mayor cantidad de información tenga una tabla, más tiempo le llevará al ordenador gestionarla. Esto no significa que tenga que dejar de introducir información. Lo primero es la eficacia de las tablas, y sólo en un segundo plano hay que contemplar su velocidad.

A su vez, la tabla de la figura 1.7, que llamaremos *Ventas*, sólo cuenta con cinco campos (dos de los cuales hemos incluido nuevos, para así obtener más información útil).

La relación existente entre estas dos tablas viene dada por el ISBN (*International Standard Book Number*, número estándar internacional del libro), que al ser único para cada libro sirve para no repetir los datos de la tabla Almacén.

Aunque sea adelantar ideas, observe bien las tres tablas que hemos obtenido al final de todo el proceso (figuras 1.5, 1.6 y 1.7, Clientes, Almacén y Ventas, respectivamente). Como verá, no hay ningún dato que esté repetido en las distintas tablas, exceptuando aquéllos que utilizaremos para relacionar unas con otras. La tabla Clientes está relacionada con la tabla Ventas mediante el campo *Código cliente*. Por otra parte, la tabla Almacén también está relacionada con la tabla Ventas mediante el campo *ISBN*. Estas relaciones permitirán, cuando conozcamos las herramientas que ofrece Access, relacionar los datos de las tablas Clientes y Almacén, utilizando la tabla Ventas como enlace.

Planificación de las bases de datos

Como ha podido comprobar a lo largo de los apartados anteriores, la idea original que tuvimos al crear nuestra primera tabla (representada en la figura 1.3) no tiene nada que ver con el resultado final que hemos obtenido (tres tablas representadas en las figuras 1.5, 1.6 y 1.7).

En este ejemplo, hemos tenido que dividir la tabla original en varias tablas relacionadas entre sí. No ha sido un proceso muy costoso en tiempo (ya que los datos que teníamos en nuestro ejemplo eran pocos). Sin embargo, sirve de muestra de lo que podría ocurrir si no realizamos un mínimo trabajo de planificación al crear las bases de datos.

Tenga muy en cuenta que este trabajo de planificación es esencial para después entender qué datos contienen las distintas tablas que hemos creado y cómo están relacionadas entre sí.

En el capítulo 3 veremos detenidamente algunos de los pasos que se deben tener en mente en el momento de diseñar las tablas que deseamos utilizar. Por ahora, nada más que remarcar la importancia que tiene, para el trabajo en el futuro, saber qué se desea hacer con la base de datos antes de comenzar a crearla.

Advertencia:

A pesar de usar una buena planificación, es más que posible que se produzcan modificaciones en el diseño de algunas de nuestras tablas o relaciones. Access permite realizar estas modificaciones, pero siempre con un coste determinado en tiempo y en esfuerzo. De ahí la importancia de la planificación.

Gestión de bases de datos

El objetivo de la informatización de los datos es su gestión. La gestión de bases de datos abarca cualquier operación que se pueda llevar a cabo con los datos contenidos en las bases de datos o con las bases de datos en sí. De este modo, la gestión de bases de datos tiene un doble objetivo: el continente (la base de datos) y el contenido (los datos).

Son muchas las operaciones que se pueden llevar a cabo con las bases de datos y con la información que contienen. Piense por un momento que al crear una tabla está gestionando la base de datos, que al introducir datos en dicha tabla también la está gestionando, e, incluso, que cuando elimina una tabla también realiza un proceso de gestión.

En resumen, cualquier operación que lleve a cabo con una base de datos o con sus datos entra dentro de la gestión de bases de datos. Concretando un poco más, las siguientes operaciones muestran algunos ejemplos de esta gestión.

- **Añadir** información a la base de datos. Por ejemplo, introducir un nuevo registro de un libro en nuestro ejemplo de tienda de libros.
- **Modificar** la información ya existente en la base de datos. Un ejemplo se produce cuando un cliente cambia de domicilio o de teléfono.

- **Eliminar** la información que no interese más. Si la editorial descataloga un libro, sus datos dejarán de ser útiles en un momento dado.
- **Buscar** datos concretos en la base de datos. Si necesitamos el teléfono de un cliente, se puede extraer de la base de datos.
- **Clasificar** los registros de la base de datos según distintos criterios (que puede ser el contenido de un campo en particular). Cuando deseemos enviar cartas a todos nuestros clientes, puede ser útil ordenar sus datos por el código postal.
- **Copiar** el contenido de una base de datos en otra distinta. Hay ocasiones en las que desearemos tener una copia de nuestros datos como copia de seguridad.
- **Realizar consultas** a la base de datos. De hecho, ésta es una de las operaciones más importantes, ya que el fin de este tipo de programas suele ser la extracción de información de forma rápida y precisa. Las consultas consisten en pedir a la base de datos que proporcione información sobre los datos que cumplan ciertas condiciones. Un ejemplo es pedir a la base de datos que proporcione el nombre de los clientes que vivan fuera de la ciudad en la que tengamos asentada nuestra tienda (para enviarles información que sólo sale en la prensa local).
- **Calcular** valores basándonos en ciertos datos existentes en la base de datos. En nuestro ejemplo de clientes, es bueno saber cuánto nos han comprado a la hora de realizar algún regalo.
- **Imprimir** los datos existentes en las tablas en un formato determinado, normalmente, utilizando un informe.

Microsoft Access

Microsoft Access no es más que una aplicación informática (o un programa informático) y, por tanto, está diseñada para su utilización en un ordenador.

Mientras otras aplicaciones se utilizan para escribir textos (los procesadores de texto) o para realizar cálculos repetitivos (las hojas de cálculo), Access se utiliza para gestionar nuestra información, ya que es un *gestor de bases de datos relacionales*.

Como gestor, Microsoft Access proporciona el conjunto de herramientas necesarias para llevar a cabo la gestión completa de nuestros datos. Si en un apartado anterior veíamos qué debe hacer un gestor de base de datos, a continuación podremos ver un resumen de las herramientas que Access nos proporciona para llevar a cabo estas tareas.

Ha de tener muy en cuenta que todas estas herramientas son los elementos que pueden componer las bases de datos de Access. Por tanto, una base de datos puede tener en su interior tablas, consultas, formularios, macros y módulos.

Las tablas

Las tablas son los objetos de Access que contienen los datos y, por tanto, se pueden considerar los más importantes. Como ya vimos anteriormente, están estructuradas en filas (registros) y columnas (campos).

En la figura 1.8 se muestra la vista Diseño de una tabla, en la que se procede a la definición de los campos que contendrán los registros de cada una de nuestras tablas. En este ejemplo, podemos ver los campos que podríamos incluir en una tabla sobre clientes. Veremos en el capítulo 3 cómo realizar este proceso paso a paso.

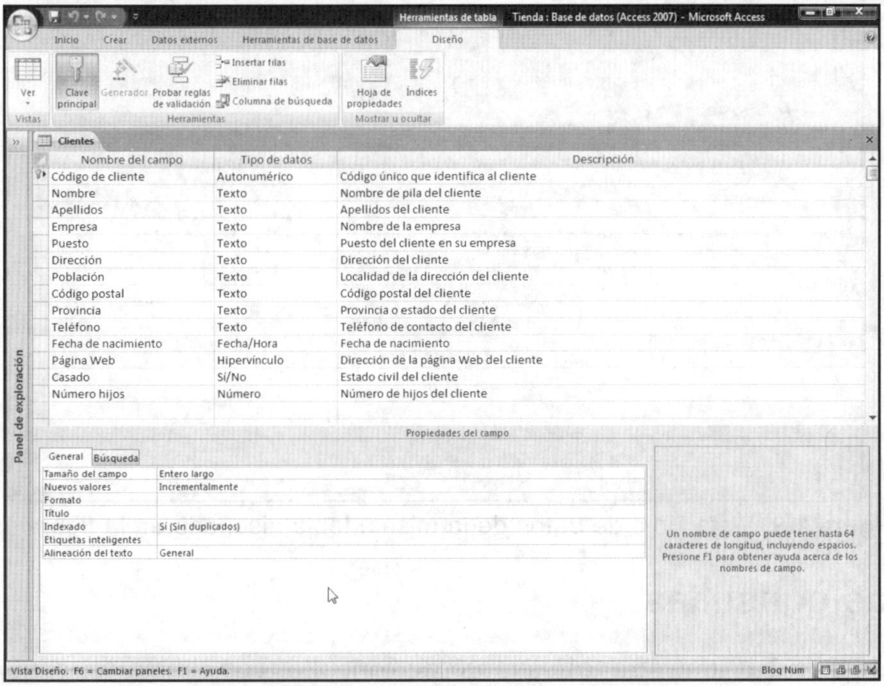

Figura 1.8. Vista Diseño de una tabla.

Nota:

En las versiones anteriores de Access, a las vistas se les denominaba ventanas. Es posible que encuentre todavía esta terminología en algunos libros (incluso en éste).

Además de crear las tablas, la ventana anterior permite también llevar a cabo la modificación de los campos o de sus propiedades. En el capítulo 3 veremos cómo definir los campos de las tablas y en el 7, las propiedades que pueden tener los distintos campos. Una vez que tengamos creada nuestra tabla (en concreto, la estructura de nuestra tabla sin datos), el siguiente paso consiste en introducir los datos que deseamos que contenga. Dedicaremos el capítulo 5 por completo a esta operación. La figura 1.9 muestra un ejemplo de la vista Hoja de datos de la misma tabla de clientes.

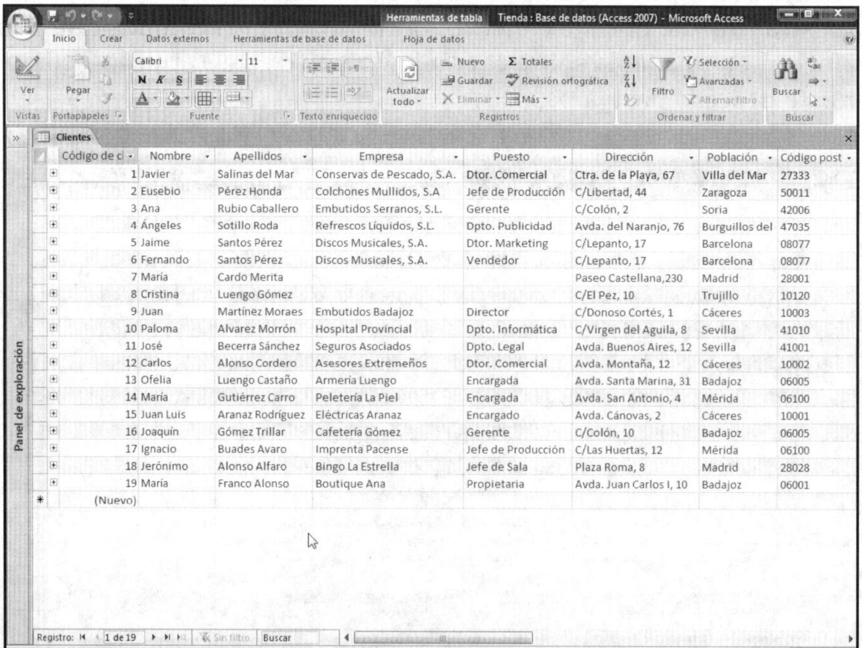

Figura 1.9. Vista Hoja de datos de la misma tabla diseñada en la figura 1.8.

Las consultas

La figura 1.10 muestra un ejemplo de consulta. Las consultas, como su nombre indica, tienen la misión principal de "preguntar" o "consultar" a

Access sobre el contenido de una o varias tablas. En nuestro ejemplo de la figura, la consulta tiene la misión de presentarnos a los clientes que se llaman "María".

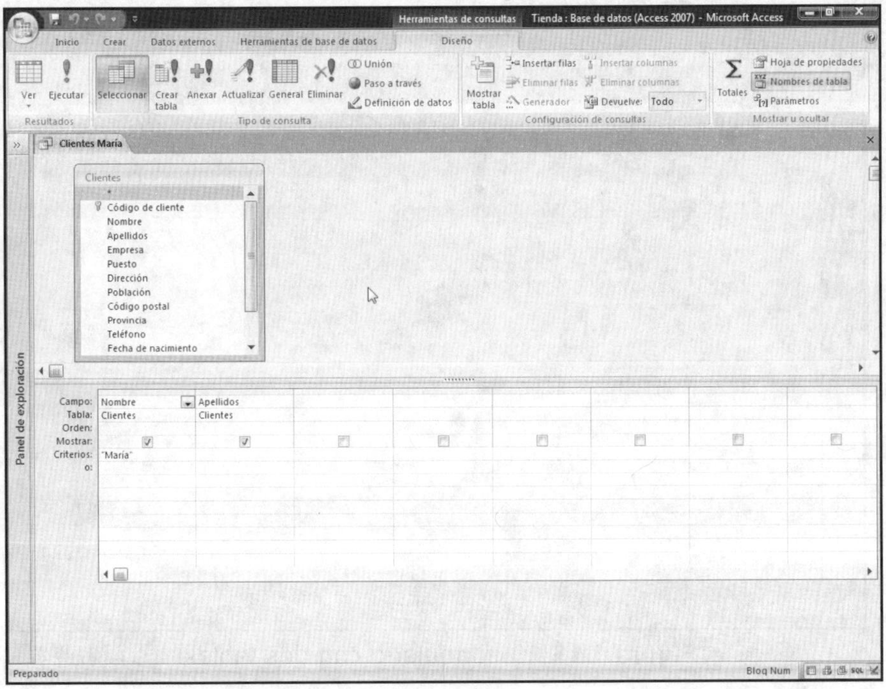

Figura 1.10. Ejemplo de consulta en su ventana de diseño.

Access no entiende nuestro lenguaje directamente, por lo que es necesario que le "consultemos" mediante expresiones y funciones, que veremos en el capítulo 10. (Aunque sea adelantar ideas, el texto =*"María"* de la consulta anterior, es una expresión que permite identificar los registros que disponen del valor María en su campo Nombre.)

Además de "preguntar" sobre el contenido, hay otros tipos de consultas que también nos permiten modificar los datos existentes en las tablas.

Los formularios

La misión de los formularios es la de facilitar la visión, introducción y modificación de los datos existentes en las tablas. Por ejemplo, en la figura 1.11 se presenta un formulario que permite la modificación (o introducción) de datos en dos de las tablas del ejemplo seguido a lo largo del libro: Clientes y Pedidos.

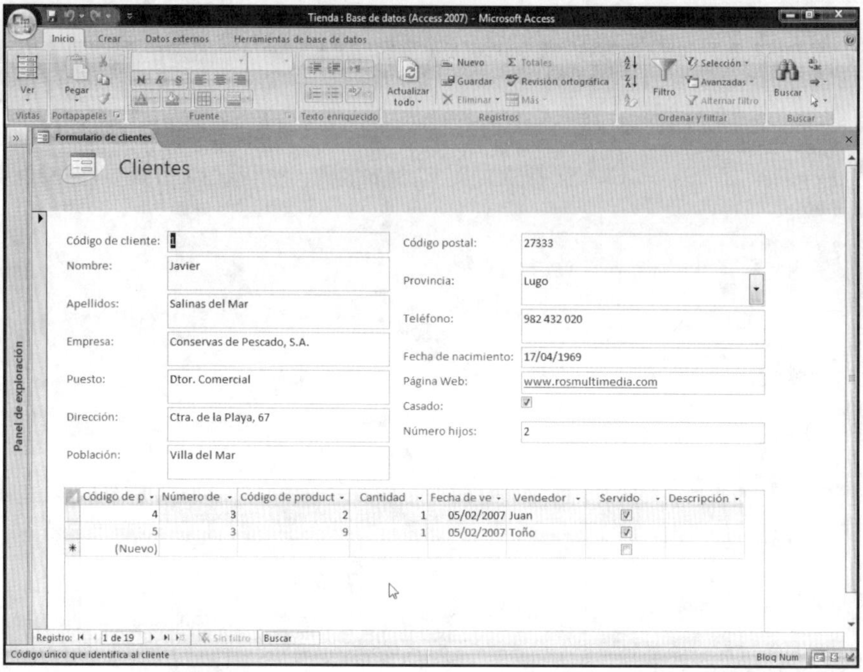

Figura 1.11. Un formulario con dos tablas.

Como ve, sus ventajas principales sobre la ventana de datos de la figura 1.9 son su mayor claridad, su mejor presencia y la posibilidad de introducir datos en varias tablas a la vez.

A los formularios se dedican los capítulos 9, 13 y 14. En realidad, una vez que domine las consultas y los formularios, podrá llevar a cabo casi cualquier operación que se le ocurra con Access.

Los informes

El objetivo de los informes es mostrar (normalmente en una hoja impresa) los datos existentes en nuestras tablas de forma elegante. Normalmente, aprovechan las consultas o formularios ya creados para facilitar el proceso y presentar los datos en un orden preestablecido.

Los capítulos 19 y 20 del libro se dedican a los informes. Es una herramienta absolutamente opcional, pero su uso es tan sencillo que merece la pena invertir un poco de tiempo para obtener resultados como los mostrados en la figura 1.12.

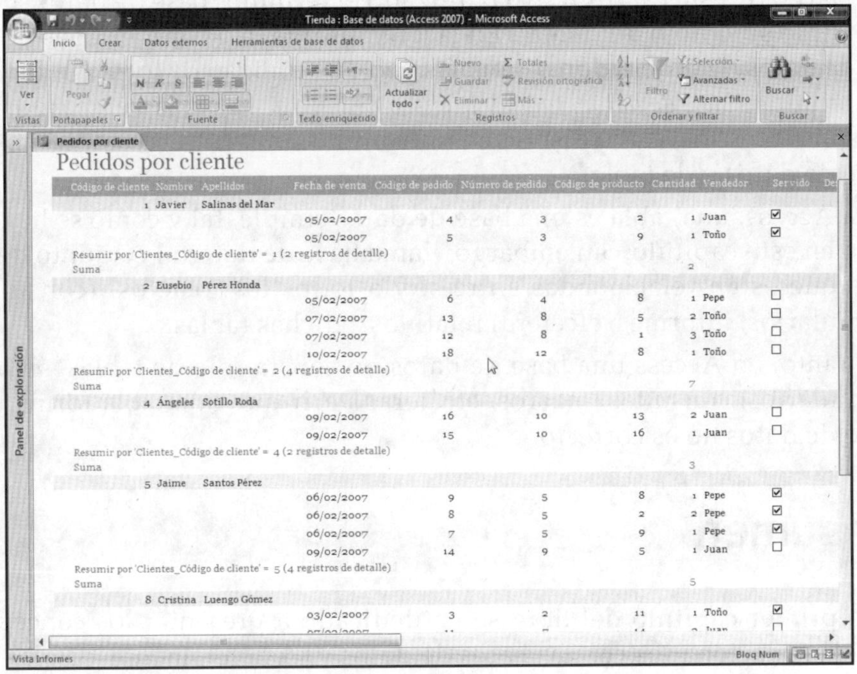

Figura 1.12. Ejemplo de informe.

Las macros y los módulos

Microsoft Access está también pensado para aquéllos que quieren realizar programas para ellos mismos o para terceros. Las dos herramientas que proporciona Access para llevar a cabo esta programación son las macros y los módulos.

- Una macro tiene la misión de repetir de forma automática un conjunto de operaciones que se usen con frecuencia. De este modo, se ahorra gran cantidad de tiempo.
- Un módulo es un conjunto de procedimientos escritos en Visual Basic. Visual Basic es un lenguaje de programación visual que se puede utilizar con Access y con el resto de aplicaciones de Microsoft Office. Los módulos no los tratamos en este libro, ya que implican el conocimiento de conceptos de programación y se salen del objetivo del libro.

Diferencia entre tabla y base de datos

A lo largo de este capítulo se ha utilizado el término "base de datos sencilla" como sinónimo de "tabla". En la jerga propia de los programas de bases de datos de ordenadores, muchas veces se utilizan de forma indistinta los términos *base de datos, tabla* y *archivo de base de datos*. Sin embargo, Microsoft Access hace una distinción muy importante entre los conceptos de base de datos y de tabla.

Para Access, una tabla es una base de datos simple, tal y como se ha descrito en este capítulo. Sin embargo, llama base de datos al conjunto de tablas que están relacionadas entre sí y a todos los "objetos" (consultas, formularios, informes, etcétera) relativos a dichas tablas.

Por tanto, en Access una base de datos no consta sólo de tablas, sino de formularios, consultas, macros, etcétera. Decir que una tabla forma una base de datos no es correcto.

Resumen

Este primer capítulo del libro se ha dedicado a presentar los conceptos básicos relacionados con las bases de datos y, concretamente, con las bases de datos en Access: Una base de datos es un *conjunto de información organizada sistemáticamente*. Esto significa que no todo conjunto de información constituye una base de datos.

En la vida real, una tabla forma una base de datos simple. Esto significa que una base de datos puede estar formada por una o por varias tablas. Las tablas están formadas, básicamente, por filas, columnas y datos concretos. Las filas reciben el nombre de registros mientras que las columnas se llaman campos.

El uso de bases de datos simples provocan muchos problemas, destacando, la duplicidad de información y la inconsistencia de los datos a la hora de modificar cualquier dato existente. Por eso se utilizan las bases de datos relacionales, que están formadas por varias tablas relacionadas entre sí.

Una base de datos de Access puede estar formada por tablas, consultas, formularios, informes, macros y módulos. Cada uno de estos elementos tiene una misión concreta. La gestión de bases de datos consiste en realizar todas las operaciones con las bases de datos y con los objetos que forman una base de datos: crear, modificar, eliminar, etcétera.

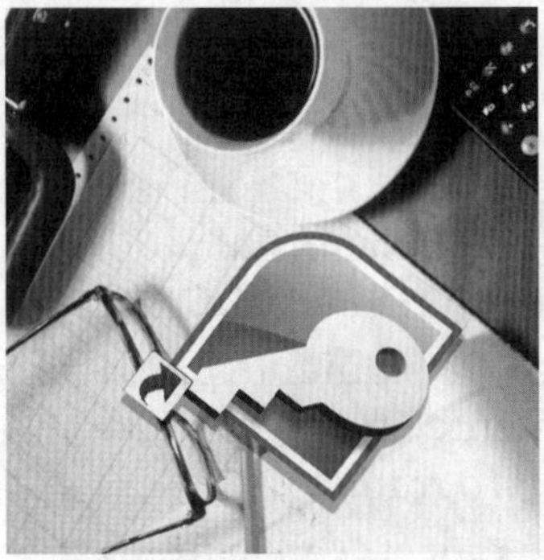

Capítulo 2

El entorno de Access

En este capítulo aprenderá:

- A ejecutar Access usando el menú Iniciar.
- A reconocer los elementos principales de la ventana de Access.
- A usar los menús emergentes o contextuales.
- La utilidad de la Cinta de opciones.
- Los elementos del Panel del explorador de Access.
- El sistema de ayuda de Access.

Ejecutar el programa

La primera operación que hay que llevar a cabo para utilizar un programa informático como Access es su instalación. Si no tiene instalado Access en su ordenador, acuda al apéndice A para ver cómo hacerlo.

Una vez tenga instalado Access en su ordenador, la siguiente operación para usarlo es su ejecución que consiste básicamente en cargar en la memoria RAM del ordenador las instrucciones del programa.

Vamos a partir del Escritorio de Windows, que se muestra en la figura 2.1, y que es lo primero que aparece al encender el ordenador. Lo normal es que su pantalla sea muy distinta a la mostrada aquí. El motivo es que Windows es personalizable por parte del usuario, lo que implica que en cada usuario muestra una apariencia distinta (distintos iconos, distinto fondo, etcétera). En este libro, vamos a usar una versión de Windows Vista, si está usando una versión distinta (por ejemplo Windows XP), la apariencia de las ventanas también será distinta, pero el programa funcionará básicamente igual.

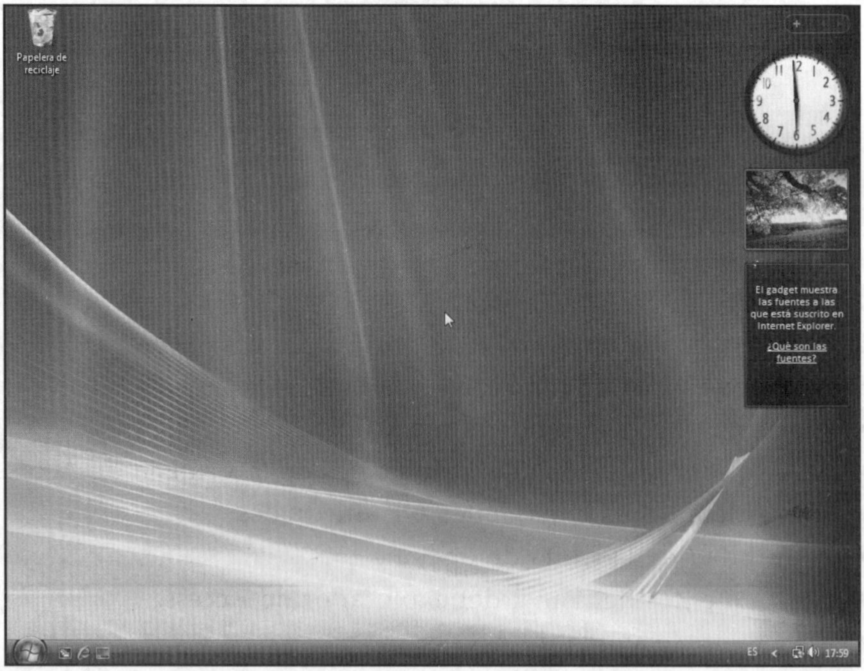

Figura 2.1. Escritorio de Windows Vista.

Advertencia:

No se puede usar Access directamente desde los CD-ROM o DVD de Office. Es necesario instalar el programa. Introduzca el primer CD o DVD y siga las instrucciones.

Los siguientes pasos indican cómo ejecutar el programa:

1. Haga clic en el menú Iniciar. Si no lo ve, pulse la combinación de teclas **Control-Esc**. Windows muestra la barra de tareas y despliega el menú Iniciar.
2. Haga clic en la opción Todos los programas. Aparecen las opciones existentes en este menú.
3. Haga clic sobre la opción Microsoft Office para ver los programas que se pueden ejecutar como se muestra en la figura 2.2.
4. Finalmente, haga clic en Microsoft Office Access 2007. El programa comienza su ejecución y tras unos instantes aparece la figura 2.3.

Menú Iniciar

Figura 2.2. Contenido de la carpeta Microsoft Office.

Haga clic aquí para crear la primera base de datos

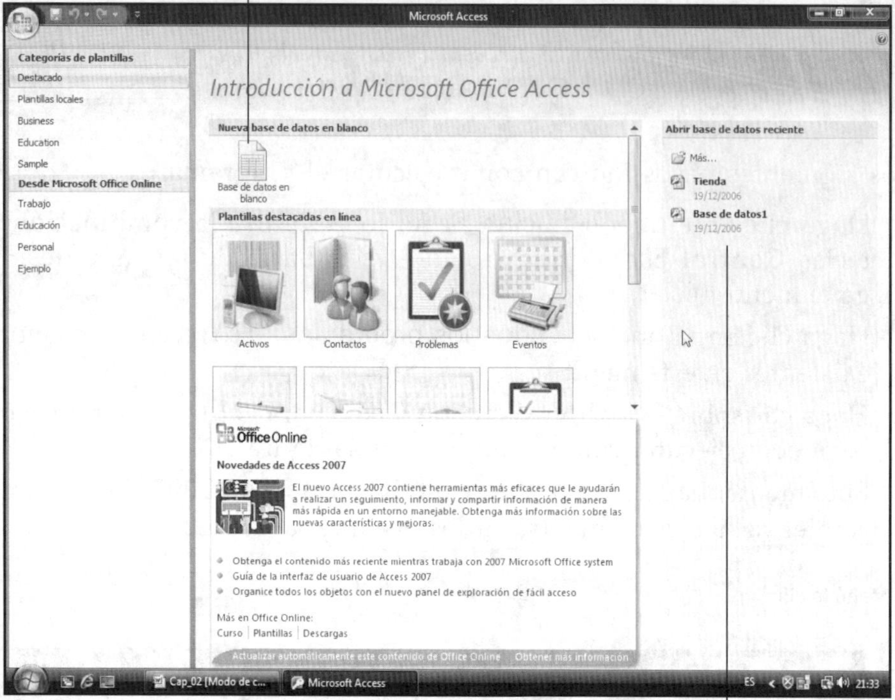

En esta zona aparecerán las bases de datos que vaya creando

Figura 2.3. Access después de la ejecución.

Advertencia:

Es necesario insistir en que no todo lo que se explica aquí va a aparecer en su ordenador exactamente igual. Por ejemplo, dependiendo de que sea la primera vez que se ejecuta Access o no, pueden aparecer algunos cuadros de diálogo pidiéndole que active el software o, incluso, su nombre de usuario.

Crear una base de datos en blanco

Después de todo el proceso que hemos seguido para ejecutar el programa, vamos a ver ahora el entorno de trabajo de Microsoft Access. Sin embargo, antes de poder hacerlo, es necesario crear una primera base de datos que usaremos a lo largo del libro.

Para crear una base de datos en blanco, siga estos pasos:

1. En la ventana inicial de Access (figura 2.3), haga clic en Base de datos en blanco. Observe que aparece a la derecha un cuadro de texto llamado Nombre de archivo.
2. Escriba el nombre que desee aplicar a la base de datos en dicho cuadro y haga clic en el botón **Crear**. En nuestro ejemplo, llamaremos a la base de datos **Tienda** (figura 2.4).

   Una vez seguidos estos pasos, Access mostrará la ventana principal de nuestra base de datos Tienda (figura 2.5).

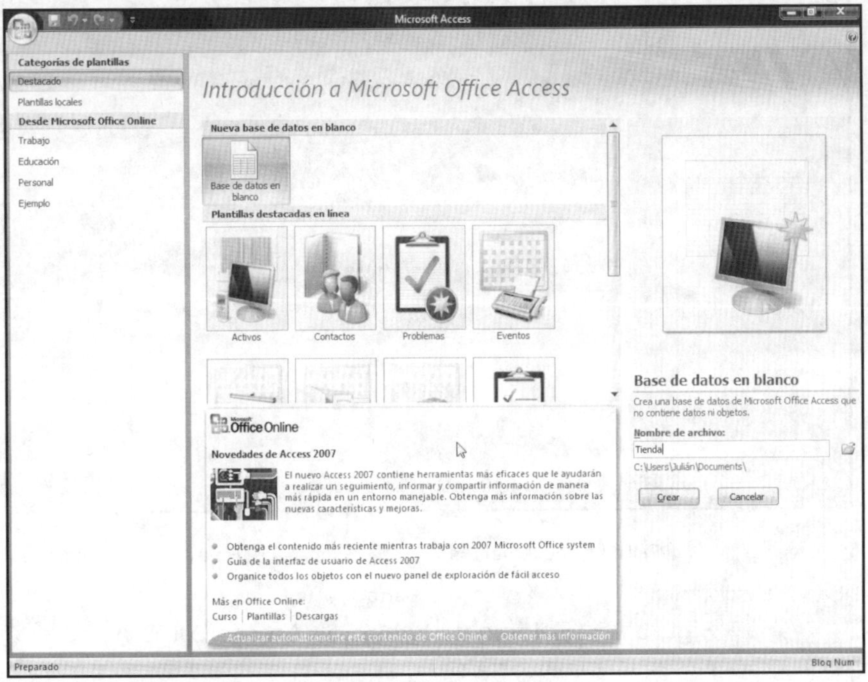

Figura 2.4. Escriba el nombre de la base de datos.

El entorno de trabajo de Access

Una vez creada la nueva base de datos (o abierta una existente), podrá ver la apariencia de la ventana principal de Access. Desde esta ventana se realizará todo el trabajo con Access y por eso es tan importante conocerla bien para que el trabajo con la aplicación sea lo más sencillo posible.

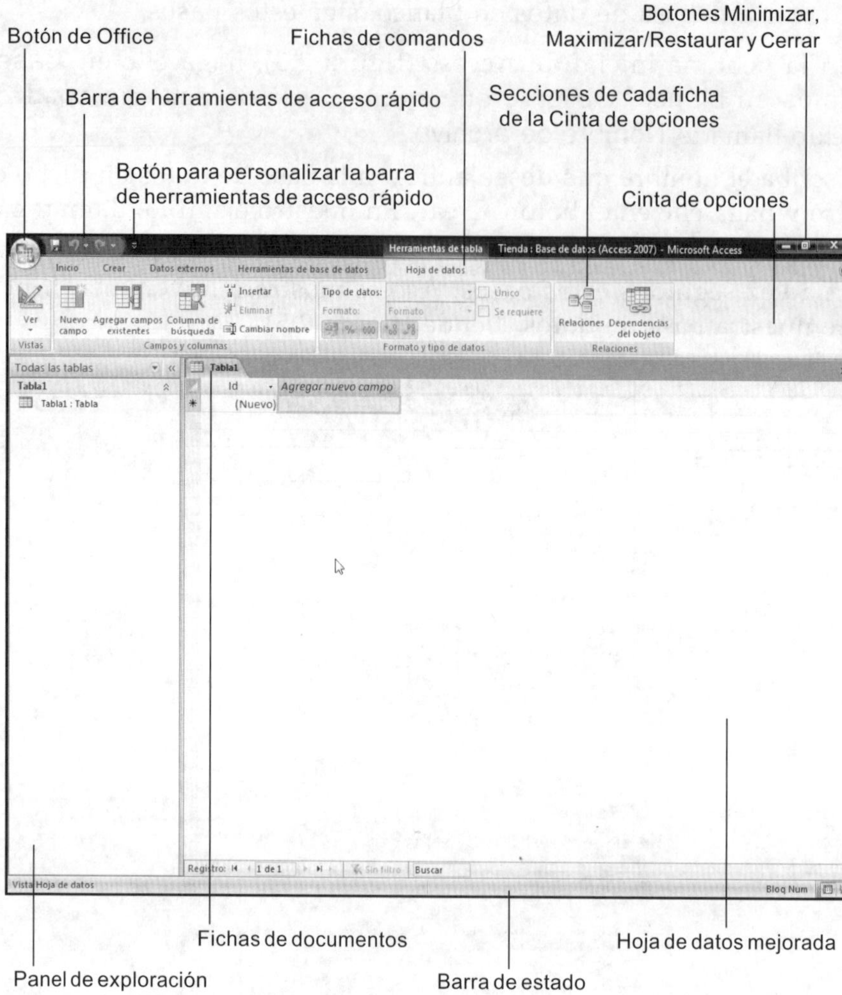

Figura 2.5. Entorno de trabajo de Access 2007.

Access es una herramienta muy potente, por lo que en ocasiones, dispone de tantas opciones que saber llegar a ellas es complicado. Lo importante ahora es que conozca los elementos principales del entorno de Access y poco a poco iremos viendo cómo usarlos.

Con el fin de que quede lo más claro posible, vamos a usar las figuras 2.5 y 2.6 para marcar los elementos esenciales del entorno de Access. La figura 2.6 es una base de datos de ejemplo similar a la que usaremos a lo largo del libro. Muestra una tabla de clientes en su vista Hoja de datos (que ya veremos más adelante).

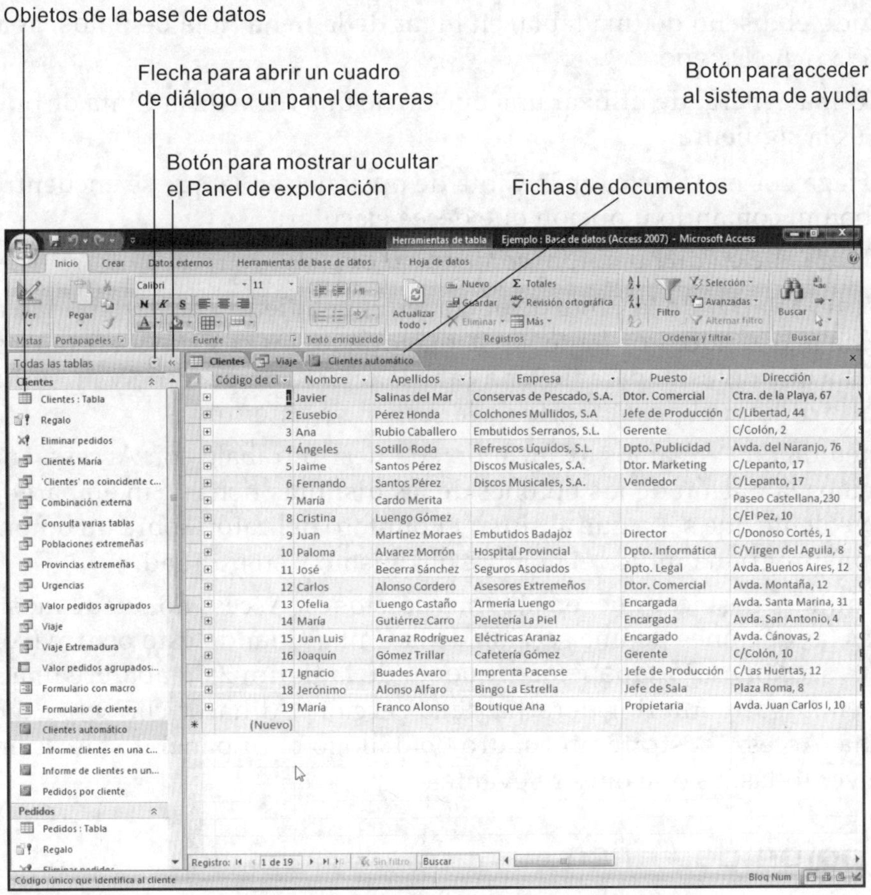

Figura 2.6. Una base de datos con objetos.

La Cinta de opciones

Uno de los grandes cambios que ha sufrido Access en su apariencia en la versión 2007 es que han desaparecido la barra de menús y las barras de herramientas y ha aparecido la Cinta de opciones. Mediante esta Cinta de opciones, el usuario puede seleccionar los comandos y operaciones que desee llevar a cabo. Con el fin de facilitar la búsqueda de estos comandos, la Cinta de opciones se encuentra dividida en distintas fichas.

Hay que tener en cuenta que las fichas que aparecen en cada momento, varían dependiendo de la operación que se esté realizando. Por ejemplo, en la figura 2.6, aparecen las fichas Inicio, Crear, Datos externos, Herramientas de bases de datos y Hoja de datos. Sin embargo, si se está modificando el diseño de una tabla, en lugar de la ficha Hoja de datos, aparecerá la ficha Diseño.

La forma general de utilizar una opción de una ficha de la Cinta de opciones es la siguiente:

1. Haga clic en la ficha de la Cinta de opciones en la que se encuentre el botón, comando u opción que desee ejecutar.
2. Haga clic en dicho botón, comando u opción.

Access va variando la Cinta de opciones dependiendo de la actividad que se esté realizando. Por tanto, en la mayoría de los casos Access mostrará la ficha que necesite para llevar a cabo la operación buscada y no será necesario utilizar el primer paso de la secuencia anterior.

A medida que vayamos avanzando en nuestro trabajo con Access, analizaremos la misión de los botones de las distintas fichas. Sin embargo, es conveniente que sepa que al situar el puntero del ratón sobre un botón, el propio programa indica el nombre del mismo y su utilidad.

Por último, destacar que, en algunas ocasiones, Access no puede mostrar todas las opciones de una sección de la Cinta. Cuando esto ocurre (como en las secciones Portapapeles y Fuente de la figura 2.6), aparece una flecha en la parte inferior derecha de la sección. Al hacer clic sobre dicha flecha, Access mostrará un cuadro de diálogo o un panel de tareas en el que ver todas las opciones relevantes.

El botón de Office

En la parte superior izquierda de la ventana de todas las aplicaciones de Office 2007, aparece un botón grande con el símbolo de Office y que recibe el nombre de **Botón de Office**. Este botón actúa como acceso a un sistema de comandos u opciones relacionadas con Access y con las opciones principales que se pueden llevar a cabo con las bases de datos y con el propio programa.

Por ejemplo, veremos que para salir de Access, se puede usar la opción Salir de Access de este botón; o para cerrar una base de datos, seleccionar la opción Cerrar base de datos.

La Barra de herramientas de acceso rápido

Si bien la Cinta de opciones ha sustituido a las antiguas barras de herramientas de versiones anteriores del programa, todavía hay una barra diminuta que ha sobrevivido a este cambio. Esta barra de herramientas, llamada de acceso rápido, muestra por omisión tres botones: **Guardar**, **Deshacer** y **Rehacer**.

Estos tres botones son comunes a la mayoría de las aplicaciones de Office y, como sus nombres indican, se utilizan para:

- El botón **Guardar** permite guardar los cambios que se hayan realizado en el objeto de la base de datos que tengamos en primer término. Por ejemplo, si estamos creando una tabla, este botón permite guardarla en la base de datos.
- El botón **Deshacer** es muy importante, ya que permite deshacer la última acción llevada a cabo con Access. Es muy habitual equivocarse al trabajar con cualquier aplicación informática. Mediante este botón, si nos damos cuenta de que nos hemos equivocado en las últimas acciones realizadas, podemos volver a una posición anterior.
- El botón **Rehacer** es el contrario al anterior. Permite volver a ejecutar una acción que hayamos deshecho con el botón **Deshacer**.

Nota:

No siempre es posible deshacer y rehacer las operaciones. Por ejemplo, si ha modificado un valor de una fila (registro) de una tabla y pasa a otra fila distinta. Access no permite usar el botón ***Deshacer*** *para devolver el valor a su estado anterior.*

La barra de herramientas de acceso rápido se puede personalizar. Para hacerlo, hay que hacer clic en el botón **Personalizar barra de herramientas de acceso rápido** situado a la derecha del botón **Rehacer** de dicha barra. No pretendo que la personalice ahora, simplemente lo indico con el fin de que si en su ventana de Access aparecen otros botones distintos a los indicados aquí, sepa que no pasa nada malo.

Menús emergentes o contextuales

Aunque el sistema de menús tradicionales de versiones anteriores ha cambiado, en Access 2007 siguen teniendo una gran importancia los menús contextuales. Estos menús aparecen cuando se pulsa con el botón secundario del ratón (normalmente, el botón derecho) sobre un elemento de la pantalla.

Estos menús tienen la ventaja de que muestran los comandos que mejor se adaptan a lo que el usuario puede hacer sobre un elemento de Access. Por ejemplo, en la figura 2.7, al hacer clic con el botón secundario del ratón sobre el nombre de una base de datos, el menú que aparece muestra comandos para abrir la base de datos, para ver su vista Diseño, para importar datos, para exportarlos, etcétera.

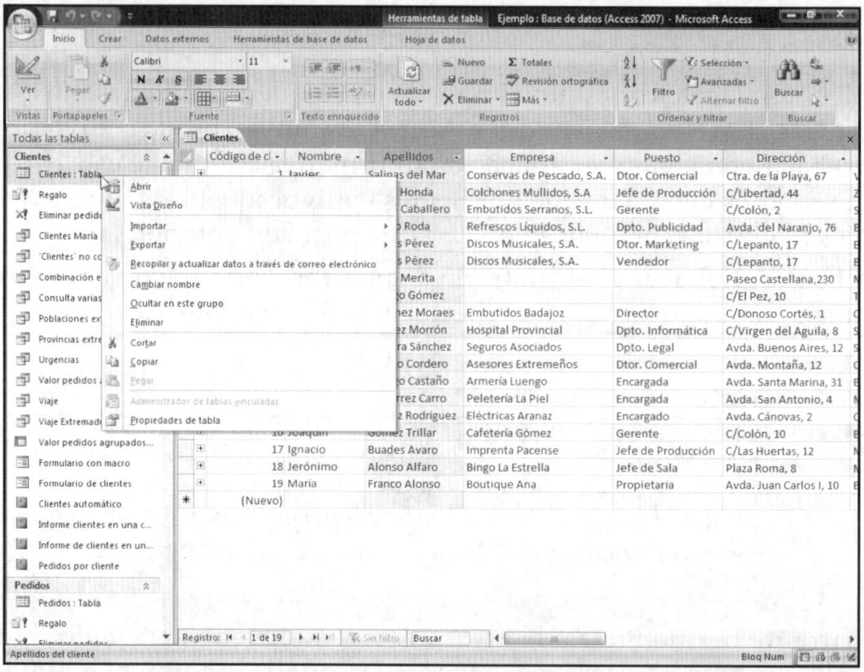

Figura 2.7. Ejemplo de menú contextual.

Consejo:

Cuando desee realizar una acción sobre un elemento de Access y no tenga claro dónde se encuentra el comando correspondiente, haga clic con el botón secundario sobre el mismo para ver las opciones que Access ofrece.

El Panel de exploración

En las figuras 2.5 y 2.6 se representa el Panel de exploración. Este panel reemplaza la ventana de la base de datos de versiones anteriores y su misión principal es albergar y mostrar todos los objetos que se crean en una base de datos de Access.

Como se indicó en el capítulo 1, dentro de una base de datos de Access pueden crearse tablas, consultas, formularios, informes, macros y módulos. Pues bien, en este Panel de exploración aparecen todos estos elementos para que el usuario pueda acceder a ellos.

Nota:

A cada uno de estos elementos que forman parte de una base de datos de Access se les denomina objetos de la base de datos.

No es necesario que el Panel de exploración se encuentre siempre visible en la pantalla del ordenador, ya que ocupa mucho espacio en la pantalla y sólo tiene sentido mostrarlo cuando se va a seleccionar un objeto u otro de la base de datos.

Por este motivo, se puede ocultar el Panel de exploración haciendo clic en el botón llamado **botón para abrir o cerrar la barra Ancho del panel**. Haga clic en dicho botón para convertirlo en una simple barra vertical y vuelva a hacer clic en él cuando desee volver a verlo en todo su esplendor.

Nota:

En las figuras de este libro, el Panel de exploración se muestra a veces y otras veces no, dependiendo de la necesidad de espacio.

En la parte superior del Panel de exploración de la figura 2.6 hay una barra que muestra el texto Todas las tablas. Esta barra permite modificar el orden en que se muestran los objetos de la base de datos que está abierta. Si hace clic sobre ella, verá que aparecen varias opciones. Las más importantes son:

- Tablas y vistas relacionadas. Esta opción muestra los objetos de la base de datos agrupados por las tablas. Quiere decir que mostrará cada una de las tablas y todos los objetos relacionados con dicha tabla. En la figura 2.6, se puede ver la tabla Clientes y, debajo, los formularios, las consultas y los informes creados con los datos de dicha tabla.

- **Tipos de objetos**. Otra forma de mostrar los objetos consiste en agruparlos según el tipo de objeto. Si selecciona esta opción, verá que aparecen todas las tablas juntas, todos los formularios juntos y todas las consultas juntas. Es la forma en que Access mostraba los objetos en las versiones anteriores.
- **Fecha de creación**. Esta opción agrupa los objetos según la fecha en que se han creado.
- **Fecha de modificación**. Esta otra opción agrupa los objetos según la fecha última en que se han modificado.
- **Filtrar por grupo**. En realidad, esta opción no se puede seleccionar. Muestra, debajo de ella, las opciones para mostrar en el Panel de exploración sólo los objetos que cumplen una condición. Por ejemplo, si se ha seleccionado la opción **Tipos de objetos**, permite filtrar la lista para mostrar sólo las consultas (o las tablas, o los formularios). Si se ha seleccionado la opción **Fecha de creación**, permite mostrar los objetos creados ayer, hace dos semanas, etcétera.

Cuando se empieza a crear una base de datos, estas opciones pueden no parecer muy útiles, pero cuando lleve un tiempo trabajando con una y disponga de decenas de objetos, son imprescindibles para acceder a ellos de manera rápida y organizada.

Las fichas de documentos

Access 2007 permite trabajar con más de un objeto a la vez. Por ejemplo, si está introduciendo datos en una tabla y a la vez quiere ver el contenido de otra distinta, puede abrir las dos a la vez. Si mientras trabaja con cualquiera de las dos, desea crear un informe, puede hacerlo sin necesidad de cerrar ninguna de las dos tablas y, así, sucesivamente.

Por tanto, hay ocasiones en las que tendrá abiertos varios objetos de la base de datos al mismo tiempo. Cuando esto ocurre (como en la figura 2.6), Access muestra los objetos en la parte central de la ventana mediante el uso de distintas fichas o pestañas (llamadas fichas de documentos). Para pasar de un objeto a otro, simplemente tiene que hacer clic en la ficha correspondiente.

Los menús contextuales de las fichas son muy interesantes, ya que permiten cerrar objetos y cambiar las vistas de los mismos de manera rápida. Haga clic ahora con el botón derecho sobre una ficha que aparezca en su ventana (normalmente tendrá en pantalla una ventana similar a la figura 2.5) y vea las opciones que aparecen.

La barra de estado

En la parte inferior de la ventana principal de Access, hay una barra llamada barra de estado. Esta barra varía dependiendo de lo que se esté haciendo con Access y es muy útil, ya que muestra información que ayuda al usuario a llevar a cabo la acción que está desarrollando en cada momento. Por ejemplo, si se están introduciendo datos en una tabla, mostrará información sobre el campo que se esté introduciendo.

Además, en su parte derecha, muestra información variada sobre, por ejemplo, si está activa la tecla de bloqueo numérico o de bloqueo de mayúsculas.

Finalmente, a la derecha del todo, aparecen una serie de botones que permiten pasar de unas vistas a otras de los objetos. Analizaremos las vistas en el siguiente capítulo al crear nuestra primera tabla.

Otras herramientas

La creación y modificación de los distintos objetos de una base de datos puede ser más o menos complicada según se trate de una tabla, una consulta o un informe. Por este motivo, Access ofrece dos herramientas que facilitan las operaciones de creación y diseño de algunos de estos objetos: los asistentes y los generadores.

- Los *generadores* tienen la misión de simplificar una tarea concreta, como puede ser la creación de una expresión o la inclusión de un control (un campo) en un formulario.
- Los *asistentes* también simplifican algunas tareas, pero lo hacen interactuando con el usuario mediante preguntas y respuestas. Entre los asistentes que hay destacan los que sirven para crear consultas, formularios e informes.

El sistema de ayuda

Debido a la potencia de Access, habrá ocasiones en las que no recuerde la función de algún comando o cómo llevar a cabo alguna operación determinada. En estos casos, puede usar el sistema de ayuda de Access.

El sistema de ayuda de Access 2007 es común al del resto de aplicaciones de Office y, por tanto, aprendiendo a usar uno de ellos, sabrá cómo utilizar el resto.

Para acceder a este sistema de ayuda, simplemente hay que pulsar la tecla **F1** o hacer clic en el botón **Ayuda**, situado a la derecha de la Cinta de opciones (marcado en la figura 2.6). Cuando se pulsa este botón, aparece la ventana de ayuda. En la figura 2.8 se muestra esta ventana a pantalla completa.

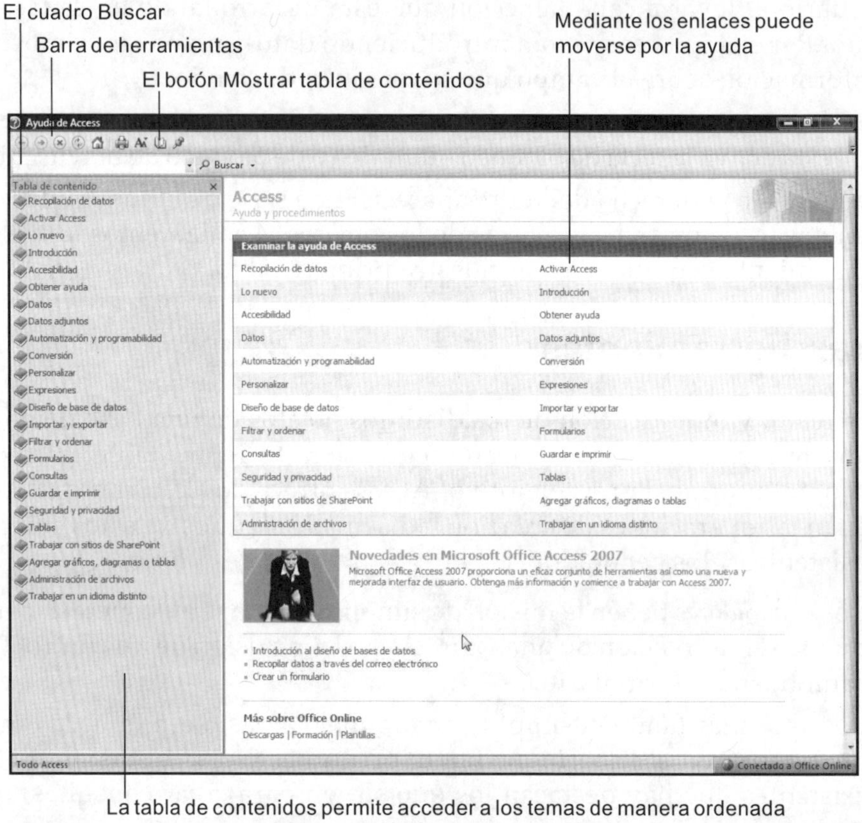

Figura 2.8. Ventana de ayuda.

A partir de este momento, tiene 3 opciones principales para acceder a la ayuda sobre un tema concreto:

1. Utilizar los distintos enlaces que aparecen en la ventana para llegar a la ayuda buscada. Es el modo más rápido si coincide que el sistema de ayuda muestra el tema que está buscando.

2. A continuación, hacer clic en el botón **Mostrar tabla de contenido** y utilizar la tabla que aparece en la parte izquierda para llegar al tema de ayuda que desee.
3. Escribir una frase que describa lo que está buscando en el cuadro Buscar y dejar que Access busque en su sistema de ayuda información relacionada con los términos indicados.

En realidad, la gran potencia del sistema de ayuda de Access 2007 consiste en que se puede acceder a la ayuda a través de Internet. Esto permite que Microsoft actualice la ayuda tantas veces como sea necesaria y, también muy importante, que vaya completando los archivos de ejemplo que hay en el sitio Web de Office.

El sistema de ayuda de Access está formado por un conjunto ingente de artículos que explican prácticamente todos los elementos y acciones que se pueden llevar a cabo con esta aplicación. La dificultad estriba en encontrar el artículo que nos explique exactamente lo que necesitamos.

Pruebe ahora a teclear **crear una tabla** en el cuadro Buscar. Access mostrará un listado de opciones relacionadas con la creación de tablas. Haga clic en la que más se acerque a lo que está buscando y aparecerá el artículo relacionado con dicha información (figura 2.9).

Una vez en la ventana de ayuda, lo normal es ir leyendo el artículo y utilizar los enlaces o vínculos (que aparecen en color azul) para ir saltando de una información a otra para aprender lo que el sistema de ayuda nos quiere enseñar.

La barra de herramientas de ayuda

En la ventana de Ayuda, Access ofrece una barra de herramientas muy útiles tanto para la navegación entre las ventanas de ayuda como para realizar algunas acciones básicas. Los botones más importantes de esta barra (marcada en la figura 2.9) son:

- El botón **Atrás** muestra la última ventana de ayuda que haya visto. Del mismo modo, el botón **Adelante** permite ir a la siguiente ventana de ayuda. Con estos dos botones, puede ir para adelante y para atrás por las ventanas de ayuda que haya visto.
- El botón **Detener** sirve para detener la navegación por la página de ayuda que Access está intentado abrir. El sistema de ayuda de Access es similar a la navegación por Internet, por lo que si navega habitualmen-

te, estos conceptos le serán familiares. Del mismo modo, el botón **Actualizar** refresca el contenido de la ventana de ayuda.

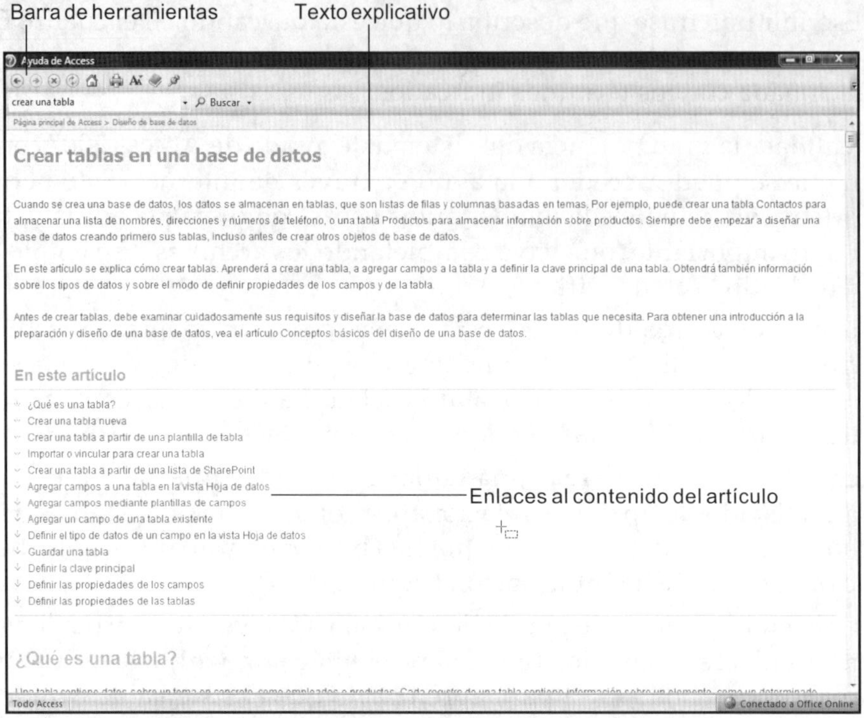

Figura 2.9. Artículo de ayuda para crear tablas.

- El botón **Inicio** muestra la ventana inicial del sistema de ayuda.
- El botón **Imprimir** permite imprimir la información de la ventana.
- El botón **Cambiar el tamaño de la fuente** es muy útil para agrandar el tamaño de la fuente si le cuesta leerlo bien en pantalla. También se puede usar para reducirlo, por supuesto.
- Finalmente, el botón **Mostrar tabla de contenido** muestra en la parte izquierda de la ventana de ayuda un listado de temas de la ayuda de Access. Utilice los libros que aparecen para ir abriendo apartados y subapartados como si del índice de contenidos de un libro se tratara.

Ayuda sin acceder a Internet

Si bien la posibilidad de acceder a la ayuda de manera directa a través de Internet permite estar seguro de que la información obtenida es de máxima actualidad, si no está conectado a Internet, Access le mostrará la ayuda sobre el programa que está almacenada en su ordenador (y que se almacenó a la hora de instalar Office).

Microsoft Office Online

Además de la ayuda vista hasta el momento, que se considera la ayuda estándar de las aplicaciones de Office, a partir de la versión 2003 también disponemos de una ayuda adicional en forma de sitio Web y que se llama Microsoft Office Online.

Este sitio Web creado por Microsoft (tal como se ilustra en la figura 2.10) pretende servir al usuario como ayuda en su trabajo con las aplicaciones de Office 2007. Con ese fin, encontrará en él infinidad de contenido. Algunos ejemplos son:

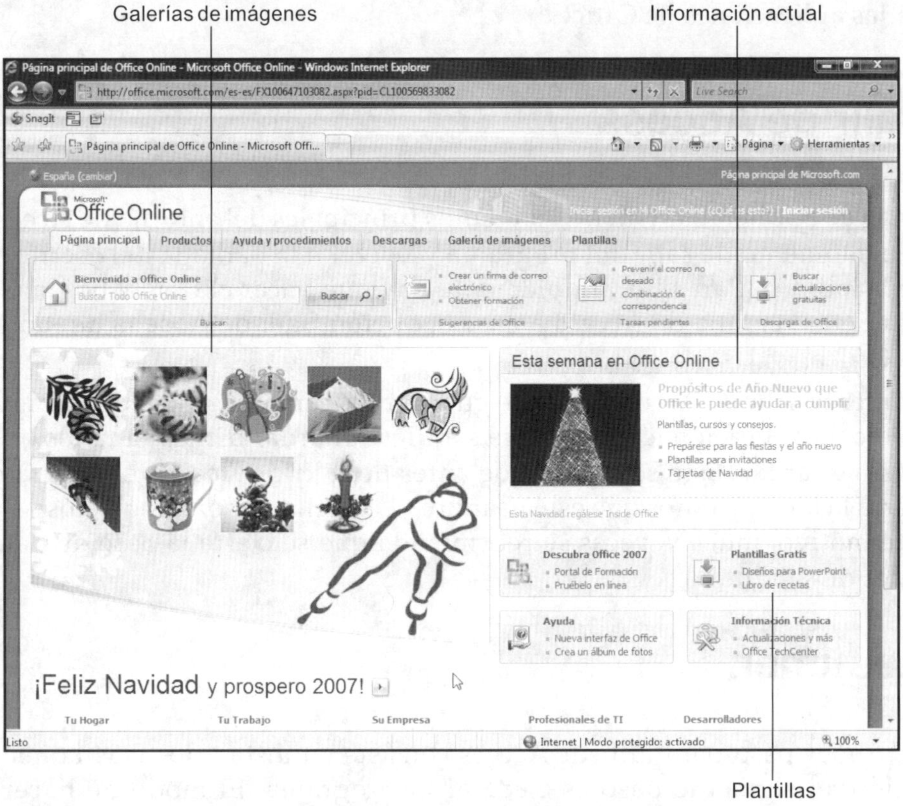

Figura 2.10. Microsoft Office Online.

- Plantillas de documentos. Por ejemplo, plantillas para crear calendarios. Son archivos de ejemplo que permiten usar documentos ya creados por otros para crear rápidamente los nuestros propios.
- Galerías de imágenes de ejemplo para incluir en los documentos.
- Descargas. Las descargas permiten bajarse desde el sitio Web aplicaciones complementarias a Office e, incluso, versiones de Office completas para probarlas antes de comprarlas. Su otra gran misión consiste en mantener actualizado el software de Office. Cuando Microsoft detecta algún error en una aplicación, incluye aquí un parche para solucionarlo. El uso de estas descargas implica disponer de una versión original de Office.
- Información de los productos. Como cualquier otra página Web, muestra información sobre los distintos productos de Office y cómo adquirirlos.
- Ayuda. También la página Web muestra artículos de ayuda para usar las aplicaciones de Office.

Salir de Access

Una vez que hemos visto los elementos principales del entorno de Access, es el momento de salir del programa y volver a la pantalla del escritorio de Windows. Para ello, simplemente hay que hacer clic en el botón **Cerrar** de la ventana de Access o usar la opción Salir de Access del botón de Office.

Si intenta salir de Access antes de guardar los cambios realizado en algún objeto, la aplicación le preguntará si quiere guardar dichos cambios o salir sin guardar. Esto se debe a que antes de salir de Access, el programa cierra la base de datos que esté usando (y, con ella, todos sus objetos). Por este motivo, muchas veces se recomienda que se cierre la base de datos antes de salir de Access.

Resumen

El primer paso para utilizar Access consiste en instalarlo. Tras la instalación, el siguiente paso es ejecutar el programa. El modo de hacerlo consiste en usar el botón **Iniciar**.

Access, como cualquier aplicación de Windows, se ejecuta en una ventana. Dentro de esta ventana aparecen infinidad de elementos que nos van a permitir desarrollar nuestro trabajo con las bases de datos: la Cinta de opciones, el Panel de exploración, la barra de herramientas de acceso rápido, etcétera.

Para comunicarse con Access lo normal es usar la combinación de algunos de los cuatro elementos siguientes: los comandos u opciones (de la Cinta de opciones), los menús emergentes y los botones de la barra de herramientas de acceso rápido.

Finalmente, recuerde que el sistema de ayuda de Access es muy potente y que en él encontrará información sobre cualquier tema en el que tenga duda. Al estar conectado a Internet, este sistema de ayuda va mejorándose cada día. En el sitio Web de Microsoft Office Online encontrará gran cantidad de ejemplos y artículos de interés.

Capítulo 3

La primera tabla

En este capítulo aprenderá:

- A abrir una base de datos ya creada.
- A crear nuevas bases de datos usando una plantilla.
- A crear la primera tabla de nuestra base de datos de ejemplo.
- Que hay que planificar una tabla antes de crearla.
- A crear una tabla desde cero.
- A guardar la tabla tras crearla.

Abrir una base de datos existente

En el capítulo anterior, creamos la base de datos llamada Tienda, que va a ser el ejemplo que usaremos a lo largo de todo el libro. En realidad, no hicimos nada con dicha base de datos, ya que simplemente la creamos y salimos de Access sin más.

Para volver a trabajar con una base de datos ya creada, hay que abrirla en Access de nuevo. Una vez creada la base de datos, abrirla es muy sencillo:

1. Ejecute Access para llegar a la ventana inicial (figura 3.1).
2. Si el nombre de la base de datos que quiere abrir aparece en el listado de bases de datos recientes (a la derecha), haga clic en dicho nombre y la base de datos se abrirá.
3. Si no aparece en el listado, haga clic en la opción **Más** y utilice el cuadro de diálogo **Abrir** (figura 3.2) para localizar la base de datos haciendo doble clic sobre él cuando lo encuentre.

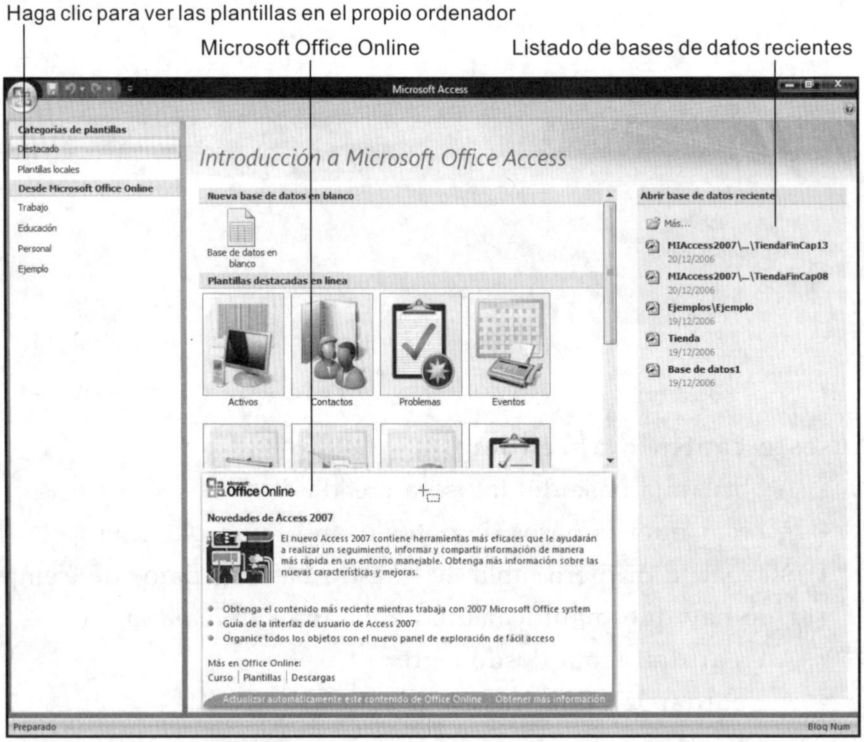

Figura 3.1. Ventana inicial de Access.

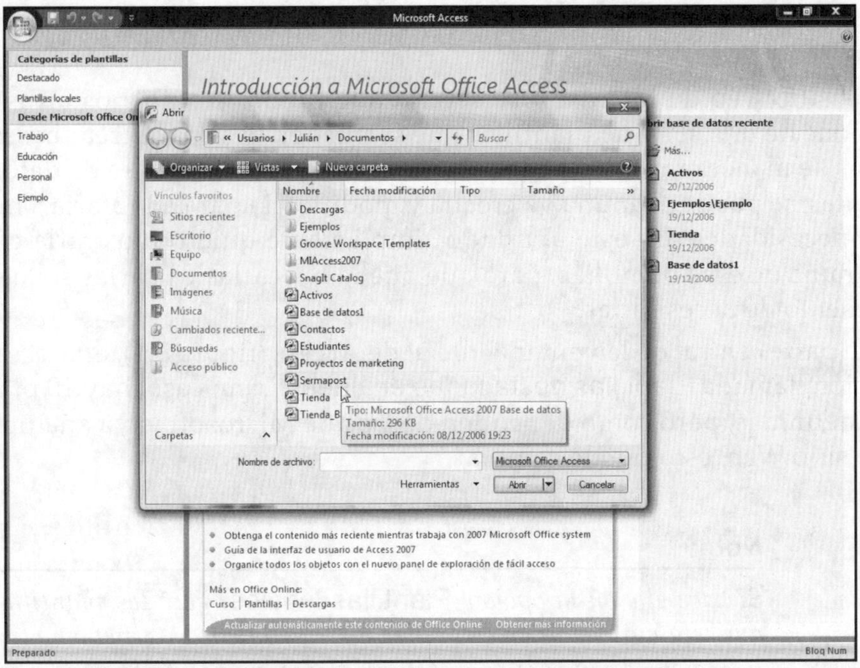

Figura 3.2. Cuadro de diálogo Abrir.

Advertencia:

Access permite trabajar con bases de datos creadas con versiones anteriores. Dependiendo de lo antigua que sea dicha versión, puede mostrar una ventana para que indique si desea convertirla o usarla como de sólo lectura. En este último caso, no podrá modificarla, aunque sí verla. En la barra de título de Access aparecerá el formato de archivo de la base de datos (Access 2000, por ejemplo).

Recuerde que cuando termine de trabajar con una base de datos o cuando desee dejar de usar Access, debe cerrar la base de datos con la que esté trabajando. Para hacerlo, abra el botón de Office y seleccione el comando Cerrar base de datos.

Otras formas de crear bases de datos

En el capítulo anterior hemos visto la forma normal de crear una base de datos de Access. Sin embargo, existe otra manera que, en ocasiones, puede resultar útil al ahorrar mucho tiempo. Se trata de usar las llamadas plantillas de Access.

En el sitio web de Microsoft (y seguro que pronto en muchos otros), se dispone de una serie de plantillas que se pueden usar para crear bases de datos de manera rápida. La idea es que si se necesita una base de datos de clientes, se puede usar una ya creada y modificarla para adaptarla a nuestras necesidades. En este apartado simplemente quiero mostrarle cómo abrir una de esas plantillas, para que pueda buscarlas y usarlas si llega el momento de necesitarlas.

En la parte central de la ventana inicial de Access (figura 3.1), aparece una sección llamada Plantillas destacadas en línea. En mi caso, hay 10 plantillas definidas, pero como dependen de las que Microsoft vaya añadiendo a su sitio Web, esto puede cambiar.

Nota:

Si hace clic en la opción Plantillas locales, *verá las plantillas que están grabadas en su ordenador. Si no tiene Internet o no tiene registrada su versión de Office, es una buena opción para acceder a las plantillas.*

Para crear una base de datos usando una plantilla, siga estos pasos:

1. Ejecute Access o, si ya está ejecutándolo, cierre la base de datos activa para llegar a la ventana inicial (figura 3.1).
2. En la sección Plantillas destacadas en línea, haga clic en la plantilla que más se parezca a la que desee crear. Por ejemplo, la plantilla Activos es útil para inventarios, la plantilla Contactos para base de datos de personas (clientes, proveedores, amigos), y así sucesivamente.
3. En el cuadro de texto Nombre de archivo que aparece a la derecha, escriba el nombre que desee asignar a la nueva base de datos.
4. Haga clic en el botón **Descargar** (si utiliza una plantilla desde el Web) o en el botón **Crear** (si usa una plantilla del disco duro).

La figura 3.3 muestra el resultado de crear una base de datos llamada Inventario con la plantilla Activos. Una vez se dispone de dicha base de datos, sólo hay que adaptarla para nuestro caso concreto. No quiero entrar en este tema en profundidad, ya que a estas alturas del libro, no estamos preparados para modificar el trabajo hecho por otros.

Cierre ahora esa base de datos si la ha creado y abra la base de datos de ejemplo Tienda.

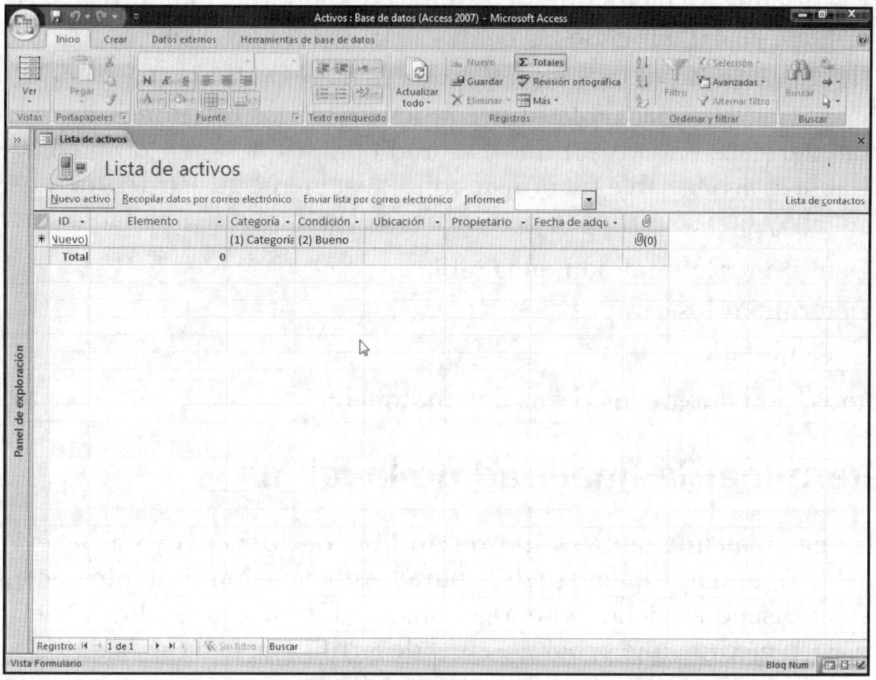

Figura 3.3. Base de datos creada con una plantilla.

Crear una tabla en Access

Una vez creada la base de datos, ya es posible crear una tabla. Sin embargo, antes de pasar a la construcción real de la tabla es conveniente llevar a cabo unas consideraciones previas.

Recordará del capítulo 1 que una tabla está diseñada en forma de filas y de columnas. Las filas se denominan *registros* y contienen toda la información sobre cada entrada de la tabla. A su vez, los registros están constituidos por *campos*, que se sitúan en columnas y que contienen información sobre los distintos aspectos referentes a un mismo elemento de la tabla.

Para clarificar el concepto, vamos a planificar la primera tabla de nuestra base de datos Tienda. En esta tabla deseamos almacenar información sobre nuestros clientes.

Si creamos una tabla con los clientes en un papel, cada cliente ocupará una fila en la lista (o sea, un registro) y, por tanto, cada registro contendrá toda la información referente a una sola persona. A su vez, esa información se organizará en distintas columnas o categorías (nombre, dirección, ciudad, etc.) a cada una de las cuales se la denomina *campo*.

La eficacia y utilidad de una base de datos depende fundamentalmente de la idoneidad de las tablas que contiene (y de las relaciones entre ellas; esto lo veremos en el capítulo 6). Por ello, antes de empezar a construir una tabla es aconsejable planificar cuidadosamente su estructura. Los pasos que hay que seguir para planificar adecuadamente una tabla son:

1. Determinar la finalidad de la tabla.
2. Determinar los campos.
3. Corregir fallos.

Veamos cada uno de los pasos detenidamente.

Determinar la finalidad de la tabla

Antes de crear una tabla es imprescindible decidir cuál va a ser exactamente la finalidad a la que se destinará la información contenida en ella y ceñir su diseño estrictamente a la consecución de esa finalidad. Si no lo hace así, a medida que progrese en el desarrollo de la base de datos se irá encontrando cada vez con más problemas, hasta que llegue un momento en el que sea totalmente ineficaz.

Piense en nuestra tabla de clientes. En este caso, la finalidad será la de almacenar la información básica de cada cliente de la empresa para poder ponernos en contacto con ellos, ya sea por medio del correo del teléfono o de una dirección de Internet.

Ahora bien, si además de la información relativa al negocio, almacena información referente a otros aspectos (como el nombre de su tío de América o el de su mascota), la tabla ya no se adecuará a su finalidad inicial, y lo más seguro es que al final tenga información duplicada, problemas de tamaño, dificultades para acceder a la información que deseas, etcétera.

Esto no quiere decir que no pueda crear una tabla que contenga toda esa información, sino que debe pensar cuidadosamente la finalidad de la tabla que está diseñando e incluir dentro de ella sólo la información necesaria para alcanzar dicho objetivo. Si quiere incluir información adicional para completar o ampliar su base de datos, será conveniente que la almacene en otras tablas y que las enlace con la primera mediante relaciones.

Nota:

Las relaciones entre tablas las veremos en el capítulo 8. Tenga en cuenta que estas relaciones son la base de la potencia de Access.

Determinar los campos

Ya hemos determinado la finalidad de la tabla que estamos diseñando. Ahora, tendremos que determinar los campos concretos que albergarán la información que necesitamos para alcanzar dicho fin. Podrían ser:

- El nombre del cliente.
- Su dirección postal.
- Su número de teléfono.
- Su dirección de correo electrónico (*e-mail*).

Parece evidente, pero no lo es tanto. Imagine que ya hemos creado la tabla y que hemos introducido los datos que se muestran en la tabla 3.1.

Tabla 3.1. Ejemplo de estructura de una tabla.

Nombre	Dirección	Teléfono	Correo electrónico
Ignacio Pérez López	C/ La Ermita, 12. 06005 Badajoz	+34 924 243 125	iperez@servidor.com
Roberto Díaz Juanes	C/ Parra, 55. 28030 Madrid	+34 915 551 414	roberto@otro.es
Eusebio González Ríos	C/ Barcelona, 9. 28011 Madrid	+34 915 558 961	egrios@otromas.com

Si quisiera ordenar los clientes por su apellido, le sería imposible, ya que los apellidos se encuentran dentro del campo Nombre. Del mismo modo, si va a realizar un envío masivo de cartas y quiere sacarlas ordenadas por código postal, tampoco podrá hacerlo, ya que el código postal se encuentra dentro del campo Dirección.

Evidentemente, la información, aun siendo la correcta y estando ahí, no está estructurada de manera adecuada. Para estructurarla de la forma correcta, hay que dividir esos campos genéricos (Nombre y Dirección) en otros que contengan la información más distribuida. Podría organizarla así: Nombre, Apellidos, Dirección, Población, Código postal, Provincia, Teléfono y Correo electrónico.

Si estudia esta nueva estructura detenidamente, observará que ahora podríamos preguntar directamente a Access muchas más cosas que antes:

- Todos los clientes que se llamen José (por ejemplo, para felicitar la onomástica).
- Todos los clientes cuyo apellido sea Gómez.
- Todos los clientes que vivan en Buenos Aires.
- Todos los clientes cuyo código postal comience por 28.

En realidad no hay normas fijas para determinar los campos que se deben incluir en una tabla. La experiencia desempeña un gran papel y las siguientes normas generales también le pueden ayudar:

- Divida y estructure la información. Procure no incluir distintas categorías de información en el mismo campo si luego va a necesitar acceder a ellas por separado.
- Introduzca información que tenga que ver con la tabla que está diseñando. Es decir, si la tabla tiene como objetivo suministrarle las direcciones y los teléfonos de los clientes, no cree un campo para introducir información sobre la marca del coche del cliente.
- Lo anterior no es obstáculo para que *incluya toda la información que sea necesaria*. Access puede gestionar gran cantidad de información, así que no deje de incluir información si es relevante.
- No incluya campos cuyos datos se deriven o se calculen a partir de otros campos de la tabla. No necesitará tener almacenados esos datos, ya que podrá obtenerlos cada vez que los desee, ahorrando con ello en espacio y complejidad. Es decir, si un campo de una tabla contiene la fecha de nacimiento del cliente, no cree otro campo que indique su edad en años, ya que podrá calcular su edad en cualquier momento.

Si se equivoca, se puede corregir

Aunque tenga en cuenta los consejos anteriores, es fácil que una vez que se comienza a usar una tabla, surjan problemas o fallos. Por ello, una vez creada la estructura de la tabla, lo más conveniente es probarla y, si se observan errores o aspectos susceptibles de mejora, solucionarlos antes de empezar a trabajar realmente con ella.

Advertencia:

Modificar una tabla que contenga información es una operación delicada, compleja y que entraña riesgos.

En resumen, una vez creada la tabla, introduzca algunos datos y pruébela a fondo. Corrija los aspectos negativos y mejore los que sean susceptibles de ello. Y, por último, comience el trabajo real con ella.

Creación de la primera tabla

En los apartados anteriores, hemos diseñado la estructura de la primera tabla que vamos a crear (que contendrá los datos de los clientes del negocio). Por tanto, ahora ya podemos pasar a crear realmente nuestra primera tabla con Access.

Para crear la primera tabla, abra la base de datos Tienda y verá una ventana similar a la figura 3.4. Como se ha indicado en el capítulo 2, una de las grandes novedades de Access 2007 frente a las versiones anteriores es que la Cinta de opciones de su parte superior mejora el acceso a los comandos del programa. Haga clic ahora en la ficha Crear y verá cómo cambian las secciones de comandos (figura 3.5).

La sección de comandos de la izquierda se llama Tablas y es la que se utiliza, precisamente para crear las tablas de las bases de datos. Tiene cuatro opciones:

- Diseño de tabla. Esta opción da paso a la vista Diseño de la tabla, en la que podrá diseñar manualmente todos los aspectos de su nueva tabla. Vamos a estudiar este método en primer lugar, ya que así resultará más fácil comprender la estructura de una tabla.
- Tabla. Permite crear una tabla directamente introduciendo valores. Veremos un ejemplo más adelante.
- Plantillas de tabla. Al igual que ocurría a la hora de crear una base de datos, se pueden usar plantillas ya definidas para crear una tabla. También lo veremos al final del capítulo.
- Listas de SharePoint. SharePoint es una tecnología de colaboración de Windows que permite que grupos de trabajos colabores y compartan información. Sin embargo, se escapa del objetivo de este libro por lo que no lo veremos aquí.

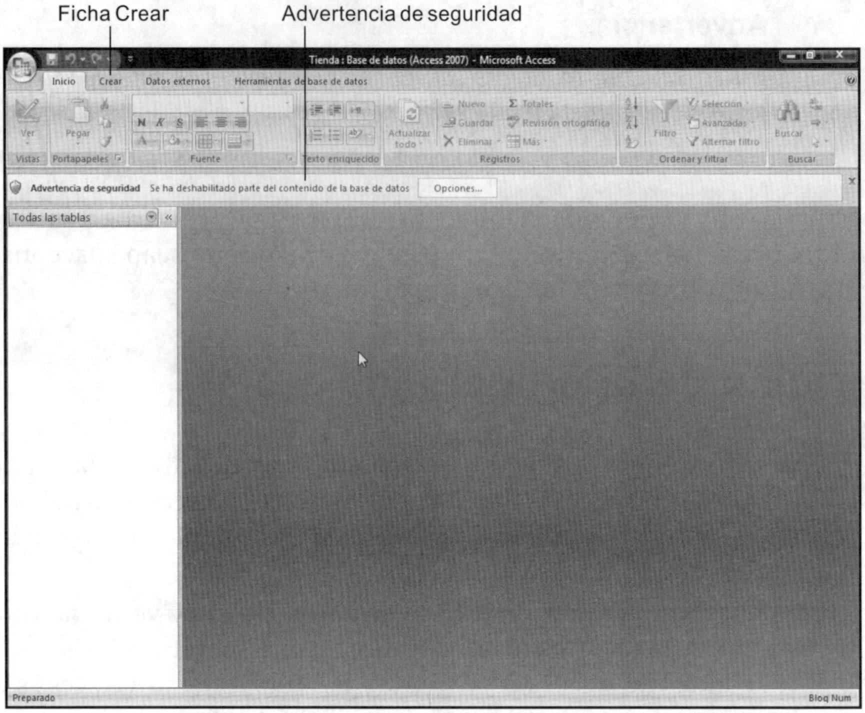

Figura 3.4. La base de datos recién abierta.

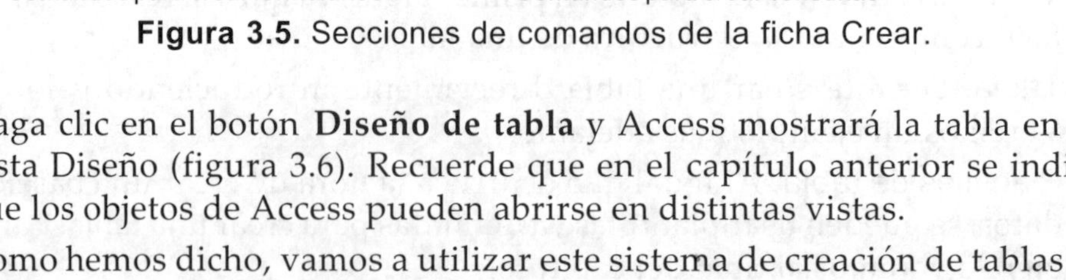

Figura 3.5. Secciones de comandos de la ficha Crear.

Haga clic en el botón **Diseño de tabla** y Access mostrará la tabla en su vista Diseño (figura 3.6). Recuerde que en el capítulo anterior se indicó que los objetos de Access pueden abrirse en distintas vistas.

Como hemos dicho, vamos a utilizar este sistema de creación de tablas ya que es el que permite mayor control sobre las mismas. Y es esencial que conozca bien la estructura de las tablas para sacar el máximo partido a las mismas y evitar problemas en el futuro. Esta vista Diseño está dividida horizontalmente en dos partes. En la parte inferior izquierda aparecen las propiedades de los campos (que determinan las características de los mismos y que analizaremos en el capítulo 7) y en la inferior derecha una pequeña ayuda sobre los datos que debe introducir en esta vista Diseño.

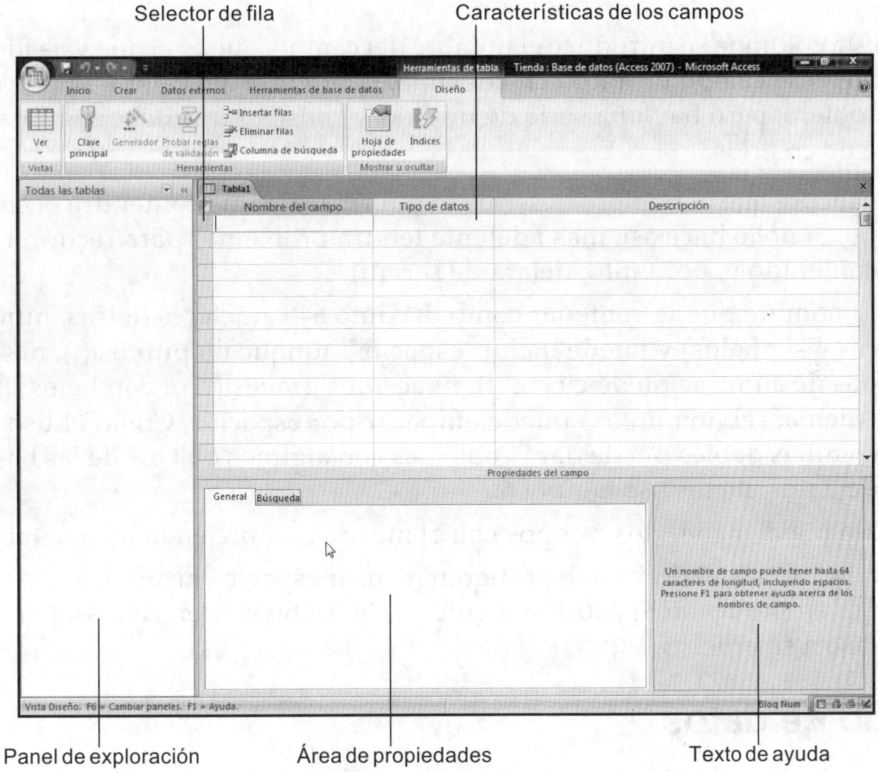

Figura 3.6. Vista Diseño de la tabla.

La parte superior de esta ventana está organizada en filas. En cada fila se define un campo de los que se desee crear. A su vez, las filas están divididas en tres columnas, que sirven para definir las características básicas de los campos. Estas tres columnas se estudian detenidamente en los siguientes apartados.

A la izquierda de cada fila de esa zona hay un botón que se denomina *selector de fila*, ya que sirve para seleccionar la fila (en este caso, el campo) con la que queremos trabajar. La fila activa (aquélla sobre la que se ejecutarán las acciones que emprenda) será en la que aparezca el selector de fila activa (el que tiene un color distinto del resto; normalmente, en color naranja).

Para activar una fila, haga clic sobre su selector de fila o sitúe el punto de inserción en cualquier casilla de la fila en cuestión.

Nombre del campo

En esta columna se introduce el nombre del campo, que es el que va a identificar a ese campo de ahora en adelante. El nombre del campo puede ser cualquiera, pero hay una serie de normas y consejos que debe seguir a la hora de crearlos:

- Procure que el nombre describa la información que contendrá el campo. Si no lo hace así, más adelante tendrá problemas para recordar su contenido y, por tanto, dejará de ser útil.
- El nombre puede contener como máximo 64 caracteres (letras, números y símbolos) y puede incluir espacios, aunque no puntos (.), ni signos de admiración de cierre (!), ni acentos graves (‘) ni corchetes ([ ]). Además, el nombre no puede empezar por espacios. Como el uso de comillas dobles puede dar problemas con algunos objetos de las bases de datos, no los use tampoco.
- No puede haber dos campos con el mismo nombre en la misma tabla.
- Hay programadores que prefieren no usar espacios ni símbolos extraños (como acentos). Normalmente no da problemas en Access, pero lo dejo a su criterio.

Tipo de datos

La columna Tipo de datos le indicará a Access el tipo de datos que contendrá el campo. El tipo de datos determina aspectos muy importantes sobre los datos que se podrán introducir en ese campo y sobre el propio campo. En concreto:

- La clase de datos que se podrá introducir en el campo. No es lo mismo una letra que un número. En un campo cuyo tipo de datos sea numérico no se podrán introducir letras; si introduce números en un campo de tipo texto, luego no podrá tratar a los números como tales y no podrá, por tanto, representar cantidades ni efectuar operaciones.
- El espacio que Access reservará para los datos que se introduzcan en el campo. Así, un campo numérico ocupa un máximo de 8 bytes (piense en un byte como en un carácter), mientras que uno de tipo memo puede llegar a ocupar hasta 64.000 bytes.

- Las operaciones que se podrán efectuar con los datos de ese campo. Los datos de un campo numérico se podrán sumar, pero no los de un campo de tipo texto.
- Si se podrá usar ese campo como índice o bien para ordenar la tabla. Veremos los índices en el capítulo 7, y la ordenación de la tabla en el capítulo 6.

Al desplegar el cuadro de lista que aparece cuando el punto de inserción está en la columna Tipo de dato, las opciones son las siguientes:

- Texto. Tipo de datos que se usa cuando el campo va a contener caracteres de una extensión más o menos fija (apellidos, nombres, direcciones, poblaciones, etc.). También se usan cuando se mezclan letras y números (NIF o CIF).
- Memo. Utilice este tipo de dato cuando en el campo vaya a incluir información que no sepa lo que va a ocupar, como notas, comentarios, etcétera.
- Número. Este tipo está pensado para incluir números con los que se vayan a efectuar cálculos (cantidades). El código postal suele ser de tipo Texto.
- Fecha/Hora. Como su nombre indica, este tipo de dato se utiliza para almacenar fechas y horas (fecha de compra, hora de entrada).
- Moneda. Si va a almacenar en un campo precios y otras cantidades monetarias, utilice este tipo de campo mejor que el Número.
- Autonumérico. El tipo Autonumérico es un tipo de dato muy especial, ya que Access incrementa su valor de manera automática cada vez que se añade un nuevo registro en una tabla. Suele utilizarse para los campos clave (que veremos más adelante).
- Sí/No. Los campos Sí/No, también llamados campos lógicos, sólo pueden presentar dos estados: Sí o No, Activado o Desactivado, etcétera.
- Objeto OLE. Veremos este tipo de dato en el capítulo dedicado a los gráficos.
- Hipervínculo. Este tipo de dato está relacionado con la inclusión de vínculos a archivos y direcciones de páginas Web.
- Datos adjuntos. Este tipo de campos se utiliza para almacenar nombres de archivos ya existentes. Por lo general, se usa para almacenar fotografías o imágenes.
- Asistente para búsqueda. Esta opción del cuadro de lista Tipo de datos no es un tipo de dato en sí, sino que ejecuta el Asistente para bús-

quedas, que es una herramienta diseñada para ayudar a crear una lista con los posibles valores que presentará el campo.

Descripción

En esta tercera columna se puede introducir, si se desea, una descripción más amplia del contenido y la finalidad del campo de lo que permite la columna del nombre.

Esta descripción es útil tanto para el diseñador de la tabla, como para un tercero que vaya a utilizar la tabla más tarde, ya que aparece en la barra de estado cuando se selecciona el campo en un formulario, suministrando así más información al usuario.

Introducir campos en la tabla de clientes

Ahora que ya hemos visto el significado de cada una de las columnas de la vista Diseño de la tabla, vamos a introducir los campos que surgieron de la planificación de nuestra tabla de clientes.

En este momento debe tener el punto de inserción situado en la primera fila, en la columna Nombre de campo. Si no es así, haga clic con el puntero del ratón en esa casilla para situarlo ahí.

El primer campo se va a llamar "Código de cliente", así que escriba el nombre del campo: **Código de cliente**. Cuando termine, pulse la tecla **Tab** para indicar el tipo de datos que desea que contenga el campo.

Nota:

Si prefiere usar el ratón al teclado, puede hacer clic en cualquier casilla para situar el puntero del ratón en ella.

Cuando el punto de inserción se sitúe en la columna Tipo de datos, podrá observar dos cosas (figura 3.7):

1. Que en la zona inferior izquierda de la ventana de diseño han aparecido una serie de casillas con información adicional. Esta información es lo que se denomina *propiedades del campo*, que trataremos en profundidad en el capítulo 7.

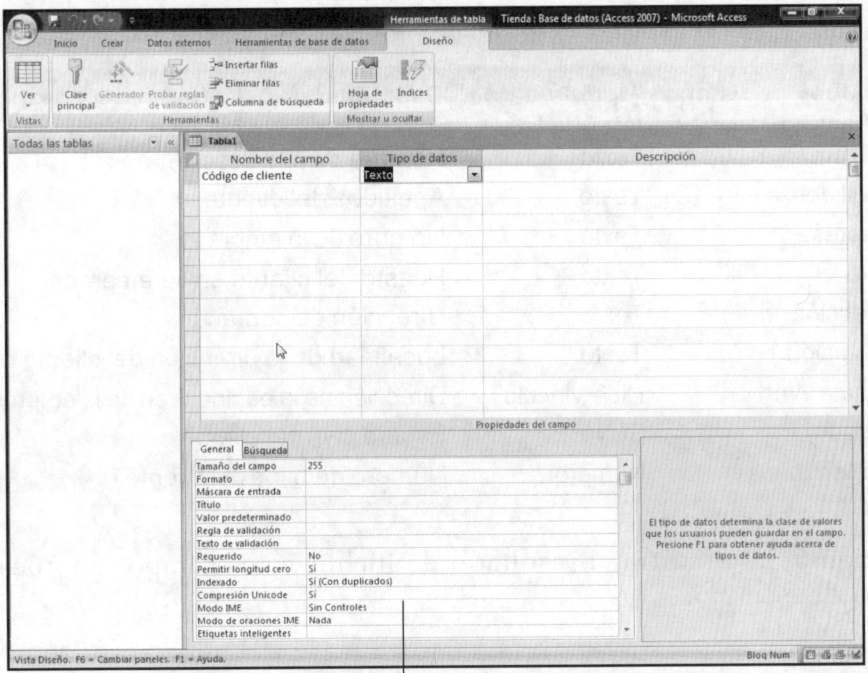

Propiedades del campo

Figura 3.7. Elección del tipo de datos. Observe las propiedades del campo.

2. Que en la casilla donde está el punto de inserción (la segunda columna de la primera fila) ha aparecido la palabra Texto y, a su derecha, una flecha de lista desplegable. Aquí es donde tiene que indicar el tipo de datos que quiere que contenga este campo. Access propone por omisión el tipo Texto, pero si quiere otro, no tendrá más que desplegar la lista y seleccionar el tipo deseado. Vamos a utilizar como tipo de dato el Autonumérico, por tanto selecciónelo de la lista y pulse **Tab** para pasar a la columna Descripción.
3. Aquí puede introducir un comentario sobre la finalidad del campo (sobre todo si va a usar la tabla un tercero). Para introducir la descripción del campo, basta con que comience a teclear. En este ejemplo, escriba **Código único que identifica al cliente**.
4. Por último, cuando termine, vuelva a pulsar **Tab** para pasar a la primera casilla de la segunda fila e introducir los datos del segundo campo.

El resto de las definiciones de los campos se introduce de la misma manera. Pruebe ahora a crear los campos que muestra la tabla 3.2.

Tabla 3.2. Resto de campos añadidos directamente.

Nombre de campo	Tipo de datos	Descripción
Nombre	Texto	Nombre de pila del cliente
Apellidos	Texto	Apellidos del cliente
Empresa	Texto	Nombre de la empresa
Puesto	Texto	Puesto del cliente en su empresa
Dirección	Texto	Dirección de contacto
Población	Texto	Localidad de la dirección del cliente
Página Web	Hipervínculo	Dirección de la página Web de la empresa
Casado	Sí/No	Estado civil del cliente
Número hijos	Número	Número de hijos del cliente

La figura 3.8 muestra el resultado de incluir estos campos en nuestra tabla de ejemplo.

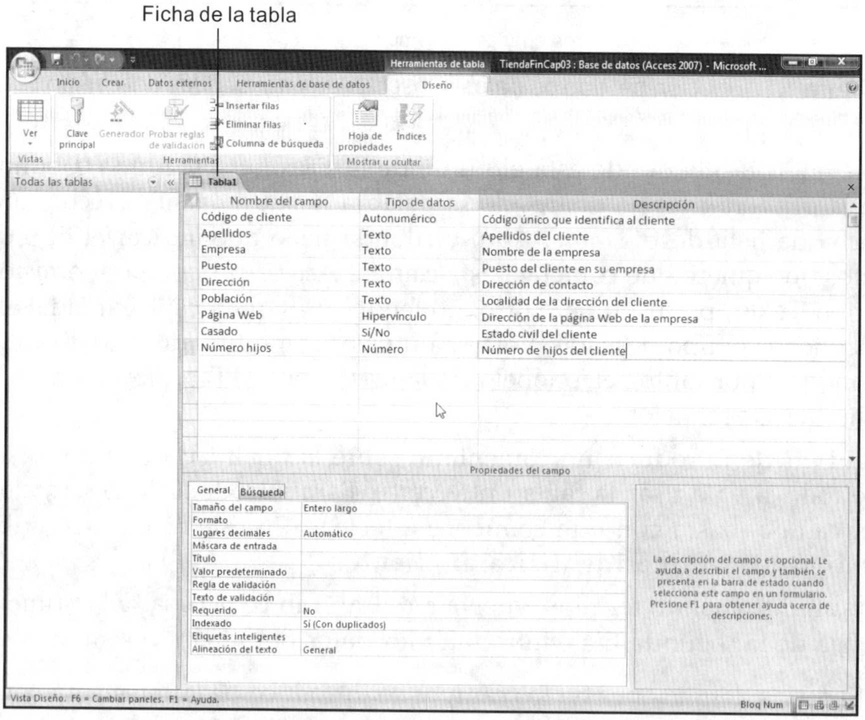

Figura 3.8. Más campos en la tabla Clientes.

Guardar la estructura de la tabla

Una vez definidos todos los campos que conformarán la estructura de la tabla, es necesario guardarla antes de comenzar a introducir datos en ella.

Para guardar la estructura de la tabla, tiene tres posibilidades. Las destacamos ya que van a ser comunes a todos los objetos de Access:

1. Abra el botón de Office y seleccione la opción Guardar.
2. Haga clic en el botón **Guardar** de la barra de herramientas de acceso rápido (el que muestra la imagen de un disquete).
3. Haga clic con el botón secundario del ratón sobre la ficha de la tabla (figura 3.8) y en el menú emergente, seleccione la opción Guardar.

En cualquiera de los casos, aparecerá el cuadro de diálogo Guardar como en el que deberá indicar el nombre de la tabla.

El nombre de la tabla ha de cumplir las mismas reglas que el de los campos y le aconsejo que siga los mismos criterios que vimos en su momento. Una vez que haya introducido el nombre de la tabla en el cuadro Nombre de la tabla (en nuestro caso, introduzca el nombre **Clientes**), haga clic en **Aceptar** para guardarla. Entonces pueden ocurrir dos cosas:

- Si tenía definida una clave principal, Access guardará la tabla sin más dilación y mostrará el nombre de la misma en la ficha de la tabla (y en Panel del explorador).
- Si no tenía definida una clave principal y es la primera vez que guarda la tabla, Access le preguntará si quiere crear una. Si responde **Sí**, Access creará una clave principal; si ya tiene definido algún campo de tipo de datos Autonumérico, utilizará ese campo como clave; si no tiene ningún campo Autonumérico, creará un nuevo campo de ese tipo, le asignará el nombre Id y lo definirá como la clave principal.

En nuestro ejemplo, haga clic en **Sí** y verá que Access toma el campo Código de cliente como campo clave directamente (al ser de tipo Autonumérico). Una vez guarde la tabla, observará que aparece su nombre en el Panel de exploración (como muestra la figura 3.9).

Truco:

Recuerde que puede mostrar u ocultar el Panel de exploración haciendo clic en el botón situado sobre dicho panel.

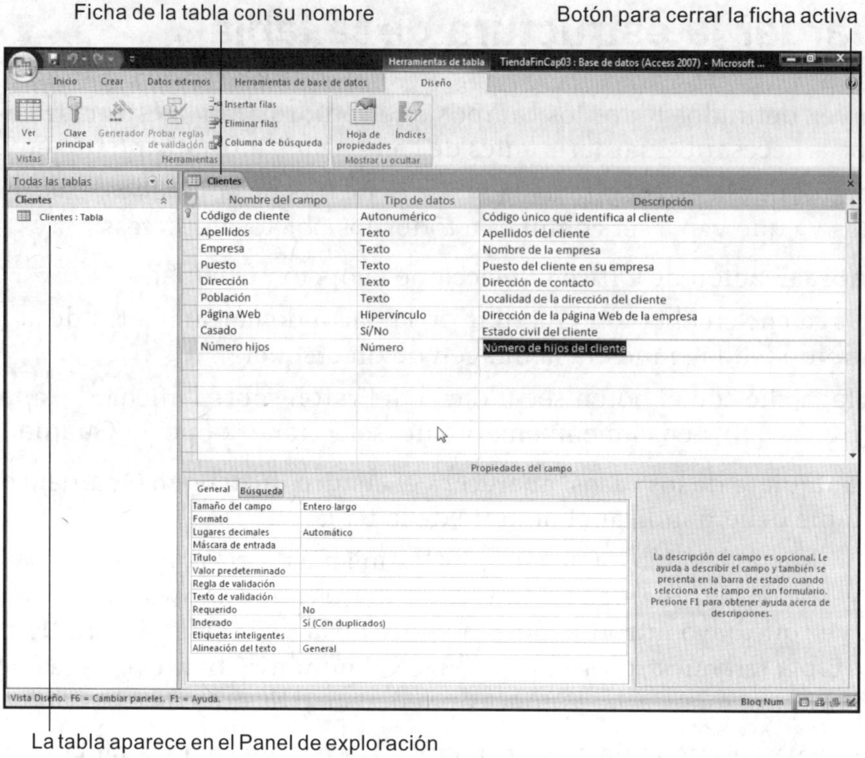

Figura 3.9. La primera tabla en el Panel de exploración.

Cerrar una tabla

Cuando termine de trabajar con un objeto en Access, es mejor cerrarlo que dejarlo abierto. En realidad, el sistema de fichas explicado en el capítulo anterior, permite al usuario trabajar con distintos objetos a la vez, pero para evitar problemas, mi consejo es que si no va a trabajar más con un objeto, lo cierre antes de seguir.

Por ejemplo, no vamos a hacer nada más con la tabla Clientes en este capítulo. Por lo tanto, lo mejor es cerrar su ficha. Para hacerlo, hay dos sistemas principales:

- Haga clic en el botón **Cerrar** que aparece a la derecha de la ficha activa.
- Haga clic con el botón secundario del ratón sobre la misma ficha y seleccione la opción Cerrar.

Nota:

Estos dos métodos son comunes al resto de objetos de Access. Por tanto, cuando se hable de cerrar una consulta, un formulario o un informe, sólo tiene que seguir el que más cómodo le resulte.

Resumen

En los capítulos 2 y 3 hemos visto las primeras operaciones con las bases de datos y con las tablas. De hecho, hemos aprendido la operación más importante que se puede llevar a cabo con ellas: su creación.

Para crear una base de datos, lo mejor es hacerlo desde la ventana inicial de Access, en la que se puede seleccionar si hacerlo desde cero (una base de datos en blanco) o utilizando alguna de las plantillas ya existentes.

Respecto a las tablas, hay varias formas de crearlas. En este capítulo hemos aprendido a hacerlo desde la vista Diseño, controlando todos los valores de los campos. En el capítulo siguiente usaremos otra técnica también muy útil.

Por último, es muy importante recordar que al crear los campos de las tablas, el uso de las propiedades de los campos facilitará el trabajo en el futuro, ya que impedirán problemas con los datos introducidos.

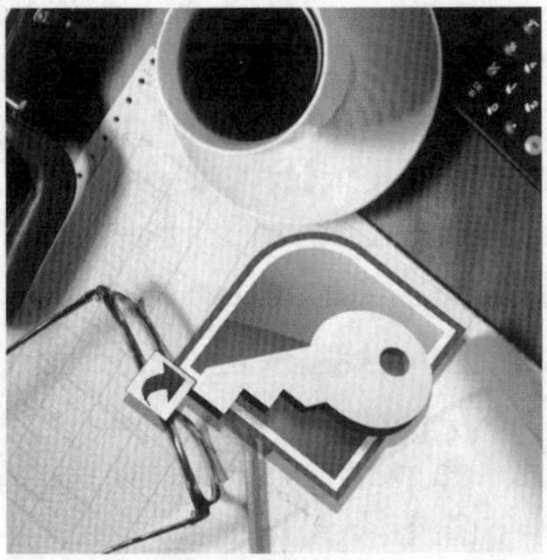

Capítulo 4

Cambiar la estructura de la tabla

En este capítulo aprenderá:

- A abrir una tabla ya existente.
- A cambiar la estructura de una tabla después de creada y guardada.
- El concepto de campo (o campos) clave en una tabla.
- A definir los campos clave de una tabla.
- La vista Preliminar, que facilita la impresión de documentos.
- Las operaciones básicas que se pueden realizar con las tablas: cambiar el nombre, copiar, eliminar e imprimir.
- A usar las plantillas de tablas para crear una tabla.

Abrir una tabla ya existente

En los capítulos anteriores, creamos la base de datos Tienda y la primera tabla dentro de dicha base de datos (la tabla Clientes). Si al terminar el capítulo 3, salió de Access, vuelva a ejecutarlo y abra la base de datos Tienda.

Tras crear una tabla, lo normal es que la utilice en diversas ocasiones con el fin de ver y/o modificar su contenido e, incluso, para cambiar su estructura. Si quiere volver a una tabla existente (ya sea para editarla o para modificarla), lo primero es abrir la base de datos que la contiene.

Ya vimos cómo abrir una base de datos: haga clic en su nombre en la parte derecha de la ventana inicial de Access (la mostramos en la figura 3.1). Pues bien, para abrir una tabla, haga doble clic en el nombre de la tabla (Clientes : Tabla) en el Panel de exploración. En este momento, debe tener en pantalla una ventana similar a la figura 4.1.

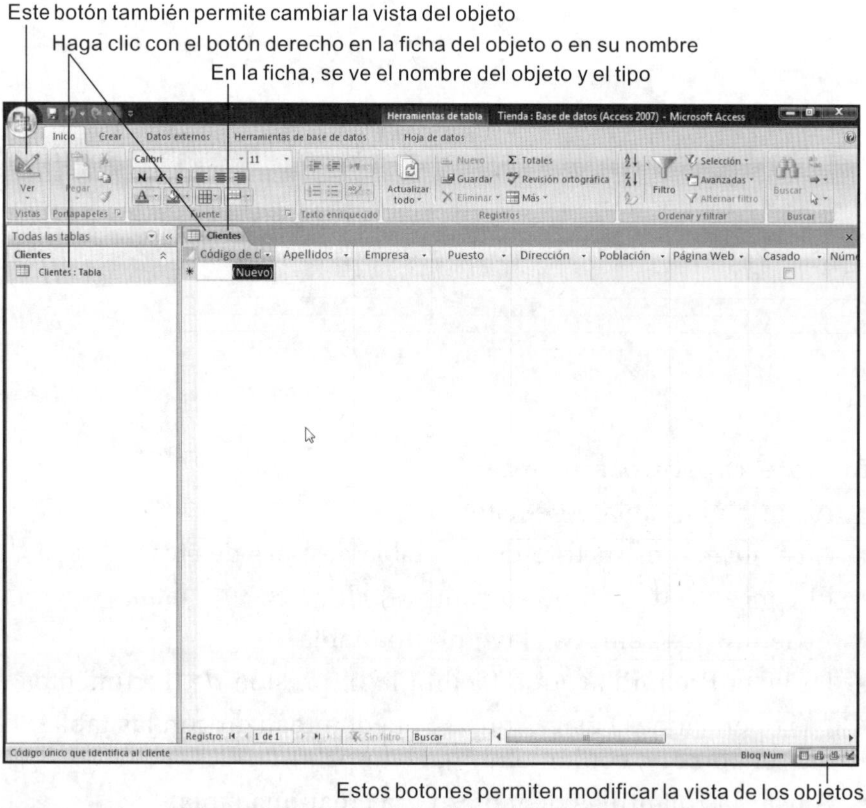

Figura 4.1. Vista Hoja de datos de la tabla.

La vista Hoja de datos de la tabla permite introducir datos nuevos o modificar los datos ya existentes. La veremos con detenimiento a lo largo del capítulo 5.

Como lo que queremos es modificar la estructura (el diseño) de la tabla, hay que usar la vista Diseño. Para pasar de una vista a otra de la tabla, puede usar cuatro métodos:

1 Utilizar el botón **Ver** de las Cinta de opciones. Tras hacer clic en él, sólo hay que seleccionar una de las vistas posibles.
2. Usar los botones existentes en la parte derecha de la barra de estado de Access.
3. Hacer clic con el botón secundario sobre el nombre del objeto en el Panel de exploración y seleccionar la opción deseada del menú emergente.
4. Hacer clic con el botón secundario sobre la ficha del objeto y seleccionar la vista deseada en el menú emergente.

Independientemente del método usado, aparecerá de nuevo la vista Diseño de la tabla Clientes (figura 4.2).

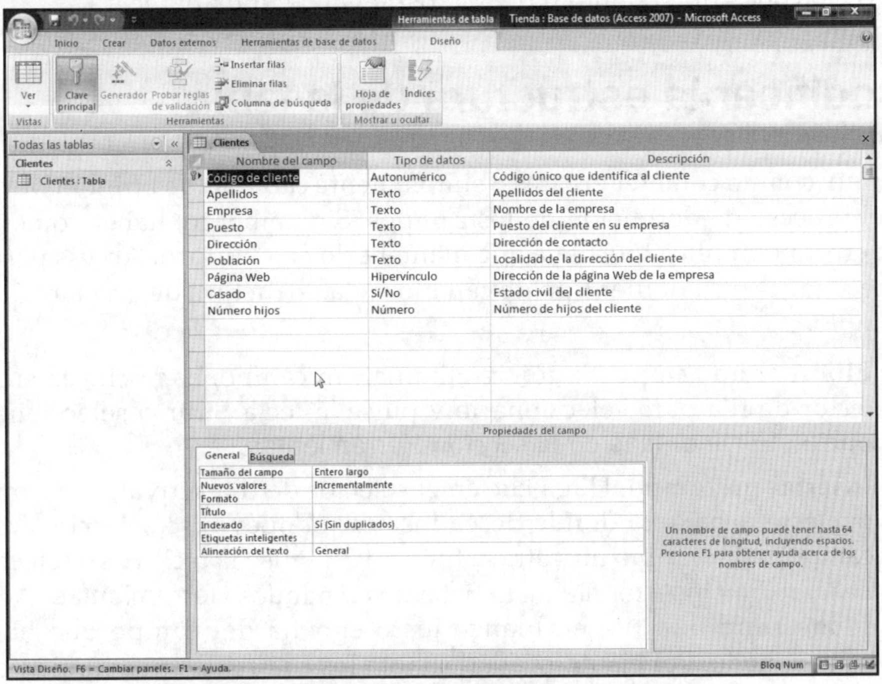

Figura 4.2. Vista Diseño de la tabla.

Truco:

También puede abrir cualquiera de los objetos de la base de datos (tablas, consultas, informes, etcétera) haciendo doble clic directamente sobre el nombre del objeto en el Panel de exploración.

Habilitar el contenido

Vamos a hacer una pausa en el desarrollo de nuestra explicación para analizar una línea que aparece en la ventana de Access. Se trata de la Advertencia de seguridad. Esta línea aparece cuando Access no puede asegurar la procedencia de la base de datos al no incluir una firma electrónica o certificado de confianza. Por ese motivo, para evitar problemas de virus y de software malintencionado, bloquea algunos de los objetos de la base de datos en cuestión.

Observe que lo hace incluso en las bases de datos creadas por nosotros mismos. Para desbloquear este tipo de objetos, haga clic en el botón **Opciones** y, seleccione la opción Habilitar este contenido en el cuadro de diálogo Opciones de seguridad de Microsoft Office que aparece.

Modificar la estructura de la tabla

Es muy común cometer errores o simplemente cambiar de opinión durante el proceso de definición de los campos. Sin embargo, haber cometido ese error no implica que haya que mantenerlo en el futuro. Access permite realizar casi cualquier tipo de cambio en la estructura de una tabla. Por ejemplo:

- **Eliminar un campo**. Si quiere eliminar un campo, haga clic en su selector de fila para seleccionarlo y pulse la tecla **Supr** o seleccione la opción Eliminar filas en la sección Herramientas.
- **Insertar un campo**. Haga clic en el selector de fila activa en el campo que esté debajo de donde desea insertar el nuevo (se seleccionará el campo entero, como muestra la figura 4.3). Pulse la tecla **Ins** o seleccione la opción Insertar fila de la ficha de comandos Herramientas. Access insertará una fila en blanco justo encima del campo que había seleccionado. Por ejemplo, añada ahora los cuatro campos siguientes a la tabla delante del campo Página Web: Código postal (texto), Provin-

cia (texto), Número teléfono (texto) y Fecha nacimiento (Fecha/Hora). La figura 4.3 muestra el resultado de añadir estos campos en la posición indicada.

Botón Guardar de la barra de herramientas de acceso rápido

La llave indica que este campo es la clave

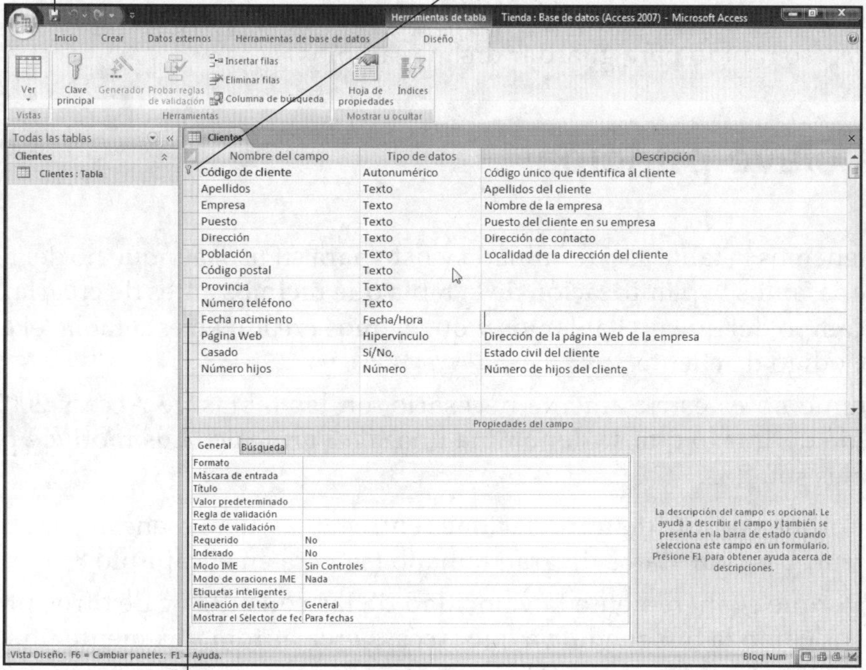

Si hace clic en el selector de fila, se selecciona la fila completa

Figura 4.3. Vista Diseño tras los cambios indicados.

Truco:

También puede usar el menú contextual que vimos en el capítulo 2 para realizar las dos operaciones anteriores. Haga clic con el botón secundario en cualquier posición de la fila para abrirlo.

- **Mover un campo**. Haga clic sobre el selector de la fila que quiere mover para seleccionarla entera. A continuación, haga clic sobre el selector con el ratón y arrástrelo a su nueva posición. Cuando suelte el botón del ratón, el campo se situará en su nuevo lugar.

- **Cambiar el nombre, el tipo o la descripción** a un campo. Para cambiar el nombre o la descripción de un campo, haga clic en la casilla correspondiente al nombre o a la descripción y modifique el contenido. Para cambiar el tipo, haga clic en la casilla del tipo y seleccione otro tipo distinto de la lista desplegable.

Una vez introducidos los distintos cambios que se deseen en la estructura de la base de datos, utilice el botón **Guardar** de la barra de herramientas de acceso rápido para guardar dichos cambios.

La clave principal

Ya tenemos la tabla casi terminada y lista para su uso, aunque no del todo. Si repasamos la planificación de la tabla que hicimos antes de crearla, hay un campo del que no hablamos y que hemos creado en esta tabla: el campo Código de cliente.

Aunque no es estrictamente necesario, en las tablas de Access 2007 se puede definir lo que se denomina una *clave principal.* Los motivos principales son dos:

1. Porque permite definir relaciones entre tablas, algo esencial para construir bases de datos de gran tamaño (se verá en el capítulo 8).
2. Porque se incrementa la velocidad de las consultas y de otros procesos como la búsqueda, ya que Access crea automáticamente un índice para la clave principal (los índices los veremos con detenimiento en el capítulo 7).

La clave principal está compuesta por uno o varios campos de la tabla cuyo contenido identifica a cada registro de manera única. Esto quiere decir que el contenido de ese campo o campos tiene que ser distinto para todos los registros. En nuestra tabla de clientes, el campo Código de cliente será la clave principal de la misma y, por tanto, el contenido de ese campo debe ser distinto en todos los registros de la tabla.

La mejor manera de asegurarse de que un campo tiene siempre un contenido único respecto al resto de registros de una tabla consiste en definirlo como de tipo Autonumérico. Al usar este tipo de campos, como ya vimos, Access incrementa el valor de dicho campo en 1 cada vez que se crea un registro nuevo. De ese modo, es imposible que dos registros tengan el mismo valor en ese campo.

Pero esto no implica que obligatoriamente tenga que usarse un campo autonumérico como campo clave. Por ejemplo, en las tablas dedicadas a libros (como vimos en el capítulo 1) se suele usar el código ISBN, mientras que en muchas tablas dedicadas a personas se utiliza el carné de identidad o el número de identificación fiscal.

En los casos en los que se decida usar una clave no basada en un campo autonumérico, hay que tener presente lo siguiente:

- El contenido de ese campo debe ser distinto en todos los registros y no puede estar vacío.
- La manera más rápida de acceder a un registro de una tabla es a través de la clave principal. Por tanto, si es posible, haga que el campo que sea la clave principal contenga datos significativos y fáciles de recordar.

En los casos en los que no se tiene la seguridad de que los datos que se van a introducir en un único campo sean todos distintos, se recurre a la creación de la clave principal mediante la combinación del contenido de dos o más campos.

Establecer la clave principal

Aunque hay varias formas de definir la clave principal, la más rápida consta de dos pasos:

1. Sitúe el selector de fila activa en el campo que desea que sea la clave principal.
2. Haga clic sobre el botón **Clave principal** de la sección Herramientas.

Advertencia:

Como vimos en el capítulo anterior, si trata de guardar una tabla sin definir una clave, Access le dará la opción de crearla en ese momento.

Lo mejor es que defina la clave al crear la tabla, ya que si lo hace una vez que ésta contenga datos, Access mostrará un mensaje de error en el caso de que ese campo contenga valores duplicados o nulos.

Para eliminar la clave principal sitúe el punto de inserción en la fila que sea la clave principal y vuelva a hacer clic en el botón **Clave principal**.

Si desea que la clave principal esté compuesta por más de un campo, tendrá que seleccionar primero todos los campos que quiera incluir y, posteriormente, hacer clic en el botón. Para seleccionar varios campos a la vez, pulse la tecla **Control** y manténgala pulsada mientras hace clic en el selector de fila de cada uno de los campos que quiera incluir.

Advertencia:

Si el orden de los campos de una clave principal compuesta de varios campos es importante, consulte el apartado "Índices basados en varios campos", en el capítulo 7 para ver cómo definir dicho orden.

Labores de mantenimiento de tablas y otros objetos

Hay ocasiones en las que es necesario realizar labores de mantenimiento de las tablas y del resto de objetos de una base de datos (consultas, formularios, etcétera) para adecuarlos a circunstancias cambiantes o, incluso, para simplificar otras tareas. En este apartado aprenderá a realizar las labores básicas de mantenimiento.

La mayoría de estas operaciones pueden realizarse usando el menú emergente que aparece al hacer clic con el botón derecho sobre el nombre de la tabla. Es el método que usaremos, ya que es el más rápido e intuitivo.

Nota:

Todo lo que aprenda en los siguientes apartados es aplicable al resto de los objetos disponibles en una base de datos. En otras palabras, cuando sepa eliminar una tabla, sabrá eliminar consultas, formularios, etcétera.

Cambiar el nombre a una tabla

Haga clic con el botón derecho del ratón sobre el nombre de la tabla en el panel de exploración. Observe en la figura 4.4 las opciones de este menú contextual.

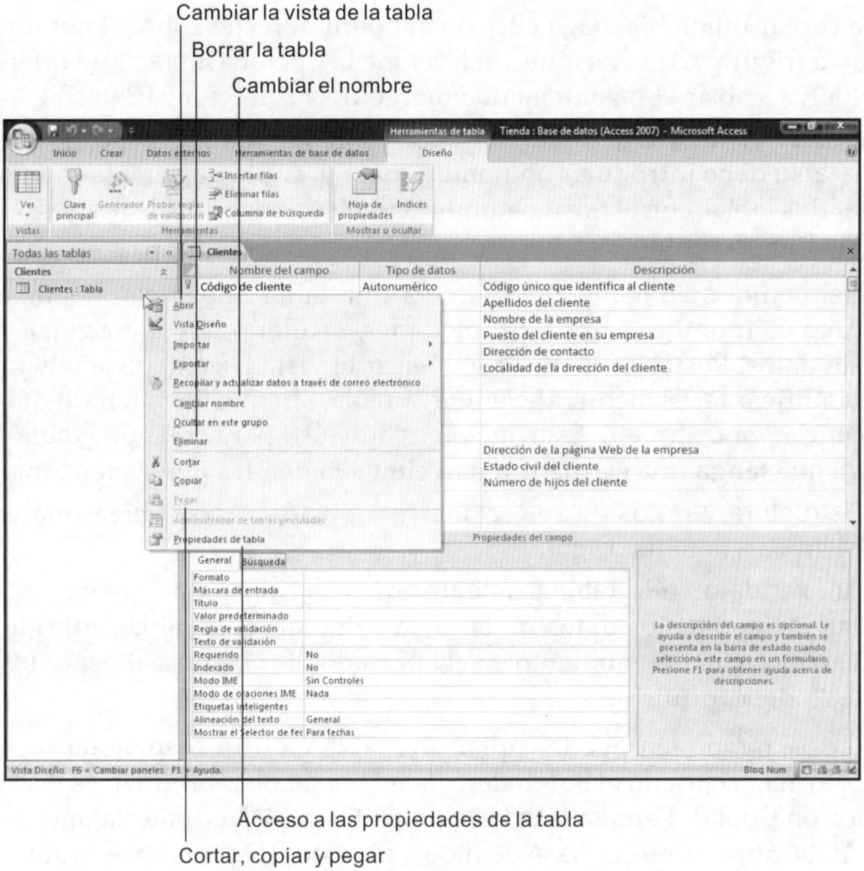

Figura 4.4. Menú para actuar sobre una tabla.

Haga clic en la opción Cambiar nombre (o pulse la tecla **F2**). Introduzca el nuevo nombre sobre el antiguo (o modifique el actual) y seguidamente pulse **Intro**.

Tenga en cuenta que para realizar la mayoría de estas acciones, es necesario que se hayan guardado todos los cambios que se hayan realizado en el diseño de la tabla y, en ocasiones, que esté cerrada.

Copiar y pegar una tabla

Una posibilidad muy interesante que proporciona Access es la de copiar una tabla completa. Es interesante no sólo porque se puede duplicar una tabla sin más, sino porque también es posible duplicar sólo la estructura (sin los datos), o copiar todos los datos en otra tabla.

Para copiar una tabla, haga clic con el botón derecho sobre el nombre de la tabla (figura 4.4) y, después, seleccione la opción Copiar. Seguidamente, vuelva a abrir el mismo menú emergente y seleccione Pegar.

Aparecerá el cuadro de diálogo Pegar tabla como. En el cuadro Nombre de la tabla debe introducir un nombre para la copia de la tabla (no puede haber dos tablas con el mismo nombre) y seleccionar una de las tres opciones que se presentan:

- Estructura solamente. Access crea una tabla nueva con los mismos campos (nombres, tipos, propiedades, etcétera) que la original, pero sin datos. Posteriormente, puede usar la vista Diseño de la tabla para modificar la estructura de la nueva tabla, sin que haya tenido que definirla por completo. Esta opción es muy útil para crear una tabla nueva que tenga una estructura parecida a la de otra que ya tengamos.
- Estructura y datos. Si selecciona esta opción, Access crea una copia idéntica a la tabla original.
- Añexar datos a la tabla existente. Al seleccionar esta opción, Access intenta copiar los datos de la tabla original en la tabla indicada. Lo veremos con detenimiento en el apartado "Problemas al pegar los datos", del capítulo 8.

Si lo desea, también puede copiar una tabla en otra base de datos. Para hacerlo, haga clic con el botón derecho sobre la tabla original y seleccione la opción Copiar. Pero en esta ocasión, antes de seleccionar la opción Pegar, debe abrir la nueva base de datos. El resto del proceso es igual.

Eliminar una tabla

Si desea borrar una tabla, abra su menú emergente y, a continuación, seleccione la opción Eliminar. Access pedirá confirmación. Si responde **Sí**, la tabla se eliminará de modo definitivo.

Imprimir una tabla

Cuando en el capítulo 1 vimos los elementos que componían una base de datos de Access, se indicó que los informes eran los objetos pensados especialmente para imprimir los datos existentes en una base de datos.

Sin embargo, no es el único modo de imprimir estos datos. También se pueden imprimir directamente desde el Panel de exploración (en cuyo caso debe seleccionar primero la tabla en cuestión) y desde la hoja de datos de la tabla. En ambos casos, para imprimir lo único que hay que hacer es seleccionar la opción Imprimir del botón de Office. Esto hará que aparezca el cuadro de diálogo Imprimir (figura 4.5).

Nota:

Para imprimir los datos de la tabla, se utilizan normalmente los informes, que veremos en los capítulos 19 y 20, por lo que no le dedicaremos ahora mucho espacio.

Figura 4.5. Cuadro de diálogo Imprimir.

Dependiendo de la impresora que tenga instalada, las opciones del cuadro de diálogo pueden variar. Sin embargo, siempre aparecerán éstas:

- Intervalo de impresión. Esta zona sirve para determinar si se imprimirá toda la tabla, parte de las páginas o parte de los registros (los que se estén seleccionados).
- Copias. Esta opción sirve para indicar el número de copias que se imprimirán de cada página.
- Propiedades. Este botón abre un cuadro de diálogo en el que podrá definir las características de la impresora seleccionada.
- Cuando haya seleccionado las opciones que desea, haga clic en el botón **Aceptar** para imprimir, o en el botón **Cancelar** para cerrar el cuadro de diálogo sin imprimir.

La opción Vista preliminar

Es conveniente antes de enviar los datos a la impresora, que compruebe en pantalla cómo van a salir dichos datos en la copia impresa. Access permite esta función gracias a la opción Vista preliminar del botón de Office. Para llegar a ella, haga clic en el botón de Office, seleccione la opción Imprimir y, dentro del submenú que aparece, haga clic en la opción Vista preliminar.

Cuando se ejecuta este comando, Access muestra la representación de una hoja de papel tal como quedaría si se imprimiese (en la figura 4.6 puede ver cómo quedaría la tabla impresa después de introducir algunos datos).

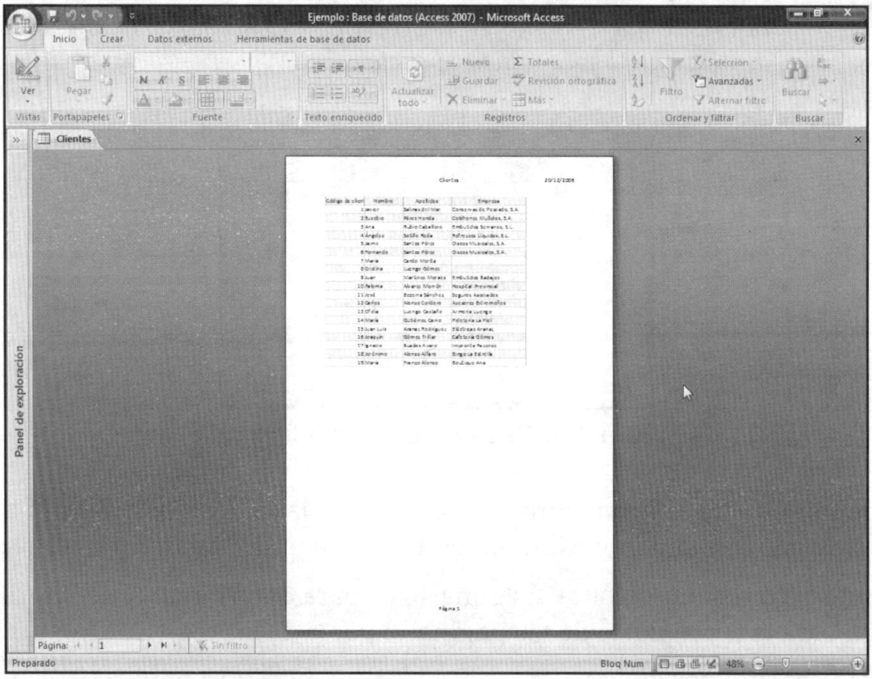

Figura 4.6. Ejemplo de vista Preliminar.

Los comandos de la Cinta de opciones de la vista Preliminar están divididos en cinco secciones. En concreto:

- Imprimir. Esta sección sólo tiene el botón **Imprimir**, que abre el cuadro de diálogo Imprimir (figura 4.5).
- Diseño de página. Permite modificar el diseño de la página al imprimir el objeto. Permite modificar el **Tamaño** de la hoja de papel, su orientación (**Vertical** u **Horizontal**) y seleccionar los márgenes (Normal, Ancho o Estrecho). Además, permite indicar si se quieren mostrar los márgenes en la pantalla, imprimir sólo los datos o crear columnas. Haciendo clic en el botón **Configurar página**, aparece el cuadro de diálogo del

mismo nombre que permite tomar mayor control del diseño de la página. Por ejemplo, permite indicar los márgenes de manera numérica.

- Zoom. Esta sección permite indicar el número de páginas que se desean ver en la vista Preliminar: **Una página**, **Dos páginas** o más (seleccionando la opción en el botón **Más páginas**). El primer botón de la sección (llamado también **Zoom**) permite definir el zoom con el que se quiere ver en pantalla la vista Preliminar.
- Datos. Permite guardar los datos en un archivo en lugar de imprimirlos en la impresora. Hay muchas opciones: archivo de Excel, de Word, de texto, en una lista SharePoint e, incluso, crear un archivo PDF.
- Cerrar vista preliminar. El último botón de la Cinta de opciones permite cerrar la vista preliminar y volver al lugar desde donde se abrió.

En la parte inferior de la ventana hay cuatro botones (y un cuadro de texto) que sirven para desplazarse por las distintas páginas que se van a imprimir (por supuesto, sólo son útiles cuando los datos que se van a imprimir no caben en una única página).

Es muy importante comprender cómo funcionan estos botones ya que son similares a los que veremos en otras vistas de Access, como la hoja de datos de la tabla o la vista Presentación de un formulario. La tabla 4.1 muestra la función de cada uno de ellos.

Tabla 4.1. Función de los botones de desplazamiento de la vista Preliminar.

Botón	Función
|◄	Muestra la primera página del documento.
◄	Muestra la página anterior del documento.
2	Si escribe un número en el cuadro, Access mostrará dicha página directamente.
►	Muestra la siguiente página del documento.
►|	Muestra la última página del documento.

Plantillas para tablas

Hay dos formas básicas más de crear tablas en Access además de usar la vista Diseño:

- Utilizando la hoja de datos de la tabla (que veremos en el siguiente capítulo).
- Mediante una plantilla de tabla.

Las plantillas de tabla funcionan de forma similar a las plantillas de bases de datos: se le deja a Access que cree las tablas por nosotros y defina los campos como considere más conveniente. Imagine que deseamos crear una tabla en la que guardar los datos de los artículos que vendemos en nuestra tienda. Los siguientes pasos muestran cómo usar la plantilla para crearla:

1. Haga clic en la ficha Crear de la Cinta de opciones.
2. Haga clic en el botón **Plantillas de tabla** para ver las plantillas que ofrece Access (figura 4.7).
3. Haga clic en la tabla que se parezca a la que quiere crear.

Si utiliza los pasos anteriores utilizando la plantilla Activos, logrará crear una tabla en único paso y tendrá en pantalla la figura 4.8, que es la vista Hoja de datos de la tabla.

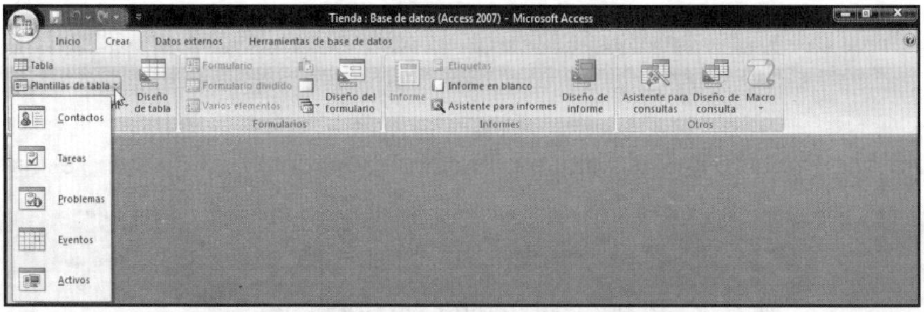

Figura 4.7. Plantillas que ofrece Access.

Guárdela con el nombre Activos y abra su vista Diseño (figura 4.9). Otra de las ventajas de usar una plantilla es que, normalmente, Access en los campos que crea utiliza algunas de las propiedades de los mismos que veremos en un capítulo posterior.

Preparar los ejemplos

Vamos a usar ahora todos los conocimientos adquiridos en los cuatro primeros capítulos del libro para crear las dos tablas que completan nuestra base de datos de ejemplo: la tabla Almacén y la tabla Pedidos.

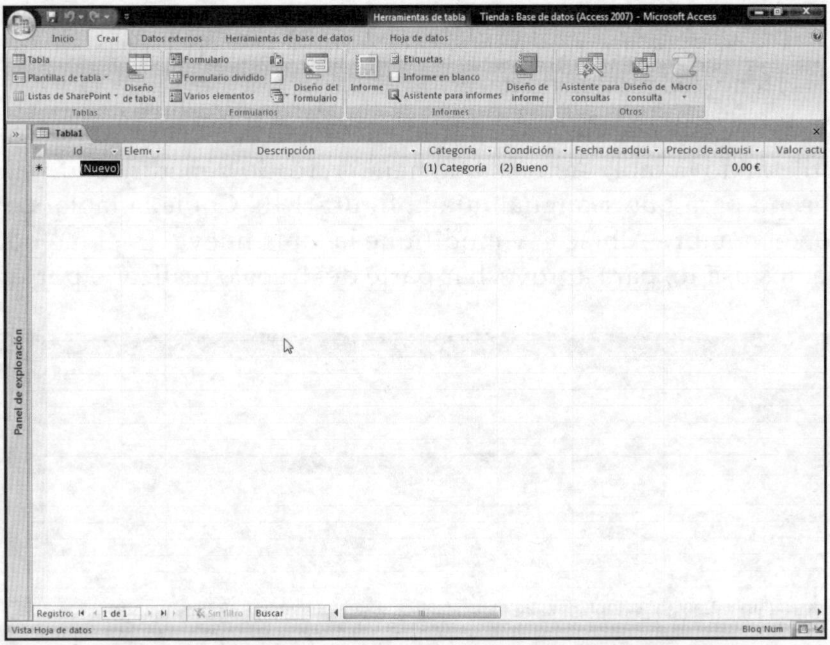

Figura 4.8. Tabla creada con una plantilla de Access.

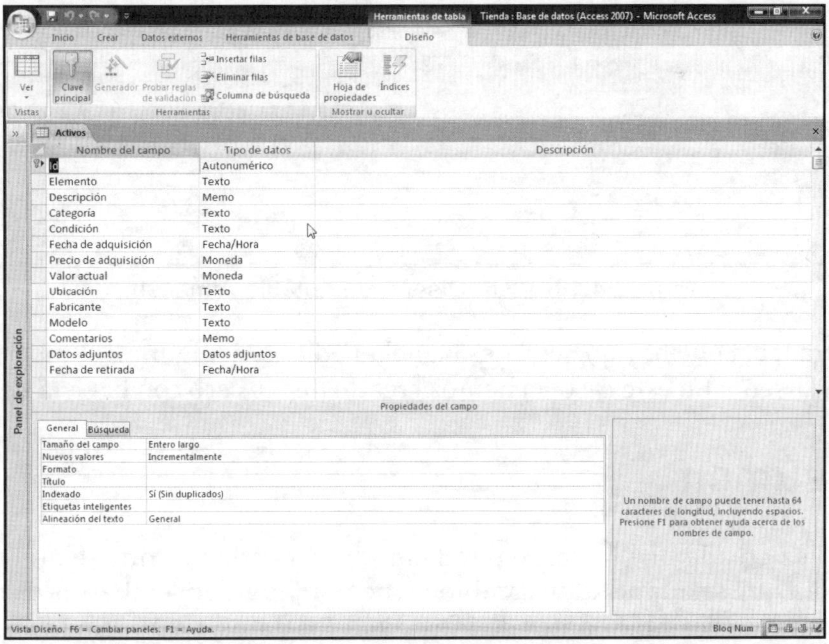

Figura 4.9. Vista Diseño de la Tabla creada con la plantilla de Access.

La figura 4.10 muestra la vista Diseño de la tabla Almacén. En esta tabla, vamos a introducir los datos relativos a los artículos que se venden en la tienda. Tiene dos modos de hacerlo:

1. Crear una tabla desde cero e introducir todos estos campos uno tras otro.
2. Utilizando la tabla Activos que hemos creado y modificando su vista Diseño para que sea igual que la figura 4.10. Copie la tabla, péguela con el nombre Almacén y modifique la tabla nueva. Es el método que hemos usado, para aprovechar parte del trabajo realizado por Access.

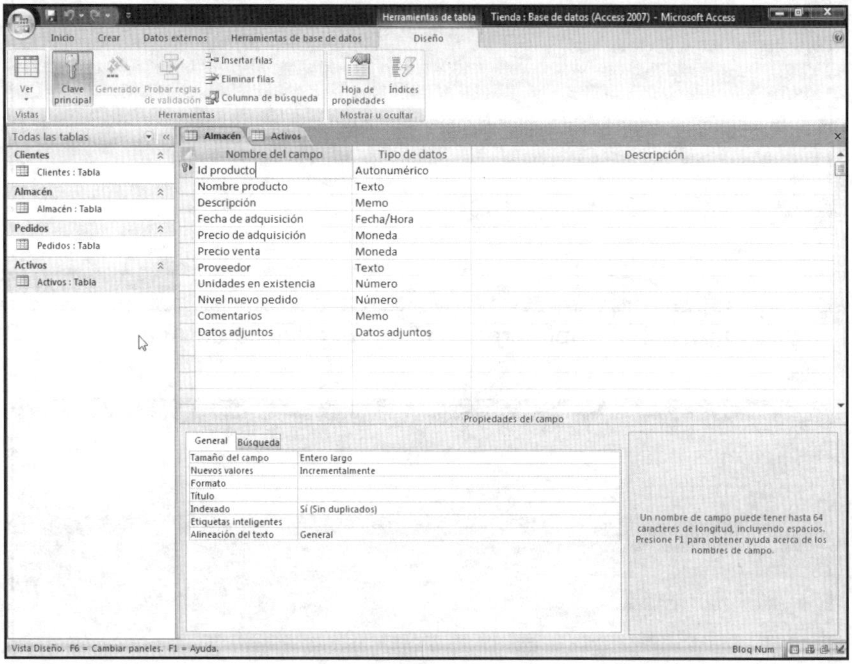

Figura 4.10. Vista Diseño de la tabla Almacén.

La otra tabla que hay que crear es la tabla Pedidos. La figura 4.11 muestra su vista Diseño. En este caso, la hemos creado desde cero con la vista Diseño.

Resumen

Una vez creada una tabla, se puede modificar cada vez que se quiera, de manera que se adapte a un cambio de necesidades. Sin embargo, es mejor realizar estos cambios antes de introducir los datos, ya que una vez rellenas, algunos cambios pueden implicar la pérdida de datos.

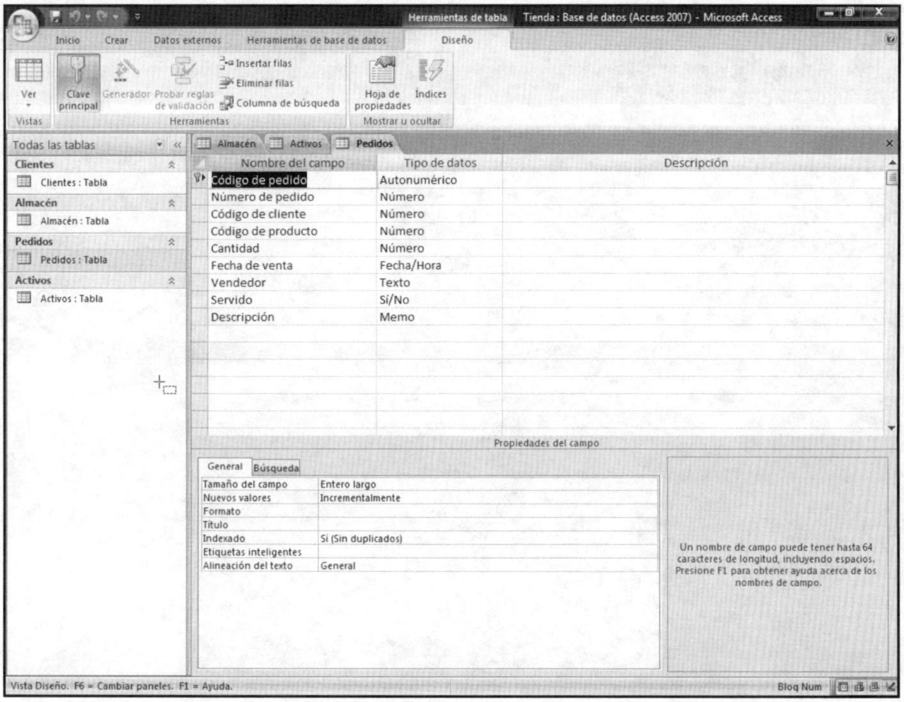

Figura 4.11. Vista Diseño de la tabla Pedidos.

Las operaciones básicas que se suelen llevar a cabo con las tablas que ya existen son eliminar un campo, insertar uno nuevo, cambiarlo de posición o modificar alguno de sus valores básicos: nombre, tipo o descripción.

Para sacar partido a las tablas relacionales, se hace imprescindible el uso de claves en las tablas, que permitan identificar de manera única cada registro de una tabla. Para definirlas, también se utiliza la ventana de diseño de las tablas.

Además de crear la tabla desde cero en la ventana de diseño, Access proporciona unas plantillas para tablas, que permiten crear tablas en un único paso y facilita la definición de sus campos y de las propiedades de dichos campos (ya que lo hace Access por nosotros).

Finalmente, destacar que además de modificar los campos de la tabla, hay muchas otras operaciones que se pueden llevar a cabo: eliminarlas, cambiarles el nombre, imprimirlas, etcétera. Aprender a realizar estas operaciones es básico en el trabajo con Access, ya que se aplicarán igual al resto de objetos de las bases de datos: consultas, formularios, informes, etcétera.

Capítulo 5

Introducir datos con la hoja de datos

En este capítulo aprenderá:

- A diferenciar entre la vista Hoja de datos y la vista Diseño de las tablas.
- A introducir datos en las tablas usando la vista Hoja de datos.
- Los atajos de teclado que facilitan la introducción de datos.
- A modificar los datos una vez introducidos.
- La diferencia entre el modo Edición y el modo Desplazamiento a la hora de modificar datos.
- Los campos que no se pueden modificar.

La Vista Hoja de datos

En los capítulos anteriores, hemos trabajado principalmente con la vista Diseño de las tablas para crearlas y modificar su estructura. Sin embargo, no es la forma normal de trabajar con tablas. Una vez creada y definido el diseño de la tabla, éstas suelen usarse para introducir y modificar datos.

Las tablas en Access pueden verse en dos vistas principales: vista Diseño y vista Hoja de datos (también llamada simplemente hoja de datos). La vista Diseño, como ya sabemos, se utiliza para definir los campos de la tabla. La vista Hoja de datos, por su parte, permite introducir, modificar y ver los datos existentes en cada tabla.

Nota:

Hay otras dos formas de ver las tablas, llamadas Vista Tabla dinámica *y* Vista Gráfico dinámico. *Veremos este tema en el capítulo 18.*

Si bien los formularios son los objetos de las bases de datos diseñados expresamente para introducir y editar datos en tablas, vamos a ver en este capítulo cómo realizar estas operaciones en la hoja de datos de la tabla. Hay dos motivos para hacerlo así:

1. Hay ocasiones en que los datos que se van a introducir son pocos y no merece la pena crear un formulario para hacerlo, ya que hacerlo con la hoja de datos es también sencillo.
2. El funcionamiento de esta ventana es muy similar a otras ventanas de Access (como la vista Diseño de las consultas), por lo que todo lo aprendido aquí será válido en el futuro. En concreto, esta hoja de datos se usa mucho en los subformularios y es conveniente conocer su funcionamiento.

Para acceder a la hoja de datos de la tabla, haga doble clic sobre el nombre de la tabla en el Panel de exploración.

Truco:

Recuerde que también puede cambiar entre las vistas de un objeto usando el primer botón de la Cinta de opciones o los botones de la derecha de la barra de estado.

La figura 5.1 muestra la hoja de datos de nuestra tabla Clientes. En esta ventana, merece la pena destacar lo siguiente:

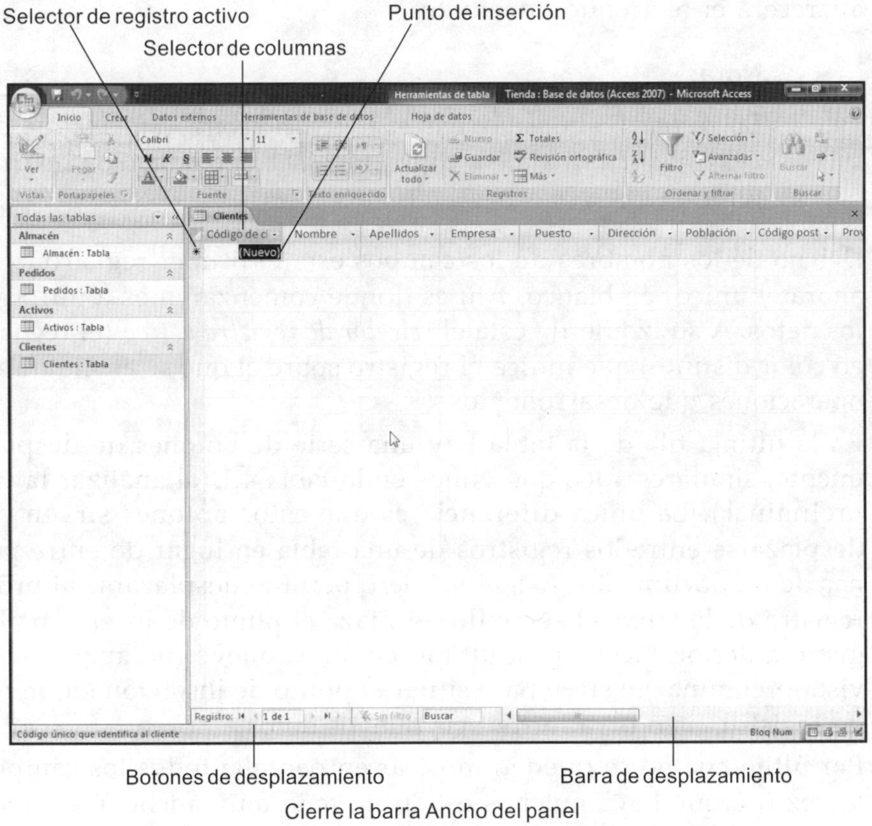

Figura 5.1. Vista Hoja de datos de la tabla Clientes.

- En la ficha de la hoja de datos aparece tanto el nombre de la tabla como un dibujo que indica el tipo de objeto que es (una tabla en este caso). Además, en el Panel de exploración aparece seleccionado el objeto que está abierto (Clientes : Tabla).
- En la primera fila de la ventana aparecen situados los nombres de los campos en el mismo orden en el que se crearon. Además, cada botón de esta primera fila sirve para seleccionar toda la columna y recibe el nombre de *selector de columna*.
- En el primer campo del primer registro aparece el texto (Nuevo) resaltado. Esto indica que es un campo de tipo autonumérico y Access

lo rellenará automáticamente. Si el primer campo no es autonumérico, aparecerá una línea vertical parpadeante. Esta línea se denomina *punto de inserción* y sirve para indicar el lugar a partir del cual aparecerá el texto que introduzca.

Nota:

En realidad, el nombre que aparece del campo coincide con el valor que se introdujera en la propiedad Título *de cada campo, pero eso lo veremos más adelante.*

- Debajo de los nombres de los campos está el primer registro (y por ahora el único) en blanco. Ahí es donde comenzaremos a introducir los datos. A su izquierda está el *selector de registro activo* (el recuadro en color distinto) que indica el registro sobre el que se efectuarán las operaciones que desarrollemos.
- En la última fila de la tabla hay una serie de botones de desplazamiento, similares a los que vimos en la tabla 4.1 (al analizar la vista preliminar). La única diferencia es que estos botones sirven para desplazarse entre los registros de una tabla en lugar de entre páginas de un documento. Así, el primero permite desplazarse al primer registro de la tabla, el segundo desplaza el punto de inserción al registro anterior, etcétera. El último botón es nuevo (no aparece en la vista preliminar) y sirve para situar el punto de inserción en un nuevo registro, listo para introducir nuevos datos.
- Por último, si no se pueden mostrar en pantalla todos los campos a la vez (porque haya muchos o porque sean muy anchos), aparecerá una barra de desplazamiento horizontal en la parte inferior de la hoja de datos. Además, a medida que vaya introduciendo registros, cuando éstos lleguen al límite inferior de la ventana, también aparecerá una barra de desplazamiento vertical a lo largo de su borde derecho.

Con el fin de facilitar el trabajo con la vista Hoja de datos, puede ocultar el Panel de exploración.

Recordemos una vez más que las tablas se componen de registros (que se disponen en filas y agrupan a todos los campos pertenecientes a un mismo sujeto), y de campos (que se disponen en columnas y almacenan distintos elementos de información pertenecientes al mismo tipo). Así, en este momento, tenemos en la pantalla un solo registro (la fila horizontal en blanco) con todos sus campos (las columnas).

Añadir registros

Ahora que ya conoce los elementos disponibles en la vista Hoja de datos, abra la hoja de datos de la tabla Clientes y comience a rellenar los datos del primer cliente.

Como hemos dicho anteriormente, al ser el primer campo Autonumérico, solamente hay que pulsar la tecla **Tab** (o la **Flecha dcha.**) para pasar al campo Nombre y dejar que Access rellene el campo Código de cliente por sí mismo.

El resto de los datos de nuestro primer cliente serán los siguientes:

```
Nombre            Javier
Apellidos         Salinas del Mar
Empresa           Conservas de Pescado, S.A.
Puesto            Dtor. Comercial
Dirección         Ctra. de la Playa, 67
Población         Villa del Mar
CódigoPostal      27333
Provincia         Lugo
Teléfono          982 432 020
FechaNacimiento   17/04/1969
PáginaWeb         www.rosmultimedia.com
Casado            Sí
NúmeroHijos       2
```

Para introducir estos datos, sólo hay que teclearlos y pulsar **Tab** o **Flecha dcha.** para ir pasando al siguiente campo. Eso sí, en este primer registro deberá tener en cuenta varias cosas:

- En primer lugar, que en el momento en el que escribió el primer carácter del campo Nombre del primer registro, automáticamente apareció un registro nuevo en blanco debajo del actual. Access crea un registro nuevo cada vez que se comienza a escribir en el último. Además, Access en ese momento, da un valor al campo autonumérico Código de cliente.
- Cuando el punto de inserción se sitúa en cada uno de los campos, aparece en la barra de estado (a lo largo de la parte inferior de la pantalla) la descripción que introdujimos para dicho campo al diseñar la tabla. Por ejemplo, en el campo Nombre aparece Nombre de pila del cliente.
- El selector de registro se ha transformado en un lápiz. Esto indica que los datos que está introduciendo en el registro todavía no se han guar-

dado permanentemente. Al final de este apartado se explica cuándo se almacenan los datos.

- Si en algún campo no caben los datos que teclea (Empresa, por ejemplo), Access desplaza hacia la izquierda automáticamente el texto para que pueda seguir escribiendo. Veremos también la manera de modificar la anchura de una columna.
- Aparece un gran asterisco a la izquierda del nuevo registro en blanco que ha creado Access (en su selector de registro). Este asterisco indica que es el último registro de la tabla.
- Al escribir la dirección (Ctra. de la Playa), Access pone en mayúsculas automáticamente la letra D. Esta característica se llama Autocorrección y la veremos en el capítulo 8.
- En el campo Fecha de nacimiento, aparece situado en el lateral de la derecha un objeto de calendario. Si hace clic sobre dicho objeto, podrá usarlo para seleccionar la fecha que desee introducir sin necesidad de escribirla.
- El contenido del campo Página Web aparece destacado en color azul y en formato subrayado. El motivo es que en los campos del tipo Hipervínculo, muestran así sus datos para indicar que sólo hay que hacer clic sobre ellos para acceder al archivo o página Web vinculado (no lo haga ahora).
- Finalmente, en el campo Casado, aparece una casilla de verificación para que la active en el caso de que el cliente esté casado o para que la deje en blanco en el caso contrario. Esta es la manera que tiene Access de presentar por omisión un campo del tipo Sí/No. Para activar esta casilla de verificación, pulse la Barra espaciadora o haga clic con el ratón sobre ella.

Una vez que haya introducido los datos correspondientes al primer cliente, se emcpmtrará situado sobre el último campo del primer registro (el campo Número hijos) como muestra la figura 5.2. Pulse la tecla **Flecha dcha.** o **Tab**, y el punto de inserción se trasladará al primer campo del segundo registro.

Nota:

En la vista Hoja de datos, aparece al final de cada registro una columna llamada Agregar nuevo campo. *Veremos más adelante cómo usarla.*

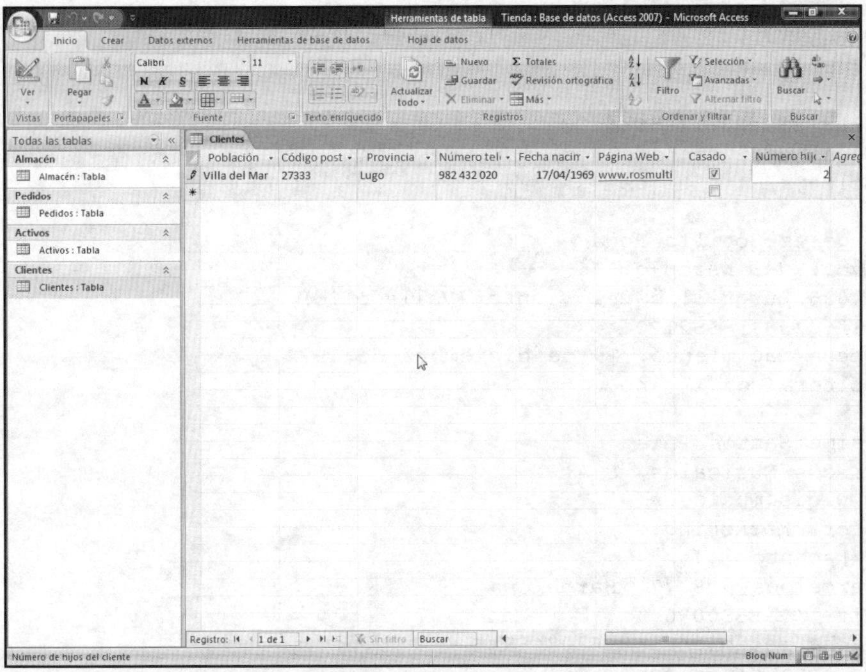

Figura 5.2. La hoja de datos tras incluir los datos del primer registro.

Introducir más datos

Vamos a seguir ahora practicando la introducción de datos. Para hacerlo, no hay más que repetir el proceso. Pruebe a introducir los cuatro clientes siguientes. Tenga en cuenta que pueden existir clientes que tengan campos en blanco y que éstos no siempre están en el orden ni en el formato apropiado.

```
Eusebio Pérez Honda
Jefe de Producción
Colchones Mullidos, S.A.
C/Libertad, 44
50011 Zaragoza
Tlf: (976) 303030
Fecha de nacimiento: 11 de enero de 1965
Casado con 3 hijos
WWW: http://www.anaya.es

Ana Rubio Caballero
Embutidos Serranos, S.L.
```

```
Web: www.regiondigital.com
Gerente
C/Colón, 2
42006 Soria
Tlf: 975-23-12-56
Fecha nacimiento: 23 de mayo de 1964
Soltera, sin hijos

Ángeles Sotillo Roda
Avda. del Naranjo, 76
47035 Burguillos del Viento (Valladolid)
Tlf: (983) 552122
Fecha nacimiento: 19 de diciembre de 1972
Soltera con 1 niño

Jaime Santos Pérez
Discos Musicales, S.A.
www.discmusic.es
Dtor. Marketing
C/Lepanto, 17
Barcelona, 08077, Barcelona
Tlf: 93-5550090
Fecha nacimiento: 16-07-65
Soltero sin hijos
```

La figura 5.3 muestra parte de estos datos introducidos. Compare los suyos con la figura para comprobar que los ha introducido correctamente. Tenga en cuenta que es interesante mantener la homogeneidad en la forma de introducir los datos. Por ejemplo, en los teléfonos, los he introducido de 3 dígitos en 3. Hay una propiedad (llamada Máscara de entrada, que nos facilitará este trabajo como ya veremos).

Truco:

Para insertar nuevos registros en una tabla, puede hacer clic en el último botón de la barra de botones de desplazamiento (llamado ***Nuevo registro****).*

Hay algunas combinaciones de teclas que facilitan la introducción de datos en las tablas. Por ejemplo:

- **Mayús-F2**. Esta combinación de tecla funciona en otras ventanas de Access (por ejemplo, a la hora de definir las propiedades de una tabla). Abre el cuadro Zoom, en el que podrá introducir o editar los datos con mucha más facilidad.

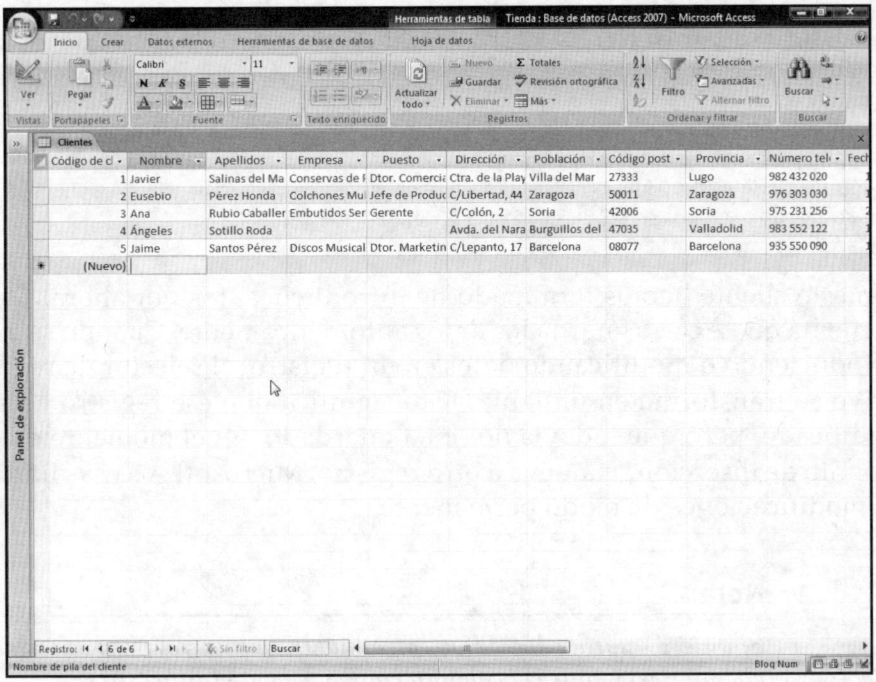

Figura 5.3. Datos de algunos clientes.

- **Control-;** (punto y coma). Inserta la fecha del ordenador en el punto de inserción.
- **Control-:** (dos puntos). Inserta la hora del ordenador en el punto de inserción.
- **Control-Alt-Barra espaciadora**. Inserta el valor predeterminado del campo en el punto de inserción. El valor predeterminado lo veremos al tratar las propiedades de los campos.
- **Control-Intro**. Inserta una línea nueva en el campo (es equivalente a un retorno de carro convencional). Si pulsa **Intro** solamente, se produce el mismo efecto que si pulsa **Tab**: el punto de inserción pasa al siguiente campo.
- **Control-+"** (comillas): la tecla de repetición. Duplica en el campo donde se encuentre el punto de inserción el contenido del mismo campo en el registro anterior.

Una vez visto todo esto, aproveche los conocimientos recién adquiridos (especialmente, la tecla de repetición) para introducir los datos de nuestro sexto cliente:

```
Fernando Santos Pérez
C/Lepanto, 17
Discos Musicales, S.A.
Vendedor
www.discmusic.es
08077 Barcelona (Barcelona)
Tlf: (93) 5550090
Fecha nacimiento: 20-7-65
Casado con 1 hijo
```

Con este cliente hemos terminado de introducir datos por ahora. Tenga en cuenta que Access guarda los datos automáticamente. Cuando se están introduciendo o modificando datos en un registro, el selector de registro activo se transforma en un lápiz. Esto significa que ese registro ha sido modificado, pero que todavía no se ha guardado. En el momento en que el punto de inserción se mueva a otro registro, Microsoft Access guardará las modificaciones de modo permanente.

Nota:

Si quiere guardar los datos introducidos en un registro antes de abandonarlo, pulse la combinación de teclas ***Mayús-Intro****.*

Esto es muy importante. Si a la hora de cerrar una ventana de un objeto (por ejemplo, cierre ahora la vista Hoja de datos de la tabla Clientes), Access le pregunta si quiere guardar los cambios, se referirá exclusivamente al modo en el que se muestra la hoja de datos, pero no a los datos en sí (que ya están a salvo almacenados).

Editar registros

Hasta ahora nos hemos limitado a introducir datos partiendo de cero. Sin embargo, tan usual como introducir datos nuevos, es modificar los antiguos. A la tarea concreta de modificar datos ya introducidos y a las demás tareas auxiliares que facilitan el mantenimiento de los datos, se les denomina *labores de edición de la tabla*.

Para editar los datos de una tabla, el primer paso consiste en abrir la hoja de datos de la tabla de nuevo. Es importante destacar que al abrir una tabla, los registros aparecen ordenados por su campo clave. En nuestro ejemplo, al ser un campo autonumérico, el orden coincidirá con el de introducción de los datos, pero si el campo clave fuera un campo numérico o de texto, este orden podría cambiar.

Modo edición y modo desplazamiento

Es muy importante que sepa que cuando se trabaja con los datos en la hoja de datos, se puede trabajar en dos modos distintos: el modo *edición* y el modo *desplazamiento*. La forma de pasar de un modo a otro consiste en pulsar la tecla **F2**.

Por omisión, siempre que use el teclado para moverse por la tabla, estará activo el modo desplazamiento, así que debe pulsar **F2** expresamente para cambiar al modo edición. En el caso de que se mueva por la tabla con el ratón, el modo que estará activo por omisión será el modo edición.

Para distinguir el modo en el que está en cada momento, fíjese en el campo que contiene el punto de inserción. Si el campo en cuestión no está seleccionado, seguro que está en modo edición. Si su contenido está seleccionado por completo (como ocurrirá en este momento si acaba de abrir la tabla), lo normal es que esté en modo desplazamiento (aunque no es seguro).

La diferencia fundamental entre estos dos modos consiste en que en modo edición podemos modificar el contenido del campo sin tener que introducir toda la información de ese campo otra vez. La otra gran diferencia entre ambos modos consiste en la distinta utilidad de las teclas de desplazamiento, que en el modo de edición se centran en el movimiento dentro del campo donde se encuentre el punto de inserción y en el modo desplazamiento se circunscriben a toda la tabla.

Veamos unos ejemplos para aclarar los conceptos. Observe que falta la información relativa al nombre de la empresa, al puesto de trabajo y a la página Web de la cliente Ángeles Sotillo Roda (registro 4). Supongamos que estos datos son los siguientes:

```
Empresa:     Refrescos Líquidos, S.L.
Puesto:      Dpto. Publicidad
Página Web:  No tiene
```

Pues bien, vamos a introducirlos. Si acaba de abrir la tabla, aparecerá resaltado el contenido del campo Código de cliente que corresponde al primer registro. En caso contrario, el selector de registro activo mostrará el registro donde se encuentre situado el punto de inserción. Utilice las teclas del cursor para desplazarse al campo Empresa del registro número 4. Observe que, a medida que vaya pasando por los diferentes campos que contienen datos, todo el contenido del campo se resalta (es el modo desplazamiento).

También puede utilizar el ratón para desplazarse al campo Empresa del registro 4, aunque en este caso entrará en modo edición directamente. No tiene más que situar el puntero del ratón en el campo y hacer clic. Si quiere desplazarse a un campo que esté fuera de la zona visible en pantalla use las barras de desplazamiento para llegar a él.

Una vez que llegue al campo Empresa del registro 4, introduzca los datos que correspondan. Cuando termine, pulse **Flecha dcha.** o **Tab** para pasar al campo Puesto. Introduzca también los datos. Si vuelve a pulsar **Flecha dcha.** o **Tab**, pasará al campo Dirección, que ya contenía datos. En cuanto entre en este campo, se resaltará todo su contenido (figura 5.4). Si ahora pulsa cualquier tecla alfanumérica, el contenido íntegro del campo desaparecerá y en su lugar aparecerá la tecla que haya pulsado. Esto se debe a que estamos en modo desplazamiento.

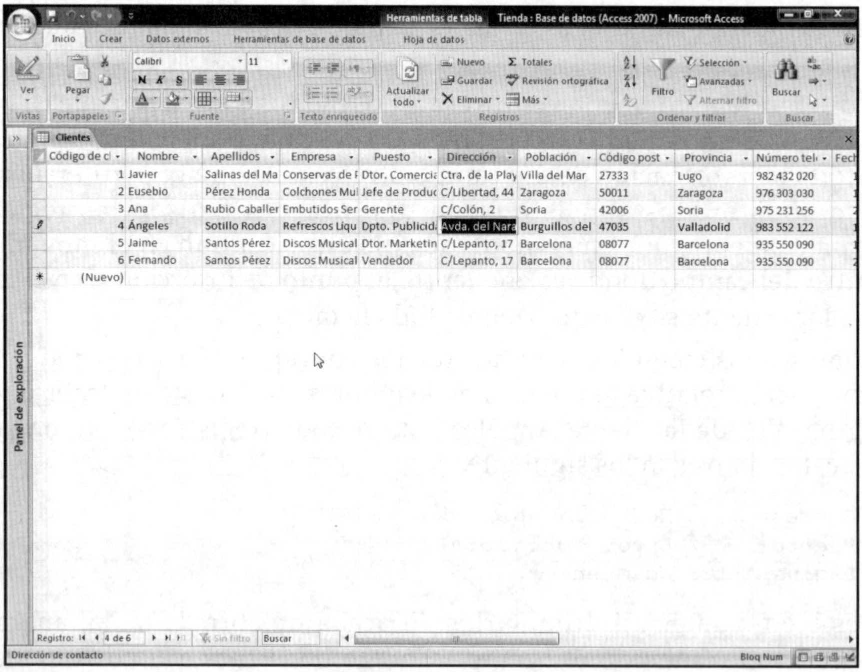

Figura 5.4. Un campo seleccionado en modo Desplazamiento tras introducir nuevos datos.

Advertencia:

*El botón **Deshacer** de la barra de herramientas de acceso rápido permite volver a la situación guardada de un registro. Si se ha equivocado, puede usarlo para recuperar sus datos, aunque perderá el trabajo realizado en dicho registro desde que se guardó por última vez.*

Imagine ahora que desea modificar el contenido del campo Población. No es necesario que lo escriba todo de nuevo. Pulse **F2** y entrará en el modo edición. Observará que desaparece el resaltado y que el punto de inserción se queda al final del contenido del campo. Ahora las teclas del cursor ya no sirven para moverse de un campo a otro, sino para moverse por el interior del campo. Como ya hemos explicado, también puede hacer clic con el ratón en el interior del campo para entrar en modo edición. En este caso, el punto de inserción aparecerá en el lugar exacto donde haya hecho clic.

Así, para cambiar el dato de este cliente y convertirlo en *Burguillos del Cerro*, pulse **F2** para pasar al modo edición (si no está ya en él). El punto de inserción aparecerá al final del campo. Si prefiere utilizar el ratón, sitúe el puntero dentro del campo y haga clic (con lo cual entra en modo edición directamente); a continuación pulse la tecla **Fin** para ir hasta el final del campo. Ahora pulse la tecla **Retroceso** varias veces hasta borrar la palabra `Viento` y seguidamente, escriba la palabra **Cerro**.

Nota:

Una vez en el modo edición, utilice las teclas de movimiento del cursor (Inicio, Fin, Flecha dcha., etc.) igual que si estuviera usando un procesador de textos.

Tenga en cuenta que si hay datos seleccionados, las teclas **Supr** y **Retroceso** borran toda la seleccion. Por ello, en modo desplazamiento, como se selecciona todo el contenido del campo cuando el punto de inserción entra en él, ambas teclas borran el contenido completo del campo. Para desplazarse rápidamente de un registro a otro, puede utilizar el cuadro Registro actual de la parte inferior de la ventana. Puede escribir el número del registro al que se quiera desplazar en dicho cuadro y luego pulsar **Intro**. Access situará el punto de inserción en el campo actual del registro que le haya indicado.

Para terminar con el trabajo, cierre la ventana de la hoja de datos de la tabla Clientes y observe que Access no pide confirmación para guardar los cambios en los datos, ya que los ha ido guardando conforme se han realizado.

Campos que no se pueden editar

Tanto las hojas de datos de la tabla, como los formularios pueden contener campos que no es posible editar; esto es, a los que no se puede cambiar su valor. Esos campos son los siguientes:

- *Campos de tipo Autonumérico*. Como ya se ha explicado, Access introduce automáticamente el valor de estos campos.
- *Campos calculados*. El dato contenido en estos campos es el resultado de algún tipo de operación efectuada con datos de otros campos.
- *Campos de algunos tipos de consultas*. Algunas consultas de selección devuelven "instantáneas" que no se pueden editar.
- *Campos bloqueados, desactivados o en un formulario de sólo lectura*. Al analizar las propiedades, veremos que hay algunas que permiten bloquear algunos objetos. Los controles de un formulario que tengan el valor Sí en la propiedad Bloqueado, el valor No en la propiedad Activado o el valor No en la propiedad Permitir Edición no se podrán editar.
- *Campos en registros bloqueados o en una base de datos bloqueada*. Si trabaja en una red, otro usuario ha podido bloquear un registro de la tabla. En tal caso no será posible editar los datos de ese registro hasta que el otro usuario lo desbloquee. El objetivo es evitar que dos usuarios puedan modificar un dato de un mismo registro a la vez, lo cual provocaría que uno de los dos cambios no surtiera efecto.

Resumen

Al igual que ocurre con el resto de objetos de una base de datos de Access, hay varias formas distintas de ver las tablas (que se llaman vistas). La vista Diseño es la que usamos en los capítulos anteriores para definir los campos de la tabla (y para crearla, por tanto), mientras que la vista Hoja de datos sirve principalmente para introducir datos en la tabla.

Una vez introducidos los datos en una tabla, se pueden modificar en cualquier momento mediante la hoja de datos de la tabla (también veremos cómo hacerlo usando los formularios más adelante). Es esencial que recuerde que al modificar datos, hay dos modos de trabajar: el modo Edición y el modo Desplazamiento.

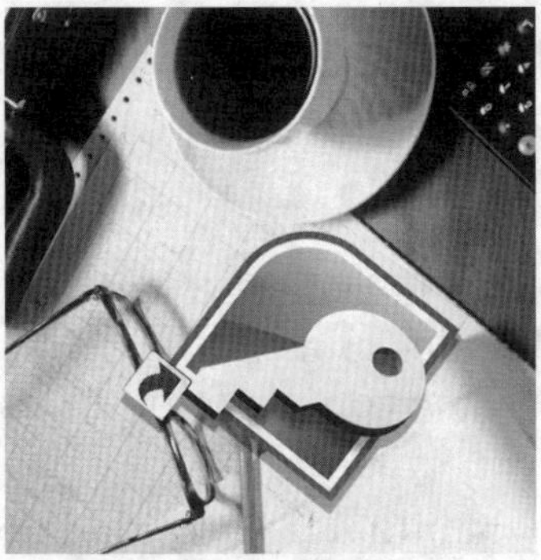

Capítulo 6

Operaciones básicas con los datos

En este capítulo aprenderá:

- A usar el Portapapeles de Windows.
- A seleccionar datos, antes de llevar a cabo cualquier otra operación.
- A sacar partido a las operaciones de copiar, cortar y pegar datos.
- A copiar y cortar campos y registros completos.
- A buscar datos en las tablas.
- A reemplazar datos de manera automática.
- A ordenar los datos de las tablas de forma distinta a la normal.
- A modificar la apariencia de la hoja de datos.
- Por qué Access corrige automáticamente el texto que tecleamos.

Copiar, cortar, pegar y borrar datos de las tablas

En el capítulo anterior, vimos la forma de utilizar la hoja de datos de una tabla para introducir y corregir los datos introducidos. Sin embargo, hay muchas otras operaciones que se pueden llevar a cabo con los datos de las tablas.

Por ejemplo, al trabajar con tablas, suele ser muy habitual la necesidad de copiar y mover datos, tanto dentro de la propia tabla como entre tablas distintas. También es frecuente que surja la necesidad de borrar datos de una tabla. Afortunadamente, Access pone a disposición del usuario un amplio abanico de posibilidades que facilitan enormemente la realización de estas tareas.

Todos los procedimientos que veremos en los siguientes apartados se basan en el mismo esquema de funcionamiento:

1. Se seleccionan los datos que se desean copiar, mover o eliminar.
2. Se copian los datos en el *Portapapeles*, quedando intacto el original si se desea copiarlos (a esto se le denomina *Copiar*), o borrando el original si se desea moverlos (a esto se le denomina *Cortar*).
3. En el caso de que se desee eliminar los datos, éstos se borran sin que pasen por el Portapapeles (a esto se le denomina *Eliminar*).
4. En el caso de que se estén copiando o moviendo datos, éstos se pegan desde el Portapapeles a su nueva ubicación (lo que se denomina *Pegar*).

Una vez que los datos se pegan en su nueva posición, sigue existiendo una copia de ellos en el Portapapeles, por lo que es posible volver a pegarlos tantas veces como sea necesario.

Nota:

El Portapapeles es un área de memoria intermedia que utiliza Windows para almacenar los elementos que se copian o pegan en las distintas aplicaciones. Es muy útil para compartir información entre aplicaciones.

En las primeras versiones de Access, el Portapapeles se borraba cada vez que se realizaba una nueva copia o que se cortaba algún otro elemento.

En la actualidad, el Portapapeles recuerda hasta 24 elementos copiados o cortados.

El Portapapeles

En la versión 2007 de Access, el Portapapeles aparece en la Cinta de opciones. En concreto, se encuentra en la ficha Inicio. Si hace clic sobre la flecha de dicha sección, Access mostrará el Panel de tareas Portapapeles (véase la figura 6.1).

Elementos en el Portapapeles

Haga clic para abrir el Panel de tareas Portapapeles

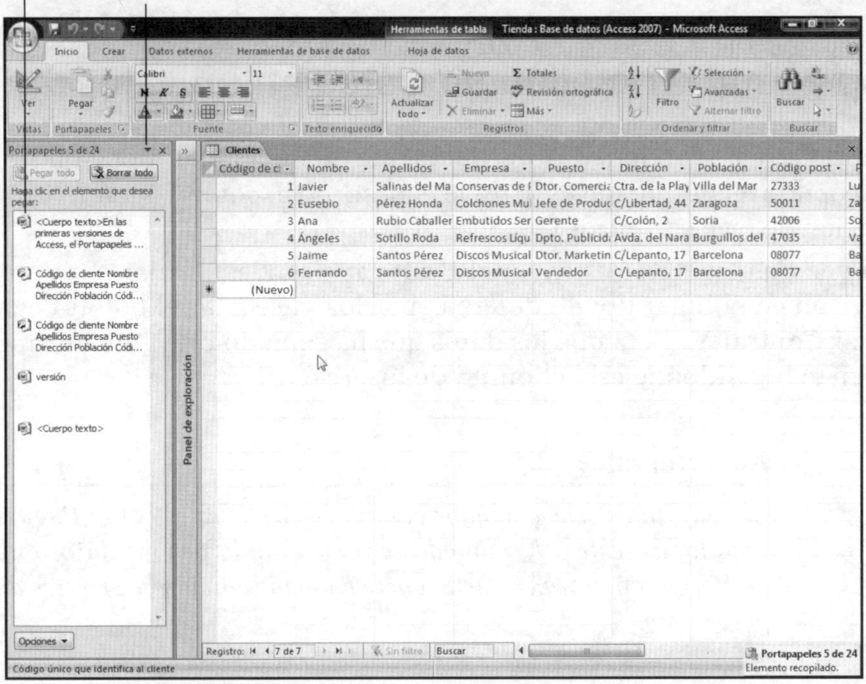

Figura 6.1. Sección Portapapeles de la ficha Inicio.

La figura 6.1 muestra El Panel de tareas Portapapeles con cinco elementos. Observe que hay dos de Access y tres de Word.

Para pegar un elemento desde el Portapapeles, solamente tiene que situar el puntero del ratón sobre la posición deseada y, a continuación, hacer clic sobre dicho elemento.

Seleccionar los datos

El primer paso antes de copiar, mover o eliminar datos es seleccionarlos. Seleccionar los datos consiste en indicar a Access que se fije temporalmente en unos datos determinados. Los datos seleccionados se identifican porque aparecen en la pantalla resaltados.

Hay dos formas principales de seleccionar datos en Access 2007 (y, en general, en cualquier otro programa del entorno Windows): usando el ratón o el teclado. Si se utiliza el ratón, sólo hay que arrastrar el puntero del ratón sobre los datos que se quieren seleccionar mientras se mantiene pulsado el botón del ratón. Con el teclado, hay que mantener pulsada la tecla **Mayús** mientras se desplaza el punto de inserción usando las teclas del cursor.

Copiar, mover o eliminar datos en un campo

Cuando estén seleccionados los datos que quiera copiar, tiene que crear una copia en el Portapapeles, para lo cual se usa el botón **Copiar** (o la combinación de teclas **Control-C**).

Una vez que los datos estén en el Portapapeles, debe situar el punto de inserción en el lugar donde quiere copiarlos y ejecutar el botón **Pegar** o pulsar **Control-V**. Verá que los datos que ha copiado previamente aparecen en el lugar donde está el punto de inserción.

Advertencia:

*Si tiene datos seleccionados cuando hace clic en el botón **Pegar**, todo lo que esté seleccionado será sustituido por los datos que esté pegando. Para evitarlo, entre en modo edición (**F2**) antes de pegar datos.*

El procedimiento para mover los datos (en lugar de copiarlos) es idéntico, solamente con una salvedad. En el primer paso, en lugar de pulsar el botón **Copiar**, hay que usar el botón **Cortar** (o la combinación de teclas **Control-X**). Cuando lo haga, observará que los datos que tenía seleccionados desaparecen.

Eliminar datos es más sencillo, ya que sólo tiene que seleccionar los datos que quiere eliminar y, a continuación, pulsar la tecla **Supr**.

Copiar o mover varios campos

Es posible copiar datos de varios campos a la vez e, incluso, todos los datos de una o varias columnas completas (es decir, todos los datos de uno o varios campos). El procedimiento es el siguiente:

1. Seleccione los campos o columnas que quiera copiar o mover.
2. Haga clic en el botón **Copiar** de la Cinta de opciones si quiere copiar los datos, o el botón **Cortar** si quiere moverlos.
3. Seleccione el campo o campos de destino. Debe tener en cuenta que si los datos copiados incluyen más campos que el área de destino seleccionada, Access no pegará los datos adicionales. De la misma manera, si el área de destino seleccionada contiene más campos que los datos seleccionados, Access no pegará ningún dato en los campos que sobren.
4. Haga clic en el botón **Pegar**.

Copiar, mover o eliminar registros

Access también ofrece la posibilidad de copiar o mover registros completos de una tabla, en lugar de la información contenida en un único campo. El procedimiento es el mismo:

1. Seleccione el registro o los registros que quiera copiar o mover.
2. Haga clic en el botón **Copiar** si quiere copiar los registros, o en el botón **Cortar** si quiere moverlos.
3. Si quiere reemplazar algunos registros por los que está copiando o moviendo, seleccione los registros que desea sustituir y luego haga clic en el botón **Pegar**.

Nota:

Si quiere añadir los registros que está copiando o moviendo al final de la tabla, despliegue el botón ***Pegar*** *de la Cinta de opciones y seleccione la opción* Pegar datos anexados.

Para eliminar registros, primero selecciónelos y, a continuación, pulse la tecla Supr. Siempre que elimine un registro, Access pedirá confirmación (figura 6.2).

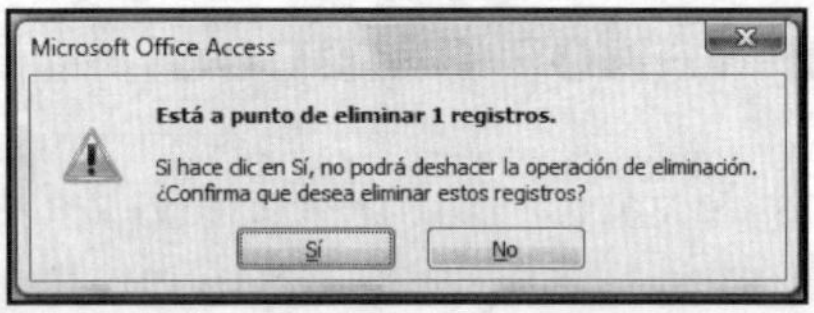

Figura 6.2. Access pide confirmación antes de eliminar.

Copiar y mover datos entre tablas distintas

Cuando se usan los botones **Copiar** o **Cortar** se origina un duplicado de los datos seleccionados en el Portapapeles. Los datos permanecerán en el Portapapeles aunque cierre una base de datos o Access. Por tanto, antes de pegar los datos, podemos abrir otra tabla distinta a aquella de la que proceden esos datos.

Al copiar registros de una tabla a otra, deberá tener en cuenta una serie de factores:

- Access pega los campos en el mismo orden en el que estaban en la tabla original. Da igual que los nombres de los campos de la tabla original y de destino sean distintos, lo que importa es el orden de los campos.
- Si la tabla de origen tiene más columnas que la de destino, Access no pegará los datos de los campos extra.
- Si la tabla de origen tiene menos columnas que la de destino, Access deja en blanco los campos extra de la tabla de destino.

De la misma manera que pegamos datos de una tabla a otra, también podemos pegar datos de una tabla a otra que esté en una base de datos distinta. El procedimiento es el mismo, con la diferencia de que, antes de pegar los datos, hay que abrir la base de datos en la que se encuentre la tabla de destino y, en ella, abrir la tabla que nos interese usar.

Problemas al pegar los datos

Habrá ocasiones, cuando copie y pegue registros de una tabla a otra, en las que se producirán errores motivados porque Access no habrá podido completar la operación de pegado con éxito. Hay varios motivos que pueden producir estos errores:

- El dato que pretende pegar no es compatible con el tipo de datos del campo (por ejemplo, tratar de pegar un dato alfanumérico en un campo numérico).

- El dato que pretende pegar es más grande que el límite del campo.
- El dato que pretende pegar provoca la duplicación de un campo de la clave principal (o en otro campo definido también como Indexado sin duplicados).
- El dato que pretende pegar no cumple alguna de las propiedades limitadoras de los datos que se pueden introducir en un campo (como veremos, esas propiedades son Regla de validación, Máscara de entrada, Requerido y Permitir longitud cero).

Siempre que se produzca algún error al pegar, Access creará una tabla llamada *Errores de pegado* y situará en ella los datos que no haya podido pegar en la tabla de destino. Por tanto, siempre que haya errores es conveniente que estudie esa tabla para que pueda determinar los problemas que los originaron. Corrija los problemas y complete la operación.

Buscar datos

Nuestra tabla de ejemplo tiene pocos registros. Sin embargo, lo normal en el mundo real es que una tabla presente cientos e, incluso, incluso miles de registros. En esos casos, las labores de mantenimiento serían bastante complejas si no dispusiésemos de alguna herramienta que nos permitiera localizar rápidamente los registros que queremos actualizar.

Imagínese que un cliente de nuestra empresa llamado Rodríguez Luengo ha cambiado de domicilio. La labor de cambiar el domicilio es sencilla: hay que editar el campo Dirección como ya sabemos. Pero, si la tabla tiene 600 registros, ¿cómo encontraremos a este cliente de manera rápida?

Para llevar a cabo esta función de búsqueda, Access pone a nuestra disposición la herramienta Buscar. Esta herramienta permite localizar cualquier registro a partir del contenido de cualquiera de sus campos. En el ejemplo anterior, bastaría con decirle a Access que buscase los apellidos *Rodríguez Luengo* en el campo *Apellidos*.

El empleo de la herramienta Buscar es muy sencillo y consta de los siguientes pasos:

1. Situar el punto de inserción en el campo en el que deseamos que busque Access (en cualquier registro, pero en ese campo).
2. Hacer clic en el botón **Buscar** situado en la sección Buscar de la Cinta de opciones.

3. Cuando se abra el cuadro de diálogo Buscar y reemplazar, introducir los datos que se quieren localizar en el cuadro Buscar y hacer clic en el botón **Buscar siguiente**. Access buscará la primera aparición de los datos que se hayan indicado.

Por ejemplo, la figura 6.3 muestra el resultado de buscar un cliente cuyos apellidos sean Sotillo Roda. Una vez encontrado el dato, si quiere continuar buscando por el resto de la tabla, pulse el botón **Buscar siguiente**.

Truco:

*Después de cerrar el cuadro de diálogo Buscar y reemplazar, podrá buscar de nuevo el último dato buscado pulsando la combinación de teclas **Mayús-F4**.*

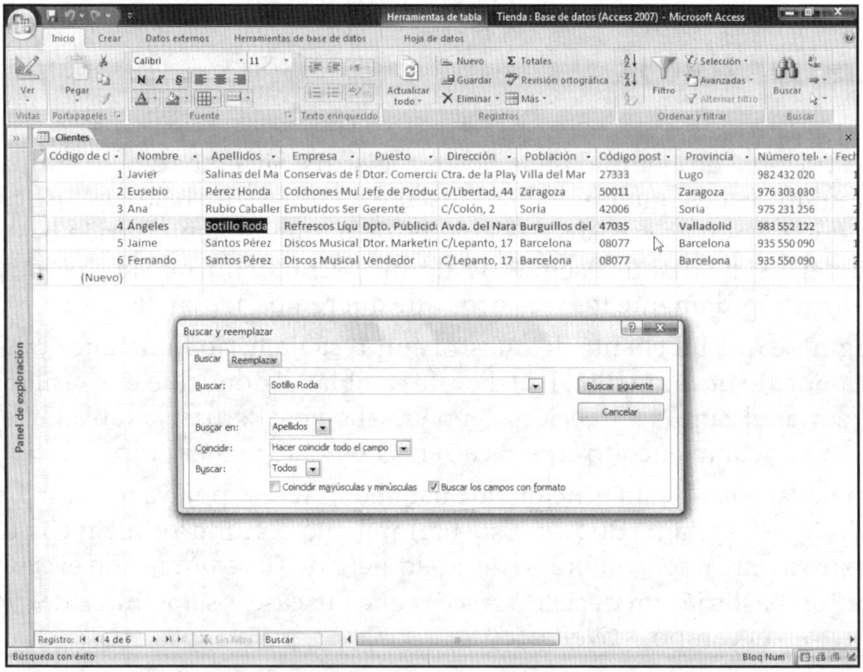

Figura 6.3. Access tras encontrar el dato buscado.

Opciones

Observe que el cuadro de diálogo Buscar y reemplazar no ha desaparecido de la pantalla una vez que Access ha encontrado al cliente que estábamos buscando. Imagine que en la tabla hay más de un registro cuyo campo Apellidos contiene los datos que estamos buscando. Puede ocurrir que deseemos que Access siga buscando y nos lleve hasta el siguiente registro que contenga esos datos. Para evitar que tengamos que volver a pulsar una y otra vez el botón **Buscar**, Access deja abierto el cuadro de diálogo. En cuanto hayamos finalizado la búsqueda no tenemos más que seleccionar el botón **Cerrar** o **Cancelar** y Access lo cerrará.

Además del cuadro de texto Buscar, el cuadro de diálogo Buscar y reemplazar presenta una serie de opciones que permiten controlar mejor el proceso de búsqueda:

- El cuadro de lista Buscar en permite indicar a Access que busque sólo en el campo seleccionado o en toda la tabla.
- En el cuadro de lista Coincidir ha de indicar si quiere que la cadena de búsqueda tenga que coincidir con todo el contenido del campo, con cualquier parte del campo o bien con el comienzo del mismo.
- El cuadro de lista desplegable Buscar permite indicar los registros en los que se quiere realizar la búsqueda. Si selecciona la opción Todos, Access buscará el dato en el campo seleccionado de todos los registros. Sin embargo, seleccionando Arriba (o Abajo) Access buscará el dato en el campo seleccionado de todos los registros anteriores (o posteriores) a aquél en el que situaste el punto de inserción antes de iniciar la búsqueda.
- Si activa la casilla de verificación Coincidir mayúsculas y minúsculas, Access tendrá en cuenta si las letras están en mayúsculas o en minúsculas para determinar si ha encontrado el patrón. Así, si indica a Access que busque *Casa*, no encontrará ni *CASA* ni *casa*.
- Buscar los campos con formato. Finalmente, active esta casilla de verificación cuando quiera que, al realizar la búsqueda, coincida no sólo el dato, sino también el formato en el que aparece.

Caracteres comodín

Los caracteres comodín son caracteres especiales que facilitan las labores de búsqueda. Su nombre proviene del hecho de que estos caracteres actúan como los comodines en un juego de naipes: sustituyen a cualquier carácter que nos interese.

Estos caracteres comodín son similares a los que se emplean en otros programas y, por tanto, es fácil que le resulten conocidos.

Si quiere una amplia información sobre los tipos y usos de los caracteres comodín, acuda a la ayuda. Por ahora, lo único que debe saber es que el carácter ? reemplaza a un carácter de la búsqueda, mientras que el asterisco (*) reemplaza a varios.

De este modo, si escribe **ca?a**, Access encontrará *cara, casa* y *cata*. Si escribe **car***, Access encontrará *cara, caras, cartas, caretos, carros*, etcétera.

Buscar y reemplazar

En ocasiones, la búsqueda de datos se realiza con el fin de modificar los datos encontrados. Para facilitar esta labor, Access proporciona el botón **Reemplazar** en la misma sección Buscar de la Cinta de opciones (ficha Inicio).

El comando Reemplazar no es más que una extensión del comando Buscar (de hecho, comparten el mismo cuadro de diálogo) y, por tanto, para usarlo es conveniente conocer el funcionamiento de éste.

Su utilidad consiste en buscar (igual que antes) unos datos determinados y, una vez encontrados, reemplazarlos automáticamente por otros que se indiquen. Por ejemplo, puede situar el punto de inserción en el campo Dirección, buscar el texto *nº* y sustituirlo por *número*.

Para usar el comando Reemplazar sitúe el punto de inserción en el campo en el que desee realizar la búsqueda (en nuestro ejemplo, el campo Apellidos) y haga clic en el botón **Reemplazar**. A continuación, aparecerá el cuadro de diálogo Buscar y reemplazar, pero con la ficha Reemplazar activa (figura 6.4), cuyo título indica el campo por el que se busca.

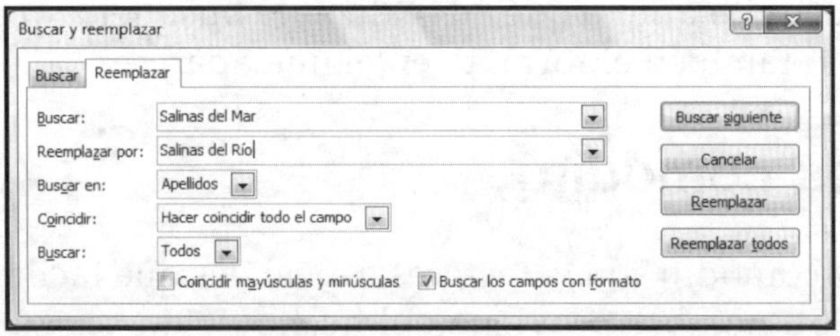

Figura 6.4. Ficha Reemplazar tras encontrar el texto buscado.

Las únicas diferencias que podemos encontrar entre esta ficha y la ficha Buscar son las siguientes:

- Tiene que introducir en el cuadro de texto Reemplazar por el dato que debe reemplazar al que está buscando. Si lo deja en blanco, Access eliminará el dato buscado.
- Al hacer clic en el botón **Buscar siguiente**, Access localiza la cadena de texto buscada y, al encontrarla, la resalta sin cerrar el cuadro de diálogo (figura 6.4).
- El botón de comando **Reemplazar** reemplaza el dato que ha encontrado. Pulse el botón **Buscar siguiente** para dejar el texto encontrado como está y continuar la búsqueda por la tabla.

Nota:

Al llegar una búsqueda o sustitución al final de la tabla, Access puede preguntar si desea volver a empezar desde el principio.

- Si hace clic en el botón **Reemplazar todos**, sustituirá todas las apariciones del patrón que esté buscando sin pedir confirmación.

La figura 6.4 muestra un ejemplo en el que se busca el dato *Salinas del Mar* en el campo Apellidos para sustituirlo por *Salinas del Río*.

Ordenar los datos

Como ya sabemos, en la hoja de datos de la tabla, los registros aparecen en el orden definido por el campo clave. Sin embargo, es posible ordenar los registros de una tabla según el contenido de cualquier campo (excepto de aquellos que son de tipo Memo u Objeto OLE) y hacerlo tanto en sentido ascendente como descendente.

Nota:

Sentido ascendente quiere decir que los datos se ordenan de la A a la Z y del 0 al 9, mientras que si el sentido es descendente los datos se ordenan de la Z a la A y del 9 al 0.

Hay una sección en la Cinta de opciones (en la ficha Inicio) que se llama Ordenar y filtrar. Esta sección contiene los botones necesarios tanto para ordenar como para filtrar los datos.

Por ejemplo, para ordenar registros de una tabla (o de un formulario), seleccione el campo por que el que desea realizar la ordenación y haga clic en los botones **Ascendente** o **Descendente** de la Cinta de opciones, según desee clasificar los datos en un orden u otro.

Por ejemplo, la figura 6.5 muestra la tabla Clientes ordenada ascendentemente por el campo Empresa.

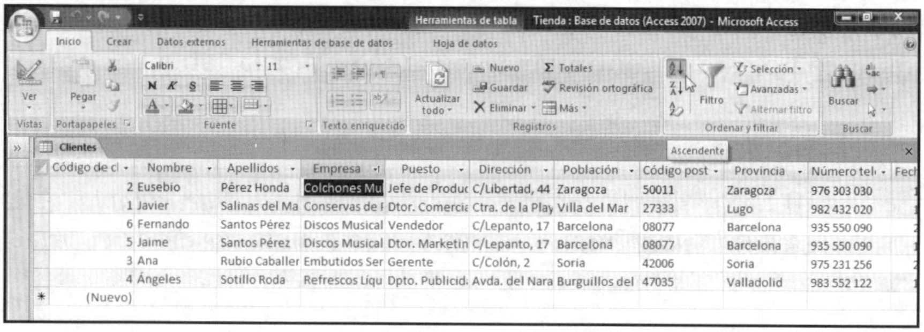

Figura 6.5. La hoja de datos tras ordenar los registros por el campo Empresa.

Puede ordenar una tabla por más de un campo a la vez. Para ello seleccione las columnas que contienen los campos por los que desea ordenar y pulse el botón correspondiente.

Tenga en cuenta que Access ordenará primero por la columna que esté más a la izquierda y luego, dentro de ésa, por la siguiente que esté a la derecha (y así sucesivamente). Por tanto, antes de seleccionar las columnas es conveniente que las mueva en la hoja de datos para situarlas en las posiciones de importancia que tendrán en la ordenación (cuanto más a la izquierda, más importante). En el apartado "Modificar la apariencia de la hoja de datos" aprenderá la manera de mover las columnas en una hoja de datos.

Los filtros

Además de buscar, reemplazar y ordenar los datos de la tabla, también es posible aplicar filtros a la misma. La idea de los filtros es mostrar en pantalla sólo aquellos registros con los que deseemos trabajar en un momento dado.

Dependiendo del tipo de filtro, es necesario que sepamos trabajar antes con consultas y con formularios, por lo que dejaremos el tema de los filtros para el capítulo 13.

Modificar la apariencia de la hoja de datos

Para terminar este capítulo, vamos a ver las opciones de Access para modificar y personalizar la apariencia de la hoja de datos. Para analizarlas, usaremos la hoja de datos de la tabla Clientes.

Tenga en cuenta que los cambios introducidos en la hoja de datos permanecerán así hasta el momento de cerrar la ventana correspondiente. En ese momento, Access preguntará si quiere conservar esas modificaciones. Responda **Sí** para que la próxima vez que use la tabla aparezca con el mismo aspecto que tenga en este momento, o **No** si quiere que la tabla recupere su aspecto original.

Si realiza pruebas para ir comprobando el efecto de las diversas opciones que se explican en los siguientes apartados, recuerde responder **No** cuando Access pregunte si quiere guardar los cambios realizados al cerrar la hoja de datos de la tabla.

Nota:

Algunas de las técnicas aprendidas en este capítulo son también aplicables a otras vistas de otros objetos, como la vista Diseño de la tabla o las vistas de consultas.

Puede guardar la apariencia de la hoja de datos en cualquier momento haciendo clic sobre el botón **Guardar** de la barra de herramientas de acceso rápido.

Cambiar la apariencia de la cuadrícula de la hoja de datos

Si desea cambiar la apariencia general de la hoja de datos, haga clic en la flecha de la sección Formato de la Cinta de opciones. Entonces aparecerá el cuadro de diálogo Formato de hoja de datos, tal como se ilustra en la figura 6.6.

Las opciones de este cuadro de diálogo sirven para modificar la apariencia de la cuadrícula de la hoja de datos, definir si se quiere usar relieve o no, permite quitar la cuadrícula, cambiar el color de fondo y de la cuadrícula, etcétera.

A medida que haga cambios en este cuadro de diálogo, el efecto conseguido aparecerá en el recuadro Ejemplo. Cuando esté satisfecho del efecto conseguido haga clic en **Aceptar**.

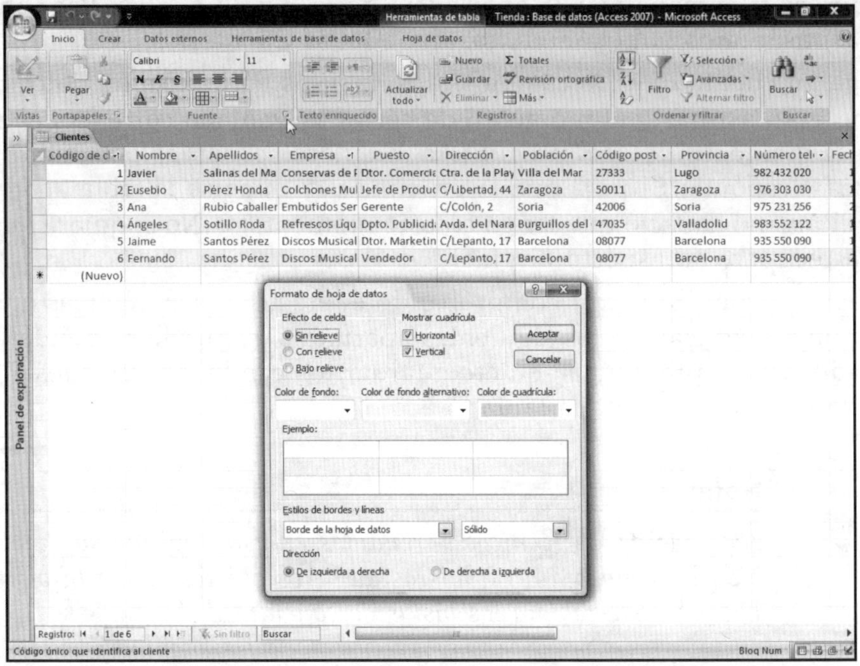

Figura 6.6. Cuadro de diálogo Formato de hoja de datos.

Ancho de las columnas y alto de las filas

La forma más sencilla de modificar el ancho de una columna de la hoja de datos o el alto de una fila (registro) consiste en usar el ratón. Si quiere cambiar la anchura de una columna, sitúe el puntero del ratón en el límite derecho del selector de columna de la columna cuya anchura quiere modificar. Verá que el puntero del ratón se convierte en una flecha de dos puntas. En ese momento, pulse el botón izquierdo y arrástrelo hacia la derecha (si quiere aumentar la anchura) o hacia la izquierda (si quiere disminuirla).

Truco:

Para ajustar la anchura de la columna exactamente a los datos que contiene, haga doble clic con el ratón en el borde derecho del selector de la columna.

Del mismo modo, si quiere aumentar la altura de una fila, sitúe el puntero del ratón en el borde inferior de la fila que quiera modificar y, cuando se convierta en una flecha de doble punta, haga clic y arrastre hacia arriba o hacia abajo (según quiera disminuir o aumentar dicha altura). Al aumentar la altura de un registro, Access distribuirá el texto de los campos en varias líneas (si es posible), para disminuir el ancho necesario para ver el contenido completo de los campos.

Si necesita tener un control exacto del ancho de una columna, haga clic con el botón secundario en dicha columna y seleccione la opción *Ancho de columna*. En el cuadro de diálogo que aparece (figura 6.7), introduzca la nueva anchura en el cuadro de texto *Ancho de columna* y pulse **Aceptar**.

Si quiere que la columna recupere su anchura inicial, active la casilla de verificación *Ancho estándar* y seleccione **Aceptar**. Si prefiere que el ancho de la columna se ajuste a la del dato más ancho que contiene, haga clic en el botón **Ajuste perfecto**.

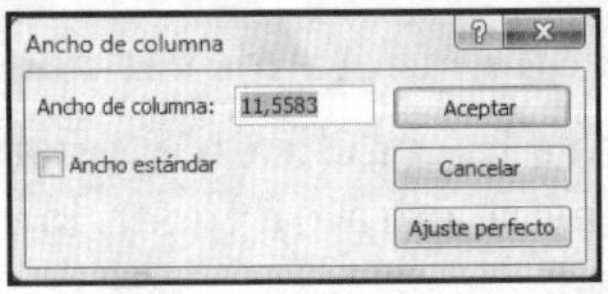

Figura 6.7. Cuadro de diálogo Ancho de columna.

En el caso de la altura de una fila, haga lo mismo pero haciendo clic con el botón secundario sobre el selector de fila. Selecciones la opción Alto de fila. Cuando aparezca el cuadro de diálogo Alto de las filas, introduzca la altura nueva en el recuadro Alto de las filas y seleccione **Aceptar**. Tenga en cuenta que esta acción afecta a todas las filas de la hoja de datos, y no a las filas individuales, como en el caso de las columnas. Si quiere que las filas recuperen su altura inicial, active la opción Alto estándar y pulse **Aceptar**.

Cambiar el título de la columna

Ya hemos dicho que el título de una columna no es más que el valor que tenga la propiedad `Título` (que veremos en un capítulo próximo) del campo que representa dicha columna. Sin embargo, para cambiar el título de una columna, no es necesario que modifique dicha propiedad y vuelva a abrir la hoja de datos.

Es posible cambiar el nombre de una columna usando el comando Cambiar nombre de columna del menú emergente que aparece al hacer clic con el botón derecho sobre el selector de columna. Tras seleccionar este comando, aparecerá seleccionado el nombre de la columna. Sólo tiene que teclear el nuevo nombre y ya está.

Advertencia:

Esta operación tan sencilla en realidad cambia el nombre del campo (y no su título) en la vista Diseño de la tabla, por lo que no la utilice a menos que desee realmente modificar dicho nombre.

Cambiar el orden de las columnas

Modificar el orden en el que aparecen las columnas en la hoja de datos es muy sencillo y consta de dos pasos:

1. Seleccione la columna que quiera mover haciendo clic en su selector.
2. A continuación, vuelva a hacer clic en el mismo selector de columna y, sin soltar el botón, arrastre el ratón hasta la nueva posición.

Observe que, a medida que mueve la columna, aparece una línea vertical de trazo grueso (figura 6.8). Esa línea indica el lugar donde se colocará la columna si suelta el botón del ratón en ese momento.

Inmovilizar y liberar columnas

Inmovilizar una columna produce el efecto de que esa columna esté visible en todo momento, aunque utilice la barra de desplazamiento horizontal para moverse a otra zona de la tabla. Esto es muy útil cuando necesitamos ver permanentemente en la pantalla algún campo de la tabla.

Para inmovilizar una columna, haga clic con el botón secundario sobre el título de la columna y en el menú emergente seleccione la opción Inmovilizar columnas. Verá que esa columna se sitúa a la izquierda de la hoja de datos a la vez que aparece una línea negra vertical a su derecha. La columna permanecerá allí aunque se desplace a la parte derecha de la tabla. Puede inmovilizar tantas columnas como desee (y se puedan ver en la pantalla).

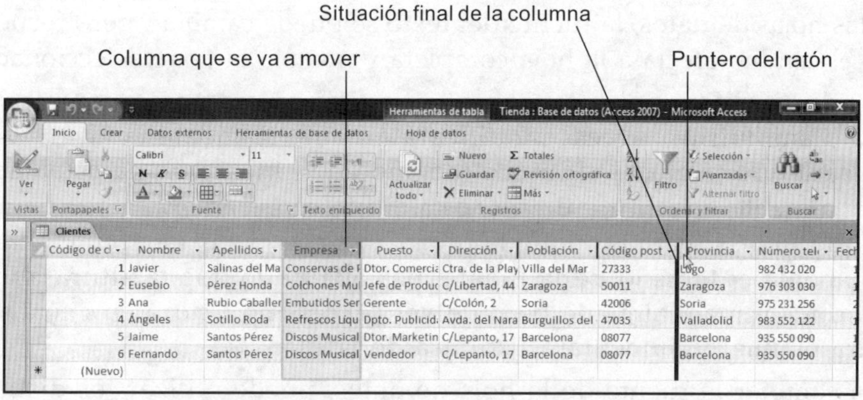

Figura 6.8. Mover columnas arrastrándolas.

Para liberar las columnas, use la opción Liberar todas las columnas del mismo menú emergente. Observe que las columnas no recuperan su posición original en la tabla, sino que se quedan a la izquierda. Use el procedimiento de mover columnas para volver a poner las columnas liberadas en la posición adecuada.

Ocultar y mostrar columnas

Esta opción permite que algunas de las columnas de la hoja de datos desaparezcan temporalmente de la vista. Esto es muy útil cuando hay más columnas en la hoja de datos de las que caben en la pantalla, lo que provoca que algunas no se vean. Para ocultar una columna, haga clic con el botón derecho sobre su selector y, en el menú emergente, seleccione Ocultar columnas. Verá que la columna desaparece de la hoja de datos.

Para volver a hacer visible alguna columna que haya ocultado, seleccione la opción Mostrar columnas del mismo menú emergente (utilice otra columna, ya que la anterior no se verá). Aparecerá el cuadro de diálogo Mostrar columnas con una lista de todos los campos de la tabla. Los campos visibles aparecen en la lista con una marca a su casilla de verificación y los ocultos sin marca. Active la marca de los campos que desee ver y desactive la marca de los que desee ocultar. Al terminar, haga clic en **Cerrar**.

Cambiar la fuente del texto

La fuente del texto determina la apariencia de éste en la pantalla. Puede hacer que las letras sean más grandes, que estén en negrita, en cursiva, etc.

En las hojas de datos, la fuente del texto se puede cambiar, pero recuerde que el cambio afecta a la hoja completa y no sólo al texto seleccionado.

Cuando modifique el tamaño de la fuente (ya sea para aumentarlo o para disminuirlo), Access modificará automáticamente la altura de la fila para que se ajuste al nuevo tamaño de la fuente. Si ha establecido manualmente una altura de fila, esta altura representará la altura mínima que Access fijará (aunque la fuente sea más pequeña). Sin embargo, si aumenta el tamaño de la fuente más allá de lo que la altura que ha introducido manualmente permite ver, Access no tendrá en cuenta esa altura manual y aumentará la altura de la fila.

Para cambiar la fuente de la hoja de datos, puede utilizar los distintos botones existentes en la sección Fuente de la Cinta de opciones. Si ha utilizado Word o cualquier otro procesador de textos, no necesitará que le explique qué hace cada uno de estos cuadros. Los más importantes son:

- Cuadro Fuente. Seleccione la fuente (o tipo de letra) que quiera usar en la hoja de datos.
- Los botones **Negrita**, **Cursiva** y **Subrayado** permiten aplicar estos estilos a los textos existentes en la hoja de datos.
- Los botones **Alinear texto a la izquierda**, **Centrar** y **Alinear texto a la derecha** sirven para que el texto en la hoja de datos aparezca centrado en cada columna, alineados a la izquierda o alineados a la derecha.
- Los botones **Color de fuente** y **Color de fondo o de relleno** permiten seleccionar un color para la fuente o para el fondo de la hoja de datos, respectivamente.
- Como ya se indicó, la flecha de esta sección abre el cuadro de diálogo Formato de hoja de datos. Para comprobar el efecto de lo que vaya seleccionando, mire el recuadro Ejemplo. Cuando haya terminado, pulse el botón **Aceptar**. Los resultados que obtendrá pueden llegar a ser un tanto "escandalosos".

Autocorrección

Para terminar con la introducción de datos mediante la hoja de datos, hay una utilidad que Access proporciona y que ahorra gran cantidad de tiempo a la hora de corregir nuestros errores de tecleo. Esta herramienta, llamada Autocorrección, se utiliza tanto en la hoja de datos de las tablas como en la vista Formulario de los formularios.

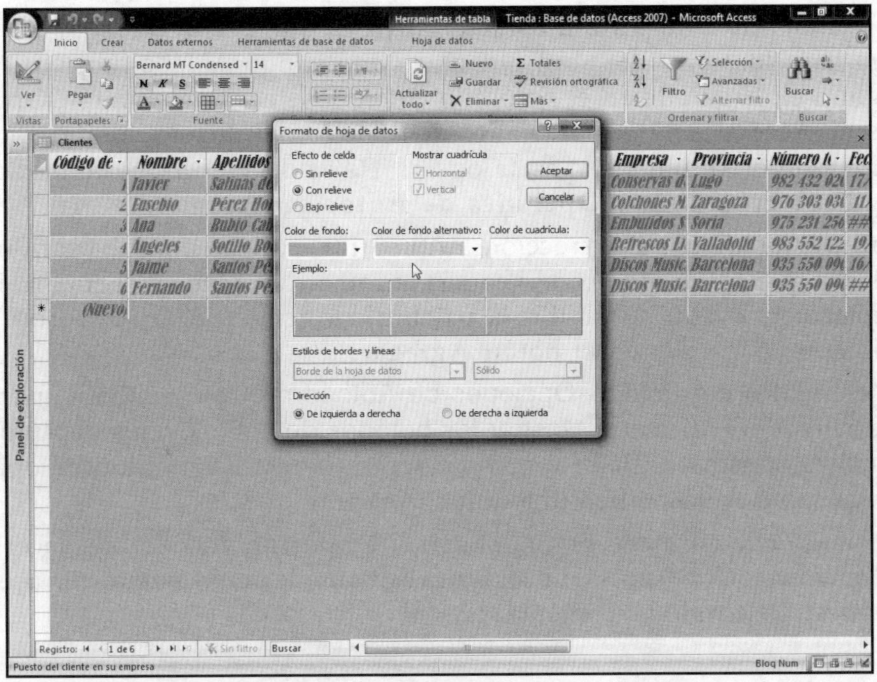

Figura 6.9. Cuadro de diálogo Formato de hoja de datos, con un ejemplo al fondo.

Mediante la Autocorrección, Access corrige de manera automática los errores de tecleo más comunes. Por ejemplo, si escribe "qeu" en lugar de "que", Access corregirá este error directamente. Del mismo modo, notará que conforme introduce algunas palabras en los campos, Access los corrige automáticamente (les añade la tilde, introduce alguna letra en mayúscula, etcétera).

La autocorrección realiza cinco acciones:

- Evita la introducción de dos mayúsculas seguidas.
- Detrás de un punto, incluye una letra mayúscula. Esta opción es la "culpable" de que al introducir **Ctra. de la Playa** en el primer registro, Access lo convirtiera en *Ctra. De la playa*.
- Poner en mayúsculas los nombres de días, que no tiene mucho sentido, ya que en castellano no es correcto.
- Corregir errores por la pulsación involuntaria de **Bloq Mayús**.
- Reemplaza una palabra que se le indique que está mal por otra que esté bien escrita.

La ventaja de esta última característica es que puede personalizarla. Para hacerlo, tiene que abrir el cuadro de diálogo Autocorrección. Para llegar a él, haga clic en el botón de Office y seleccione el botón **Opciones de Access**. Aparece el cuadro de diálogo del mismo nombre. En la parte izquierda, haga clic en la opción Revisión y en la parte derecha, haga clic en el botón **Opciones de Autocorrección**.

Para personalizar la corrección automática, sólo tiene que escribir la palabra que desee que Access corrija automáticamente en el cuadro Reemplazar y, después, escribir la palabra correcta en el cuadro Con. Finalmente, haga clic en el botón **Agregar**.

En el cuadro de diálogo Opciones de Autocorrección, también aparece la casilla de verificación Mostrar los botones de las opciones de Autocorrección. Si esta casilla está activa, Access muestra un botón de opciones cada vez que realiza una autocorrección.

Haciendo clic en dicho botón, se tiene la oportunidad de "deshacer" la autocorrección de Access. En la figura 6.10 puede ver este botón en acción en nuestro ejemplo ya comentado.

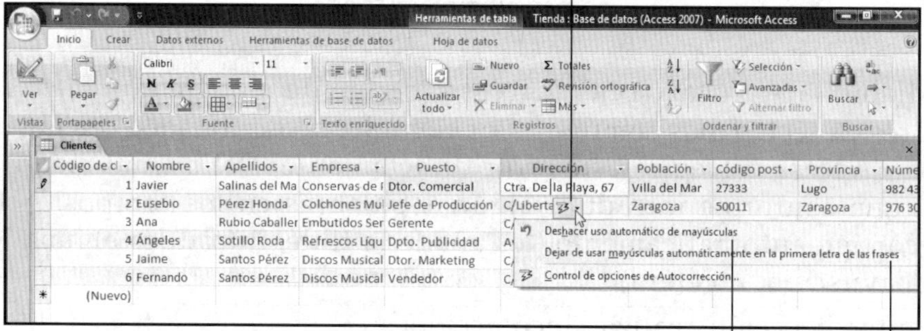

Figura 6.10. Botón Opciones de Autocorrección en acción.

Nota:

Puede realizar una corrección ortográfica del contenido de las tablas en cualquier momento utilizando el botón Revisión ortográfica *de la sección* Registros *de la Cinta de opciones (en la ficha* Inicio*).*

Resumen

Hay operaciones que ahorran gran cantidad de tiempo a la hora de trabajar con los datos de Access. Entre ellas, destacan las operaciones de copiar, cortar y pegar datos. Son operaciones propias de Windows, pero en Access es una de las aplicaciones en las que adquieren mayor relevancia. El Panel de tareas Portapapeles está diseño específicamente para llevar a cabo estas operaciones.

Además de modificar los datos, Access también permite cambiar la apariencia de la hoja de datos que los alberga. De ese modo, es posible cambiar el algo de las filas, el ancho de las columnas, moverlas de sitio, cambiar la fuente, etcétera. La gran importancia de aprender a realizar estas operaciones es que se llevan a cabo igual en otros elementos de las bases de datos de Access (como la ventana de diseño de las consultas).

El botón **Buscar** permite localizar datos concretos en las tablas de manera rápida y automática. A su vez, el botón **Reemplazar** permite, no sólo localizarlos, sino también cambiarlos.

Capítulo 7

Propiedades e índices

En este capítulo aprenderá:

- El concepto de propiedades de los campos.
- A modificar la propiedad de un campo.
- Las características básicas de las propiedades principales de los cuadros de texto: Título, Nombre, Formato, Lugares decimales, etcétera.
- A usar la ficha Búsqueda de las propiedades de los campos.
- El concepto de índice y su utilización.
- A usar las propiedades de las tablas.
- A usar las propiedades de las bases de datos.

Las propiedades de los campos

A lo largo de los capítulos anteriores, hemos creado tres tablas (dos desde la vista Diseño y otra usando una plantilla). En ese proceso, hemos visto que los campos tienen tres características básicas que sirven tanto para identificar al propio campo como a los datos que puedan contener: el nombre, el tipo de datos y la descripción (aunque ésta última es opcional).

Sin embargo, éstas no son las únicas características que se pueden definir para un campo. Access permite determinar con más exactitud el aspecto y el comportamiento de un campo, y con ello nos proporciona gran flexibilidad y potencia a la hora de construir tablas. La forma de definir estas características y comportamiento es usar las denominadas *propiedades de los campos.*

Recordará que la vista Diseño de la tabla estaba dividida en dos partes (figura 7.1). La parte superior se utiliza para introducir esas características básicas de las que hablábamos en el párrafo anterior. Por su parte, en la parte inferior, es donde se introducen las propiedades de los campos.

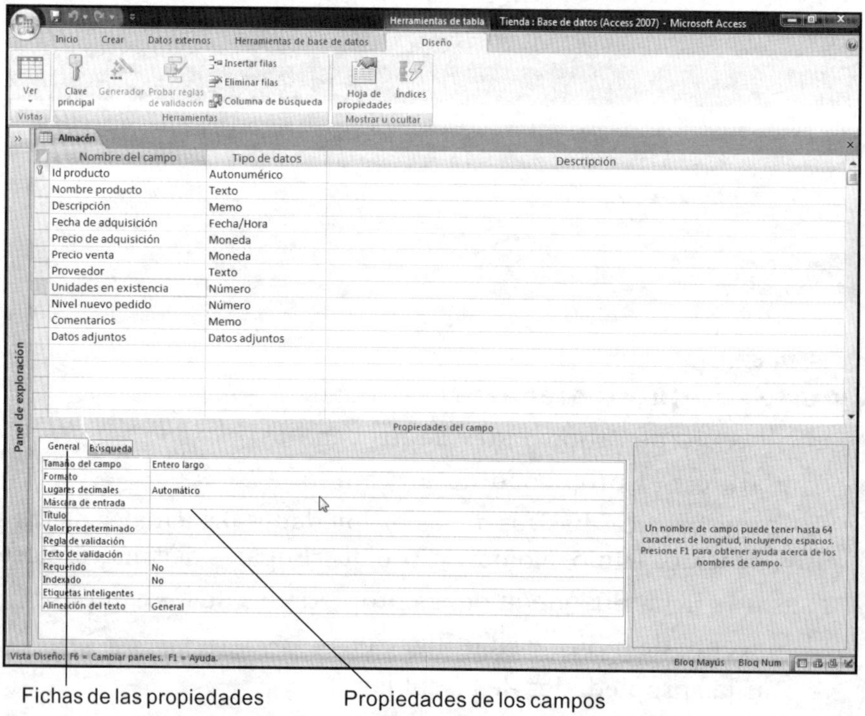

Figura 7.1. Vista Diseño de la tabla de ejemplo.

Como puede ver, en la parte inferior hay dos fichas. La primera de ellas, General, se utiliza para definir las propiedades. La segunda, Búsqueda, se utiliza para predeterminar el tipo de *control* que albergará al campo; lo veremos más adelante.

La tabla 7.1 muestra los nombres de las propiedades principales que pueden adoptar los campos y su función.

Tabla 7.1. Función de las propiedades de los campos.

Propiedad	Función
Tamaño del campo	Determina el número de caracteres que puede contener un campo de texto. En los campos de tipo numérico sirve para determinar el número más grande que se podrá introducir en ese campo.
Formato	Permite mostrar los datos (por ejemplo fechas y números) con un formato determinado.
Lugares decimales	Determina el número de cifras decimales que aparecerán cuando se use un formato con los campos Número y Moneda.
Máscara de entrada	Obliga a que los datos introducidos en un campo se ajusten a un formato determinado.
Título	Especifica el nombre que se usará en los formularios y en los informes, en lugar del propio nombre del campo.
Valor predeterminado	Valor que tomará el campo por omisión cuando se agregue un nuevo registro a la tabla.
Regla de validación	Determina las condiciones que debe cumplir el dato que se quiere introducir en el campo para ser aceptado.
Texto de validación	Establece el texto del mensaje que aparecerá si el dato que se pretende introducir en el campo no cumple la regla de validación.
Requerido	Indica que es obligatorio introducir un dato en el campo.
Permitir longitud cero	Permite que se guarden cadenas de longitud cero en un campo de tipo Texto, Memo o Hipervínculo.
Indexado	Determina si este campo será un índice de la tabla (para acelerar las búsquedas).
Etiquetas inteligentes	Las etiquetas inteligentes permiten realizar acciones especiales que normalmente implican el uso de algún otro programa, como añadir o modificar datos a Microsoft Outlook. No las vamos a ver aquí.

Además, dependiendo del tipo de datos, hay otras propiedades que pueden aparecer, como Modo IME o Modo de oraciones IME. En el libro veremos las más importantes y que se utilizan más a menudo.

Advertencia:

No todas las propiedades aparecen en todos los tipos de campos. Por ejemplo, no tiene sentido usar la propiedad Lugares decimales *en un campo que albergue texto.*

Establecer las propiedades de un campo

Ahora que conoce la utilidad de las propiedades principales, puede utilizar los siguientes pasos: para establecer el valor de las propiedades de un campo:

1. Abra la vista Diseño de la tabla.
2. Haga clic en el campo al que quiere modificar sus propiedades. En la parte inferior izquierda de la ventana de diseño de la tabla aparecen las propiedades aplicables al campo que está seleccionado con sus valores actuales.
3. Haga clic sobre la propiedad que quiere introducir o modificar y, a continuación, introduzca el valor que desee para esa propiedad.
4. Cuando haya terminado de introducir las propiedades, seleccione el botón **Guardar** de la barra de herramientas de acceso rápido (o cierre la ficha de la tabla y responda **Sí** a la pregunta de si desea guardar los cambios).

Cuando haga clic sobre una de las propiedades (en el paso 3 de la secuencia anterior), algunas veces aparecerá uno o dos botones a la derecha de dicha propiedad. En ese caso:

- Si el botón es una flecha que apunta hacia abajo, indica que esa propiedad tiene asociado un cuadro de lista desplegable. Si hace clic en la flecha, se abrirá la lista desplegable con todas las opciones posibles de esa propiedad. Puede seleccionar el valor para la propiedad de dicha lista.
- También puede aparece un botón que muestra unos puntos suspensivos. Ese botón se denomina Generador y su función es la de activar un generador de Access que simplificará la definición de esas propiedades.

Truco:

*Si desea contar con más espacio en la pantalla cuando esté introduciendo el valor de una propiedad, pulse **Mayús-F2**. Se abrirá el cuadro de diálogo* Zoom*, dónde podrá trabajar con más comodidad.*

Las propiedades de los campos se pueden modificar en cualquier momento, pero tenga en cuenta que si modifica alguna de ellas cuando ya haya introducido datos, se pueden producir pérdidas de información.

Obtener más información sobre cada propiedad

Aunque veamos a continuación algunos ejemplos de uso de propiedades aplicados a nuestra tabla de ejemplo, es conveniente que sepa cómo obtener más información sobre una propiedad.

No está de más que cuando dude, acuda a la ayuda, como vimos en el capítulo 2. Para obtener ayuda sobre una propiedad concreta, pulse la tecla **F1** y escriba el nombre de la propiedad en el cuadro Buscar.

Por ejemplo, una de las propiedades más complicadas de usar es la Máscara de entrada. La parte izquierda de la figura 7.2 muestra el resultado de pulsar **F1** y teclear **máscara de entrada** en el cuadro Buscar. Haga clic en la primera opción y obtendrá ayuda (parte derecha de la figura 7.2).

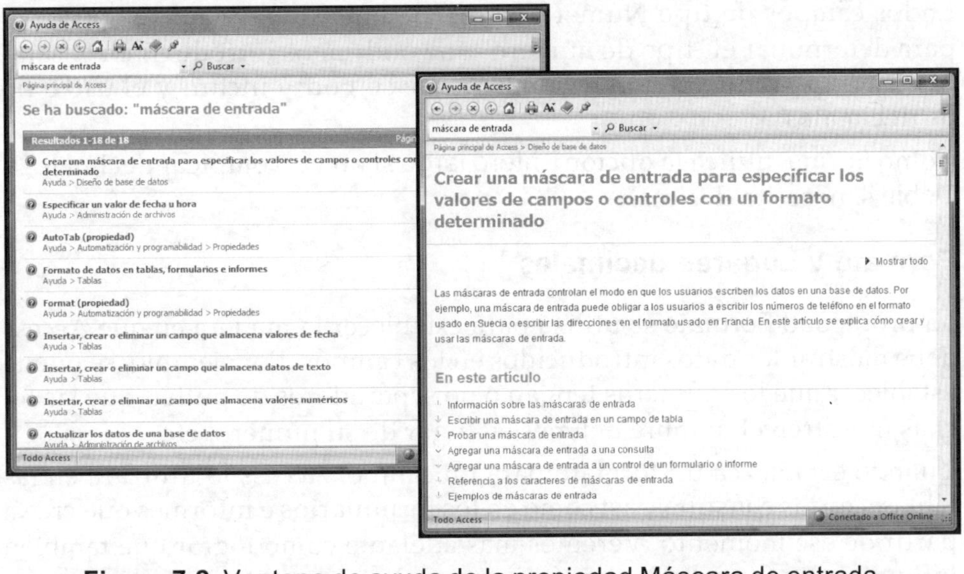

Figura 7.2. Ventana de ayuda de la propiedad Máscara de entrada.

A continuación, vamos a analizar brevemente estas propiedades, dejando para un apartado determinado la aplicación de estas propiedades a nuestras tablas de ejemplo.

Tamaño del campo

La propiedad Tamaño del campo se puede establecer en los campos de tipo Texto y de tipo Número (bueno, también en los Autonuméricos). En los de tipo Texto esta propiedad determina el número máximo de caracteres que podrá introducir en el campo. El valor máximo es 255 y el valor por omisión (el que se aplica si no se indica otro) es 50; es decir, podrá introducir un máximo de 50 caracteres en el campo.

Truco:

Puede utilizar esta propiedad para evitar que se produzcan errores durante la introducción de datos. Por ejemplo, si está introduciendo fichas de artículos en una tabla de inventario y sabe que el código del artículo (que va a introducir en un campo de tipo Texto) tiene como máximo 10 caracteres de longitud, puede limitar el tamaño del campo a 10 para evitar introducir un código más largo.

En los campos de tipo Número, la propiedad Tamaño del campo sirve para determinar el "tipo de número" que podremos introducir en el campo. Este tipo limita el número mayor que se podrá incluir y el uso o no de decimales.

Como norma, utilice la opción Entero largo si no va a emplear decimales y Doble si necesita decimales.

Formato y Lugares decimales

La propiedad Formato se utiliza para establecer la manera en que Access debe mostrar los datos introducidos en los campos. Por ejemplo, se puede establecer que los números tengan o no separadores de millar, que las fechas muestren el nombre del mes en lugar de su número, etc.

Cuando establezca un formato para un campo, Access lo utilizará en las tablas y en las consultas, así como en los formularios e informes que cree a partir de ese momento. Veremos más adelante cómo lograr que también influya en los formularios e informes creados anteriormente.

Para establecer esta propiedad, podemos emplear dos tipos de formatos diferentes:

- *Predefinidos* (proporcionados por Access). Algunos tipos de campo (Número, Fecha/Hora, Moneda, Autonumérico y Sí/No) presentan una serie de formatos predefinidos. Si no se indica nada en la propiedad Formato, Access utilizará uno de los formatos predefinidos denominado *General* para presentar los datos (por ejemplo, en los campos numéricos, muestra los números sin formato alguno).
- *Personalizados* (creados por uno mismo) mediante unas reglas sencillas.

Por tanto, los formatos predefinidos son aquéllos que Access proporciona por omisión para ser usados en los campos Número, Fecha/Hora, Moneda, Autonumérico y Sí/No. Al situar el punto de inserción la propiedad Formato de uno de estos tipos de campos, aparecerá una flecha a la derecha del cuadro de la propiedad. Haga clic en dicha flecha para ver los formatos predefinidos del tipo de campo del que se trate. La figura 7.3, por ejemplo, muestra los formatos predefinidos de un campo Moneda.

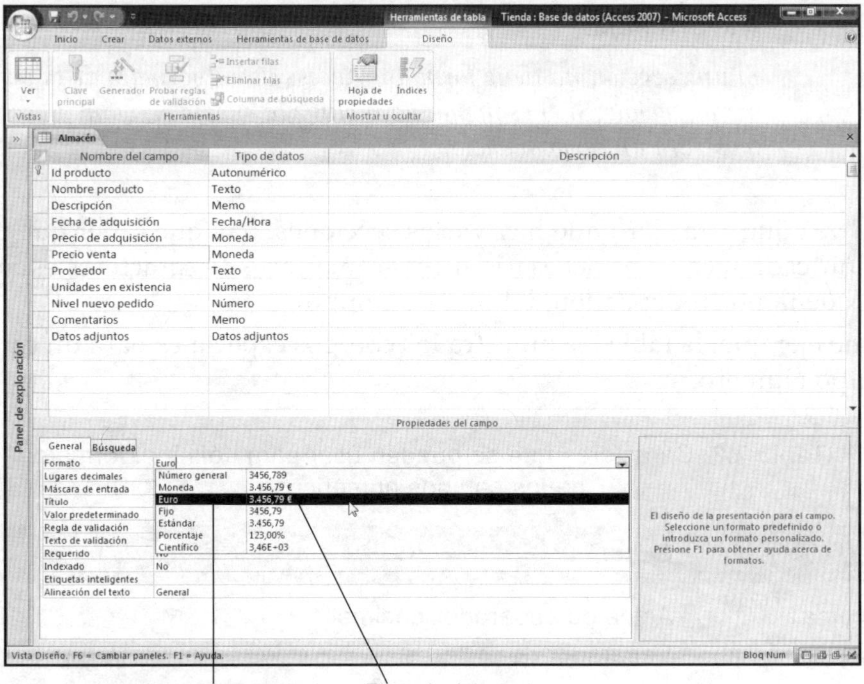

Nombre del formato predefinido   Ejemplo de su uso

Figura 7.3. Formatos predefinidos de un campo Moneda.

Advertencia:

Si al usar los formatos predefinidos relacionados con números o con monedas, no obtiene los valores propios de su país, debe ir a la sección Reloj, idioma y región *del Panel de control de Windows Vista (u* Opciones regionales *si utiliza Windows XP) y comprobar que está bien configurada.*

En lo referente a los formatos personalizados de los campos, hay que proporcionarle a Access un esquema con varias secciones, separadas entre ellas por un punto y coma. Dependiendo del tipo de campo, habrá más o menos secciones, pero siempre están separadas por punto y coma. Por ejemplo, en los campos de tipo Número, hay 4 secciones:

- La primera sección para los números positivos.
- La segunda, para los negativos.
- La tercera, para los que tengan valor cero.
- La cuarta, para los que no tengan ningún valor (el campo esté vacío).

Advertencia:

Si una sección no tiene formato, Access usa el formato de la primera sección. Si el esquema no incluye la cuarta sección, Access mostrará un espacio vacío.

Una vez que está claro que hay varias secciones, hay que saber que para definir cada sección es necesario utilizar una serie de caracteres especiales (que también dependen del tipo de campo).

Como ejemplo, la tabla 7.2 muestra los códigos especiales para un campo de tipo Número.

Tabla 7.2. Caracteres que se pueden usar para definir el formato de los campos numéricos.

Carácter	Función
, (coma)	Actúa de separador decimal.
. (punto)	Separador de millares.
0	En la posición en la que se incluya un 0, aparecerá cualquier dígito o un 0.

Carácter	Función
#	En este caso, aparece un dígito o nada.
$	Muestra un carácter de dólar ($).
% (porcentaje)	Multiplica el valor del campo por 100 y le añade el signo de porcentaje a su derecha.
E– o e–	Indica que se emplee la notación científica. Añade un signo menos (–) junto a los exponentes negativos.
E+ o e+	Es similar al anterior, pero en el caso de los exponentes positivos, añade un signo más (+).

Además de los códigos particulares para los campos de tipo numérico (tabla 7.2), hay una serie de códigos generales que se pueden usar en los formatos personalizados de cualquier tipo de datos y que se muestran en la tabla 7.3.

Tabla 7.3. Códigos usados para definir formatos personalizados en campos de cualquier tipo.

Código	Función
(Espacio)	Muestra un espacio.
"ABC"	Muestra los caracteres que estén entre las comillas.
!	Fuerza la alineación a la izquierda, en lugar de la alineación a la derecha (que es la que actúa por omisión).
•	Rellena el espacio disponible con el carácter que venga a continuación.
\	Muestra el carácter que haya a continuación.
[*color*]	Muestra la sección en el color indicado entre los corchetes (Negro, Azul, Verde, Cian, Rojo, Magenta, Amarillo, Blanco).

Los formatos de los campos de tipo Numérico y Moneda están muy relacionados con otra propiedad de los campos que se denomina Lugares decimales. Esta propiedad sirve para determinar el número de cifras decimales que aparecerán cuando se muestre un número; admite dos configuraciones:

- **De 0 a 15.** Aparecerán tantas cifras decimales como se indique, sin tener en cuenta las que se especifiquen en el formato.

- **Automático.** Aparecerá el número de cifras decimales predeterminadas para cada formato. En los formatos personalizados, las que estén definidas en el propio formato.

Nota:

Para ver las posibilidades de formatos personalizados en los campos de tipo Texto, Memo, Fecha/Hora y Sí/No, utilice la ayuda de Access 2007.

Máscara de entrada

La propiedad Máscara de entrada está especialmente pensada para aquellos casos en los que la información que se va a introducir en un campo sigue siempre el mismo formato (o muy parecido). Por ejemplo, en España todos los códigos postales se componen de cinco números; es fácil utilizar una máscara de entrada que obligue al usuario a introducir siempre cinco dígitos en este campo.

Además, esta propiedad también permite intercalar caracteres entre los datos que se van a rellenar. Luego, podrá decidir si quiere almacenar esos caracteres junto con los datos introducidos por el usuario o no.

Esta propiedad, por tanto, asegura que el usuario introducirá exactamente los datos precisos, en el formato correcto y del tipo adecuado (impidiendo, por ejemplo, que el usuario introduzca una letra en el código postal). Además, la propiedad Máscara de entrada también se puede utilizar para proteger de una mirada inoportuna información confidencial (como una contraseña). Para ello basta con que establezca el valor *Contraseña* en la propiedad; todos los datos introducidos aparecerán como asteriscos (*).

Para crear una máscara de entrada, siga estos pasos:

1. Haga clic en la propiedad Máscara de entrada.
2. Haga clic en el botón de la derecha (que muestra tres puntos suspensivos) para abrir el cuadro de diálogo Asistente para máscaras de entrada (figura 7.4).
3. Seleccione la máscara de entrada que desee usar en la lista de la izquierda y haga clic en el botón **Siguiente**.
4. En la siguiente ventana del asistente, podrá cambiar la máscara si así lo desea e, incluso, indicar el carácter usado para indicar al usuario de

la tabla cuántos caracteres ha de teclear. Si hace clic en el cuadro Probar, podrá probar el funcionamiento de la máscara antes de seguir.

5. Cuando esté contento con la máscara, pulse el botón **Siguiente** y, para terminar, haga clic en el botón **Finalizar**.

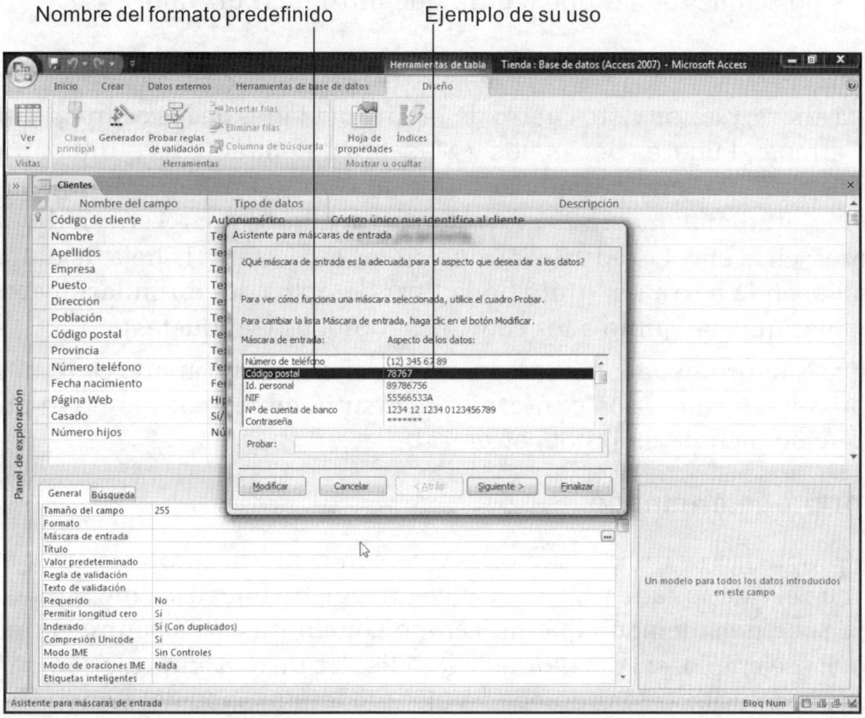

Figura 7.4. Asistente para máscaras de entrada para el campo Código postal.

Al terminar los pasos anteriores, aparecerá la máscara creada en la propiedad Máscara de entrada. Si el Asistente no le fuera totalmente útil, también puede crear la máscara desde cero. En ese caso, haga clic en la propiedad Máscara de entrada y escriba la máscara de forma similar a como vimos en los formatos personalizados. En el caso de la máscara, se crea usando una serie de códigos especiales distribuidos en tres partes:

1. La primera parte (hasta el primer punto y coma) representa precisamente la máscara de entrada. En la ayuda de Access encontrará explicados los códigos que puede usar.
2. La segunda parte del esquema (entre los dos puntos y coma) sirve para indicar a Access si deseamos que los caracteres literales utilizados en

la máscara (por ejemplo, unos guiones) se almacenen en el campo junto con los datos introducidos por el usuario. Los valores posibles son 0 (para que sí se guarden) y 1 (para que no).

3. En la tercera parte (tras el segundo punto y coma), se define el carácter de marca de posición. Este carácter es el que aparece en cada una de las posiciones en las que tendrá que introducir un valor.

Título

Hasta ahora, hemos visto cuatro de las propiedades de los campos: Tamaño, Formato, Lugares decimales y Máscara de entrada. La quinta propiedad es el Título, que permite adjuntar al campo un texto o etiqueta (de una longitud máxima de 255 caracteres) que luego aparecerá en diversos lugares: en el encabezado del campo cuando se está en la hoja de datos de la tabla, en la barra del título de la hoja de datos del formulario y en las etiquetas que hay junto a los controles (botones y etiquetas).

Utilice esta propiedad cuando desee que el campo no aparezca representado en los formularios e informes con su nombre (porque no le guste, porque no incluya una tilde, etcétera).

Valor predeterminado

Esta propiedad se utiliza para que Access introduzca automáticamente un valor en el campo cada vez que se cree un registro nuevo. Es muy útil cuando se sabe de antemano que un campo contendrá casi siempre el mismo dato. Por ejemplo, si la mayoría de los clientes de una empresa son de Madrid, puede utilizar la propiedad Valor predeterminado del campo Población para que Access introduzca automáticamente "Madrid" en ese campo.

En el momento en que lo necesite podrá editar y modificar ese dato (como vimos en el capítulo 5). La finalidad de esta propiedad es, evidentemente, la de ahorrar tiempo a la hora de introducir los datos.

Además de usar un valor constante como valor predeterminado, también se pueden usar valores variables. Para utilizar datos variables en lugar de constantes es necesario introducir una expresión en lugar de un valor. Esta expresión puede contener funciones, referencias a otro campo y valores constantes. En el capítulo 10 se tratan las expresiones con mayor profundidad.

Regla de validación y Texto de validación

Hay muchas ocasiones en las que se conoce de antemano los límites entre los que deben estar los valores que se pueden introducir en un campo. Un ejemplo puede ser el campo Fecha de nacimiento de nuestra tabla Clientes. Si en un campo debe introducirse la fecha de nacimiento de un cliente no sería adecuado que, por error, se introdujese en ese campo un texto o un número. La comprobación de que el tipo de datos introducido en un campo se corresponda con el tipo de datos que el campo pueda albergar la realiza Access automáticamente. Así, por ejemplo, Access no permitirá que en un campo de tipo Fecha/Hora se introduzca un texto.

Sin embargo, si el campo es de tipo Fecha/Hora, el usuario podrá introducir cualquier fecha. Aunque sea lógico pensar que ningún cliente habrá nacido antes de 1900, ni después de la fecha del día, Access no puede controlar automáticamente esos límites.

La propiedad Regla de validación permite establecer las condiciones que debe cumplir el dato que se pretende introducir para que sea admitido en el campo. Estas condiciones se introducen mediante una expresión. Las expresiones permiten a Access comprobar que la fecha introducida, por ejemplo, está entre 1900 y el día de hoy, y si no lo está, rechazar su introducción en el campo.

Nota:

Como las expresiones pueden ser muy complejas, las veremos en el capítulo 10. Eso sí, debe saber que si establece la propiedad Regla de validación *en un campo de una tabla que ya contenga datos, Access preguntará si desea comprobar los datos existentes para ver si cumplen la nueva regla.*

Asociada a la propiedad Regla de validación existe también la propiedad Texto de validación, cuyo objeto consiste en informar al usuario (cuando introduce un valor ilegal) de los límites que establece la propiedad Regla de validación.

Volvamos al ejemplo del campo Fecha de nacimiento de nuestra tabla Clientes. Si introducimos, en la propiedad Regla de validación, la expresión **>=#01/01/1900# Y <=Fecha()**, indicamos que la fecha ha de estar entre el uno de enero de 1900 y la fecha de hoy. Cuando un dato no cumpla la regla de validación, Access no permitirá introducir ese dato.

Pues bien, la propiedad Texto de validación permite especificar un comentario que aparecerá en la pantalla cada vez que intente introducir un dato que no cumpla la Regla de validación (en el ejemplo, el Texto de validación podría ser: "El cliente no ha nacido todavía o es demasiado viejo"), lo que le da al usuario una explicación del motivo por el que no se puede introducir ese dato.

En la vista Diseño de las tablas, aparece el botón **Probar reglas de validación** en las ficha de comandos Diseño (en la sección Herramientas). Es conveniente usarlo cuando se modifican reglas de validación con el fin de comprobar que los valores ya existentes en las tablas cumplen dichas reglas. Así podrá modificar la regla o el valor y asegurarse de no haber cometido ningún error.

Requerido

Hay ocasiones en las que deseará que sea obligatorio que un campo contenga datos en todos los registros de la tabla. Para conseguirlo, sólo tiene que establecer la propiedad Requerido como Sí. A partir de ese momento, Access no permitirá que quede en blanco el campo en cuestión cuando se introduzcan registros nuevos.

Si establece el valor Sí para la propiedad Requerido en un campo de una tabla que ya contenga datos, Access preguntará si desea comprobar los datos ya existentes para ver si cumplen la nueva regla.

Permitir longitud cero

Los campos de tipo Texto, Memo e Hipervínculo presentan una propiedad, denominada Permitir longitud cero, que sirve para determinar si esos campos permitirán introducir cadenas que no contengan ningún carácter (ni siquiera espacios en blanco). Para introducir cadenas de texto de longitud cero en un campo debe escribir dos comillas (""), sin espacio entre ellas.

Por omisión, Access no permite la introducción de cadenas de longitud cero sino que, o bien el campo contiene una cadena normal, o bien lo que se almacena es el valor Nulo. Las cadenas de longitud cero y los valores nulos tienen un comportamiento distinto en algunas consultas y expresiones, por lo que esta propiedad tiene su importancia.

Propagar las propiedades del campo

En las primeras versiones de Access, cuando se realizaba una modificación en las propiedades de un campo (por ejemplo, se cambiaba el título o la descripción del mismo), dicha modificación afectaba sólo a los formularios e informes creados con posterioridad al cambio. Sin embargo, no afectaba a los formularios e informes creados previamente.

A partir de la versión 2003, Access permite realizar este cambio automáticamente. Para hacerlo, una vez modificada una propiedad de un campo, muestra un botón llamado **Opciones de actualización de propiedades**. En ese botón, aparece una opción para indicar a Access que lo haga él el cambio y ahorrar tiempo y posibilidad de error.

La ficha Búsqueda

Si volvemos la vista a la figura 7.1, recordaremos que la zona de propiedades de los campos presentaba dos fichas: General y Búsqueda. La figura 7.5 muestra la ficha Búsqueda en el campo Provincia de la tabla Clientes.

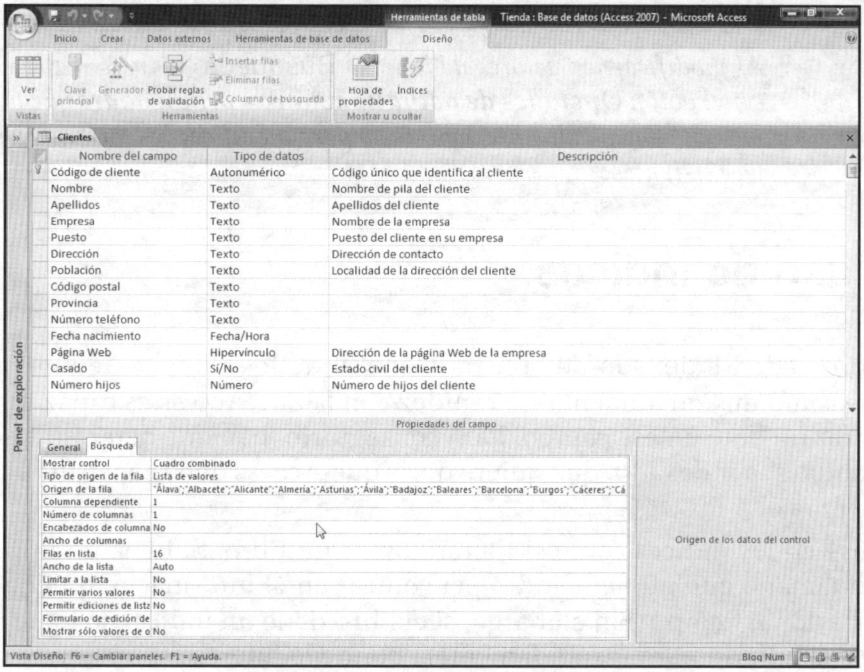

Figura 7.5. La ficha Búsqueda.

Observe los valores que se han asignado a cada una de las propiedades de esta ficha. Aunque es un poco pronto para entenderlas (veremos los controles del tipo Cuadro de lista al tratar los formularios), debe saber lo siguiente:

- La propiedad Mostrar control indica cómo va a aparecer este campo representado en los formularios y hojas de datos. Por omisión, el valor es Cuadro de texto; sin embargo, un campo se puede representar como un cuadro de lista o como un cuadro combinado (que es un cuadro de lista desplegable).
- Si se selecciona Cuadro de lista o Cuadro combinado, aparecen más propiedades con las que se puede indican, entre otras cosas, los datos que aparecerán en el cuadro de lista (o combinado).

La figura 7.5 indica que el campo Provincia se representará por un cuadro combinado con el nombre de todas las provincias españolas: Álava, Albacete, Alicante, Almería, Asturias, Ávila, Badajoz.... Veremos cómo funcionan estas propiedades al crear controles en los formularios.

Nota:

Al modificar los valores de la ficha Búsqueda*, volverá a aparecer el botón* ***Opciones de actualización de propiedades*** *que vimos en el apartado anterior. Úselo para modificar los formularios ya existentes.*

El uso de índices

La propiedad Indexado de la ficha General de los campos de una tabla tiene como misión aumentar la rapidez con la que Access es capaz de encontrar un dato en ese campo. Para conseguirlo, hay que determinar que el campo sea indexado, que quiere decir que Access debe construir un índice para él.

Piense en los índices como si fueran los de un libro. Si tiene un libro de gran tamaño que no tiene índice, encontrar en él información puede llevar bastante tiempo. Sin embargo, si el libro tiene un índice, no tiene más que consultarlo para ir rápidamente a donde le interesa.

En Access funciona de la misma manera. Cuando sepa que va a buscar datos muy a menudo por un campo (por ejemplo, la dirección de un cliente a partir de su apellido), es conveniente que indexe ese campo (en este caso, el campo Apellidos) de manera que el acceso a los datos sea más rápido.

La propiedad Indexado de Access 2007, nos permite la utilización de tres valores diferentes:

1. No. No crea un índice para este campo (o borra el que hubiera).
2. Sí (Con duplicados). Crea un índice para este campo.
3. Sí (Sin duplicados). Crea un índice para este campo que no admite valores duplicados.

La creación de un índice que no admite valores duplicados significa que Access no permitirá que se introduzca un dato que coincida con otro ya existente en el mismo campo de otro registro.

Access crea por omisión los índices en orden ascendente (es decir, de la A a la Z, o del 0 al 9). Si quiere que el índice sea descendente, abra la ventana Índices (figura 7.6.) haciendo clic en el botón **Índices** de la sección Mostrar/Ocultar de la ficha de comandos Diseño. En dicha ventana, deberá especificar el orden deseado en la columna Criterio de ordenación.

En esta ventana aparecen los nombres de todos índices creados para la tabla (incluida la clave principal), así como el campo o campos que lo componen y su orden. En la parte inferior izquierda del cuadro de diálogo también podrá ver las características del índice, que son las siguientes:

- Principal. Esta característica es propia de la clave principal de la tabla (que Access denomina *PrimaryKey*). Sólo puede haber un índice que la tenga.
- Única. Esta característica indica si el índice permitirá valores duplicados o no.
- Ignorar nulos. Esta característica permite excluir del índice los registros cuyo valor sea Nulo.

Los ajustes realizados en este cuadro de diálogo se reflejarán automáticamente en la propiedad Indexado del campo o campos (y viceversa).

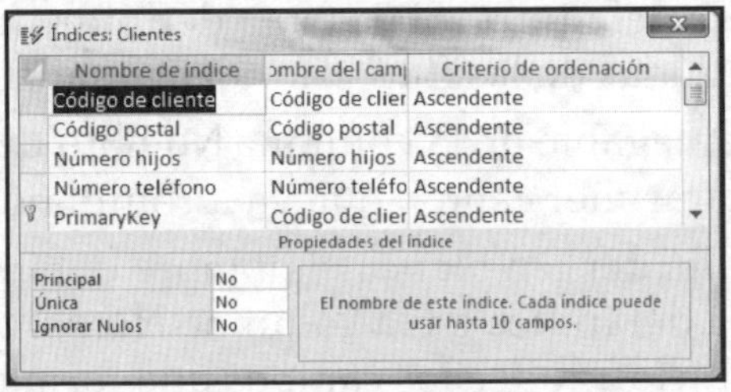

Figura 7.6. Cuadro de diálogo Índices de la tabla de ejemplo Clientes.

Si la clave principal de una tabla está basada en un solo campo, Access establece automáticamente para ese campo la propiedad Indexado (Sin duplicados), de forma que no se puedan repetir valores. Si desea que algún otro campo no pueda contener valores duplicados, establezca la propiedad del mismo modo.

Advertencia:

Puede crear tantos índices como quieras, pero tenga presente que cada vez que introduzca o modifique un valor de la tabla, Access tendrá que reorganizar el índice, lo cual lleva su tiempo. Por tanto, cree sólo los índices que realmente necesite.

Índices basados en varios campos

Habrá ocasiones en las que querrá acceder a los registros a partir de los datos de dos o más campos. El ejemplo más claro es el de buscar en el listín telefónico. En un primer momento, buscará en el listín por apellidos, y cuando haya encontrado el apellido que le interesa, buscará el nombre; habrá encontrado la persona que le interesa cuando coincidan el nombre y los apellidos. En realidad está haciendo una búsqueda en un índice basado en dos campos.

Access también permite crear índices basados en dos o más campos, pero para ello, hay que acceder al cuadro de diálogo Índices. Los siguientes pasos muestran la manera de crear índices basados en dos o más campos.

1. Abra vista Diseño de la tabla.
2. Haga clic sobre el botón **Indices** de la ficha Diseño para abrir el cuadro de diálogo Índices de la tabla (figura 7.6).
3. Haga clic en la primera fila libre de la columna Nombre de índice y escriba el nombre del índice. Si ya tenía definida una clave principal u otros índices, algunas de las filas estarán ocupadas.
4. Abra la lista desplegable de la columna Nombre del campo y seleccione el nombre del primer campo que va a componer el índice.
5. En la siguiente fila deje en blanco el nombre del índice y seleccione el siguiente campo del índice en la columna Nombre del campo. Repita este paso hasta incluir todos los campos que formarán el índice (hasta un máximo de 10 campos por índice).
6. Access selecciona por omisión Ascendente para cada campo en la columna Orden. Para utilizar el orden Descendente, selecciónelo en cada caso.

7. Para finalizar, cierre el cuadro de diálogo Índices y guarde el diseño de la tabla.

Eliminar un índice

Si desea eliminar un índice (ya sea la clave principal u otro), debe eliminar su fila o filas del cuadro de diálogo Índices. Seleccione la fila que contiene el índice (haciendo clic en el selector de filas) que deseas borrar y pulse la tecla **Supr**. Access eliminará inmediatamente el índice y actualizará la propiedad Indexado del campo o campos afectados.

Las propiedades de la tabla

Además de las propiedades de los campos individuales, también se pueden establecer otras que se aplican a toda la tabla o a registros completos. Esto se logra modificando los valores de la hoja de propiedades de la tabla (figura 7.7), a la que se accede mediante el botón **Hoja de propiedades** de la ficha Diseño. La hoja de propiedades aparece por omisión en la parte derecha de la ventana, pero puede moverla arrastrando su barra de título.

Las propiedades que se pueden establecer para una tabla (que le resultarán familiares) son las siguientes:

- Descripción. Almacena una descripción del contenido y de la finalidad de la tabla.
- Vista predeterminada. Permite definir la vista predeterminada en la que se verá la tabla al abrirla.
- Regla de validación. Limita los datos introducidos en un registro a los que cumplan las condiciones establecidas. Puede usar el Generador de expresiones, que veremos en el capítulo 10.
- Texto de validación. Muestra un mensaje cuando no se cumple la regla de validación anterior.
- Filtro. Define un filtro para que la tabla sólo muestre determinados registros. Los filtros los veremos en el capítulo 13.
- Ordenar por. Indique aquí los campos por los que quiere que se ordene la tabla (si son varios, separe sus nombres por una coma). Access ordenará la tabla por omisión en orden ascendente; si desea que el orden sea descendente, escriba la palabra **DESC** tras el nombre del último campo.

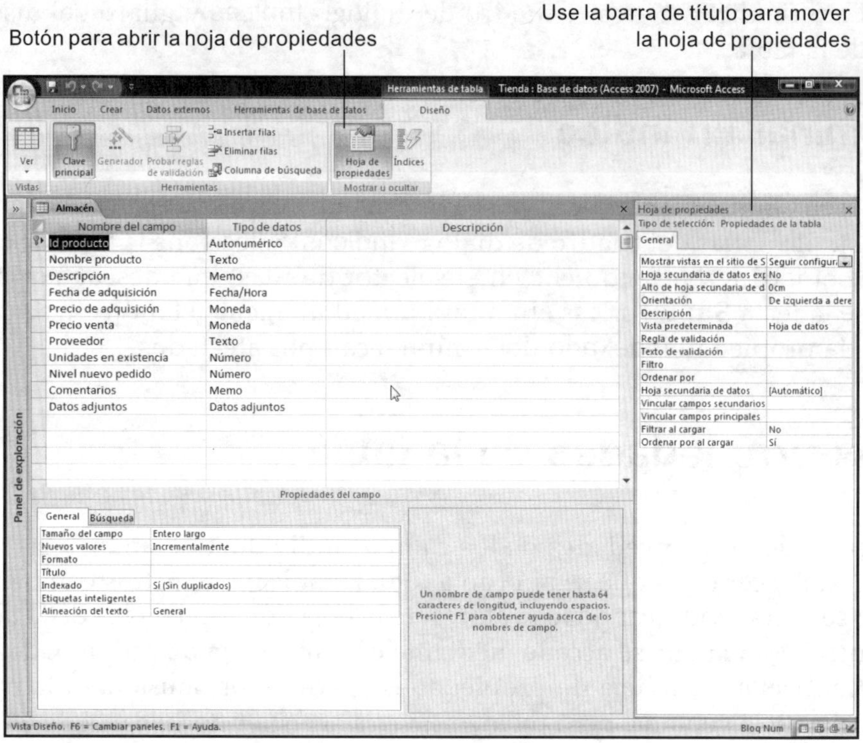

Figura 7.7. Hoja de propiedades de la tabla Almacén.

- El resto de propiedades (como por ejemplo Hoja secundaria de datos, Vincular campos secundarios, etcétera) solamente tienen sentido cuando se utilizan varias tablas relacionadas. Esto lo veremos en el capítulo siguiente. Como adelanto, indicar que controlan la relación entre tablas, desde el campo de relación hasta la forma en la que se van a presentar los datos de la tabla secundaria en la ventana de la hoja de datos de la tabla.

La propiedad Regla de validación de los campos de una tabla no admite expresiones con referencias a otros campos. Si necesita que una regla de validación tenga relación con más de un campo de una tabla, utilice la propiedad Regla de validación de la tabla para establecerla.

Cuando vaya a abandonar el registro, o éste se vaya a almacenar, Access comprobará que cumple la regla de validación. Si es así, permitirá que el registro se almacene pero, en caso contrario, mostrará un cuadro de diálogo con el texto de validación y no permitirá que el registro se almacene hasta que no cumpla la regla de validación.

Nota:

Cada tabla sólo puede tener establecida una regla de validación, pero puede combinar distintas expresiones en la propiedad Regla de validación *mediante el operador lógico* Y *(lo veremos en el capítulo 10).*

Resumen

Si bien los elementos básicos para definir un campo son el Nombre, su Tipo de dato y su Descripción, hay muchas otras características que se pueden definir del mismo. Estas características son las propiedades de los campos, y su conocimiento es esencial para sacar partido a las tablas de Access.

Entre los campos de una tabla, además, hay algunos que actúan como índices para las búsquedas. Si las tablas tienen muchos datos, seleccionar los índices correctamente suele ahorrar mucho tiempo.

Tenga en cuenta que casi todos los objetos de Access presentan propiedades. Por tanto, no es algo propio de los campos de las tablas, sino que las propias tablas también tiene propiedades.

Es muy importante conocer las propiedades de los objetos, ya que determinarán la forma en la que se van a comportar los campos al usarlos. Como todos los demás objetos de Access (consultas, formularios, etc.) dependen de los campos de las tablas, su importancia es aún mayor.

En Access, cuando se modifica una propiedad, se puede indicar a Access que actualice dicha propiedad incluso en los campos de los formularios e informes creados anteriormente.

Capítulo 8

Las relaciones entre las tablas

En este capítulo aprenderá:

- Los distintos tipos de relaciones que permite Access.
- A aplicar el concepto de bases de datos relacional a nuestro ejemplo.
- A identificar la tabla principal y la tabla secundaria en las relaciones de uno a mucho.
- El concepto de integridad referencial.
- A crear las relaciones en una base de datos de Access.
- A ver y modificar las relaciones existentes en una base de datos.
- A crear una tabla con la Hoja de datos y las relaciones ya existentes.

Las bases de datos relacionales

Desde el primer capítulo del libro, la insistencia en el término relacional ha sido constante. Access, de hecho, no es más que un gestor de bases de datos relacionales.

Hasta el momento, hemos creado tres tablas de ejemplo: Clientes, Almacén y Pedidos. En estas tablas, hemos incluido campos que permiten saber qué pedido es de cada cliente y qué productos hay en cada pedido.

Vamos ahora a definir las relaciones en nuestra base de datos de ejemplo. Lo vamos a hacer incluso antes de llenar de datos nuestras tablas Almacén y Pedidos con el fin de aprovechar la fuerza de las relaciones desde el principio y evitar que la creación de las relaciones provoque tener que eliminar o cambiar datos de las tablas.

Como vimos en el capítulo 1, las bases de datos relacionales se caracterizan fundamentalmente porque distribuyen la información en varias tablas, en lugar de condensarla toda en una sola. Ello tiene la ventaja evidente del ahorro de trabajo que supone no tener que introducir información repetida. Sin embargo, hay otras dos ventajas que no son menos importantes:

- La primera se deriva de la anterior: al no duplicar información se ahorra, no sólo trabajo, sino también espacio. Sin llegar nunca a la tacañería, es importante tener siempre presente la necesidad de ahorrar el máximo espacio posible.
- La segunda es la facilidad para realizar el mantenimiento de los datos. En el caso de que un cliente cambie de domicilio, sólo tendremos que modificar un registro en la tabla de clientes para tener actualizada toda la información.

Tipos de relaciones

En las bases de datos relacionales, por contraposición con las simples, la información se distribuye en varias tablas que están interconectadas entre sí. La manera en la que se interconectan las distintas tablas de una base de datos relacional da lugar a que el comportamiento del conjunto sea distinto en cada caso. En Access podemos definir tres tipos de relaciones: de *uno a muchos*, de *muchos a muchos* y de *uno a uno*.

Además de las relaciones, Access se encarga también de realizar una función adicional: mantener en todo momento la *integridad referencial* de los datos. Todos estos conceptos los veremos a continuación.

Relación de uno a muchos

La relación de uno a muchos es el tipo de relación más común; de hecho, será la que utilicemos en los ejemplos de los capítulos siguientes. En una relación de este tipo, cada registro de la tabla A (que se denomina *tabla principal, tabla primaria* o *tabla padre*) puede tener más de un registro enlazado en la tabla B (esto es, más de una correspondencia); pero cada registro de la tabla B (que se denomina *tabla relacionada, tabla secundaria* o *tabla hija*) sólo puede tener un registro enlazado en la tabla A.

Veamos un ejemplo. Piense en una base de datos que almacene información sobre cinematografía. La primera tabla (tabla A) contendrá los datos de los directores de cine y la segunda tabla (tabla B) contendrá datos sobre películas. En esta circunstancia se establece una relación de uno (director) a muchas (películas), ya que cada director puede estar enlazado con varias películas, pero cada película sólo puede tener un director (para el ejemplo supondremos que no hay películas codirigidas).

Relación de muchos a muchos

En una relación de este tipo, cada registro de la tabla A puede tener más de un registro enlazado en la tabla B y cada registro de la tabla B puede tener más de un registro enlazado en la tabla A.

Siguiendo con el cine, un ejemplo sería una tabla de películas y otra de actores y actrices. Cada registro de la tabla de películas (tabla A) puede tener más de una correspondencia en la tabla de actores (tabla B) lo cual significaría, como es normal, que en una película trabaja más de un actor. A su vez, cada actor (registros de la tabla B) puede tener más de una correspondencia en la tabla A; o sea, cada actor ha podido trabajar en más de una película.

Relación de uno a uno

En una relación del tipo uno a uno, cada registro de la tabla A solamente puede tener como máximo un registro enlazado en la tabla B y cada registro de la tabla B solamente puede tener como máximo un registro enlazado en la tabla A.

Es el tipo menos frecuente. Como ejemplo nos sirve una base de datos que contiene información sobre los empleados de una empresa y que está compuesta por dos tablas. La primera tabla contiene la información pública del empleado (el nombre, los apellidos, etc.) y la segunda, la información privada (la nómina). Entre ambas, se establece una relación de uno a uno.

La integridad referencial

Una vez que hemos determinado y establecido el tipo de relación que existe entre las tablas de la base de datos, podemos dar un paso más allá y obligar a que se cumplan en esa relación las reglas de la integridad referencial. Estas reglas sirven para asegurarse de que los datos se mantendrán correctamente relacionados una vez establecida la relación y de que no se eliminarán datos accidentalmente. En general, las reglas de la integridad referencial se pueden resumir en:

- No puede haber registros en una tabla subordinada que no estén enlazados a la tabla primaria. En el ejemplo de la base de datos de directores y películas, no podría existir ninguna película que no tuviese algún director y, por tanto, no se podría introducir la película en su tabla hasta que no se hubiese introducido al director en la suya.
- No se puede borrar un registro de la tabla principal si tiene enlazados registros en la subordinada. Por ejemplo, no se podrían borrar los datos de ningún director que contase con películas en la segunda tabla.

La manera de establecer las relaciones entre las tablas y de forzar la integridad referencial en Access la veremos en el siguiente apartado.

Crear relaciones en Access

Una vez vista la teoría sobre las relaciones que pueden existir entre las tablas de una base de datos y sobre la integridad referencial, llega el momento de llevarla a la práctica en Access.

En nuestra base de datos Tienda, disponemos de tres tablas: Clientes, Almacén y Pedidos (que contiene los pedidos que han realizado los distintos clientes).

Es evidente que, por ejemplo, entre las tablas Clientes y Pedidos se establece una relación de uno a muchos. Cada cliente de la primera tabla tiene (o puede tener) correspondencia con varios pedidos de la segunda (ya que cada cliente puede realizar uno o más pedidos), mientras que cada pedido sólo tiene correspondencia con un cliente (solamente puede haber sido realizado por un cliente).

Para establecer la relación entre las tablas es necesario que ambas tengan un campo en común (Access debe saber de alguna manera el vínculo que las une). Ese campo en común debe cumplir una serie de normas:

- Debe ser del mismo tipo en ambas tablas, aunque no es necesario que se llame de la misma manera.
- Si el campo común es del tipo Número, la propiedad Tamaño del campo debe estar definida igual en ambos campos.
- En el caso de que la tabla primaria tenga definido el campo común del tipo Autonumérico, la tabla secundaria debe tenerlo definido del tipo Número, y con la propiedad Tamaño del campo establecida como Entero largo.
- El campo común que corresponde a la tabla primaria debe ser un campo clave.

En nuestro ejemplo, el campo común no es otro que Código de cliente, que puede comprobar que cumple todas las normas enunciadas en los puntos anteriores.

Advertencia:

Sólo se puede establecer una relación entre dos tablas. Si dos tablas ya tienen establecida una relación y se establece otra, la segunda sustituirá a la primera.

Crear relaciones

Ahora, ha llegado el momento de ver cómo se crean las relaciones en Access 2007. Los siguientes pasos muestran cómo puede hacerlo de manera general, aunque los aprovecharemos también para avanzar en nuestro ejemplo:

1. Una vez esté abierta la base de datos, haga clic en la ficha Herramientas de base de datos de la Cinta de opciones.

2. Haga clic en el botón **Relaciones** de la sección Mostrar u ocultar. Al hacerlo, aparecerá la ficha Relaciones. Si es la primera vez que edita las relaciones de la base de datos, la ficha aparecerá vacía y también aparecerá el cuadro de diálogo Mostrar tabla (figura 8.1) encima de él. Si ya ha editado las relaciones anteriormente, la ficha Relaciones aparecerá como la dejó la última vez.

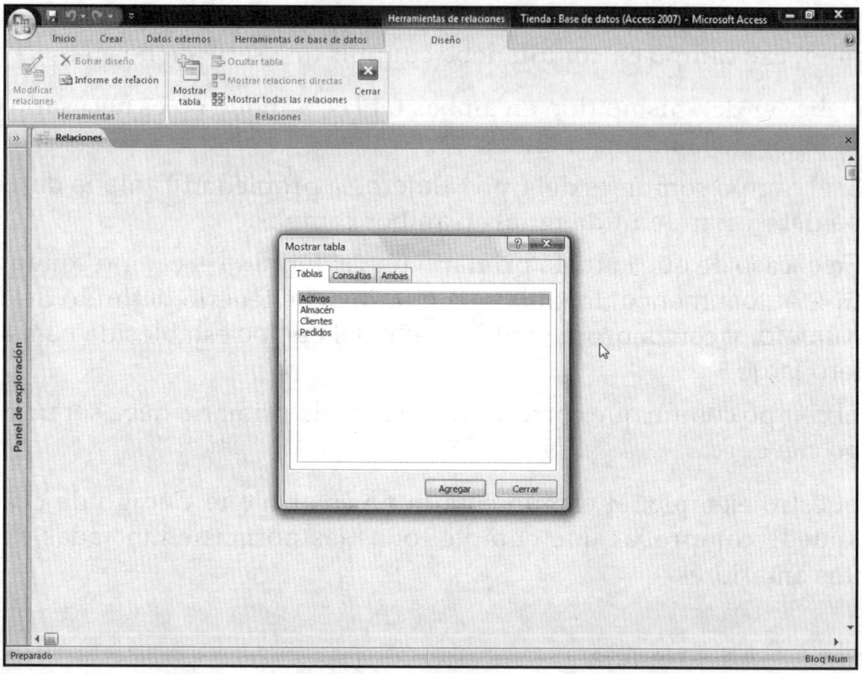

Figura 8.1. Cuadro de diálogo Mostrar tabla.

3. Si Access no abre automáticamente el cuadro de diálogo Mostrar tabla, puede utilizar el botón **Mostrar tabla** para hacer que aparezca.
4. Utilice el cuadro de diálogo Mostrar tabla para indicar a Access qué tablas están relacionadas. Seleccione la primera tabla (en nuestro ejemplo, Clientes) y haga clic en el botón **Agregar**. Luego, seleccione la segunda tabla (Pedidos) y vuelva a hacer clic en **Agregar**, y así sucesivamente con todas las tablas que desee.
5. Observe que, a medida que va agregando nuevas tablas, éstas van apareciendo en la ventana Relaciones en forma de listas de campos. Una vez haya agregado todas las tablas que desee, haga clic en el botón **Cerrar**.

Nota:

Las listas de campos las veremos de nuevo en las consultas. Cada lista de campo funciona de forma similar a una ventana, en el sentido de que puede moverla arrastrando su barra de título y cambiarle el tamaño empleando sus bordes. En las figuras siguientes, hemos agrandado las listas para mostrar todo su contenido.

6. Ha llegado el momento de crear la relación entre las tablas. Arrastre con el ratón el campo que quiere relacionar desde la lista de campos de la tabla principal hasta el campo correspondiente de la tabla secundaria. En nuestro caso, haga clic sobre el campo Código de cliente de la tabla Clientes y arrastre el ratón hasta situarlo sobre el campo Código de cliente de la tabla Pedidos. Por último, suelte el botón del ratón.
7. A continuación, Access mostrará el cuadro de diálogo llamada Modificar relaciones (figura 8.2). En la parte superior del cuadro aparecerán las tablas y los campos que forman la relación. En la parte inferior, deberá determinar las características de la relación.

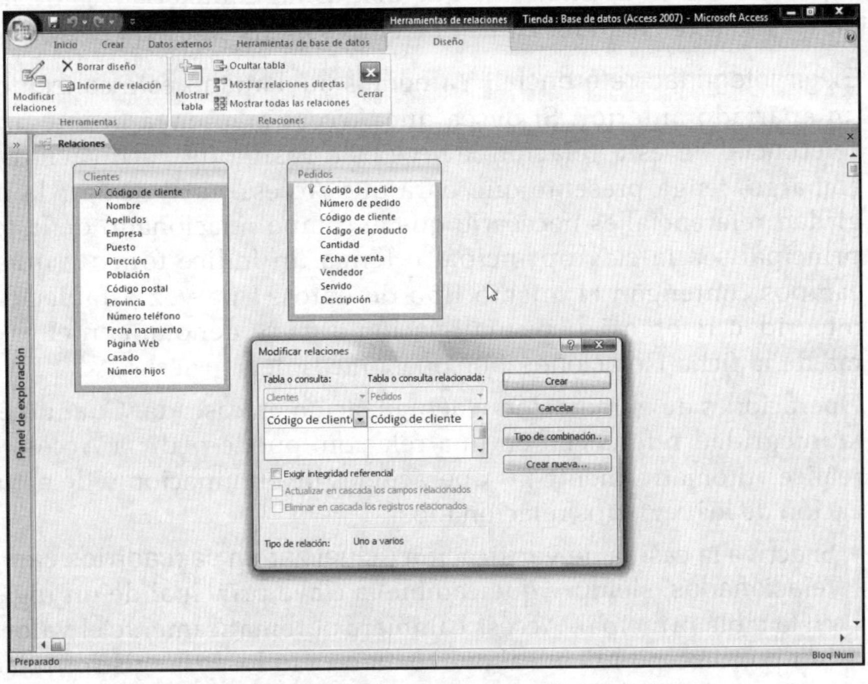

Figura 8.2. Cuadro de diálogo Modificar relaciones.

8. Cuando termine de determinar las características de la relación (como veremos a continuación, haga clic en el botón **Crear**. Access cerrará el cuadro de diálogo Modificar relaciones y en la ficha Relaciones habrá representado la relación mediante una raya y dos símbolos en su extremo. El 1 indica que en ese lado de la relación hay un 1. El infinito, que hay varios (figura 8.3).

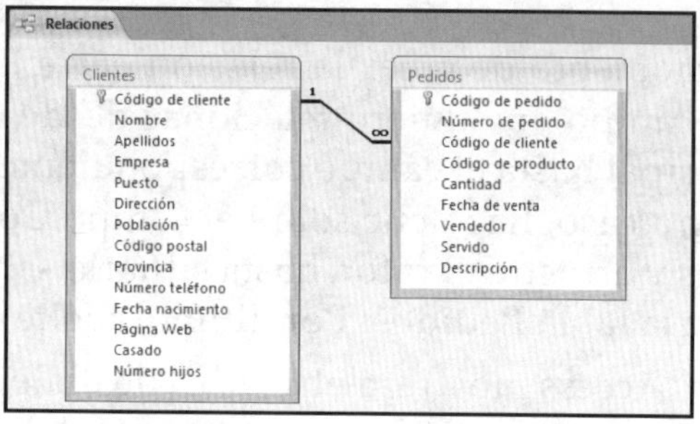

Figura 8.3. La ficha Relaciones tras definir nuestra relación.

Como se ha indicado en el paso número 7 anterior, en el cuadro de diálogo Modificar relaciones hay que definir las características de la relación que se esté creando. Estas opciones son las siguientes:

- Exigir integridad referencial. Ya hemos adelantado este concepto en un apartado anterior. Si desea que Access mantenga la integridad referencial en esta relación, active esta casilla de verificación. Sin embargo, tenga presente que para que Access pueda exigir la integridad referencial es necesario que el campo relacionado de la tabla principal sea la clave principal o tenga un índice único y que los campos contengan el mismo tipo de datos. Una vez establecida la integridad referencial en una relación, ésta se denotará en el esquema de la ficha Relaciones por unas líneas más gruesas.
- Operaciones de eliminación y actualización en cascada. Cuando exija la integridad referencial en una relación, puede pedir a Access que realice automáticamente las operaciones de eliminación y de actualización de los registros relacionados.
  - Si activa la casilla de verificación Actualizar en cascada los campos relacionados, siempre que cambie la clave principal de un registro en la tabla principal, Access cambiará automáticamente el valor del campo correspondiente al nuevo dato en todos los registros relacionados de la tabla secundaria (sin avisarlo previamente).

- Si activa la casilla de verificación Eliminar en cascada los registros relacionados, siempre que elimine registros en la tabla principal (cosa que habitualmente no está permitida cuando existe integridad referencial), Access eliminará automáticamente los registros relacionados en la tabla secundaria (avisándolo previamente). Por ejemplo, si elimina un registro de la tabla Clientes, Access eliminará todos los registros de ese cliente de la tabla Pedidos.

- Tipo de combinación. Al crear la relación puede especificar el tipo de combinación que Access debe crear en las nuevas consultas. Para ello, haga clic en el botón **Tipo de combinación** y seleccione la opción adecuada en el cuadro de diálogo Propiedades de la combinación que aparece. Veremos detenidamente el tema de las combinaciones en las consultas.
- Tipo de relación. Indica el tipo de relación que está creando. En nuestro ejemplo, observe que aparece "Uno a varios" que es la forma en la que Access llama a las relaciones "de uno a muchos".

La figura 8.4 muestra las opciones que hemos activado en nuestro ejemplo de relación. Trate de determinar el efecto que producirán estas opciones por sí mismo.

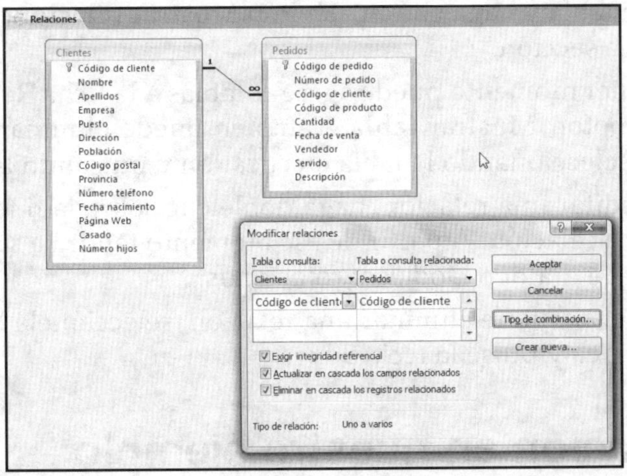

Figura 8.4. El cuadro de diálogo Modificar relaciones.

Por último, cuando intente cerrar la ficha Relaciones, Access preguntará si quiere guardar los cambios realizados. Tenga en cuenta que esos cambios se refieren sólo a la apariencia de la ficha (es decir, a lo que se muestra en él) y no a las relaciones en sí (que se guardan automáticamente). Haga clic en **Sí**, para que la próxima vez que vuelva a la ficha Relaciones lo encuentre igual que lo deja.

Ver y modificar las relaciones existentes

En muchas ocasiones necesitará ver o modificar las relaciones que tenga establecidas en una base de datos. El procedimiento, en ambos casos, es muy similar al empleado para crear relaciones. Lo primero que tiene que hacer es volver a hacer clic en el botón **Relaciones** de la ficha Herramientas de base de datos. Aparecerá de nuevo la ficha Relaciones.

Son varias las operaciones que se pueden realizar en este cuadro:

- Ver las relaciones establecidas. Si lo único que quiere es ver las relaciones que están establecidas en la base de datos actual, tienes dos opciones:
    - Si quiere ver todas las relaciones que se han definido en la base de datos, haga clic en **Mostrar todas las relaciones** de la sección Mostrar u ocultar.
    - Si quiere ver las relaciones definidas para una tabla concreta, seleccione la tabla y haga clic en el botón **Mostrar relaciones directas** en la misma sección.
- En cualquier momento puede agregar tablas a la ficha Relaciones mediante el botón **Mostrar tabla**. También puede eliminar tablas de la ventana, seleccionando la tabla en cuestión y pulsando la tecla **Supr**.
- Si desea editar una relación, haga doble clic sobre la línea que representa dicha relación. A partir de ese momento tendrá a su disposición el cuadro de diálogo Modificar relaciones.
- Por último, si quiere eliminar una relación, selecciónela haciendo clic sobre su línea y pulse la tecla **Supr**.

Otra relación en nuestro ejemplo

Practique ahora lo visto en este capítulo, relacionando las tablas Pedidos y Almacén. También se trata de una relación de uno a muchos, con integridad referencial y con actualización y eliminación automática en cascada. La figura 8.5 muestra la apariencia final de la ficha Relaciones.

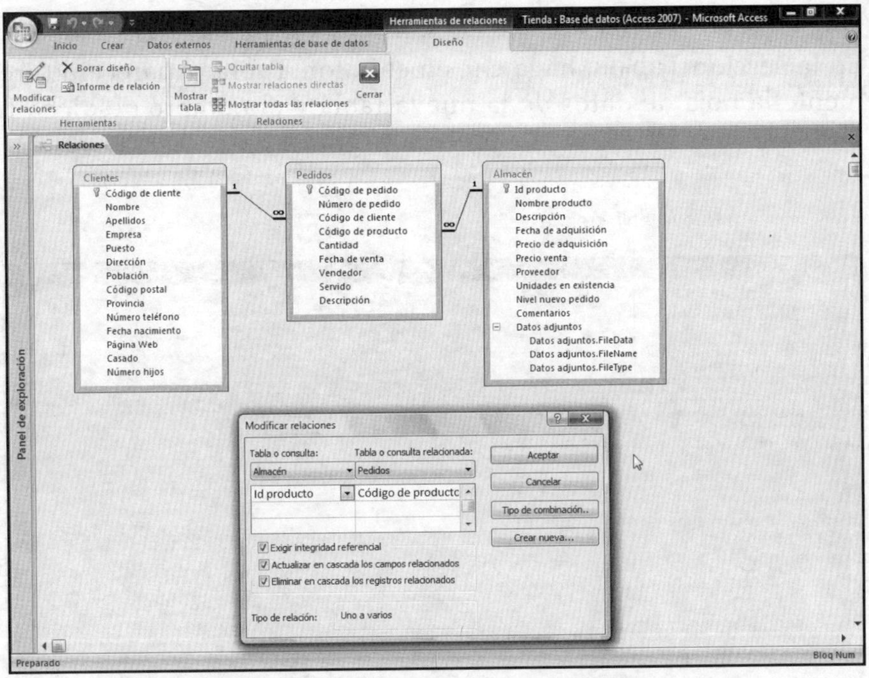

Figura 8.5. Aspecto final de las relaciones creadas.

Observe que en este caso, los campos que se relacionan no se llaman igual (Código de producto e Id producto), pero que sí cumplen la condición de que uno de ellos es Autonumérico y el otro del tipo Número con el formato Entero largo.

Crear una tabla usando la vista Hoja de datos

Ya sabemos crear tablas desde cero usando la vista Diseño y en un único paso empleando una plantilla de Access. Hay una tercera forma de crear una tabla que consiste en crearla a la vez que se introducen los datos en la misma. La idea es que Access adivina los campos que queremos que tenga una tabla conforme introducimos los datos de un registro de la misma. Vamos a emplear esta técnica para crear una tabla de entregas de paquetes a clientes. No es muy útil, pero nos sirve para explicar este método de crear tablas y relaciones en las tablas. Siga estos pasos para crear la tabla en cuestión:

1. Haga clic en la ficha Crear de la Cinta de opciones.
2. En la sección Tablas, haga clic en el botón **Tabla**. Aparecerá directamente la hoja de datos de la nueva tabla y el nombre de dicha tabla (Tabla1) en el Panel de exploración (figura 8.6).

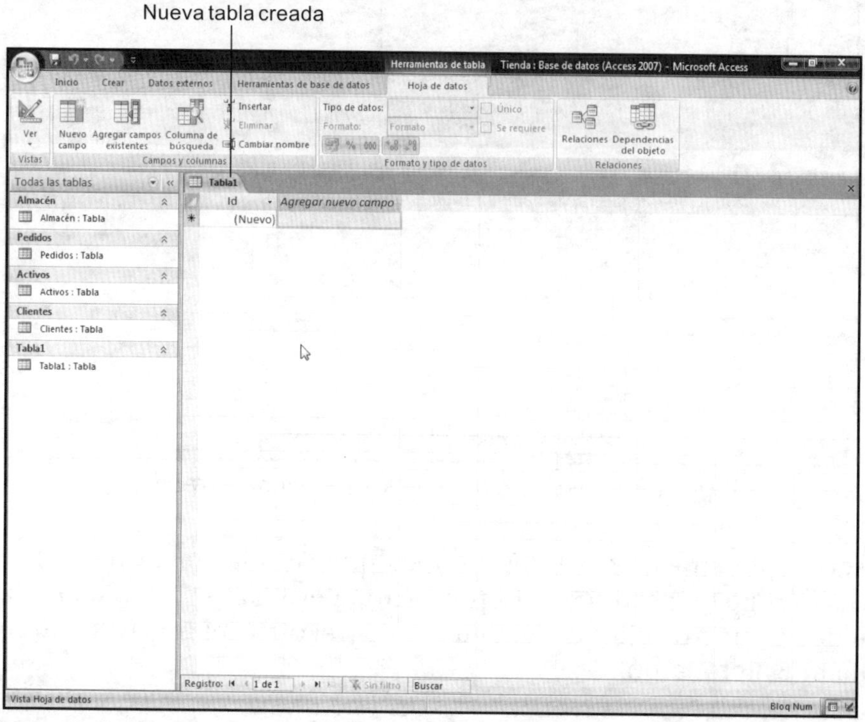

Figura 8.6. Access crea una tabla nueva y muestra su vista Hoja de datos.

Observe que la nueva tabla sólo muestra un campo que ha llamado Id (que es autonumérico). Junto a él, aparece la columna Agregar nuevo campo que ya citamos en el capítulo 5 al introducir datos en la tabla Clientes y que aparece siempre como última columna de la hoja de datos de las tablas.

Como siempre, es importante la planificación de la tabla antes de crearla. En la tabla Entregas, vamos a almacenar la siguiente información (va a tener los siguientes campos):

- Código entrega. Un campo autonumérico que identificará cada entrega. Vamos a emplear el campo Id que ya ha creado Access automáticamente al crear la nueva tabla.

- Código cliente. Es el código que identifica a cada cliente. Como en la tabla Clientes, el código es un número, pues aquí será también un número.
- Fecha de entrega. Muestra la fecha en que se ha realizado la entrega al cliente.
- Encargado. Indica el encargado de la entrega.
- Recogido. Finalmente, el campo Recogido indica si ya se ha entregado correctamente al cliente lo enviado o no.

Pues bien, se pueden crear los campos de una tabla directamente desde aquí. Para hacerlo, simplemente basta con introducir los datos correspondientes del primer registro. Pruebe ahora a introducir los siguientes datos pulsando la tecla **Tab** entre unos y otros: **1<Tab>04/02/2007<Tab> Toño<Tab>Sí**.

Campo autonumérico creado por Access

Haga doble clic en el nombre del campo para cambiarlo

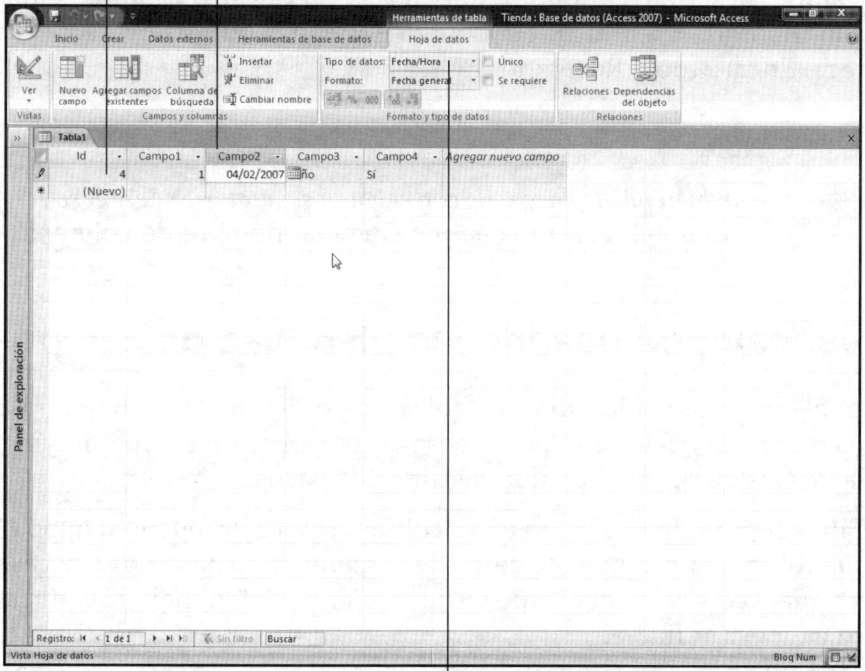

Access muestra el tipo de campo en la sección Formato y tipo de datos

Figura 8.7. Primer registro de Entregas introducido.

Si tuviéramos que definir unos pasos generales para realizar esta función de crear los campos a la vez que se introducen los datos, serían estos:

1. Haga clic en el cuadro Agregar nuevo campo para situar en él el punto de inserción.
2. Escriba el contenido del primer valor del primer campo de la tabla. En otras palabras, escriba el contenido del primer campo del primer registro de la tabla. En nuestro ejemplo, como vamos a usar el campo Id como autonumérico, hemos de introducir el código del cliente: **1**.
3. Pulse la tecla **Tab** para pasar al siguiente campo.
4. Escriba el contenido del siguiente campo que desee crear. En nuestro ejemplo es la fecha de entrega, y escribimos **04/02/2007**.
5. Repita los pasos 3 y 4 hasta que termine de introducir el primer registro completo.

Una vez creados los campos, vamos a cambiarles el nombre (ya que `Campo1`, `Campo2`, etcétera no son muy descriptivos que digamos). Para hacerlo, simplemente tiene que hacer doble clic sobre el selector de la columna del campo y escribir el nombre que desee. En nuestro ejemplo, vamos a usar los nombres ya indicados: Código entrega, Código cliente, Fecha de entrega, Encargado y Recogido (figura 8.8).

Nota:

También puede hacer clic con el botón secundario sobre el selector de columna y elegir la opción Cambiar nombre de columna.

Crear campos usando las plantillas de campos

Al igual que existen plantillas de tablas y de bases de datos, hay plantillas para crear campos. De ese modo, si se quiere crear un campo más en una tabla ya existente, sólo hay que seguir estos pasos:

1. Sitúe el puntero del ratón en la columna Agregar nuevo campo (última columna de la hoja de datos de la tabla). Este paso no es necesario, ya que Access crea el campo en cualquier posición, pero sí conveniente para evitar liarse.
2. Haga clic en el botón **Nuevo campo** de la sección Campos y columnas. Aparecerá a la derecha una ventana llamada Plantillas de campos (figura 8.9).

Este botón permite crear campos usando una plantilla

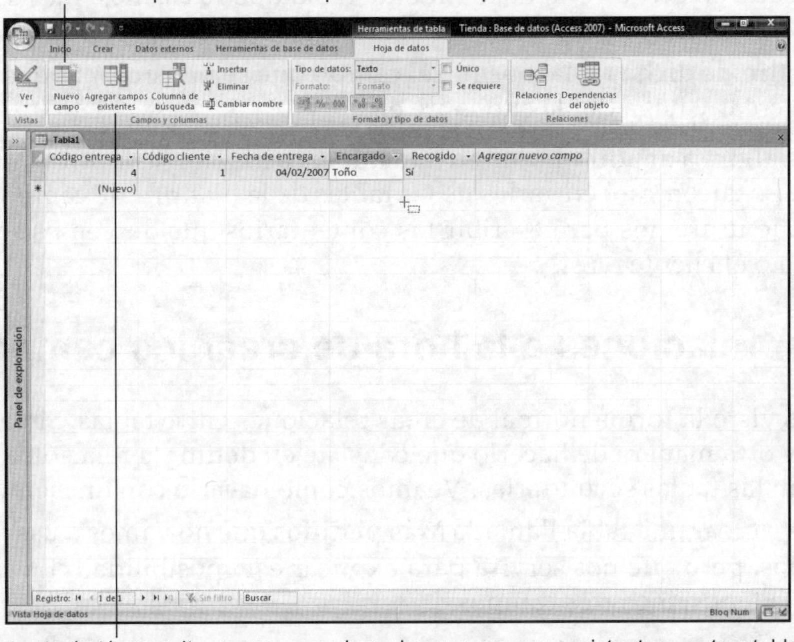

Este otro botón permite crear campos basados en campos ya existentes en otras tablas

Figura 8.8. El primer registro con los nombres de campos cambiados.

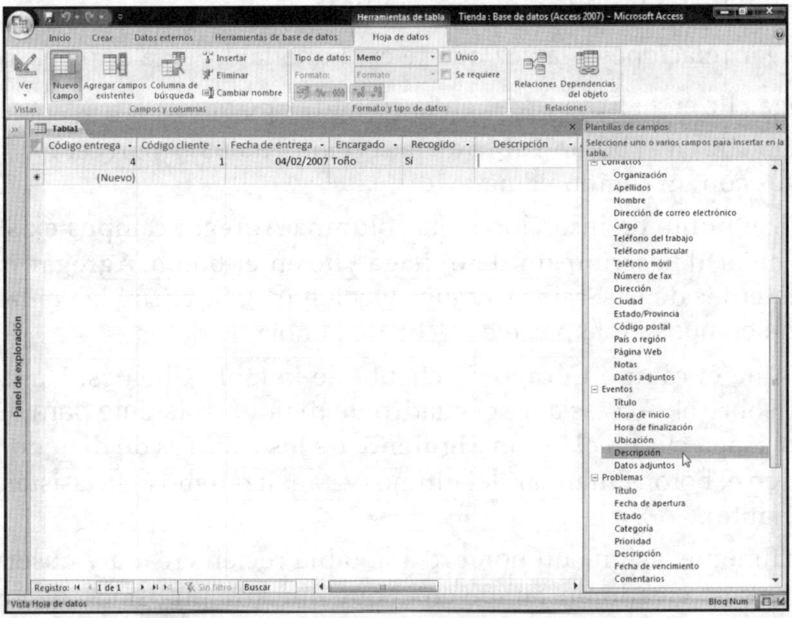

Figura 8.9. Ventana Plantillas de campos.

3. Busque en dicha ventana, el tipo de tabla que se asemeje más a la que esté creando.
4. Dentro de dicha tabla, busque el campo que se parezca más al que desea crear y haga doble clic sobre él.

Pruebe ahora a añadir un campo llamado Descripción a nuestra tabla Entregas. Lo encontrará en varias de las tablas de la plantilla de campos. Este campo lo usaremos para escribir los comentarios que deseemos sobre la entrega o el cliente en sí.

Crear relaciones a la hora de crear los campos

Hemos visto la forma normal de crear relaciones entre tablas. Sin embargo, hay otra manera de hacerlo que consiste en definir la relación a la vez se crean las tablas secundarias. Veamos cómo hacerlo con un ejemplo.

Vamos a crear una tabla llamada **Más pedidos** que no vamos a usar en los ejemplos, pero que nos servirá para explicar esta posibilidad. En esta tabla, sólo tendremos tres campos:

- Un campo autonumérico que servirá como clave principal.
- El código del cliente que realiza el pedido.
- El código del producto que se compra.

Para crear relaciones a la vez que se crea una tabla, siga estos pasos:

1. Haga clic en la ficha Crear en la cinta de opciones.
2. Haga clic en el botón **Tabla** de la sección Tablas. Aparecerá la hoja de datos con un campo llamado Id.
3. Con el punto de inserción en la columna **Agregar campos existentes**, en lugar de escribir un dato, haga clic en el botón **Agregar campos existentes** de la sección Campos y columnas. Se abrirá la ventana Lista de campos en la parte derecha de la hoja de datos.
4. Busque el campo Código de cliente de la tabla Clientes. Haga doble clic sobre él. Access abre el cuadro de dialogo Asistente para búsquedas. Haga clic en el botón **Siguiente** de los cuadros de diálogo y haga clic en el botón **Finalizar** del último (ya analizaremos este asistente más adelante).
5. Finalmente, asigne un nombre a la tabla recién creada y observe que Access ha creado un campo en el que muestra un listado de los códigos de cliente existentes en la tabla Clientes.

A partir de ese momento, además de haber creado el campo en la tabla nueva de pedidos, se habrá creado una relación entre las tablas. Si abre la ficha Relaciones, verá dicha relación en ella. Repita ahora los mismos pasos para crear el campo Código pedido. Utilice ahora la tabla Almacén. Cuando termine, la ficha Relaciones se parecerá a la mostrada en la figura 8.10.

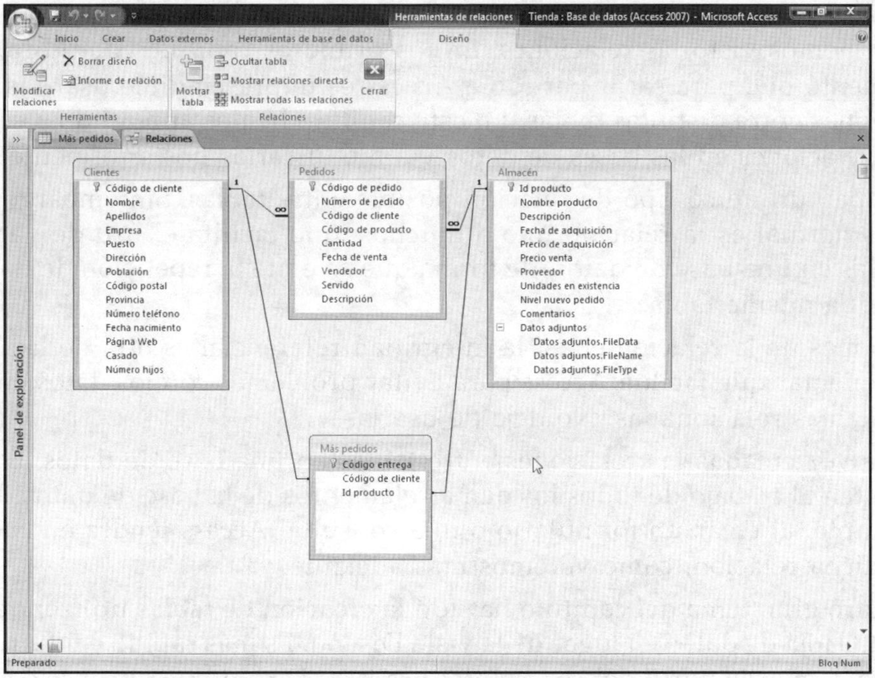

Figura 8.10. Las relaciones creadas desde la hoja de datos.

Modificar la tabla o las relaciones

Una vez tenga creada la tabla y las relaciones desde la vista Hoja de datos, lo más conveniente es pasar a la vista Diseño y comprobar que están bien. El consejo es que compruebe siempre, al menos, estos dos puntos:

- Observe el tipo de campo que ha creado Access. Como está basado en un único valor, puede estar erróneo. En nuestro ejemplo, Access ha definido el campo Recogido como de tipo Texto y no como Sí/No. Es interesante observar que desde la misma hoja de datos se puede cambiar este tipo de dato, ya que la sección Formato y tipo de datos de la Cinta de opciones muestra el tipo de dato y permite cambiarlo.

- Abra la ficha Relaciones y compruebe la integridad referencial y el tipo de relación.

Resumen

Dos son los temas principales tratados en este capítulo. En primer lugar, hemos visto las relaciones. En los primeros capítulos del libro, se comentó que para sacar partido a Access es imprescindible usar las relaciones entre distintas tablas. En este capítulo hemos aprendido a crear las relaciones en las bases de datos y a modificarlas posteriormente.

No hay un único tipo de relación posible entre tablas. Sin embargo, la más normal es la relación uno a muchos, que facilita el uso de varias tablas en una base de datos, de forma que se evite la repetición de datos en una misma tabla.

Además de la relación en sí, la integridad referencial es otra de las herramientas que facilita Access para evitar problemas con los datos entre las tablas relacionadas. No deje de usarlas.

Una vez creadas las relaciones entre tablas en una base de datos, éstas afectan al trabajo de todos los demás elementos de la base de datos. Por ejemplo, al crear un formulario o una consulta, Access tendrá en cuenta dicha relación, como veremos más adelante.

El otro gran tema del capítulo ha sido la creación de tablas utilizando la vista Hoja de datos en lugar de la vista Diseño. Es más rápido e intuitivo, pero se pierde parte del control del proceso. De ahí que el consejo siga siendo usar la vista Diseño para diseñar las tablas y la vista Hoja de datos para introducir y ver los datos.

Capítulo 9

Formularios

En este capítulo aprenderá:

- La utilidad de los formularios.
- A crear formularios.
- La existencia de Asistentes automáticos, que permiten crear formularios en un único paso.
- Las distintas vistas de formularios.
- A usar la vista Presentación de los formularios.
- El concepto de control.
- A usar la vista Diseño de formularios para modificarlos.
- A usar la vista Formulario para introducir datos
- A guardar y cerrar un formulario.

Introducción a los formularios

Si bien en los capítulos anteriores hemos visto la forma de introducir y modificar información en las tablas usando la hoja de datos, hay una forma más agradable de llevar a cabo esta acción: usar los formularios.

Al analizar en el capítulo 2 los distintos elementos que podían componer una base de datos de Access, vimos que los formularios constituían uno de los grupos principales. Ya entonces se dijo que un formulario es la herramienta que Access proporciona para introducir y modificar datos en una o varias tablas, ver dichos datos y enviarlos a la impresora.

Tenga en cuenta que estas operaciones se pueden llevar a cabo usando otros elementos (como la hoja de datos de la tabla), sin embargo los formularios nos facilitan el trabajo en gran medida.

El mejor modo de ver la diferencia es un ejemplo. En la figura 9.1 se muestra la hoja de datos de nuestros clientes (hay más de los introducidos en los capítulos anteriores), mientras que en la figura 9.2 se muestra un ejemplo de formulario, con los datos relativos a los pedidos de un cliente determinado.

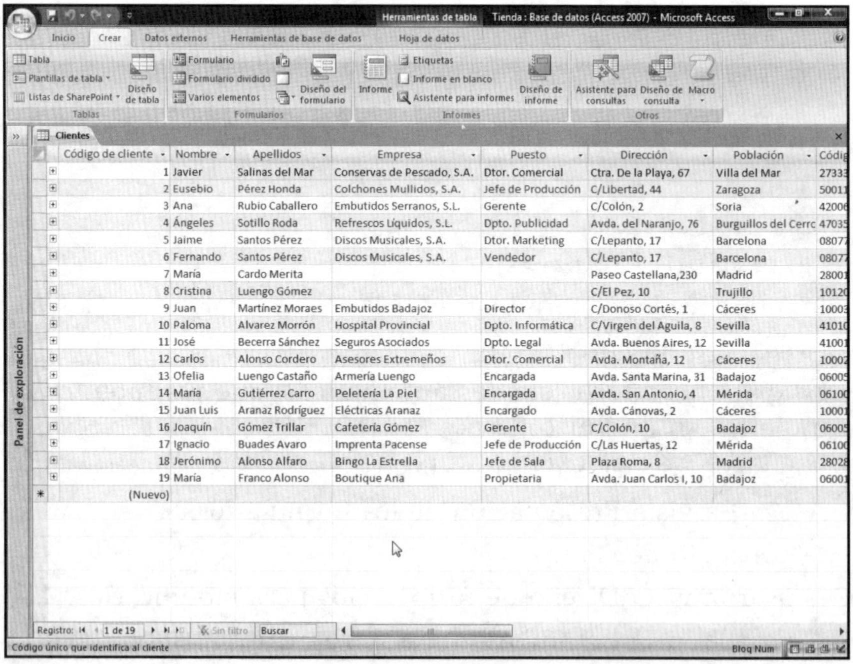

Figura 9.1. Hoja de datos de la tabla Clientes.

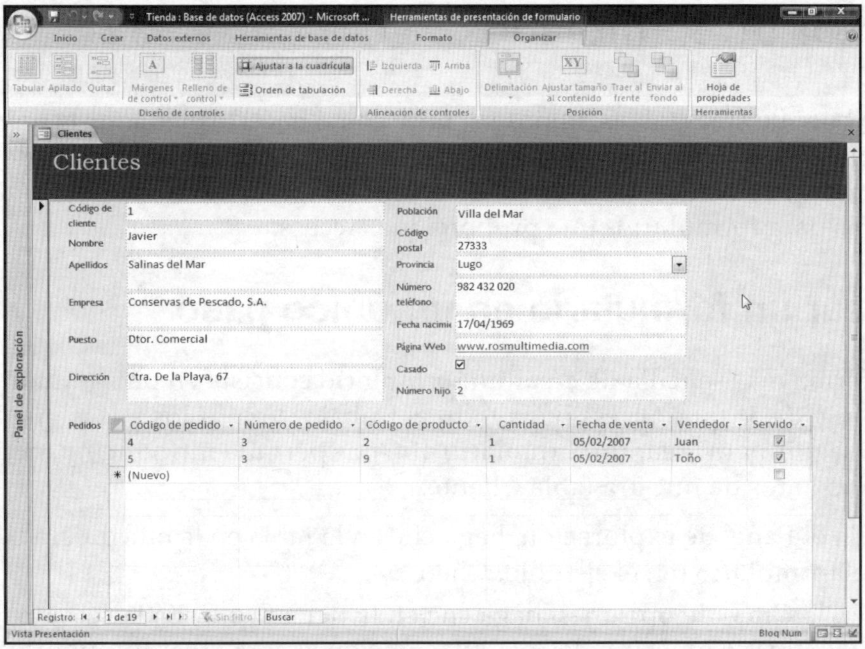

Figura 9.2. Un formulario de varias tablas.

En el primer caso, en realidad estamos viendo "algunos" de los datos de la tabla, ya que no caben todos en la pantalla. Si deseamos llevar a cabo una gran cantidad de modificaciones en los datos de esta tabla, podemos hacerlo en esta ventana, pero utilizando, continuamente, las barras de desplazamiento para ir de unos campos a otros.

Si observa detenidamente el formulario de la figura 9.2, verá que la parte superior contiene los mismos datos que la figura anterior, aunque distribuidos y presentados de una forma más elegante, mientras que la parte inferior muestra datos de la tabla secundaria de nuestra relación. La primera diferencia estriba en que vemos a la vez todos los datos de un registro, sin necesidad de utilizar las barras de desplazamiento para ir de un campo a otro. Otra diferencia es que la información se muestra organizada en la pantalla; no en el orden en el que introdujimos los datos del registro, sino como hemos considerado que era más conveniente para mostrárselo a otra persona.

Además de las dos grandes diferencias ya citadas, merece también destacar la posibilidad de incluir totales en los formularios, así como de insertar gráficos y otros elementos de formato que permitan realzar al máximo nuestros datos.

Crear un formulario

A la hora de crear tablas, vimos primero cómo hacerlo mediante la hoja de diseño y, después, cómo usar el Asistente para tablas. En el caso de los formularios, vamos a ver directamente cómo crearlos mediante los asistentes para formularios que proporciona Access.

Crear un formulario en un único paso

La forma más sencilla de crear un formulario consiste en pulsar un único botón y dejar que Access haga todo el trabajo. Vemos los pasos que hay que seguir para crear un formulario que nos permita introducir y modificar los datos de nuestra tabla Clientes.

1. En el Panel de exploración, haga clic en la tabla en la que quiera basar el formulario (en el ejemplo, Clientes).
2. En la Cinta de opciones, haga clic en la ficha Crear. En la sección Formularios se muestran las distintas opciones para crear formularios.
3. Finalmente, haga clic en el botón **Formulario** de dicha sección.

La figura 9.3 muestra el resultado de los pasos anteriores en nuestro ejemplo (hemos ocultado el Panel de exploración). Como verá, pulsando un único botón, hemos logrado un gran resultado. Vamos ahora a analizar las distintas formas de ver un formulario y cómo usarlo.

Las vistas de formularios

Al igual que ocurre con las tablas, hay varias formas de ver los formularios. En concreto, tenemos tres vistas distintas:

- La vista Presentación. Es la mostrada en la figura 9.3 y se utiliza principalmente para ver los contenidos de las tablas (también se puede usar para modificar algo del diseño del formulario como veremos).
- La vista Formulario. Es la vista que se utiliza para modificar e introducir datos en las tablas de Access.
- La vista Diseño. Al igual que en las tablas, la vista Diseño se utiliza para dar diseño al formulario.

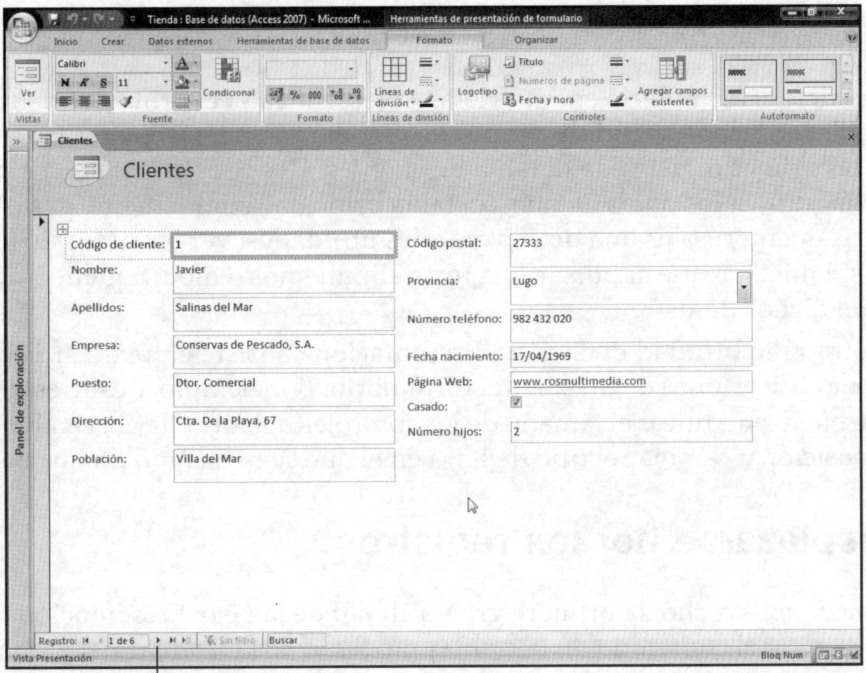

Figura 9.3. Vista Presentación del formulario creado por Access.

El modo más rápido de pasar de una vista a otra consiste en usar el botón **Ver** (el primero de la Cinta de opciones) para seleccionar la vista que deseamos usar.

Nota:

Para pasar de una vista a otra se pueden usar los otros métodos que vimos en el caso de las tablas: usar los botones de vista situados a la derecha de la barra de estado o hacer clic con el botón derecho sobre la ficha del formulario y elegir allí la vista.

La vista Presentación

Cuando se crea un formulario (figura 9.3), lo normal es que Access muestre la vista llamada Presentación. La función principal de esta vista del formulario es que el usuario pueda ver los datos existentes en las tablas de Access. En otras palabras, es un buen modo de consultar el contenido de las tablas.

Al abrirse el formulario en esta vista, Access muestra el primer registro de la tabla (ordenado según su campo clave, como ya vimos). En nuestro ejemplo, el primer registro de la tabla de clientes. Desde esta vista no se pueden modificar los datos de nuestra tabla principal, simplemente verlos. Y, precisamente, ésa es una de sus grandes utilidades: ver los datos de la tabla sin miedo a que al pulsar una tecla eliminemos o modifiquemos alguno de dichos datos.

La otra gran utilidad de la vista Presentación consiste en realizar pequeñas modificaciones de diseño del formulario. Por ejemplo, desde esta vista se puede modificar el tamaño de los controles del formulario, cambiarlos de posición o cambiar el tipo de letra en el que se presentan dichos datos.

Desplazarse por los registros

Como hemos dicho, la primera gran utilidad de la vista Presentación consiste en ver el contenido de las tablas mediante los formularios. Para moverse a través de los registros, se pueden usar las teclas **AvPág** y **RePág** (que en este tipo de formulario avanza y retrocede un registro completo), pero también se pueden usar los botones de la parte inferior izquierda del formulario para ir al registro que se desee. Su uso lo hemos visto varias veces en el libro, por ejemplo al tratar la vista preliminar (utilizada antes de imprimir un documento).

Pero hay otra forma rápida de moverse entre los registros cuando estamos buscando un dato concreto. Consiste en usar (en la vista Presentación) el cuadro Buscar situado a la derecha de los botones de desplazamiento entre registros. Si teclea en dicho cuadro una palabra, Access se desplazará al campo en el que aparezca la palabra tecleada. Si no se encuentra en el registro activo, pasará al primer registro de la tabla en que aparezca.

Nota:

No tiene que teclear una palabra completa. Conforme empieza a teclear, Access va desplazándose automáticamente.

Así, si tecleamos las letras **emb**, Access automáticamente nos llevará al campo Empresa del tercer registro de nuestra tabla Clientes (figura 9.4).

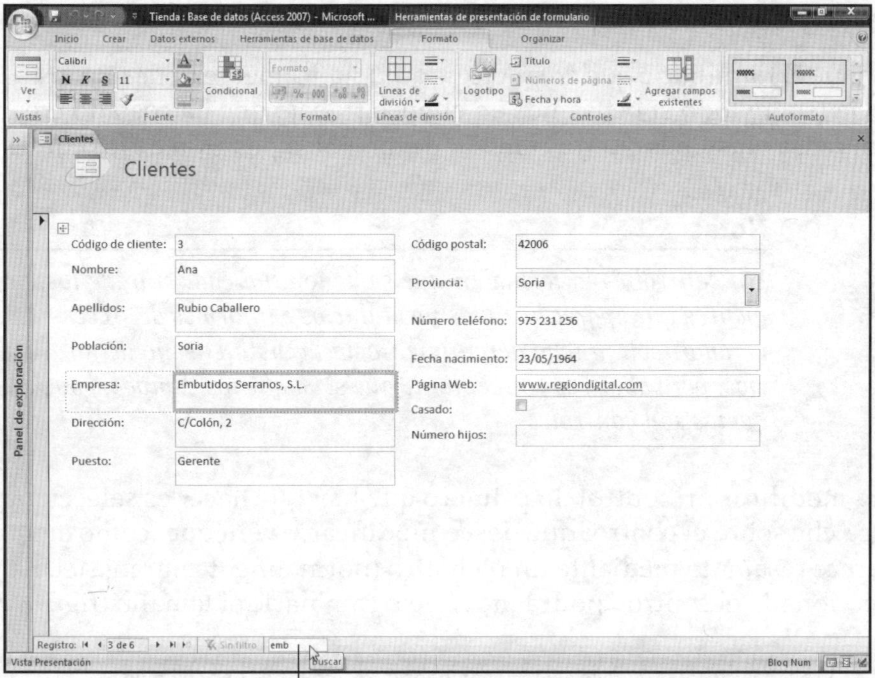

Al teclear, Access busca en todos los registros de la tabla el dato

Figura 9.4. Usar el cuadro Buscar para localizar datos.

Modificar el formato del formulario

La otra gran misión que podemos llevar a cabo desde la vista Presentación de los formularios consiste en modificar el formato de los formularios que se han creado. En las versiones anteriores de Access, era necesario utilizar la vista Diseño de los formularios para realizar cualquier acción de formato con dichos formularios, pero en Access 2007, la vista Presentación permite modificar directamente el formato del formulario de manera sencilla.

La vista Diseño sigue siendo el modo más completo de modificar y diseñar un formulario, pero es cierto que la mayoría de los cambios de diseño son sencillos y haciéndolos en la vista Presentación, se evitará mucho tiempo (la vista Presentación es mucho más intuitiva en su uso que la vista Diseño).

Vamos a ver en los siguientes subapartados las operaciones de formato más importantes de esta vista.

Mover y cambiar el tamaño a los controles

Aunque el formulario que crea Access automáticamente tiene una gran presencia (sobre todo si pensamos en el poco trabajo que ha costado crearlo), en muchas ocasiones querrá cambiar de tamaño o posición de los controles.

Nota:

Un control es la forma en que se denomina cada uno de los elementos que aparecen en los formularios e informes de Access. Los veremos con mucho detenimiento en la vista Diseño de formularios, pero ahora es conveniente que sepa que los campos y sus etiquetas son controles.

Para modificar un control, lo primero que hay que hacer es seleccionarlo. Haga clic sobre el control que desee modificar y verá que, como siempre, aparece resaltado mediante un recuadro (normalmente naranja). Una vez seleccionado el control, podrá moverlo o cambiarle el tamaño (figura 9.5).

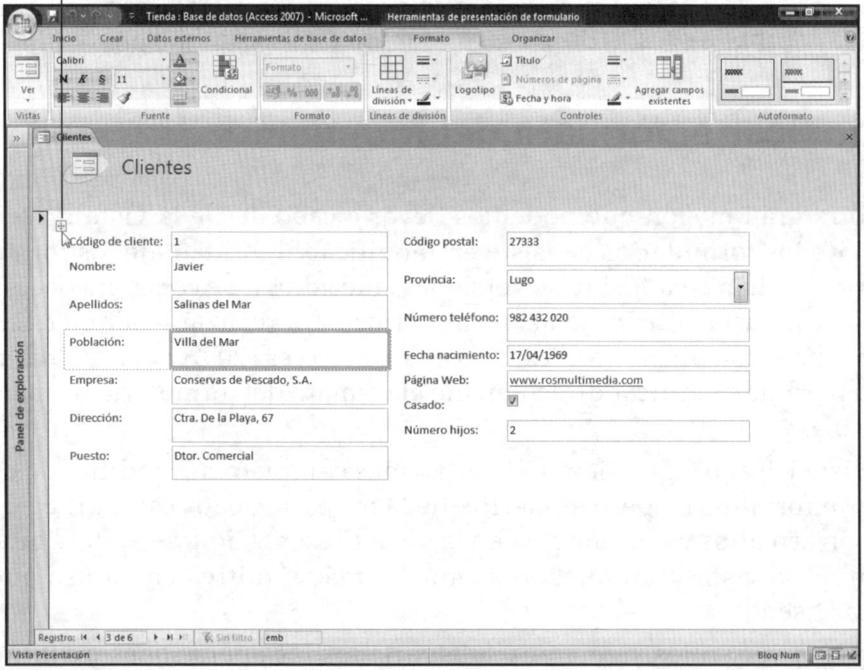

Figura 9.5. Al seleccionar un control, podrá moverlo o cambiarle el tamaño.

Para mover un control, simplemente sitúe el puntero del ratón en su interior y cuando se convierta en una flecha de cuatro puntas, haga clic y arrástrelo a su nueva posición. Por omisión, Access abrirá espacio para que quepa el control en su nueva posición y moverá el resto para hacerle sitio.

Si lo que quiere es cambiar el tamaño de un control (por ejemplo, porque no se vea el contenido completo del mismo), haga clic para seleccionarlo y sitúe el puntero del ratón en uno de los bordes del control (le recomiendo el borde inferior). Cuando se convierta en una flecha de doble punta, haga clic y arrastre hacia arriba o hacia abajo según quiera agrandar o reducir su tamaño.

Observe que Access, de nuevo, desplaza el resto de controles para que el formulario mantenga su imagen de bloque. Esto quiere decir, que por omisión, no puede cambiar el ancho de sólo un control, sino que tiene que cambiarlo de todos los existentes en la misma columna.

Apilar y desapilar

Supongo que estará sorprendido de que, con la potencia de Access, la vista Presentación no permita mover o cambiar el tamaño de un control de manera independiente al resto. En realidad, sí lo permite, pero para lograrlo es necesario que "desapile" los controles, de forma que Access los trate de forma totalmente individual.

Observe en la figura 9.5 que cuando selecciona un control, Access muestra el símbolo de tabla en la parte superior de su columna. Si hace clic sobre él, seleccionará todos los controles de dicha columna. Estos controles se dicen que están apilados, y este es el motivo por el que al cambiar el ancho de uno de ellos, se cambia el de todos.

Para desapilar los controles de un formulario, siga estos pasos:

1. Haga clic en el símbolo de tabla para seleccionar los controles de la columna.
2. Haga clic en la ficha Organizar de la Cinta de opciones.
3. Haga clic en el botón **Quitar** de la sección Diseño de controles.

A partir de este momento, cada control se podrá mover o escalar de forma independiente. Si quiere volver a apilar varios controles entre sí (por ejemplo, es muy útil que un control esté apilado con su etiqueta), simplemente tiene que seleccionar los controles y hacer clic en el botón **Apilado** de la Cinta de opciones.

La fuente

Volviendo a la ficha Formato de la vista Presentación de formularios, hay una sección llamada Fuente que es similar a la que citamos al tratar la vista Hoja de datos de las tablas.

Mediante los botones de esta sección, puede cambiar la fuente, su tamaño, el color de la fuente o del fondo del control, la alineación del texto que incluye el control, etcétera.

Funcionan igual que en la vista Hoja de datos de la tabla, por lo que todo lo visto allí es aplicable a esta vista también. Como ya indicamos allí, puede utilizar todos sus conocimientos sobre la aplicación de formatos en procesadores de texto (como Word) para dar formato aquí a los controles de Access 2007.

Formato

En la misma ficha Formato, hay otra sección que se llama también Formato. En esta sección, Access nos ofrece algunos botones para modificar el formato de los controles numéricos principalmente.

De ese modo, cuando se selecciona un control numérico (como el código del cliente) podemos modificar su formato (Moneda, Euro, porcentaje) seleccionándolo de la lista desplegable o directamente haciendo clic en el botón de formato correspondiente.

Líneas de división

En los controles apilados, además de todo lo anterior, también podemos controlar las líneas de división entre dichos controles. Es divertido probar las distintas posibilidades, por lo que le recomiendo que lo haga.

Es muy fácil: seleccione uno de los controles de los que están apilados, haga clic en el botón **Líneas de división** de la sección Líneas de división y seleccione si quiere incluir líneas de división en la parte superior de los controles, en la parte inferior, en ambos, en el contorno, etcétera.

Una vez definidas las líneas de división, utilice el botón **Ancho** para definir el grosor de las líneas de división. El botón **Estilo** permite indicar si se quieren líneas continuas o discontinuas. Y, finalmente, el botón **Color** permite que la línea sea de un color distinto del negro (que es el usado por omisión).

En la figura 9.6 se han modificado las líneas de división en los controles de la derecha (recuerde que están apilados).

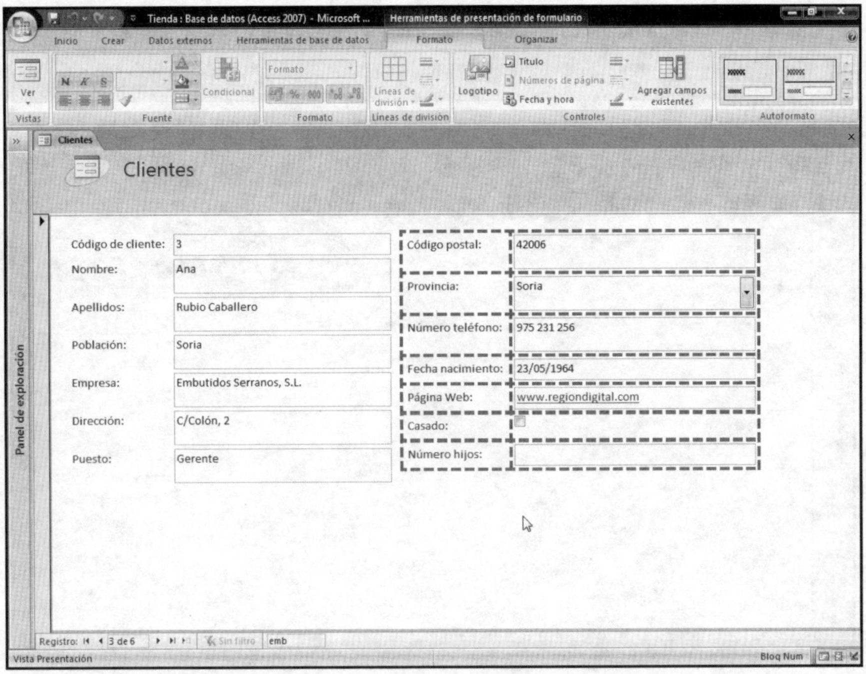

Figura 9.6. Líneas de división en controles apilados.

Autoformato

Y para terminar con las posibilidades de formato básicas de formularios (hay muchas, algunas de las cuales las veremos en la vista Diseño del formulario), vamos a dejar que Access aplique un formato a todo el formulario en un único paso. Para hacerlo, hay que usar la sección Autoformato de la ficha Formato de la Cinta de opciones.

Si hace clic en uno de los dos cuadros grandes de esta sección, Access le mostrará un conjunto de diseños que ya tiene predefinidos en el programa. Pruebe ahora varios hasta que encuentre uno que le satisfaga. En la figura 9.7 hemos utilizado el autoformato llamado Origen.

La vista Formulario

Aunque hayamos dedicado tanto tiempo a la vista Presentación, en realidad es la vista Formulario la vista más importante de los formularios, ya que es la que permite introducir y modificar datos de las tablas. Si repasa el contenido del capítulo 2, allí se indicó que ésta era la función principal de los formularios y se realiza en esta vista.

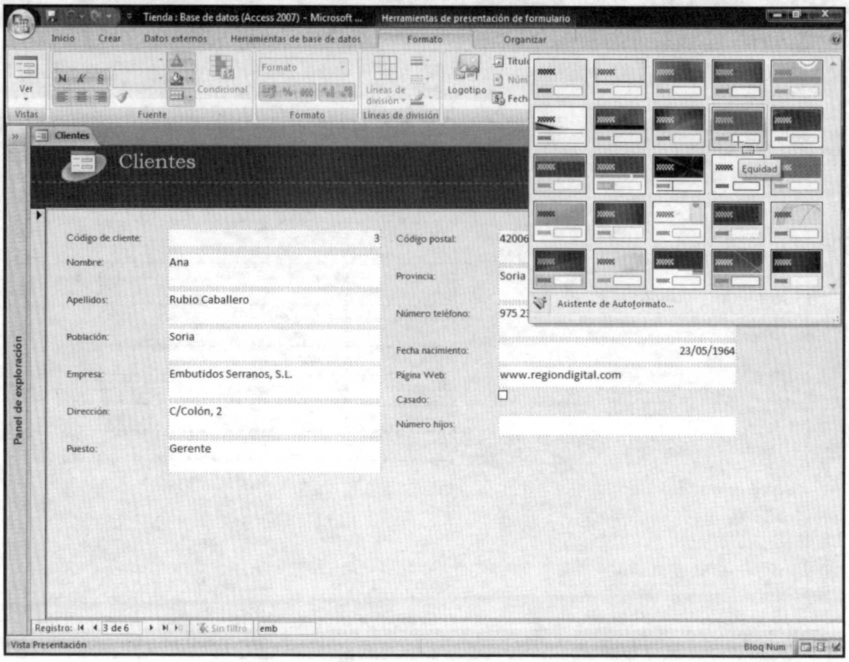

Figura 9.7. Autoformato aplicado por Access.

Si pasa ahora a esta vista (figura 9.8), verá que es muy similar a la vista Presentación (de hecho mantendrá los formatos aplicados en dicha vista). Sin embargo, hay tres grandes diferencias entre ellas:

1. Su utilidad. Como ya hemos dicho, la vista Formulario se utiliza para modificar e introducir datos, mientras que la vista Presentación se usa para verlos y modificar el diseño del formulario.
2. Aparece el punto de inserción en el primer control del formulario. El motivo ya lo conocemos: esta vista sirve para introducir y modificar datos de las tablas.
3. La Cinta de opciones que aparece en esta vista es la misma que aparece en la vista Hoja de datos de la tabla (cuya función es idéntica: introducir y modificar datos).

Para modificar el contenido de un registro, sólo tiene que ir al registro en cuestión y modificar el contenido que desee. La forma de desplazarse entre registros es muy similar a la que vimos al analizar la hoja de datos de las tablas: usar el teclado (**Flecha dcha.** y **Tab**) y el ratón (haciendo clic). Sin embargo, algunas de las teclas de desplazamiento no funcionan igual en la vista Hoja de datos y en los formularios.

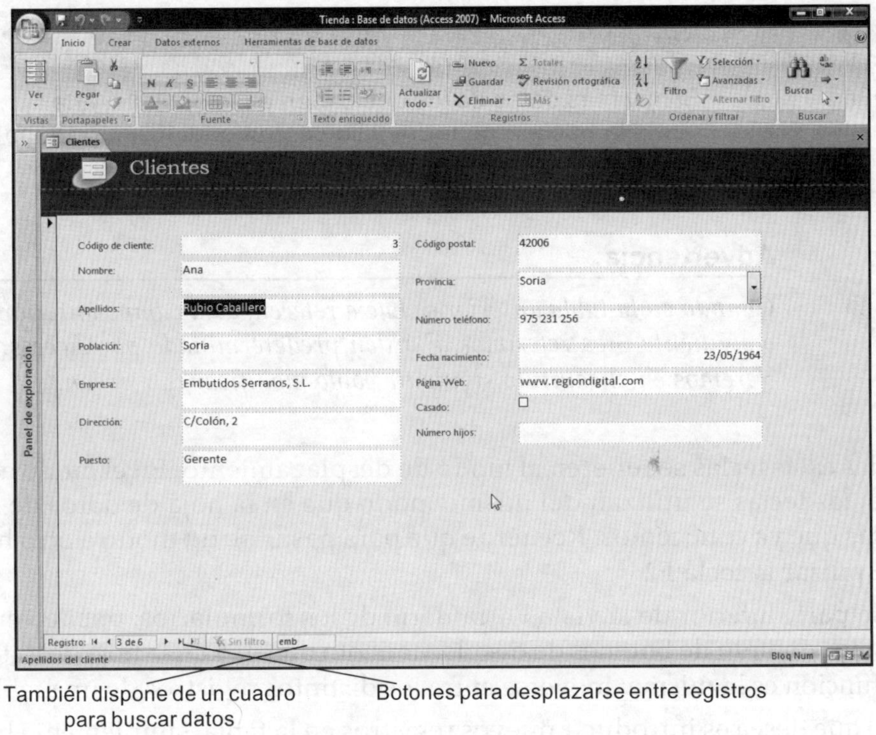

Figura 9.8. Vista Formulario.

La tabla 9.1 muestra las teclas que modifican su funcionamiento cuando se usa la vista Formulario de un formulario frente a la hoja de datos. (El ratón lo puede usar como siempre: haga clic en el campo que desee activar y entrará en el modo edición directamente.)

Tabla 9.1. Teclas de desplazamiento en la vista Formulario.

Tecla	Resultado
Flecha arriba, Flecha izda. y Mayús-Tab	Al campo anterior del mismo registro. Al llegar al primer campo, vuelve al último campo del registro anterior.
Flecha abajo, Flecha dcha., Tab e Intro	Al campo siguiente del mismo registro. Al llegar al último campo, pasa al primer campo del registro siguiente.
AvPág	Si hay más datos de los que caben en la pantalla, una pantalla hacia abajo. En caso contrario, al mismo campo del siguiente registro.

Tecla	Resultado
RePág	Si hay más datos de los que caben en la pantalla, una pantalla hacia arriba. En caso contrario, al mismo campo del registro anterior.

Advertencia:

Cuando en la tabla anterior se hacía referencia al campo anterior o siguiente, nos referimos al orden predeterminado por Access. Veremos en el capítulo siguiente cómo modificar este orden.

Todas estas teclas se refieren al modo de desplazamiento. En el modo edición, las teclas se utilizan del mismo modo que en la hoja de datos de las tablas que ya conocemos. Recuerde que para pasar de un modo a otro hay que pulsar la tecla **F2**.

En la parte inferior de la vista Formulario de los formularios, puede ver el mismo conjunto de botones de desplazamiento que hay en la hoja de datos. Su función es la misma: moverse entre los distintos registros de una tabla.

Si lo que desea es introducir nuevos registros en la tabla, simplemente hay que usar el botón **Nuevo registro** de los botones de desplazamiento citados en el párrafo anterior y aparecerá un nuevo registro en blanco en el que introducir los datos que se deseen.

Orden automático

En muchas ocasiones, sobre todo si se ha dedicado a mover controles de sitio en la vista Presentación, al usar la tecla **Tab** para moverse entre los controles de un formulario, observará que el puntero de inserción pasa de unos controles a otros sin ningún orden. El motivo es que, normalmente, Access utiliza como orden de tabulación la fecha de creación de los controles. Por tanto, si se ha añadido un control después o se ha movido de sitio, es fácil que la tecla **Tab** no actúe correctamente en el formulario.

Para evitar este problema, pase a la ficha Organizar (en la vista Presentación, ya que estamos modificando el diseño del formulario) y en la sección Diseño de controles, haga clic en el botón **Orden de tabulación**. Aparecerá el cuadro de diálogo Orden de tabulación. Haga clic en el botón **Orden automático** y haga clic en **Aceptar**. Lo normal es que a partir de ese momento todo funcione correctamente.

La vista Diseño de formularios

La vista Diseño de los formularios se utiliza para modificar el diseño de los formularios en sí. La figura 9.9 muestra la apariencia de esta vista en nuestro ejemplo.

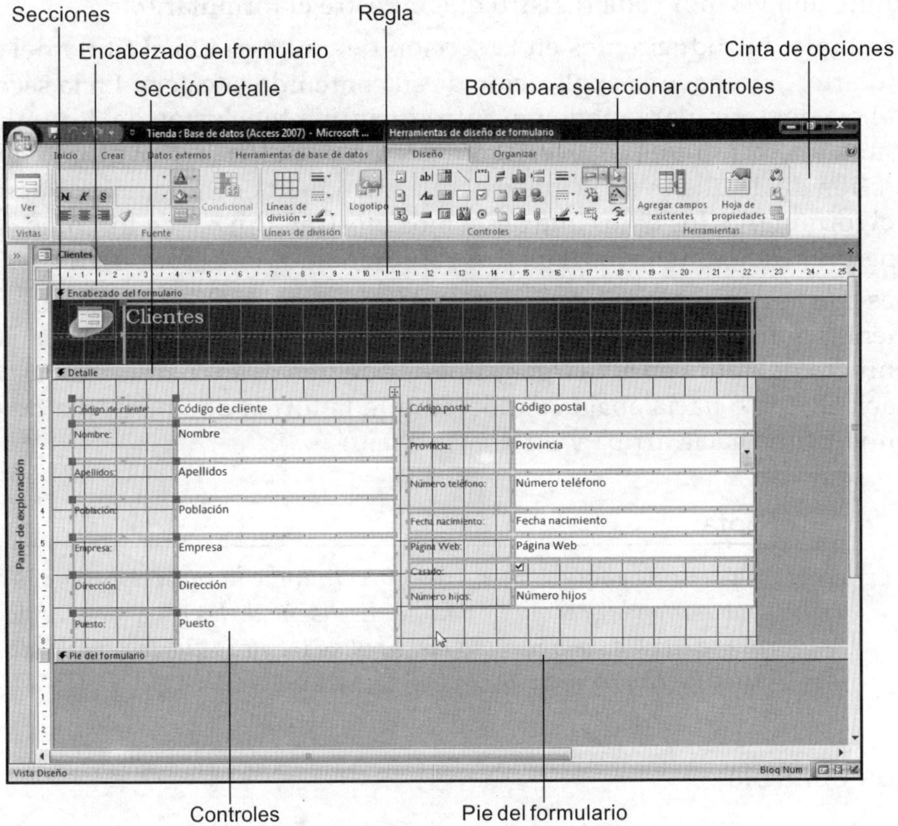

Figura 9.9. Vista Diseño del formulario.

En los siguientes subapartados, veremos los elementos principales de esta vista y cómo usarlos.

Las secciones del formulario

La vista Diseño de nuestro formulario aparece dividida por tres barras horizontales con las palabras Encabezado del formulario, Detalle y Pie del formulario. Estas barras horizontales dividen la vista del formulario en tres zonas bien diferenciadas que se llaman *secciones*: la sección Encabezado del formulario, la sección Detalle y la sección Pie del formulario.

La sección del encabezado contiene todo aquello que deseamos que aparezca una única vez al principio del formulario. La sección del pie contiene todo aquello que deseamos que aparezca al final del formulario (también una vez), mientras que el contenido de la sección de detalle se repite una vez por cada registro que muestre el formulario.

Por tanto, introduciremos en la sección del encabezado el título del formulario, la fecha, una explicación de su contenido, etcétera. En la sección del pie del formulario podemos introducir una conclusión del formulario o una operación que realice algún cálculo estadístico. Por último, en la sección de detalle es en la que hay que introducir el verdadero contenido del formulario: los datos que deseemos mostrar. (En concreto, cómo debe aparecer cada uno de los registros representados en el formulario.)

Las barras que separan las distintas secciones se pueden utilizar para aumentar o disminuir el tamaño de cada una de ellas. Para hacerlo, sitúe el puntero del ratón en el margen superior de una de las barras y arrástrelo hacia arriba o hacia abajo cuando adopte la forma de una flecha de dos puntas (una hacia arriba y otra hacia abajo).

Nota:

A partir de ahora, y mientras no se indique lo contrario, vamos a trabajar en la sección de detalle. El diseño de las otras dos secciones se lleva a cabo usando las mismas técnicas que las empleadas en la sección de detalle.

Los controles

En algunos de los apartados anteriores, ha sido necesario utilizar el término "control", a pesar de que no lo conocemos aún. Los controles se pueden considerar los elementos más importantes en el diseño y modificación de los formularios. Se pueden definir como los objetos gráficos que se incluyen en un formulario o informe para mostrar los datos, para llevar a cabo una acción o para mejorar su aspecto.

Quizás esta definición no nos enumere todo aquello que puede ser un control, pero nos aclara que cualquier "cosa" que veamos en la vista Diseño de un formulario y que no sea uno de los elementos propios de la vista (la regla, la cuadrícula, etcétera) es un control.

Revisemos nuestro ejemplo. En la figura 9.9 vemos que el cuadro de texto *Código de cliente* es un control; y que también lo es la etiqueta que se encuentra a la izquierda del cuadro Apellidos.

Los controles se pueden clasificar por varios conceptos. Uno de ellos se basa en el tipo de elemento que representa. Así, algunos de los tipos de controles que hay son: etiquetas, cuadros de texto, cuadros de lista, botones de comando, botones de opción, casillas de verificación, etcétera. Estos elementos no son propios de Access, sino del entorno Windows. Esto significa que todas las aplicaciones escritas para Windows usan cuadros de texto, casillas de verificación, etcétera. Veremos los tipos de controles en el capítulo 14.

En este caso, tenemos sólo tres tipos de controles:

1. Los campos de nuestra tabla base (Clientes) son del tipo *cuadros de texto*.
2. Las etiquetas que aparecen a la izquierda de cada uno de los cuadros de texto son del tipo *etiquetas*. Estas etiquetas contienen el texto que se introdujo en la propiedad Título de cada uno de los campos al diseñar la tabla.
3. Una casilla de verificación que representa al campo Casado.

Como los cuadros de texto y las etiquetas son los controles más sencillos y, a la vez, los más utilizados, vamos a emplearlos para explicar las operaciones básicas que se pueden llevar a cabo con los controles. En concreto, vamos a ver cómo seleccionar, mover, copiar, duplicar y borrar un control, además de ver la manera de modificar su tamaño.

Operaciones básicas con los controles

Este tipo de operaciones no se puede considerar como propias de los formularios. De hecho, las hemos usado a lo largo del libro con otro tipo de herramientas. Si tiene experiencia con otros programas de Windows, muchas de ellas le resultarán familiares.

Seleccionar un control

Como ocurría en la vista Presentación, en la vista Diseño antes de realizar ninguna otra operación con un control, es necesario seleccionarlo. En Access, la operación de selección es el modo que tenemos de indicar el control (o controles) con el que deseamos trabajar. Para seleccionar un control, sólo hay que seguir dos pasos:

1. Asegurarse de que está activo el botón **Seleccionar** de la sección Controles (figura 9.6).
2. Hacer clic sobre el control que se quiere seleccionar.

Cuando se selecciona un control, aparecen alrededor un cuadro de color (naranja normalmente) y unos selectores, que son pequeños puntos situados en la zona central de cada una de las líneas que forman el recuadro del control. La figura 9.10 muestra los selectores alrededor del control Código de cliente.

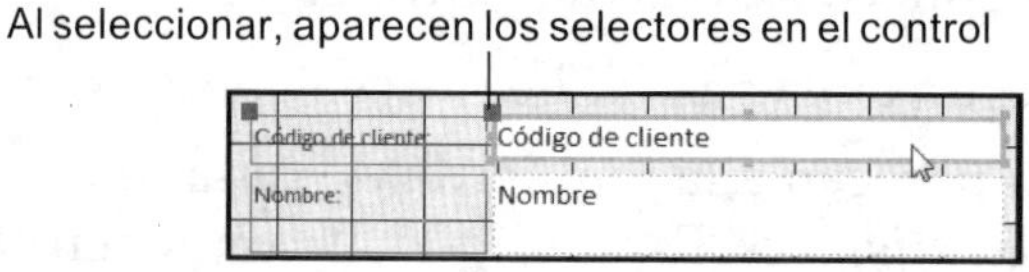

Figura 9.10. Dos controles, uno seleccionado y otro no.

Seleccionar varios controles

En algunas ocasiones, querrá llevar a cabo la misma operación con varios controles. Una forma de hacerlo consiste en seleccionar un control, llevar a cabo la operación, seleccionar otro control y volver a realizar la operación; y así sucesivamente. Sin embargo, esto no es necesario, ya que Access permite seleccionar más de un control a la vez y poder, de esta forma, llevar a cabo la misma operación con todos ellos en un único paso.

Para seleccionar varios controles que estén juntos físicamente, arrastre el ratón por ellos. Esto es, pulse el botón izquierdo del ratón cerca (pero no dentro) del control que esté en uno de los extremos y, sin soltarlo, desplace el ratón hasta que el puntero esté situado en el control que forma el otro extremo.

Cuando los controles no están contiguos, el modo de seleccionarlos consiste en hacerlo uno a uno. Para ello, seleccione el primero. Una vez que esté seleccionado, pulse la tecla **Mayús** y, sin soltarla, haga clic sobre el segundo; continúe con la tecla **Mayús** pulsada y haga clic en todos los controles que desee seleccionar.

Además, como en nuestro ejemplo los controles están apilados en dos columnas, también puede usar el símbolo de tabla para seleccionar todos los controles y sus etiquetas de cada una de las dos columnas del formulario.

Finalmente, si sitúa el puntero del ratón entre dos controles y hace clic cuando se convierta en una flecha apuntando hacia abajo, seleccionará todos los controles (o sus etiquetas) de dicha columna.

Para eliminar la selección de uno o de varios controles, haga clic con el ratón en cualquier punto de la sección de detalle que esté situado fuera del área seleccionada.

Mover un control

Una vez que tenemos seleccionado un control, una de las operaciones que podemos realizar con él es moverlo a una posición distinta. Esta operación es esencial para definir el formulario a nuestro gusto.

Los siguientes pasos indican cómo hacerlo:

1. Seleccione el control que desee mover.
2. Desplace el puntero del ratón hasta uno de los bordes del control (pero no en los selectores), de forma que aparezca un símbolo con cuatro flechas.
3. Haga clic y arrastre el puntero hasta la nueva posición en la que desee dejar el control. Conforme arrastra el puntero, Access dibuja una silueta indicando la posición en la que estará el control al soltar el botón del ratón.
4. Suelte el botón del ratón y Access sitúa el control en su nueva posición.

También es posible desplazar varios controles en un único paso. Para ello, lo único que tiene que hacer es seleccionarlos antes de comenzar el desplazamiento en sí. Una vez que los tenga seleccionados, no importa qué control use para realizar el desplazamiento, ya que se moverán todos juntos.

Cambiar el tamaño de un control

Aumentar o disminuir el tamaño de un control es otra de las operaciones más normales en los formularios. Uno de los casos típicos se da cuando en el interior de un control hay tanto texto que no es posible mostrarlo todo en pantalla, o bien que Access ha asignado un tamaño desproporcionado a un control para el poco texto que ha de mostrar. Los siguientes pasos indican cómo aumentar o disminuir el alto de un control:

1. En primer lugar, seleccione el control al que desee cambiar la altura en la ventana del formulario.
2. Desplace el puntero del ratón hasta el selector de la parte superior del control hasta que se transforme en una flecha de dos puntas.
3. Arrastre el puntero en forma de flecha doble hasta que el control tenga la altura que desea. Observe que conforme arrastra el puntero, Access va indicando el tamaño final del control.
4. Suelte el botón del ratón cuando logre el tamaño deseado.

Si desea modificar el ancho del control, ha de situar el puntero del ratón en el selector de la derecha o de la izquierda del control. El puntero se convertirá en una flecha de doble punta pero horizontal en lugar de vertical.

Advertencia:

Recuerde que dependiendo de que los controles estén apilados o no, al mover o al cambiar el tamaño de un control, Access automáticamente ajustará el resto de controles de la columna para mejorar el formato final.

La cuadrícula

La cuadrícula es una red de puntos, los cuales trabajan como "imanes" con los controles. De esta forma, los controles se "pegan" a dichos puntos tanto cuando se desplazan por el formulario, como cuando se modifica su tamaño. Esta herramienta tiene la función principal de facilitar la alineación tanto vertical, como horizontal de los controles.

Hay dos botones de la Cinta de opciones (de la ficha Organizar) que afectan a la cuadrícula:

- El comando Ajustar a la cuadrícula de la sección Diseño de controles que indica si la cuadrícula está activada o no. Cuando la cuadrícula está activada, aparece el botón activado.
- El otro botón es es el comando A la cuadrícula de la sección Alineación de los controles. Su función es alinear los controles seleccionados a la línea de la cuadrícula más cercana.

Nota:

Tenga siempre activa la cuadrícula, le facilitará el trabajo con los controles.

Cerrar y grabar un formulario

Aunque no hemos terminado ni mucho menos de ver las posibilidades de modificación de un formulario, es conveniente aprender a grabarlo cuanto antes para evitar que perdamos toda una sesión trabajo en un eventual corte de luz. El procedimiento es exactamente igual que el de guardar una tabla: ejecutar el comando Guardar del botón de Office o hacer clic en el botón **Guardar** de la barra de herramientas de acceso rápido.

Si es la primera vez que guardamos el formulario, aparecerá el cuadro de diálogo Guardar como, que permite especificar el nombre del formulario. El resto de las veces, Access guardará el diseño del formulario directamente.

Para cerrar la vista del formulario, utilice el botón **Cerrar** de su ficha. Al igual que ocurre con las tablas, si no ha guardado el diseño del formulario desde la última modificación que haya introducido, Access preguntará si desea guardar dichos cambios mediante un cuadro de diálogo.

Pruebe ahora a cerrar el formulario de ejemplo y asignarle el nombre **Formulario de clientes**.

Resumen

Los formularios son los objetos de Access diseñados para ver, introducir y modificar los datos de las tablas. Por tanto, reemplazan a la hoja de datos de las tablas en estas funciones.

Si bien los formularios facilitan las operaciones con los datos, crearlos es muy sencillo, ya que Access dispone de un sistema para crear un formulario en un único paso (con sólo indicarle la tabla cuyos datos queremos ver).

Una vez creado un formulario, éste se puede ver en tres vistas principales: la vista Presentación, que es la que permite ver los datos (y modificar su diseño), la vista Formulario, que es la más importante, ya que es la usada para modificar e introducir datos, y la vista Diseño, que, al igual que su homónima en las tablas, permite modificar la estructura de los formularios.

Capítulo 10

Expresiones y otros tipos de formularios

En este capítulo aprenderá:

- A crear y usar otro tipo de formulario: el formulario dividido.
- A usar el Asistente para formularios genérico, mucho más completo que los formularios automáticos.
- El concepto de expresión.
- Los elementos que forman las expresiones.
- Los distintos tipos de operadores.
- Los identificadores que se pueden usar en expresiones en Access.
- Las funciones.
- Los literales.
- Las constantes.
- A usar el Generador de expresiones.

Formularios divididos

En el capítulo anterior hemos creado un formulario estándar que también se llama de columna simple, ya que muestra un registro en cada pantalla del formulario. Vamos ahora a crear un formulario un poco distinto: el formulario dividido.

Se crea exactamente igual que el formulario estándar, pero hay que usar el botón **Formulario dividido** en lugar del botón **Formulario** de la Cinta de opciones. La figura 10.1 muestra el resultado de crear este formulario con la tabla Almacén.

En la parte superior, un formulario de columna simple...

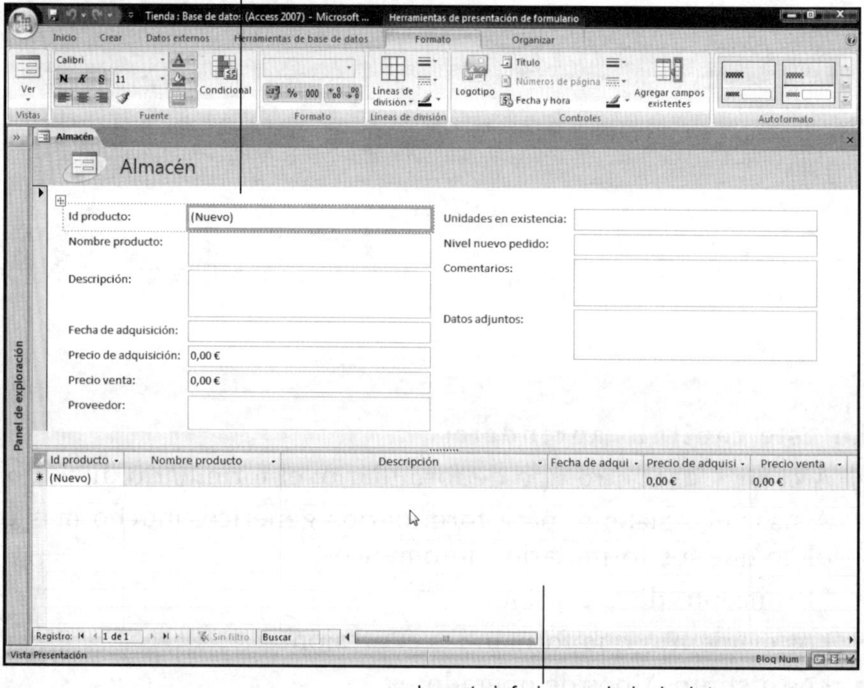

... en la parte inferior una hoja de datos

Figura 10.1. Formulario dividido.

La gran ventaja de este formulario es que muestra dos tipos de formularios en uno: en la parte superior presenta un formulario de columna simple (cada registro en una página distinta), mientras que en la parte inferior muestra una Hoja de datos con los datos de la misma tabla.

De ese modo, el usuario puede ver los datos de la tabla de dos formas distintas, siendo mucho más fácil llevar a cabo cualquier trabajo con dichas datos.

El trabajo con el formulario es idéntico al visto en el capítulo anterior. Utilice la vista Presentación o la vista Diseño para modificar el formato del formulario, y la vista Formulario para introducir o modificar los datos del mismo. Guarde el formulario con el nombre Formulario de almacén.

Asistente para formularios genérico

Para terminar con la creación de formularios, vamos a crear otro basado en la tabla Clientes, pero utilizando el asistente para formulario genérico. Cuando se utiliza esta opción para crear un nuevo formulario, el proceso es más largo que al usar los formularios automáticos (ya sea el normal o el dividido), pero también permite controlar mejor el proceso de creación del formulario. El uso de este asistente es perfecto para crear formularios cuando se dispone de tablas relacionadas, como veremos en el capítulo 18.

En la figura 10.2 puede ver la ventana de presentación del formulario *TrabajoControles* que vamos a crear. A continuación mostramos los pasos seguidos para conseguirlo:

1. En la Cinta de opciones, haga clic en la ficha **Crear**.
2. En la sección Formularios, haga clic en el botón **Más formularios** y dentro de las opciones que aparecen, haga clic en Asistente para formularios. A partir de este momento, esta herramienta nos llevará a través de una serie de cuadros de diálogo que utilizaremos para proporcionarle al Asistente toda la información que necesite.
3. El primer cuadro que aparece permite seleccionar la tabla base del formulario en el cuadro Tablas/Consultas. Después, haga doble clic en cada uno de los campos de la lista Campos disponibles que desee añadir al formulario (irán apareciendo en la lista Campos seleccionados. Para el ejemplo, seleccione como tabla base Clientes y como campos los siguientes: `Código de cliente`, `Nombre`, `Apellidos`, `Dirección` y `Código postal` (figura 10.3).
4. Al terminar, haga clic en **Siguiente**. Aparece el segundo cuadro de diálogo del asistente. En este cuadro, puede decidir si desea crear un formulario de columnas, tabular, de hoja de datos o justificado (similar al de columnas pero aprovechando mejor el espacio). Para el ejemplo,

hemos seleccionado la opción En columnas y hemos hecho clic en el botón **Siguiente**.

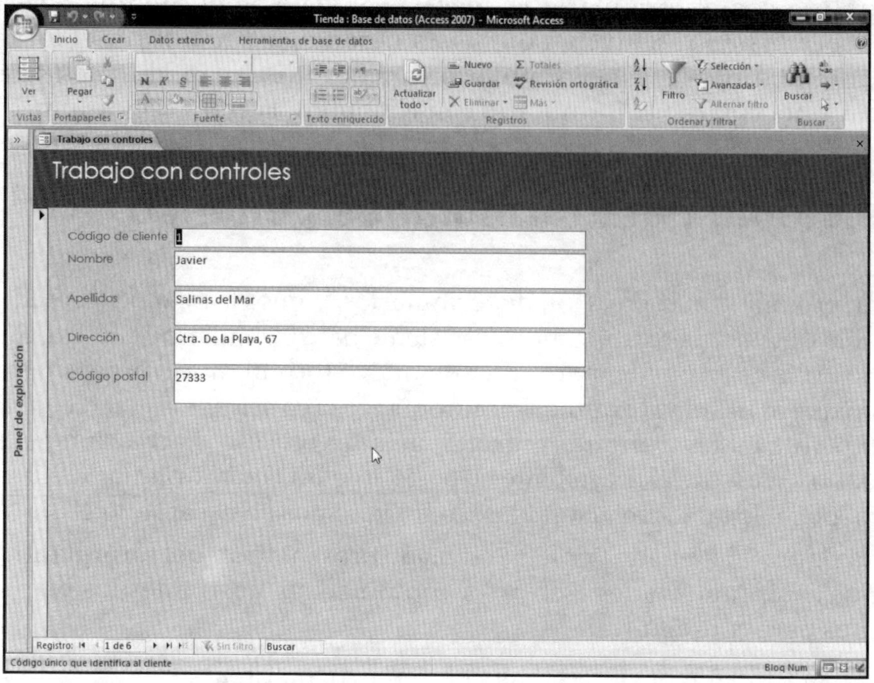

Figura 10.2. Vista Presentación del formulario que vamos a crear.

5. El tercer cuadro de diálogo que aparece permite seleccionar el estilo del formulario. Conforme haga clic en las distintas opciones, el asistente mostrará en la parte izquierda del cuadro la apariencia que tendrán los controles con dicha opción. Haga clic en la opción **Brío** y en el botón **Siguiente**.
6. Finalmente, aparece el último cuadro de diálogo del asistente. En este cuadro, teclee el título del formulario (**Trabajo con controles**) y haga clic en el botón **Finalizar**.

Otro ejemplo como práctica

Vamos ahora a terminar de introducir los datos de las tres tablas que estamos usando en el libro: Clientes, Almacén y Pedidos. Las figuras 10.4 y

10.5 muestran los datos de la tabla Clientes. Utilice el formulario que hemos creado (Formulario de clientes) para introducir los datos restantes.

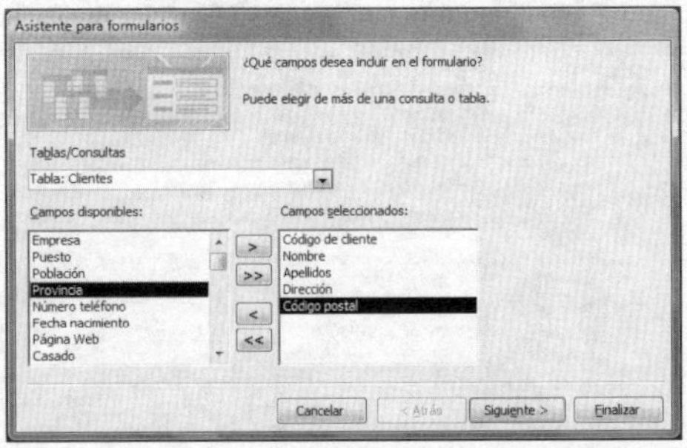

Figura 10.3. Primer cuadro de diálogo del Asistente.

Del mismo modo, la figura 10.6 muestra los datos de la tabla Almacén. Utilice el formulario Formulario de almacén para introducir estos datos.

Finalmente, la figura 10.7 muestra los datos de la tabla Pedidos. Le propongo que cree un formulario basado en la tabla Pedidos e introduzca estos datos. Si lo desea, puede hacerlo también en la hoja de datos de la tabla, pero si crea un formulario con el asistente para formularios le vendrá bien la práctica.

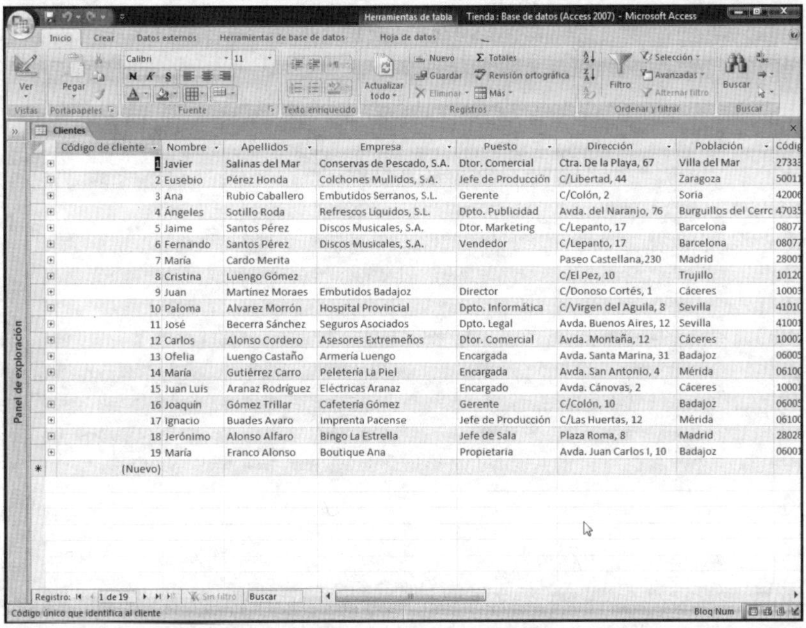

Código de cliente	Nombre	Apellidos	Empresa	Puesto	Dirección	Población
1	Javier	Salinas del Mar	Conservas de Pescado, S.A.	Dtor. Comercial	Ctra. De la Playa, 67	Villa del Mar
2	Eusebio	Pérez Honda	Colchones Mullidos, S.A.	Jefe de Producción	C/Libertad, 44	Zaragoza
3	Ana	Rubio Caballero	Embutidos Serranos, S.L.	Gerente	C/Colón, 2	Soria
4	Ángeles	Sotillo Roda	Refrescos Líquidos, S.L.	Dpto. Publicidad	Avda. del Naranjo, 76	Burguillos del Cerrc
5	Jaime	Santos Pérez	Discos Musicales, S.A.	Dtor. Marketing	C/Lepanto, 17	Barcelona
6	Fernando	Santos Pérez	Discos Musicales, S.A.	Vendedor	C/Lepanto, 17	Barcelona
7	María	Cardo Merita			Paseo Castellana,230	Madrid
8	Cristina	Luengo Gómez			C/El Pez, 10	Trujillo
9	Juan	Martínez Moraes	Embutidos Badajoz	Director	C/Donoso Cortés, 1	Cáceres
10	Paloma	Alvarez Morrón	Hospital Provincial	Dpto. Informática	C/Virgen del Aguila, 8	Sevilla
11	José	Becerra Sánchez	Seguros Asociados	Dpto. Legal	Avda. Buenos Aires, 12	Sevilla
12	Carlos	Alonso Cordero	Asesores Extremeños	Dtor. Comercial	Avda. Montaña, 12	Cáceres
13	Ofelia	Luengo Castaño	Armería Luengo	Encargada	Avda. Santa Marina, 31	Badajoz
14	María	Gutiérrez Carro	Peletería La Piel	Encargada	Avda. San Antonio, 4	Mérida
15	Juan Luis	Aranaz Rodríguez	Eléctricas Aranaz	Encargado	Avda. Cánovas, 2	Cáceres
16	Joaquín	Gómez Trillar	Cafetería Gómez	Gerente	C/Colón, 10	Badajoz
17	Ignacio	Buades Avaro	Imprenta Pacense	Jefe de Producción	C/Las Huertas, 12	Mérida
18	Jerónimo	Alonso Alfaro	Bingo La Estrella	Jefe de Sala	Plaza Roma, 8	Madrid
19	María	Franco Alonso	Boutique Ana	Propietaria	Avda. Juan Carlos I, 10	Badajoz
(Nuevo)						

Figura 10.4. Datos de la tabla Clientes.

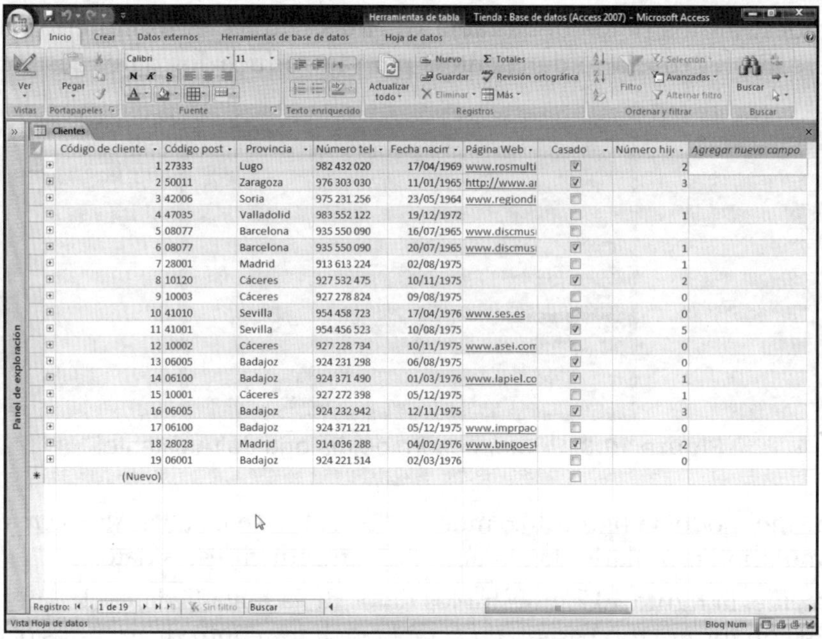

Código de cliente	Código post	Provincia	Número tel	Fecha nacim	Página Web	Casado	Número hij	Agregar nuevo campo
1	27333	Lugo	982 432 020	17/04/1969	www.rosmulti	☑	2	
2	50011	Zaragoza	976 303 030	11/01/1965	http://www.ar	☑	3	
3	42006	Soria	975 231 256	23/05/1964	www.regiondi	☐		
4	47035	Valladolid	983 552 122	19/12/1972		☐	1	
5	08077	Barcelona	935 550 090	16/07/1965	www.discmus	☐		
6	08077	Barcelona	935 550 090	20/07/1965	www.discmus	☑	1	
7	28001	Madrid	913 613 224	02/08/1975		☐	1	
8	10120	Cáceres	927 532 475	10/11/1975		☑	2	
9	10003	Cáceres	927 278 824	09/08/1975		☐	0	
10	41010	Sevilla	954 458 723	17/04/1976	www.ses.es	☐	0	
11	41001	Sevilla	954 456 523	10/08/1975		☑	5	
12	10002	Cáceres	927 228 734	10/11/1975	www.asei.com	☐	0	
13	06005	Badajoz	924 231 298	06/08/1975		☑	0	
14	06100	Badajoz	924 371 490	01/03/1976	www.lapiel.co	☑	1	
15	10001	Cáceres	927 272 398	05/12/1975		☐	1	
16	06005	Badajoz	924 232 942	12/11/1975		☑	3	
17	06100	Badajoz	924 371 221	05/12/1975	www.imprpac	☐	0	
18	28028	Madrid	914 036 288	04/02/1976	www.bingoest	☑	2	
19	06001	Badajoz	924 221 514	02/03/1976		☐	0	
(Nuevo)						☐		

Figura 10.5. Datos de la tabla Clientes (continuación).

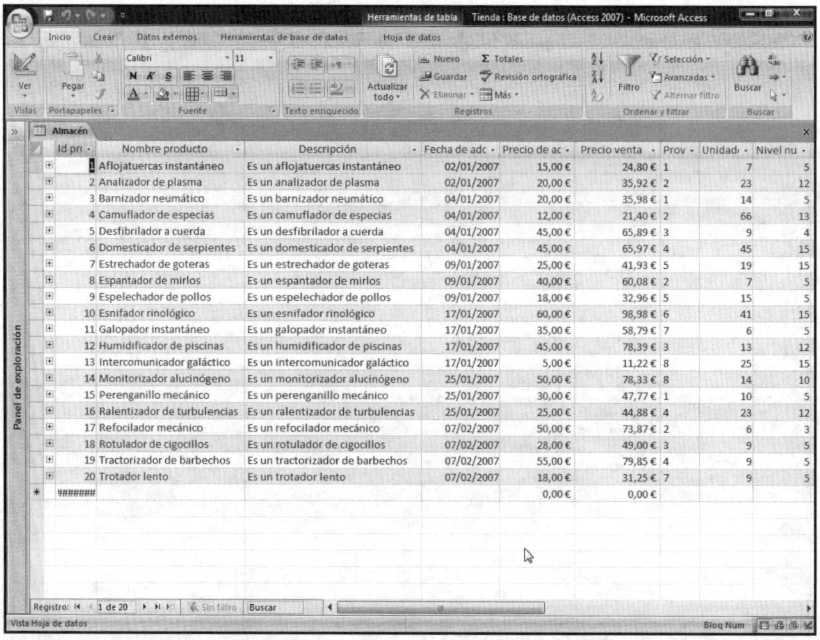

Id pro	Nombre producto	Descripción	Fecha de adc	Precio de ac	Precio venta	Prov	Unidad	Nivel nu
1	Aflojatuercas instantáneo	Es un aflojatuercas instantáneo	02/01/2007	15,00 €	24,80 €	1	7	5
2	Analizador de plasma	Es un analizador de plasma	02/01/2007	20,00 €	35,92 €	2	23	12
3	Barnizador neumático	Es un barnizador neumático	04/01/2007	20,00 €	35,98 €	1	14	5
4	Camuflador de especias	Es un camuflador de especias	04/01/2007	12,00 €	21,40 €	2	66	13
5	Desfibrilador a cuerda	Es un desfibrilador a cuerda	04/01/2007	45,00 €	65,89 €	3	9	4
6	Domesticador de serpientes	Es un domesticador de serpientes	04/01/2007	45,00 €	65,97 €	4	45	15
7	Estrechador de goteras	Es un estrechador de goteras	09/01/2007	25,00 €	41,93 €	5	19	15
8	Espantador de mirlos	Es un espantador de mirlos	09/01/2007	40,00 €	60,08 €	2	7	5
9	Espelechador de pollos	Es un espelechador de pollos	09/01/2007	18,00 €	32,96 €	5	15	5
10	Esnifador rinológico	Es un esnifador rinológico	17/01/2007	60,00 €	98,98 €	6	41	15
11	Galopador instantáneo	Es un galopador instantáneo	17/01/2007	35,00 €	58,79 €	7	6	5
12	Humidificador de piscinas	Es un humidificador de piscinas	17/01/2007	45,00 €	78,39 €	3	13	12
13	Intercomunicador galáctico	Es un intercomunicador galáctico	17/01/2007	5,00 €	11,22 €	8	25	15
14	Monitorizador alucinógeno	Es un monitorizador alucinógeno	25/01/2007	50,00 €	78,33 €	8	14	10
15	Perenganillo mecánico	Es un perenganillo mecánico	25/01/2007	30,00 €	47,77 €	1	10	5
16	Ralentizador de turbulencias	Es un ralentizador de turbulencias	25/01/2007	25,00 €	44,88 €	4	23	12
17	Refocilador mecánico	Es un refocilador mecánico	07/02/2007	50,00 €	73,87 €	2	6	3
18	Rotulador de cigocillos	Es un rotulador de cigocillos	07/02/2007	28,00 €	49,00 €	3	9	5
19	Tractorizador de barbechos	Es un tractorizador de barbechos	07/02/2007	55,00 €	79,85 €	4	9	5
20	Trotador lento	Es un trotador lento	07/02/2007	18,00 €	31,25 €	7	9	5
#######				0,00 €	0,00 €			

Figura 10.6. Datos de la tabla Almacén.

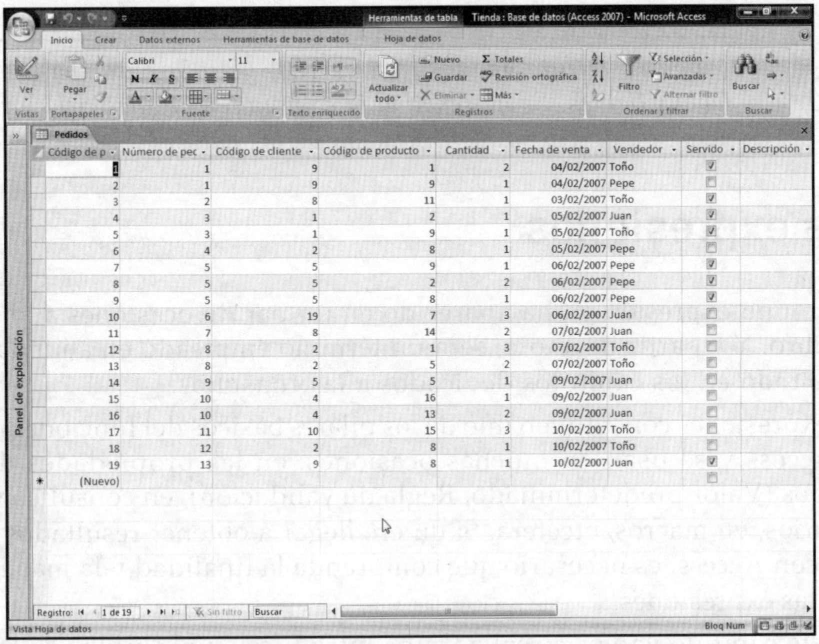

Código de p	Número de pec	Código de cliente	Código de producto	Cantidad	Fecha de venta	Vendedor	Servido	Descripción
1	1	9	1	2	04/02/2007	Toño	☑	
2	1	9	9	1	04/02/2007	Pepe	☐	
3	2	8	11	1	03/02/2007	Toño	☑	
4	3	1	2	1	05/02/2007	Juan	☑	
5	3	1	9	1	05/02/2007	Toño	☑	
6	4	2	8	1	05/02/2007	Pepe	☐	
7	5	5	9	1	06/02/2007	Pepe	☑	
8	5	5	2	2	06/02/2007	Pepe	☑	
9	5	5	8	1	06/02/2007	Pepe	☑	
10	6	19	7	3	06/02/2007	Juan	☐	
11	7	8	14	2	07/02/2007	Juan	☐	
12	8	2	1	3	07/02/2007	Toño	☐	
13	8	2	5	2	07/02/2007	Toño	☐	
14	9	5	5	1	09/02/2007	Juan	☐	
15	10	4	16	1	09/02/2007	Juan	☐	
16	10	4	13	2	09/02/2007	Juan	☐	
17	11	10	15	3	10/02/2007	Toño	☐	
18	12	2	8	1	10/02/2007	Toño	☐	
19	13	9	8	1	10/02/2007	Juan	☑	
(Nuevo)							☐	

Figura 10.7. Datos de la tabla Pedidos.

Vamos a usar estos datos en los capítulos siguientes para las consultas y otros objetos, pero si introduce sólo algunos, será suficiente para entender cómo funcionan.

Truco:

En el sitio web dedicado a este libro, puede obtener estos datos sin necesidad de teclearlos. En cualquier caso, si no conoce cómo usar los formularios, es una buena idea introducirlos directamente.

Hay dos puntos que es interesante destacar:

1. Como los datos están realmente en la tabla (los formularios sólo sirven para modificar dichos datos, pero no para almacenarlos), tras añadir o modificar datos con un formulario, éstos aparecerán al abrir la hoja de datos de la tabla (y viceversa).
2. También llegará a la conclusión, casi seguro, de que utilizar los formularios resulta mucho más intuitivo y agradable que emplear la hoja de datos.

Advertencia:

Tenga en cuenta que las figuras 10.4 y 10.5 son ambas de la tabla Clientes. Se ha repetido la columna del código del cliente para simplificar la identificación de los datos.

Las expresiones

El término expresión ya ha aparecido en un par de ocasiones a lo largo del libro. Y a partir de ahora, será un término empleado en abundancia, sobre todo en los capítulos dedicados a las consultas.

Las expresiones constituyen uno de los pilares básicos del funcionamiento de Access y se usan en muchas ocasiones: en las propiedades de los campos (Valor predeterminado, Regla de validación), en consultas y formularios, en macros, etcétera. Si quiere llegar a obtener resultados óptimos con Access, es necesario que comprenda la finalidad y la manera de usar las expresiones.

En este capítulo vamos a realizar una introducción al empleo de las expresiones. Sin embargo, y con el objeto de que no resulte pesado, debe considerarlo como un capítulo de referencia. Es decir, léalo una vez y luego continúe con el libro. Cuando en los capítulos posteriores usemos expresiones, podrá volver aquí para aclarar los conceptos con ejemplos concretos.

Las expresiones se pueden definir como representaciones abreviadas y tipificadas de instrucciones que se le proporcionan a Access para que haga determinadas comprobaciones o calcule determinados valores y, a continuación, produzca un resultado. Por ejemplo, una expresión que calcula el importe total de una factura sumando los campos Importe bruto e IVA puede ser: **=[Importe bruto]+[IVA]**.

En la práctica, las expresiones están compuestas por la combinación de los siguientes elementos:

- *Operadores*. Tienen la misión de realizar operaciones entre uno o varios operandos. Los operandos pueden ser identificadores, literales o constantes.
- *Identificadores*. Sirven para referirse al valor de un campo, a un control o a una propiedad.
- *Funciones*. Realizan operaciones complejas o tediosas a partir de unas breves instrucciones, y devuelven el resultado de las mismas.

- *Literales*. Representan un valor (texto, número o fecha) que Access evalúa exactamente tal y como aparece escrito.
- *Constantes*. Representan valores fijos.

En el siguiente ejemplo de expresión, podemos observar cada uno de estos elementos:

```
[Fecha de compra] > Fecha() - 90
Identificador
Función
Operadores
Literal
```

Introducir expresiones

Las expresiones se pueden introducir en Access en muy diversos lugares, entre los que cabe destacar ciertas propiedades de los campos de las tablas que lo permiten (por ejemplo, Regla de validación), en la cuadrícula QBE de las consultas (lo veremos en el próximo capítulo), en controles de formularios e informes y en macros.

En la mayoría de estos lugares contará con la ayuda del *Generador de expresiones* para introducir la expresión (herramienta que analizaremos al final del capítulo). Sin embargo, en otras ocasiones querrá introducir las expresiones manualmente. En tales casos deberá seguir ciertas normas, para que no se produzcan errores:

- Los nombres de campos, tablas, consultas, formularios, informes y controles deben escribirse entre corchetes ([ ]).
- Las fechas deben escribirse entre almohadillas (#).
- El texto debe escribirse entre comillas (" ").
- Las expresiones de los controles calculados deben ir precedidas del signo igual (=).

En los siguientes apartados vamos a estudiar con más detalle cada uno de los elementos que pueden componer una expresión. Si no entiende todos los conceptos aquí expuestos, no se preocupe. A medida que avance en el libro se irán clarificando.

Operadores

El operador es un elemento que tiene por misión relacionar dos partes de una expresión, a la vez que determina el tipo de relación. Cada una de las partes de la expresión que relaciona se denomina *operando*. Hay varios tipos de operadores, que producen resultados distintos.

Operadores aritméticos

Los operadores aritméticos son los más conocidos, ya que los empleamos continuamente en la vida diaria para realizar los cálculos. Además de los operadores suma (+), resta (-), división (/), multiplicación (*) y exponenciación (^) que seguro que sabe utilizar, merece la pena destacar otros dos relacionados con la división: *Residuo*, que calcula el resto de una división, y \ que realiza una división que proporciona un resultado entero (sin decimales).

Operadores de comparación

Los operadores de comparación son aquéllos que permiten realizar la comparación de dos expresiones. El resultado de dicha comparación puede ser verdadero (se cumple la comparación), falso (no se cumple) o nulo (si una de las expresiones es nula).

Advertencia:

Recuerde que el valor nulo no es lo mismo que el valor vacío o 0.

Los operadores de comparación son los siguientes: < (menor que), > (mayor que), <> (distinto que), <= (menor o igual que), >= (mayor o igual que) e = (igual que).

Operadores de concatenación

El operador de concatenación por excelencia es & (ampersand). Este operador se emplea para unir dos cadenas de texto.

Operadores lógicos

Los operadores lógicos permiten comprobar la veracidad de una o varias proposiciones. Aunque hay más, los tres operadores lógicos más utilizados son Y, O y No. El uso de estos operadores lo analizaremos con detenimiento en los capítulos dedicados a las consultas, que es el objeto en el que más se utilizan.

Operador de coincidencia de caracteres (Como)

El operador Como sirve para comparar dos cadenas de caracteres. Se utiliza, normalmente, en las consultas para buscar datos que tienen en común algunos caracteres, aunque no todos.

Con el operador Como se suelen emplear caracteres comodín. Además de * y ? (que vimos entre las opciones del comando Buscar), también puede usar listas de valores entre corchetes.

Operadores varios

Hay otros operadores de Access que no tienen una clasificación evidente. A continuación, puede ver un breve comentario sobre ellos:

- ! (exclamación). Se usa para separar las distintas partes de un identificador; indica explícitamente que el nombre del campo, control, formulario o informe que viene a continuación es un objeto definido por el usuario. Veremos algunos ejemplos en el apartado "Identificadores" de este mismo capítulo.
- . (punto). Se usa para separar las distintas partes de un identificador; precede al nombre del campo, control, formulario, informe o propiedad definido por Access. También veremos algún ejemplo en el apartado de identificadores.
- **Entre ... Y**. Se usa para determinar si el valor de una expresión se encuentra entre dos límites que se especifican. El resultado será Verdadero si la expresión está entre los límites y Falso en caso contrario (o a la inversa si se utiliza el operador Negado delante).
- **En** (En). Se usa para determinar si el valor de una expresión es igual a alguno de los de la lista que se especifica. El resultado será Verdadero si la expresión está en la lista y Falso si no lo está (o a la inversa si se usa el operador Negado). La lista se ha de incluir detrás del operador encerrada entre paréntesis, con los elementos de la lista se separan mediante comas. Por ejemplo, **En(24,53,4,65,2)**.
- **Es Nulo**. Se usa para determinar si una expresión es Nulo. El resultado será Verdadero si la expresión es Nulo y Falso en caso contrario (o viceversa si se utiliza el operador Es No Nulo).

Prioridad de los operadores

Cuando en una expresión conviven varios operadores, hay establecidas unas prioridades, de forma que Access realiza unas operaciones (o comparaciones) antes que otras.

Por ejemplo, en la expresión **=4+5*4**, está claro que el resultado varía dependiendo de que primero se realice la suma (4+5=9) y después la multiplicación (9*4=36), o bien que primero se realice la multiplicación (5*4=20) y, después, la suma (4+20=24). Para resolver cualquier duda, puede usar paréntesis, los cuales "fuerzan" a realizar unas operaciones antes que otras.

En los operadores aritméticos, el de mayor preferencia es el operador exponencial y, posteriormente, los de multiplicación y división. Por último, la suma y la resta. Tenga en cuenta que entre los operadores de la misma precedencia (como suma y resta), las operaciones se realizan de izquierda a derecha, ya que el resultado final no varía.

Identificadores

En Access, los identificadores son los objetos que puede contener una base de datos (normalmente, controles, campos y propiedades) y se utilizan para hacer referencia a esos objetos. Por ejemplo, el identificador del campo que contiene los apellidos de los clientes en nuestra tabla de ejemplo es [Apellidos]. Usando los identificadores, puede referirte a otros objetos de la base de datos.

Los identificadores pueden contener hasta tres partes:

- El *nombre del objeto* que contiene el elemento al que nos queremos referir. Para hacer referencia a un campo o control que esté en un formulario o informe concreto (distinto del que esté activo en ese momento), el nombre de ese campo o control debe ir precedido de dos palabras clave:
    - La palabra *Formularios* o *Informes*, dependiendo del objeto de que se trate.
    - El nombre del formulario o informe del que se trate.

  Por ejemplo, la expresión **Formularios![Gestión de almacén]![Quedan en stock]** hace referencia al campo *Quedan en stock* del formulario *Gestión de almacén*.
- *El nombre de una propiedad*. Por ejemplo, la siguiente expresión hace referencia a la propiedad *Visible* del formulario *Datos de clientes*: **Formularios![Datos de clientes].Visible**.
- Los *operadores identificadores* ! y . (punto). Estos operadores sirven para relacionar los distintos elementos de un identificador (se pueden leer como *perteneciente a*). El operador ! se utiliza para hacer referencia *explícitamente* a objetos definidos por el usuario (por ejemplo, campos

o controles), mientras que el operador . (punto) se utiliza para objetos del sistema (por ejemplo, propiedades).

Funciones

Las funciones son unas herramientas que Access pone a nuestra disposición y que nos permiten obtener el resultado de cálculos o de operaciones más o menos complejas. La sintaxis más habitual de las funciones es la siguiente:

```
Función(Arg1; Arg2, ...)
```

En primer lugar aparece el nombre de la función y, a continuación, los argumentos entre paréntesis (sólo si son necesarios; en caso contrario, aparecerán los paréntesis vacíos).

Hay tantas funciones y tan diversas que es imposible tratarlas aquí, por lo que es mejor que eche un vistazo a la ayuda de Access. En cualquier caso, para que se haga una idea clara del significado y de la utilidad de las funciones, puede ver algunos ejemplos en la tabla 10.1.

Tabla 10.1. Algunos ejemplos de funciones.

Función	Devuelve
Fecha()	La fecha del ordenador.
Suma(*expr*)	La suma de un conjunto de valores, definidos por la expresión *expr*.
Pago(tasa; nper; va; vf; vence)	El pago periódico de un préstamo (sistema francés).
Promedio(*expr*)	La media aritmética de un conjunto de valores, definidos por la expresión *expr*.
Minús (*texto*)	El argumento *texto* convertido en minúsculas.

Literales

Los literales son datos (generalmente, números, texto o fechas) que Access utiliza tal y como están escritos, sin intentar tratarlos como una expresión. Algunos ejemplos son:

- Fecha: #17-04-07#
- Texto: "Badajoz"
- Número: 10

Constantes

Las constantes son representaciones de unos valores que, por su naturaleza, no pueden cambiar. Access tiene definidas un sinfín de constantes, pero las más comunes son Sí (True), No (False) y Nulo (Null).

Quizá la más utilizada sea la última, ya que se usa para establecer la propiedad Valor predeterminado de un campo con frecuencia. Para ello, se introduce en la propiedad el texto **=Nulo**.

El Generador de expresiones

El Generador de expresiones es uno más de los muchos asistentes y generadores que incorpora Access. Su misión es la de facilitar la creación e introducción de expresiones en los distintos lugares de Access donde esto es posible.

Ya en el capítulo 5, al tratar las propiedades de los campos de las tablas vimos un par de ocasiones en las que se puede emplear. También es típico su uso al tratar con consultas y macros.

Cuando se ejecuta el Generador de expresiones aparece el cuadro de diálogo del mismo nombre (figura 10.8). En él se distinguen estas partes:

- El cuadro blanco de la zona superior se denomina *zona* o *área de edición* y es donde se crea la expresión. Para crear la expresión puede escribirla directamente o pegar elementos de los cuadros de pegado y de la zona de operadores.
- La línea de botones que hay inmediatamente debajo es la *zona de operadores*. Cada botón representa un operador y haciendo clic sobre cualquiera de ellos se inserta su operador en la zona de edición, en la posición del punto de inserción.
- Los tres cuadros que aparecen en la parte inferior del Generador se denominan *cuadros de pegado* y contienen los distintos elementos que se pueden pegar en la expresión. El de la izquierda contiene unas carpetas que representan los distintos objetos contenidos en la base de datos (tablas, consultas, formularios, etc.) y otras carpetas que contienen los distintos elementos que se pueden incluir en una expresión (funciones, constantes, operadores, etc.). Si hace doble clic sobre cualquier carpeta del cuadro izquierdo, ésta se abrirá y mostrará su contenido en el cuadro central. Algunos de los elementos que aparecen en

el cuadro central pueden contener, a su vez, otros elementos (por ejemplo, los controles de un formulario contienen propiedades). Haciendo clic sobre esos elementos del cuadro central aparecerá su contenido en el cuadro de la derecha.

Figura 10.8. El generador de expresiones.

Además de estas zonas, la ventana del Generador presenta el botón **Pegar**, situado a la derecha de la zona de operadores, que sirve para, una vez seleccionado un elemento en los cuadros de pegado, pegar ese elemento en la zona de edición.

Es posible que al pegar un elemento en la zona de edición, aparezca la palabra *Expr*. Esta palabra indica que ese elemento necesita de otro que falta en la expresión. Para solucionar el problema, seleccione la palabra *Expr* y escriba o pegue el elemento.

Para crear una expresión con el Generador, debe ir pegando los distintos elementos que la componen desde los cuadros de pegado y desde la zona de operadores a la zona de edición. Para ello, seleccione cada elemento y haga clic en el botón **Pegar**. El elemento en cuestión aparecerá en la zona de edición. También puede realizar manualmente el proceso (todo o en parte), escribiendo directamente en la zona de edición. Cuando haya terminado de crear la expresión, haga clic en el botón **Aceptar** y ésta se insertará en el lugar prefijado.

A partir del próximo capítulo comenzará a utilizar expresiones y, a medida que lo haga, se irán aclarando cuestiones que ahora puede tener algo confusas.

Resumen

Además de los formularios que se crean con el botón **Formulario**, Access permite crear otros tipos de formulario usando un Asistente genérico. Este Asistente para formularios genérico facilita no sólo la creación del formulario, sino el control sobre cómo va a funcionar dicho formulario y su apariencia.

Los formularios divididos son perfectos para introducir datos en tablas, ya que muestra dos vistas distintas de la tabla pudiendo ver registros ya introducidos mientras se introducen los nuevos.

En muchos de los objetos de Access, como formularios, consultas e informes, se pueden (o se tienen) que usar expresiones. Estas expresiones están formadas por operadores, operandos, funciones, literales, identificadores y constantes. La creación de expresiones es uno de los temas más complicados de Access. Por eso, existe un Generador de expresiones que facilita su creación.

Aunque se hayan explicado dentro de un capítulo dedicado también a los formularios, tenga claro que las expresiones se utilizan en otros objetos de Access, por ejemplo las consultas, como veremos en los próximos capítulos.

Capítulo 11

Las consultas

En este capítulo aprenderá:

- El concepto de consulta en Access.
- Los pasos lógicos que hay que seguir antes de crear una consulta.
- A crear consultas mediante el Asistente para crear consultas sencillas.
- Las vistas de consultas: vista Hoja de datos y vista Diseño.
- A usar condiciones en las consultas.
- A ejecutar las Consultas.
- A llevar a cabo las operaciones de mantenimiento con las consultas: abrir, cerrar, guardar, eliminar, etcétera.
- A modificar las condiciones una vez creadas.
- A usar varias condiciones en una misma consulta.

¿Qué son las consultas?

Consulta es uno de esos términos cuya traducción al castellano ha creado bastante confusión. El término inglés del que proviene es *query*, que se puede traducir como *pregunta*, *duda* o *interrogante*. Así, aunque para evitar confusiones utilizaremos el término consulta, piense en él como en una pregunta que se le pueda realizar a Access sobre el contenido de una o varias tablas.

En realidad, si no existieran las consultas, la utilidad de las bases de datos sería más que cuestionable. Podríamos introducir grandes cantidades de datos en las bases de datos, organizados perfectamente en varias tablas y con una definición exacta de sus campos, pero, ¿para qué nos valdrían si no pudiéramos "consultar" dichos datos?

Nota:

A lo largo de este capítulo vamos a tratar un único tipo de consultas, las llamadas consultas de selección. *Cuando nos refiramos al término consulta, estaremos hablando realmente de consultas de selección, aunque hay otros tipos que ya veremos.*

Aunque sería ideal poder hablar directamente con Access y decirle "muéstrame los registros de los clientes que viven en Badajoz", no es posible. Por eso, para realizar este tipo de "pregunta" y otras mucho más complejas se tienen que usar las consultas.

En el capítulo 6, vimos cómo podíamos encontrar un cliente cuyos apellidos conociéramos por medio de la herramienta **Buscar** de la Cinta de opciones. De este mismo modo, podría localizar ahora los nombres de los clientes que vivieran en Badajoz. Sin embargo, este proceso (si hay varios clientes en Badajoz) llevaría demasiado tiempo y necesitaría un papel a su lado para ir apuntando los nombres conforme aparecieran.

El objetivo de las consultas es doble:

- No ver la información existente en todos los campos de cada registro de una tabla. Por ejemplo, si vamos a usar la consulta para enviar cartas a nuestros clientes, no necesitamos el teléfono ni la fecha de nacimiento.
- No ver la información de todos los registros de la tabla, sino sólo de aquéllos que cumplan ciertas condiciones. Así, si queremos enviar una

carta a los clientes llamados María, querremos ver sólo los datos de estos clientes, y no de los José ni Pedro ni Luis.

Crear una consulta

Al igual que ocurría con los formularios y con las tablas, no hay una única manera de crear consultas. Access proporciona un Asistente para crear consultas sencillas, que facilita mucho el aprendizaje y creación de estos objetos. En cualquier caso, para crear una consulta, siempre hay que seguir una serie de pasos, que son los siguientes:

1. Planificar la consulta para saber cuál es su objetivo. Dicho de otro modo, identificar la información que necesitamos para que la consulta sea útil.
2. Identificar la tabla (o tablas) en la que podemos obtener la información en cuestión.
3. Identificar, dentro de la tabla del punto 2, la información exacta que necesitamos (no siempre son necesarios todos los campos).
4. Crear la consulta en sí usando el Asistente para consultas sencillas.
5. Añadir las condiciones que definan el objetivo de la consulta.
6. Ejecutar la consulta y retocarla si el resultado no es el deseado (esto lo veremos en el siguiente capítulo).

Al igual que en el resto del libro, vamos a usar la base de datos Tienda para estudiar las consultas.

El **primer paso** de los indicados anteriormente es el más importante, ya que de él se deducirán los dos siguientes. Por ejemplo el objetivo de la primera consulta que vamos a crear es muy sencillo: mostrar el nombre y los apellidos de todos nuestros clientes que se llamen María.

El **segundo paso** viene dado por el anterior. ¿Dónde se encuentra el nombre y los apellidos de los clientes? Está claro que los datos que necesitamos están en la tabla Clientes de nuestra base de datos. El **tercer paso** tampoco es difícil, ya que sabemos que necesitamos el nombre y los apellidos, los cuales se encuentran, precisamente, en los campos Nombre y Apellidos de la tabla Clientes.

Por tanto, ha llegado el momento de utilizar el Asistente para consultas sencillas para crear la nueva consulta:

1. En primer lugar, haga clic con el boton izquierdo del ratón sobre la ficha Crear de la Cinta de opciones.

2. En la sección Otros (la situada más a la derecha de la Cinta de opciones), haga clic en el botón **Asistente para consultas**. Aparece el primer cuadro de diálogo del asistente, similar al asistente para formularios que hemos visto anteriormente.
3. Seleccione Asistente para consultas sencillas (si es necesario) y haga clic en **Aceptar**.
4. Seleccione la tabla que vaya a usar como base de la consulta en el cuadro de lista desplegable Tablas/Consultas.
5. Haga doble clic en los campos que quiera añadir a la consulta en la lista Campos disponibles. Si quiere incluirlos todos, haga clic en el botón >>.
6. Cada vez que haga doble clic en un campo, pasará de la lista Campos disponibles a la lista Campos seleccionados.
7. Cuando termine de seleccionar todos los campos (figura 11.1), haga clic en **Siguiente** para pasar al segundo (y último) cuadro de diálogo del asistente.
8. Teclee el nombre que quiera asignarle a la consulta y haga clic en el botón **Finalizar**.

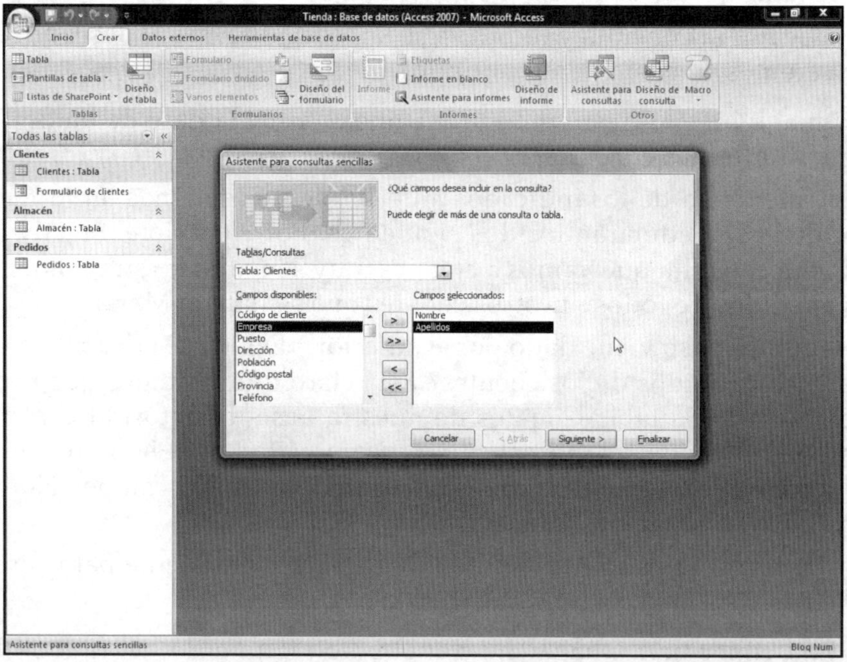

Figura 11.1. Selección de campos en el Asistente para consultas sencillas.

Pruebe ahora a crear la consulta del ejemplo propuesto. Como ya hemos dicho, los campos que tiene que usar son Nombre y Apellidos de la tabla Clientes. Además, le hemos asignado el nombre **Clientes María**. La figura 11.2 muestra el resultado obtenido.

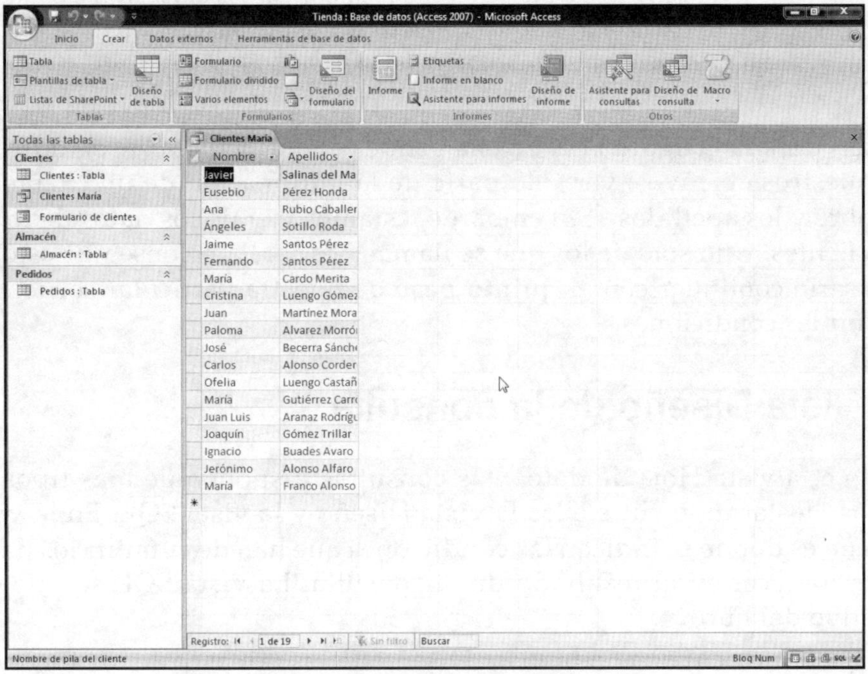

Figura 11.2. Hoja de datos de la consulta.

Aunque lo más sencillo es seleccionar todos los campos de la tabla a la hora de crear una consulta, no tiene sentido actuar así, ya que el objetivo principal de la consulta es ver sólo la información que nos interesa.

La hoja de datos de la consulta

En la figura 11.2, hemos visto por primera vez la vista Hoja de datos de las consultas. Esta vista aparece cuando se ejecuta la consulta (o se crea con el asistente) y es la encargada de mostrar el resultado o "respuesta" de Access a nuestra consulta. Esta vista es idéntica a la vista Hoja de datos de la tabla y se usa exactamente igual; por ejemplo, puede modificar el ancho de una columna y cambiar el orden de las columnas arrastrando el selector de columna.

Advertencia:

Tenga en cuenta que si modifica los datos existentes en la hoja de datos de una consulta (por ejemplo, borrando una fila), estos datos se modificarán también en la tabla que haya utilizado como base. Eso sí, no siempre es posible modificar los datos de las tablas en la hoja de datos de las consultas. Cuando no es posible, se dice que Access ha creado una "instantánea".

Observe ahora la figura 11.2. En ella puede ver que hemos conseguido uno de nuestros objetivos: ver sólo parte de la información de un cliente (el nombre y los apellidos). Sin embargo, estamos viendo los datos de todos los clientes, y no sólo de los que se llaman María. Para conseguir esto, es necesario continuar con el **quinto paso** de nuestra particular secuencia: definir las condiciones.

La vista Diseño de la consulta

Junto a la vista Hoja de datos, las consultas disponen de más tipos de vistas, destacando entre ellas la vista Diseño y la vista SQL. En la vista Diseño es donde se indican las condiciones que han de cumplir los datos para aparecer en el resultado de la consulta. La vista SQL se sale del objetivo del libro.

Al igual que ocurría con la vista Diseño de las tablas y de los formularios, hay varias maneras de acceder a la vista Diseño de una consulta, pero la más sencilla es usar el botón **Ver** de la sección `Vistas` de la Cinta de opciones.

La figura 11.3 muestra la vista Diseño de nuestra consulta de ejemplo. Los elementos principales de las consultas son:

- *Zona de datos*. Es la mitad superior de la vista. Contiene la lista de campos de la tabla indicada como base de la consulta en el asistente para consultas. Aunque aquí sólo vemos una, se pueden incluir varias mediante el botón **Mostrar tabla** (similar al visto en la ficha Relaciones). Puede mover y cambiar de tamaño las listas de campos, además de usar la barra de desplazamiento vertical que muestra a su derecha para moverse a través de los distintos campos de la lista. La zona de datos también posee sus propias barras de desplazamiento, una vertical y otra horizontal, para acceder a los datos que no quepan en el área de visualización de dicha zona.

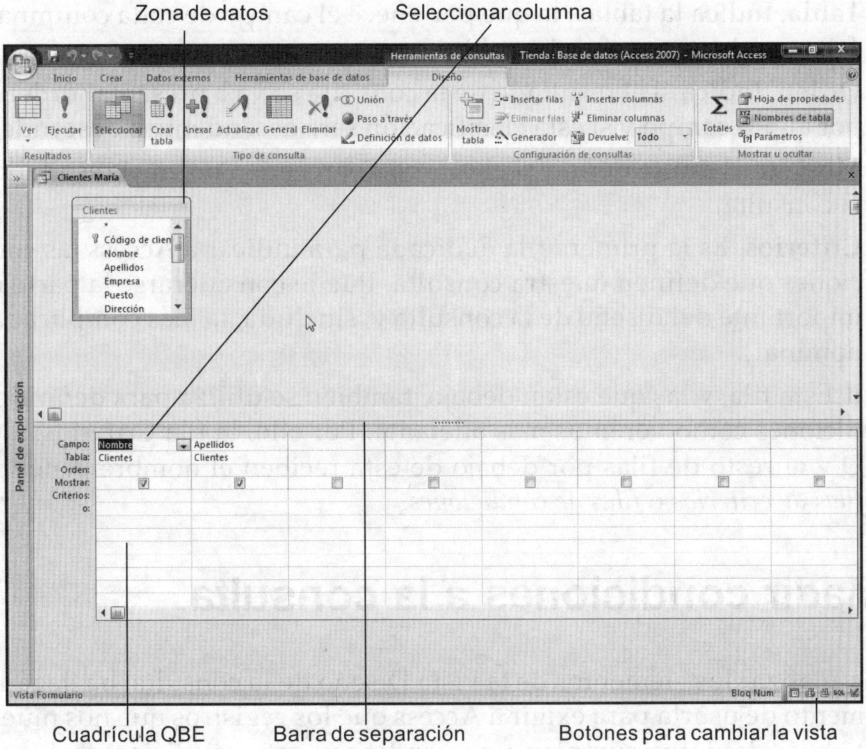

Figura 11.3. Vista Diseño de la consulta.

- *Cuadrícula QBE*. La mitad inferior de la vista está dedicada a la cuadrícula QBE. QBE son unas siglas que significan *Query By Example* (se traduce como *consulta según ejemplo*). Esta cuadrícula permitirá indicar las condiciones de la consulta. Esta zona también tiene dos barras de desplazamiento (una vertical y otra horizontal) para mostrar los datos que no quepan en ella.
- *Barra de separación*. Esta pequeña barra separa las dos zonas citadas anteriormente. Si sitúa el puntero del ratón en dicha barra y, cuando éste se convierta en una doble flecha, hace clic y arrastra hacia arriba o hacia abajo, podrá cambiar el tamaño de las mismas.

La zona de datos no tiene complicación alguna. Sin embargo, la cuadrícula QBE merece una atención especial. Además de las barras de desplazamiento, tenemos seis filas con los siguientes títulos:

- **Campo**. Indica los campos que van a aparecer en el resultado de la consulta.

- **Tabla**. Indica la tabla a la que pertenece el campo de cada columna. Es útil cuando se usan varias tablas en la misma consulta.
- **Orden**. Indica si el resultado de la consulta se va a presentar ordenado por algún campo y si esta clasificación será ascendente o descendente.
- **Mostrar**. Permite definir si el campo aparecerá o no en el resultado de la consulta.
- **Criterios**. Es la primera fila dedicada para indicar a Access las condiciones que definen nuestra consulta. Puede considerarse la parte más importante del diseño de la consulta y, sin duda, la más complicada de dominar.
- **o**. Esta fila, y las que están debajo, también se utiliza para definir condiciones como veremos más adelante. Por ello, la fila Criterios, la fila O y el resto de filas por debajo de ésta reciben el nombre general de *filas de criterios* o *filas de condiciones*.

Añadir condiciones a la consulta

Tras analizar los elementos de la vista Diseño de la consulta, ha llegado el momento de usarla para exigir a Access que los registros que nos muestre en la hoja de datos cumplan una condición; esta condición será que el nombre de los clientes sea María.

Vamos a hacerlo y a continuación analizaremos el motivo de hacerlo de esta manera (figura 11.4):

1. Haga clic en la casilla de unión de la fila Criterios y de la columna correspondiente al campo Nombre.
2. Escriba ="**María**".

Ha sido un proceso de sólo dos pasos, que ha consistido en pulsar el botón del ratón una vez y en escribir un texto. En realidad, "**María**" no es un texto normal, es una expresión de las que vimos en el capítulo 10. En las consultas, las expresiones tienen una gran importancia, ya que es la forma usada para indicarle a Access nuestras condiciones.

Aunque parezca mentira, muchas de las condiciones que les pondremos a las consultas serán tan sencillas como ésta. Analicemos ahora detenidamente qué hemos hecho:

- Al hacer clic en una casilla de la fila Criterios, indicamos a Access que vamos a incluir una condición.

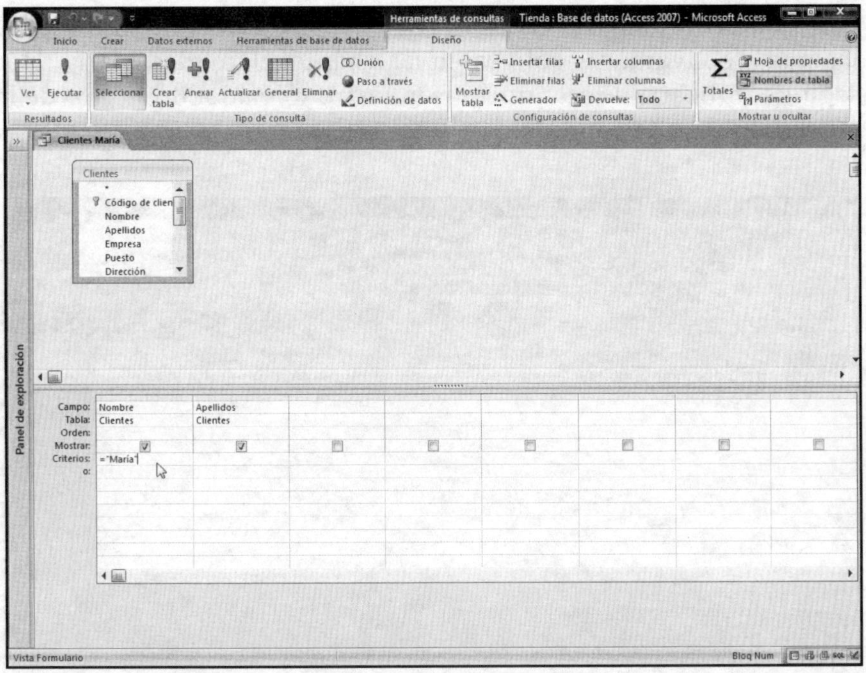

Figura 11.4. La primera condición en la consulta de ejemplo.

- Dependiendo de la columna que utilicemos para escribir la condición, Access sabrá cuál es el campo al que se refiere la condición (en nuestro caso, Nombre).
- Al escribir "**María**", le indicamos que deseamos que sólo muestre los registros que tengan el dato *María* en el campo *Nombre*.

Puede usar el generador de expresiones para crear las expresiones en las consultas. Para hacerlo, sólo tiene que situar el punto de inserción en la casilla apropiada y hacer clic en el botón **Generar** de la sección Configuración de consultas de la Cinta de opciones.

Ejecutar la consulta

Por fin, llegamos al **paso sexto** de nuestra secuencia general: la ejecución de la consulta. Una vez que tiene las condiciones en la consulta, ha llegado el momento de pedir a Access que muestre el resultado.

Para ejecutar una consulta, sólo hay que hacer clic en el botón **Ejecutar** de la Cinta de opciones. Aparecerá la vista Hoja de datos de la consulta con los datos que cumplan los criterios indicados (figura 11.5). En este caso, vemos que efectivamente sólo salen las clientes llamadas María. Hemos conseguido indicar a Access que nos muestre sólo aquellos datos de la tabla que cumplen una condición.

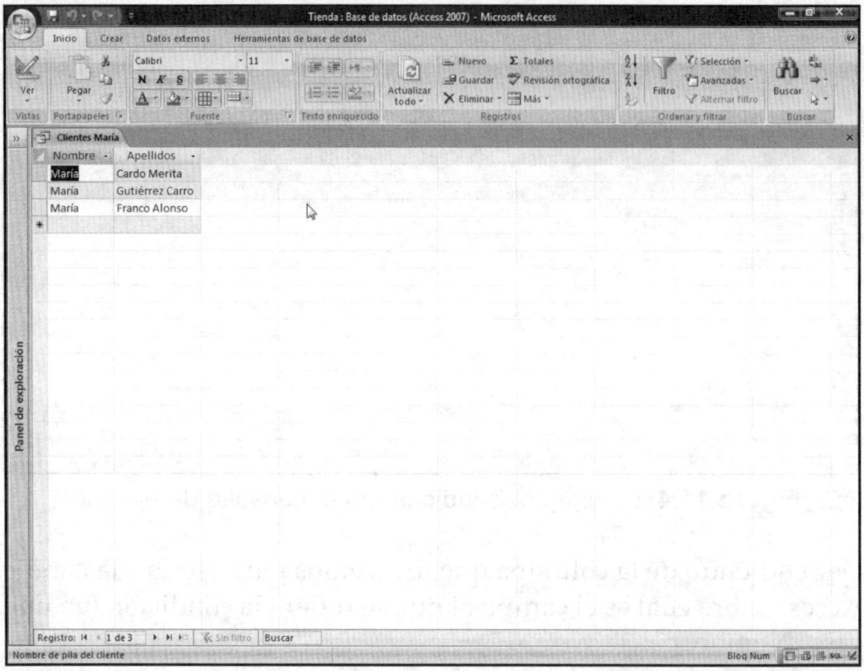

Figura 11.5. Resultado de la consulta tras introducir una condición.

Guardar y otras operaciones con consultas

Las operaciones con las consultas se llevan a cabo de manera similar al resto de objetos de una base de datos. Por ejemplo, cuando termine de trabajar con una consulta, cierre la ficha de la consulta haciendo clic en el botón **Cerrar**. Si no ha guardado el diseño de la consulta antes de cerrarla, Access preguntará si desea hacerlo ahora.

Eso sí, no es necesario esperar a cerrar la consulta para guardar su diseño. Puede hacerlo en cualquier momento seleccionando el botón **Guardar** de la barra de herramientas de acceso rápido. Hágalo ahora.

Otras operaciones que se realizan igual en las consultas que en las tablas y formularios son:

- Para abrir una consulta existente, haga clic con el botón derecho en su nombre en el Panel de exploración y seleccione Abrir o Vista Diseño según quiera ver la vista Hoja de datos o la vista Diseño de la consulta.

Nota:

Cada vez que abre una consulta, Access vuelve a ejecutarla. De esta forma, puede estar seguro de que los datos que aparecen en la hoja de datos de la consulta están actualizados.

- Para copiar una consulta, haga clic en la ficha Inicio de la Cinta de opciones, seleccione el nombre de la consulta en el Panel del explorador, haga clic en el botón **Copiar** de la sección Portapapeles y haga clic en el botón Pegar de dicha sección. En el cuadro de diálogo Pegar como, escriba el nombre de la nueva consulta.
- Para borrar una consulta, selecciónela en el Panel de exploración y pulse la tecla **Supr**.

Otro ejemplo de consulta

Con el fin de clarificar los conceptos vistos, vamos a crear una consulta un poco más complicada. Para nuestro próximo ejemplo, vamos a suponer que, aprovechando un fin de semana largo, vamos a realizar un viaje mezcla de placer y de negocios por Extremadura (España). Tenemos proyectado visitar Mérida y Badajoz y, de regreso, detenernos en Cáceres y Trujillo.

Con estas perspectivas, deseamos crear una consulta que nos proporcione toda la información necesaria para localizar a nuestros clientes de esta región. Para llevar a cabo esta consulta, vamos a seguir los seis pasos vistos en el apartado "Crear una consulta".

Sin embargo, los tres primeros los vamos a unir en uno, ya que una vez que sepamos la información que necesitamos, es muy fácil saber en qué tabla (o tablas) está contenida y, dentro de dichas tablas, en qué campos. Volviendo a nuestro ejemplo, la información que necesitamos de cada cliente para poder contactar con los clientes es la siguiente:

- Nombre y apellidos (para poder identificarlos).
- El número de teléfono (para poder concertar una cita).

- La dirección (por si es preciso ir a verlos).
- La población (para saber en qué momento del viaje debemos contactar con ellos).
- El número de hijos, ya que la oferta que le vamos a presentar depende del número de hijos que tengan.

La tabla que tenemos que usar es, evidentemente, la de Clientes, ya que es la que contiene la información relativa a nuestros clientes. Finalmente, los campos que vamos a usar son Nombre, Apellidos, Teléfono, Dirección, Población y Número hijos.

Con todo esto, estamos listos para ejecutar el Asistente para consultas sencillas. Hágalo ahora, y llame a la nueva consulta **Viaje Extremadura**. La figura 11.6 muestra la hoja de datos obtenida.

Advertencia:

Al incluir en la consulta un campo numérico (Número hijos), aparecerá un nuevo cuadro de diálogo en el Asistente preguntando si desea crear una consulta de resumen. Veremos esta opción en el capítulo siguiente.

En la figura 11.6 vemos que solamente aparecen los campos solicitados, pero de todos los registros de la tabla Clientes, ya que no hemos incluido condiciones.

Más sobre las condiciones

Recordemos que deseamos obtener el nombre, los apellidos, el teléfono, la dirección, la población y el número de hijos de los clientes que vivan en Badajoz, Cáceres, Mérida o Trujillo. Pues bien, vamos a comenzar introduciendo nuestra primera condición: deseamos ver los clientes de nuestra empresa que viven en Badajoz. Para ello, pase a la vista Diseño de la consulta.

En un apartado anterior, vimos que si escribíamos el texto ="**María**" en la columna correspondiente al campo Nombre, obteníamos todos los clientes llamados María. En este caso, lo que nos interesa es conocer los clientes que viven en Badajoz. Por tanto, el modo de hacerlo será similar al utilizado en aquella ocasión:

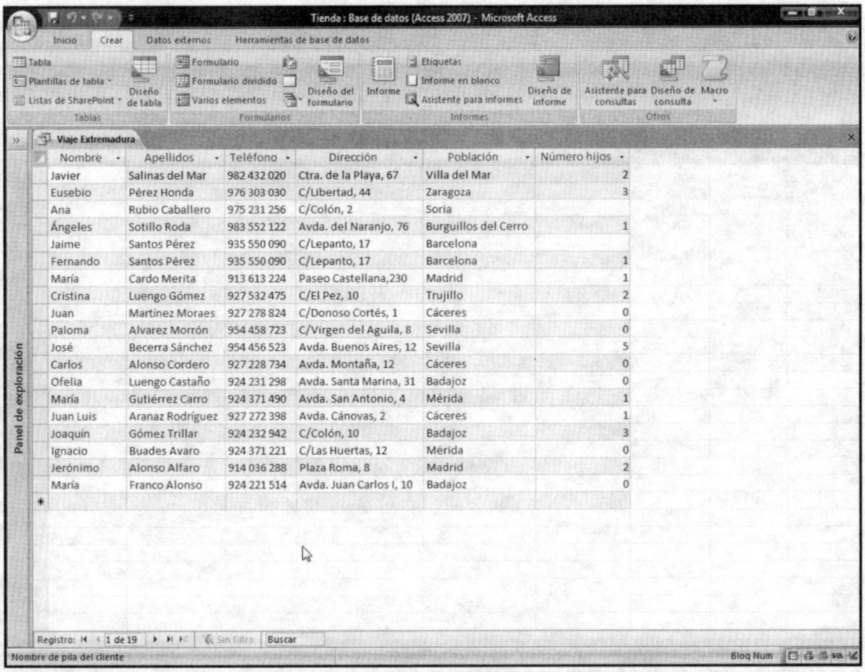

Nombre	Apellidos	Teléfono	Dirección	Población	Número hijos
Javier	Salinas del Mar	982 432 020	Ctra. de la Playa, 67	Villa del Mar	2
Eusebio	Pérez Honda	976 303 030	C/Libertad, 44	Zaragoza	3
Ana	Rubio Caballero	975 231 256	C/Colón, 2	Soria	
Ángeles	Sotillo Roda	983 552 122	Avda. del Naranjo, 76	Burguillos del Cerro	1
Jaime	Santos Pérez	935 550 090	C/Lepanto, 17	Barcelona	
Fernando	Santos Pérez	935 550 090	C/Lepanto, 17	Barcelona	1
María	Cardo Merita	913 613 224	Paseo Castellana,230	Madrid	1
Cristina	Luengo Gómez	927 532 475	C/El Pez, 10	Trujillo	2
Juan	Martínez Moraes	927 278 824	C/Donoso Cortés, 1	Cáceres	0
Paloma	Alvarez Morrón	954 458 723	C/Virgen del Aguila, 8	Sevilla	0
José	Becerra Sánchez	954 456 523	Avda. Buenos Aires, 12	Sevilla	5
Carlos	Alonso Cordero	927 228 734	Avda. Montaña, 12	Cáceres	0
Ofelia	Luengo Castaño	924 231 298	Avda. Santa Marina, 31	Badajoz	0
María	Gutiérrez Carro	924 371 490	Avda. San Antonio, 4	Mérida	1
Juan Luis	Aranaz Rodríguez	927 272 398	Avda. Cánovas, 2	Cáceres	1
Joaquín	Gómez Trillar	924 232 942	C/Colón, 10	Badajoz	3
Ignacio	Buades Avaro	924 371 221	C/Las Huertas, 12	Mérida	0
Jerónimo	Alonso Alfaro	914 036 288	Plaza Roma, 8	Madrid	2
María	Franco Alonso	924 221 514	Avda. Juan Carlos I, 10	Badajoz	0

Figura 11.6. Hoja de datos de la nueva consulta (sin condiciones).

1. Haga clic en la casilla de unión de la fila Criterios y de la columna correspondiente al campo Población.
2. Escriba "**Badajoz**". (Es igual si introduce el signo = o no).

Como verá, la única diferencia estriba en la columna que hemos utilizado para introducir la condición (aquí es la columna Población y no Nombre) y en la expresión utilizada para definir la consulta.

Ejecute la consulta y observe que el resultado (figura 11.7) presenta, efectivamente, sólo los datos de los clientes que viven en Badajoz.

Borrar una condición en una consulta

Tras introducir una condición en una consulta, puede borrarla en cualquier momento. En los ejemplos siguientes, vamos a crear algunas consultas para las que necesitamos eliminar las condiciones conforme las introducimos en la cuadrícula QBE.

La forma de eliminar una condición consiste como siempre en seleccionar el texto que desea eliminar y pulsar la tecla **Supr** o **Retroceso**.

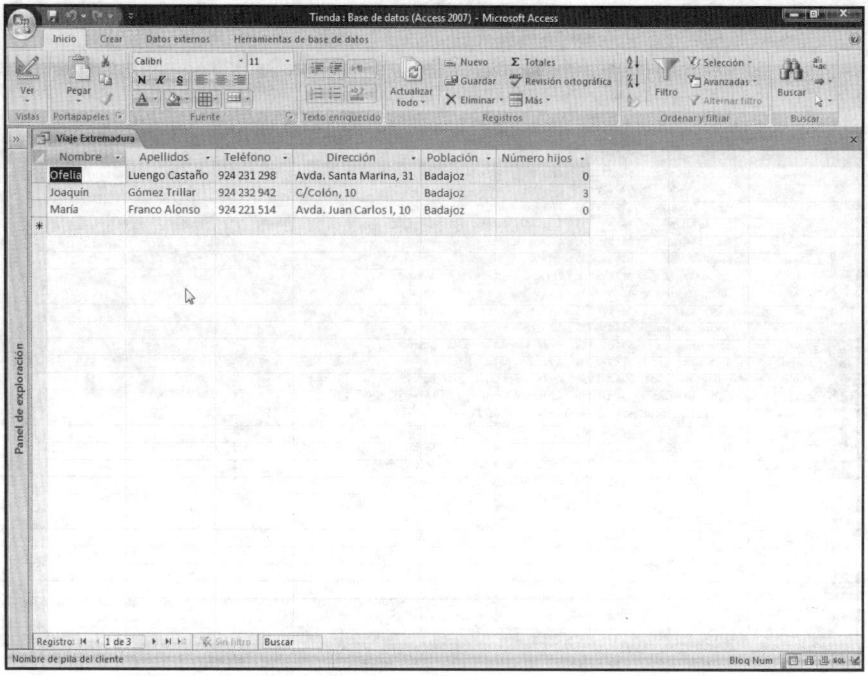

Figura 11.7. Resultado de la consulta.

Truco:

*Los botones **Eliminar filas** y **Eliminar columnas** de la sección* Configuración de consultas *de la Cinta de opciones permiten eliminar todos los datos de una fila o columna, respectivamente.*

Coincidencia exacta de un valor

Para obtener el resultado de la figura 11.6, hemos usado la expresión "**Badajoz**" en la columna del campo Población. Con ello, queríamos indicarle a Access que buscase los clientes que vivieran en Badajoz. Pues bien, eso es una expresión que recorre la tabla buscando los registros que poseen el valor Badajoz en el campo Población, exactamente como está escrito. Por ello, se dice que este tipo de expresiones buscan la "coincidencia" exacta de los valores.

Como vimos en el capítulo 10, esta expresión va entre comillas porque el campo Población es de tipo Texto. Si fuera de tipo Número, no habría que usarlas, simplemente habría que teclear el número del que se trata.

Nota:

En realidad, la expresión "Badajoz" se interpreta como ="Badajoz". Esto significa que el operador de esta expresión es el signo igual que, que identifica las condiciones de coincidencia exacta de un valor.

Coincidencia en un rango

En Access 2007, además de crear la condición sobre un valor determinado gracias a la utilización del operador *igual que* (=), es posible también indicar una condición que se cumpla para varios valores incluidos dentro de un rango.

Piense, por ejemplo, que ha decidido ver sólo a los clientes de Badajoz que tengan algún hijo, pero que no lleguen a cuatro hijos. Dicho de otro modo, desea indicarle a Access que muestre los clientes con un número de hijos *mayor o igual que 1* y *menor que 4*.

Para hacerlo, ha de utilizar otro tipo de operadores en la expresión: los operadores de comparación. La expresión que tendría que introducir en la casilla correspondiente al campo Número de hijos para saber los que tiene uno o dos hijos sería **>=1**.

Una vez realizada esta consulta, podría repetirla con la condición **<4** y estudiar los clientes que coinciden. En ambos casos, hemos visto que no es necesario especificar el valor exacto buscado.

No coincidencia de un valor o rango

En los dos casos anteriores, hemos pedido a Access que muestre los registros que cumplen cierta condición. También es posible efectuar la pregunta al contrario: muestra los registros que *NO* cumplan una condición. La forma de hacerlo es utilizar el operador lógico *No*, que ya citamos en el capítulo 10.

Así, introducir la expresión **No <1** en la columna del campo Número de hijos tiene el mismo efecto que introducir **>=1**.

Cuando desee utilizar una condición de este tipo para un valor determinado (y no para un rango de datos), lo hará de la misma manera. Por ejemplo, introduzca **No"Badajoz"** para recuperar todos los clientes que no viven en Badajoz.

Utilización de varias condiciones a la vez

El objetivo que nos habíamos marcado en uno de los apartados anteriores era obtener los clientes que tuvieran 1, 2 o 3 hijos y que vivieran en Badajoz. Habrá observado que la expresión **>=1** no nos permite cumplir nuestro objetivo, por dos motivos:

1 Nos muestra los clientes con 1 o más hijos, por lo que también aparecen los que tienen 4, 5, 6...
2. No sólo muestra los clientes de la ciudad de Badajoz, sino que también muestra los existentes en cualquier otra población, con tal de que tengan hijos.

La solución a estos problemas son las consultas que especifican más de una condición a la vez. En estas consultas intervienen activamente los operadores lógicos que vimos en el capítulo 10 y el uso de las distintas filas de criterios (ya vimos que las filas de criterios incluyen la fila Criterios, la fila O y el resto de filas situadas debajo de ellas).

Nota:

En la terminología de base de datos, se suelen usar los términos criterios *y* condición *(o conjunto de condiciones) como sinónimos. En este libro se usa la palabra criterio para indicar una condición o un conjunto de condiciones existentes en la misma fila de criterios.*

Recuerde que los tres operadores lógicos principales son O, Y y NO. Éste último lo acabamos de explicar; veamos ahora cómo se usan los otros dos en las consultas.

El operador Y

Como siempre, iremos poco a poco. El primer problema que resolveremos será el de indicarle a Access que el número de hijos esté entre 1 y 3. Para la primera condición, utilizamos la expresión **>=1**; mientras que para la segunda, utilizamos la expresión **<4**.

El operador Y permite unir dos condiciones en una expresión, de forma que se considera que la expresión es verdadera si ambas condiciones son verdaderas. Por tanto, lo único que hay que hacer es "situar" el operador Y en su posición, de esta forma:

```
>=1 Y <4
```

Si la leemos de izquierda a derecha, indica: "que sea mayor o igual que 1 Y menor que 4". Pruebe a introducir esta expresión en la columna del campo Número de hijos (en la fila criterios, por supuesto) y ejecute la consulta. Verá que ahora sólo aparecen los clientes que cumplen ambas condiciones.

El operador O

Cuando utilizamos el operador O en una expresión para unir varias condiciones, Access 2007 muestra los valores de un registro con tal de que cumpla una (o varias) de las condiciones, pero no es necesario que las cumpla todas.

Pensemos en una aplicación del operador O en nuestro ejemplo original. Vimos que escribiendo "**Badajoz**" en el campo Población obteníamos los clientes de esta ciudad. Pero nuestro deseo era obtener también información de los que viven en Mérida, Cáceres y Trujillo.

Una forma de hacerlo consiste en repetir la misma consulta cuatro veces, sustituyendo "**Badajoz**" por "**Cáceres**", "**Mérida**" y "**Trujillo**" en cada una de ellas.

La otra manera de hacerlo consiste en utilizar el operador O. Introduzca la siguiente expresión en la columna del campo Población:

```
"Badajoz" O "Mérida" O "Cáceres" O "Trujillo"
```

De esta forma, como muestra la figura 11.8, Access presentará cualquier cliente que tenga en su campo Población una de estas cuatro poblaciones extremeñas, con lo que habremos logrado el objetivo de nuestra consulta.

La expresión NULO

Access posee un operador especial para preguntar si un campo está vacío. Este operador es *nulo*. De este modo, si desea seleccionar los clientes de nuestra tabla que no tienen teléfono, lo único que tendrá que hacer es teclear **nulo** en la columna correspondiente de la fila Criterios. (Tenga en cuenta que Access considera un valor nulo cuando no hay nada en él. Un campo con espacios en blanco no es un campo nulo.)

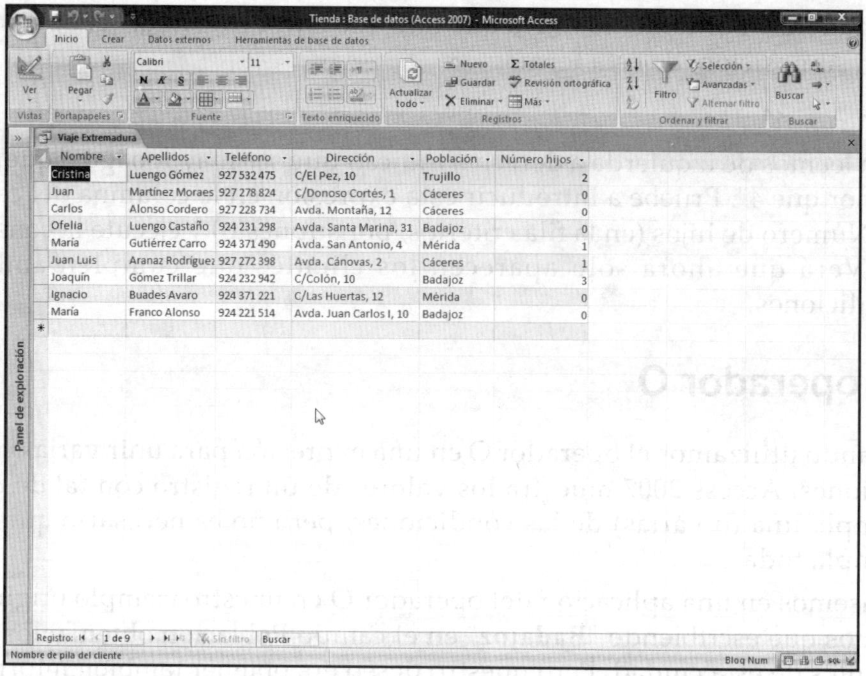

Figura 11.8. Resultado de usar el operador O en el ejemplo.

También dispone de otra forma de indicar lo contrario, que exista un valor en el campo determinado (independientemente de su valor). Para ello, utilice el operador *no* delante de la expresión *nulo*. De este modo, introduzca **no nulo** cuando desee obtener los registros que posean algún valor en el campo utilizado.

Nota:

Se puede utilizar la forma ***es nulo*** *en lugar de* ***nulo****. También se puede usar* ***es no nulo*** en lugar de ***negado nulo***.

Condiciones relativas a varios campos

Hasta el momento, sólo hemos utilizado un campo cada vez a la hora de introducir condiciones. De hecho, todavía no hemos conseguido mostrar los clientes que tienen entre 1 y 3 hijos y que vivan en Badajoz. Para hacerlo, es necesario imponer condiciones relativas a dos campos distintos (Número de hijos y Población).

La forma de hacerlo es introducir condiciones en más de una columna de la cuadrícula QBE. Siga los siguientes pasos para llevar a cabo nuestro ejemplo (la figura 11.9 muestra la vista Diseño de consulta resultante):

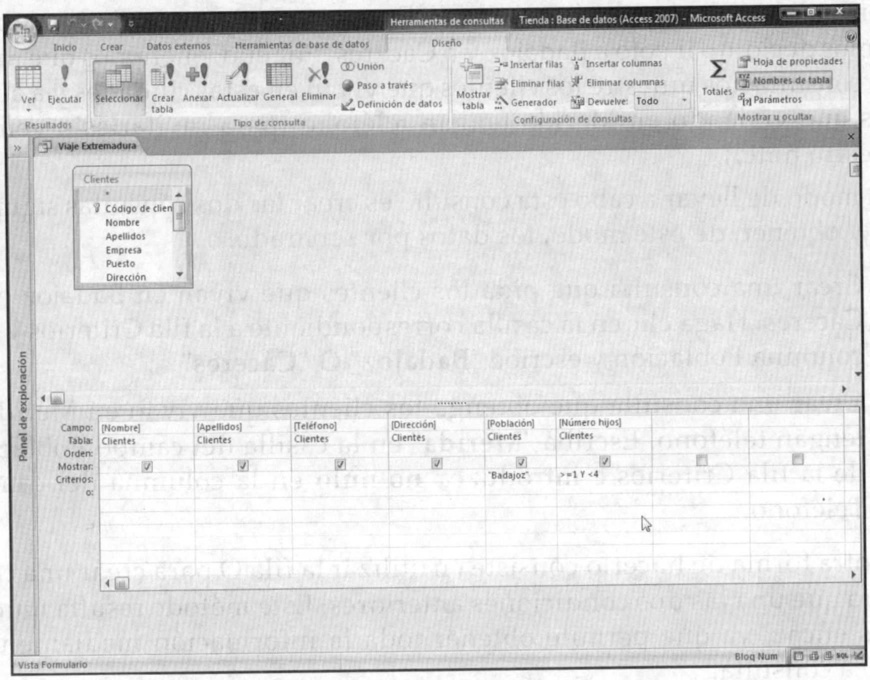

Figura 11.9. Ejemplo de condiciones en varios campos.

1. Introduzca "**Badajoz**" en la columna del campo Población (en la fila Criterios).
2. Introduzca **>=1 Y <4** en la columna Número de hijos (en la misma fila Criterios).

Por tanto, cuando se quieren utilizar varias condiciones relativas a varios campos y éstas se han de cumplir todas, hay que introducirlas en la misma fila de criterios.

La fila O

Al analizar la cuadrícula QBE de la vista Diseño de las consultas, vimos que una de las filas de la cuadrícula QBE es la fila O. Como su nombre indica, esta fila tiene, a efectos prácticos, la misma misión que el operador O (dar como válida la expresión en cuanto se cumpla cualquiera de las condiciones que une dicho operador). La diferencia es que el operador O une dos expresiones relativas al mismo campo e introducidas dentro de la misma casilla, mientras que la fila O puede utilizarse para combinar campos distintos.

Con un ejemplo quedará más claro. En nuestro viaje por Extremadura, hemos decidido ir sólo a Badajoz y a Cáceres. Por ello, queremos que nuestra consulta nos muestre los clientes que vivan en estas ciudades y a aquéllos que viviendo en Mérida tengan teléfono (para invitarles a venir a nuestro hotel).

Un modo de llevar a cabo esta consulta es crear las dos consultas siguientes y obtener, de este modo, los datos por separado.

1. Crear una consulta que pida los clientes que vivan en Badajoz o en Cáceres. Haga clic en la casilla correspondiente a la fila Criterios y a la columna Población y escriba "**Badajoz**" **O** "**Cáceres**".
2. Crear una consulta que obtenga los clientes que vivan en Mérida y tengan teléfono. Escriba "**Mérida**" en la casilla del campo Población de la fila Criterios e introduzca **no nulo** en la columna del campo Teléfono.

La otra forma de hacerlo consiste en utilizar la fila O para crear una consulta que una las dos condiciones anteriores. Este método resulta mucho más eficaz, ya que permite obtener toda la información mediante una única consulta.

Para unir los dos conjuntos de condiciones anteriores es necesario introducir cada uno en una fila distinta de las filas de criterios. Por tanto, incluya en la fila Criterios las condiciones utilizadas en el punto 1 anterior y en la fila O las utilizadas en el punto 2. La consulta debe parecerse a la mostrada en la figura 11.10. Al ejecutar esta consulta, obtendrá los clientes que viven en Badajoz o en Cáceres, y de los que viven en Mérida, sólo aquellos que tengan teléfono.

Nota:

A partir de ahora, cuando quiera que introduzca texto en una casilla, le indicaré sólo la columna de dicha casilla (por el nombre del campo). Se sobreentiende que será la primera fila de criterios que esté vacía.

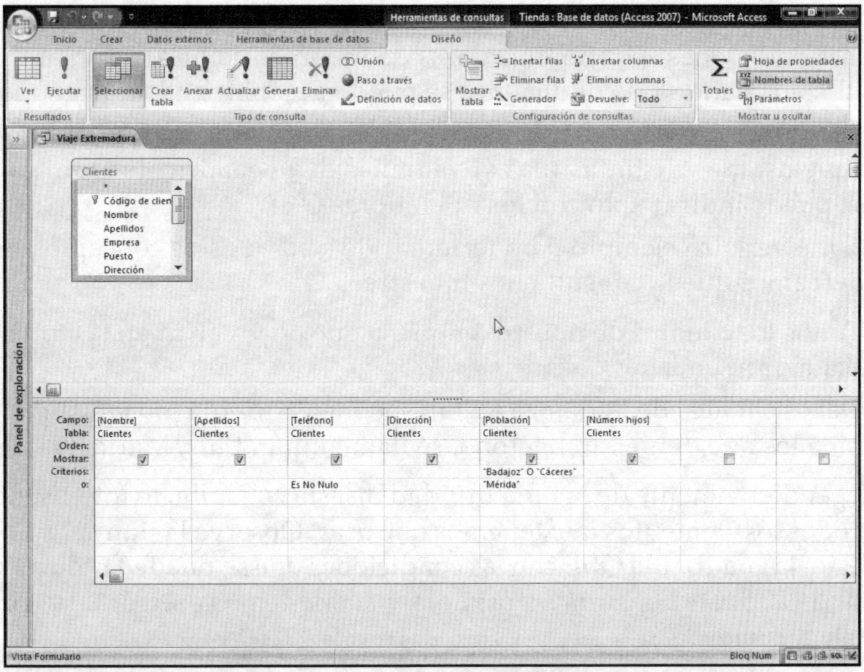

Figura 11.10. Utilización de dos filas de criterios y del operador no nulo.

Mezcla de los operadores Y, O y NO

No sería lógico indicar ahora que se pueden utilizar los operadores O, Y y NO juntos en la misma consulta, porque ya lo hemos hecho en el apartado anterior. Por ello, la intención de este pequeño apartado es resaltar el hecho de que muchas de las consultas complejas se resuelven uniendo pequeñas consultas sencillas.

En la figura 11.9 vimos que cuando incluimos varias condiciones en distintas columnas de la misma fila de criterios, se tenían que cumplir todas para que Access considerase que un registro tenía que aparecer en la consulta. Esta necesidad de que se cumplan todas las condiciones es similar a la idea del operador Y.

En la figura 11.10, vimos que cuando tenemos distintas filas de criterios con condiciones, para que se considere que un registro ha de aparecer en el resultado, es suficiente con que cumplan las condiciones de una fila. De esta forma, las distintas filas de la cuadrícula QBE actúan como el operador O.

Por tanto, la duda que puede surgir es cuándo usar un método (distintas columnas y distintas filas) o el otro (los operadores Y y O, respectivamente). La respuesta es sencilla: los operadores Y y O sólo se pueden usar cuando las condiciones se refieren a datos de un único campo. Por tanto, sólo se utilizan cuando las condiciones se pueden escribir en la misma casilla.

Por su parte, si la consulta utiliza condiciones relativas a varios campos, hay que usar las distintas filas y columnas de la cuadrícula QBE, ya que no se puede indicar sólo con los operadores O e Y.

Vamos a ver otro ejemplo para terminar de aclarar estos conceptos. Ahora, deseamos que la consulta nos muestre:

- Todos los clientes de nuestra empresa que no vivan ni en la ciudad de Badajoz ni en la de Cáceres.
- De los clientes de Badajoz capital, solamente los que no tengan teléfono o los que, teniendo teléfono, se llamen Juan Luis, María o Javier.

Independientemente de la nula utilidad de esta consulta, lo interesante es ver todos los elementos que tenemos que usar. Observe la figura 11.11 que muestra la cuadrícula QBE con las condiciones que se pueden utilizar para llevar a cabo esta consulta. A primera vista podemos extraer las siguientes conclusiones:

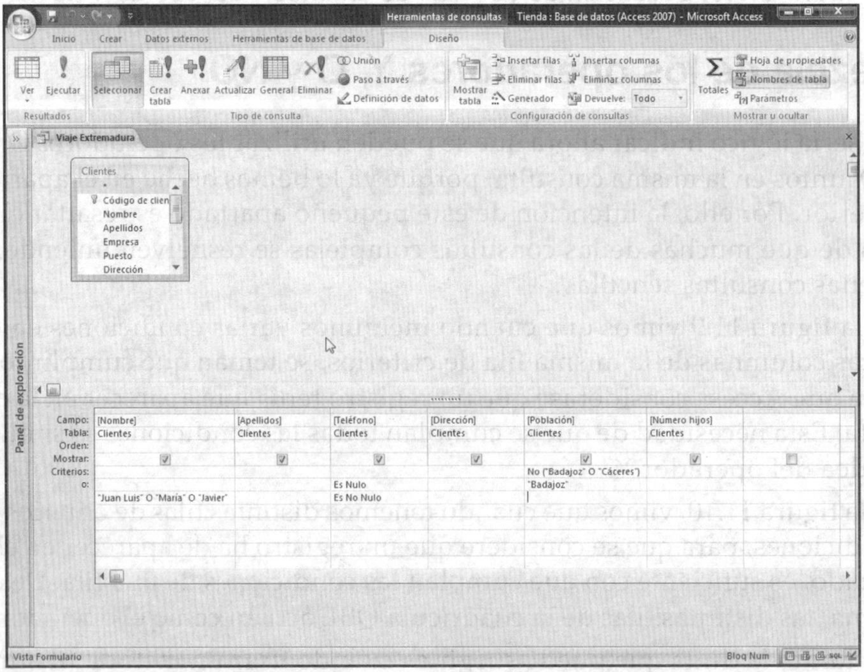

Figura 11.11. Uso de operadores y filas de criterios en el mismo ejemplo.

1. Hay tres criterios distintos (hay tres filas de condiciones con datos). En cuanto un registro cumpla uno de los criterios, Access considerará que ha de mostrarlo en la consulta. (Recuerde la similitud entre el operador O y escribir condiciones en filas distintas.)
2. La primera fila de criterios mostrará los registros que no tengan ni el valor "Badajoz" ni el valor "Cáceres" en su campo Población. Se utilizan los paréntesis porque si escribimos **No Badajoz O Cáceres**, aparecerán los clientes que no vivan en Badajoz o vivan en Cáceres, al afectar el operador No sólo a Badajoz.
3. La segunda fila mostrará los registros que teniendo el valor "Badajoz" en el campo Población, no tengan valor alguno en el campo Teléfono.
4. La última fila mostrará los registros que teniendo el valor "Badajoz" en el campo Población, tengan teléfono y tengan el valor "Juan Luis", "María" o "Javier" en el campo Nombre.

Observe que se ha repetido el valor Badajoz en las dos últimas filas. Si no lo hubiera hecho así, y en la última sólo hubiera introducido ="Juan Luis" O "María" O "Javier" en el campo Nombre, Access hubiera mostrado todos los registros que tuvieran esos datos en el campo Nombre, independientemente de que vivieran o no en Badajoz. (Access evalúa, una a una, cada fila de criterios, de modo que nunca va a suponer que desea usar en una fila alguna de las condiciones de las filas anteriores.)

Resumen

Si bien los formularios y las tablas sirven para introducir y contener los datos, respectivamente, las consultas tienen la misión de lograr saber los datos que hay en las tablas de manera fiable.

En otras palabras, las consultas permiten saber si la tabla tiene ciertos datos o no y cuáles datos son. Mediante las expresiones vistas en el capítulo anterior se crean las condiciones que permiten "interrogar" a Access sobre el contenido de las tablas.

Las consultas se crean utilizando un Asistente que guía por el proceso de creación de este tipo de objetos. Una vez terminadas, se pueden modificar en cualquier momento usando su vista Diseño. Los cambios que se realicen pueden tener relación con las condiciones introducidas en la misma o con los campos introducidos en la misma (que veremos en el siguiente capítulo).

Capítulo 12

Modificar consultas

En este capítulo aprenderá:

- A modificar los campos de una consulta ya creada.
- Que muchas de las operaciones realizadas en la vista Hoja de datos de la tabla son aplicables a la vista Diseño de la consulta.
- A añadir campos nuevos a una consulta.
- A eliminar campos de las consultas.
- A ocultar campos para que no aparezcan en la consulta.
- A modificar el orden de los campos.
- La forma de ordenar la salida de la consulta según un campo.
- Las propiedades de las consultas, sus campos y la lista de campos.
- A usar los campos calculados.
- Las consultas de agrupación y de totales.
- A realizar cálculos y aplicar condiciones a grupos de registros.

Modificar los campos de una consulta

Cuando en el capítulo anterior creamos nuestra consulta usando el asistente para consultas sencillas, definimos que se basaba en la tabla Clientes y que usaba los campos Nombre, Apellidos, Teléfono, Dirección, Población y Número de hijos de dicha tabla. A lo largo de todos los apartados anteriores, hemos modificado las condiciones que hacían referencia a estos campos, pero siempre hemos usado los mismos campos.

Vamos ahora a ver cómo modificar los campos utilizados en dicha cuadrícula. Por supuesto, es necesario abrir la vista Diseño de la consulta para poder realizar cualquier cambio en su diseño.

Añadir nuevos campos a la consulta

Los motivos para llevar a cabo esta operación pueden ser varios. Sin embargo, el más común es que necesitemos los datos contenidos en un campo que originariamente no creímos necesitar.

Ya en el capítulo anterior se indicó que mediante la lista de campos se podían definir los campos que aparecerían en la consulta. Los siguientes pasos muestra cómo hacerlo:

1. Abra la vista Diseño de la consulta.
2. Si es necesario, use la barra de desplazamiento de la lista de campos hasta que vea el nombre del campo que quiere añadir.
3. Haga doble clic en el nombre del campo que desee añadir a la consulta para que incorporarlo a la primera columna libre de la cuadrícula QBE.

Por tanto, para añadir un campo a una consulta, lo único que tiene que hacer es colocarlo en la cuadrícula QBE de la vista Diseño. Sin embargo, éste no es el único modo de añadir un campo a la cuadrícula QBE. Hay otros dos también muy usados:

- Haga clic en el nombre del campo en la lista de campos y, sin soltar el botón del ratón, arrástrelo hasta una columna de la cuadrícula QBE. El campo aparecerá en la columna a la que haya arrastrado el nombre del campo y no en la primera que esté libre.
- Haga clic en la casilla Campo de una columna vacía. Verá que aparece una flecha a la derecha de la casilla. Haga clic ahora en esa flecha y seleccione el nombre del campo que quiera añadir a la cuadrícula QBE.

Truco:

También puede seleccionar varios campos a la vez en la lista de campos y arrastrarlos todos juntos a la cuadrícula QBE. Para seleccionar varios campos, haga clic en el primero y, manteniendo pulsada la tecla **Control**, *haga clic en el resto.*

- Si desea añadir todos los campos de una tabla, no tiene más que hacer doble clic en el asterisco que aparece en la lista de campos de dicha tabla.

Cada sistema tiene sus ventajas e inconvenientes, así que sería bueno que los practicase todos y decida cuál usar en cada caso. Eso sí, si se equivoca y vuelve a seleccionar un campo que ya estaba en la consulta actual, tenga en cuenta que al ejecutar la consulta aparecerán los datos de dicho campo en dos columnas distintas. En este caso, utilice el apartado "Eliminar un campo de la consulta" de este capítulo para eliminar una de las dos columnas repetidas del mismo campo.

Vamos a utilizar la figura 12.1 como punto de partida al capítulo. Esta consulta, llamada Viaje, es similar a la consulta Viaje Extremadura creada en el capítulo anterior, pero sin condiciones y con un orden de campos un poco distinto.

Imagine que hemos decidido escribir a nuestros clientes de la zona para notificarles nuestro viaje y asegurarnos así de que podremos contactar con ellos. Para poder escribirles, necesitamos el código postal, información que está almacenada en la tabla Clientes, pero que no aparece en la cuadrícula QBE.

Como hemos dicho, simplemente tiene que hacer doble clic en el campo Código postal de la lista de campos (es posible que tenga que usar la barra de desplazamiento vertical para poder verlo, a menos que haya ampliado el tamaño de la lista de campos como se muestra en la figura 12.1). Como se ha indicado, este campo se colocará en la primera columna libre de la cuadrícula QBE.

Eliminar un campo de la consulta

Los motivos para eliminar un campo suelen ser que nos hayamos equivocado al añadir un campo cuando creamos la consulta, o que nos hayamos dado cuenta de que hay un campo que no necesitamos.

Hemos ampliado el tamaño de la lista de campos

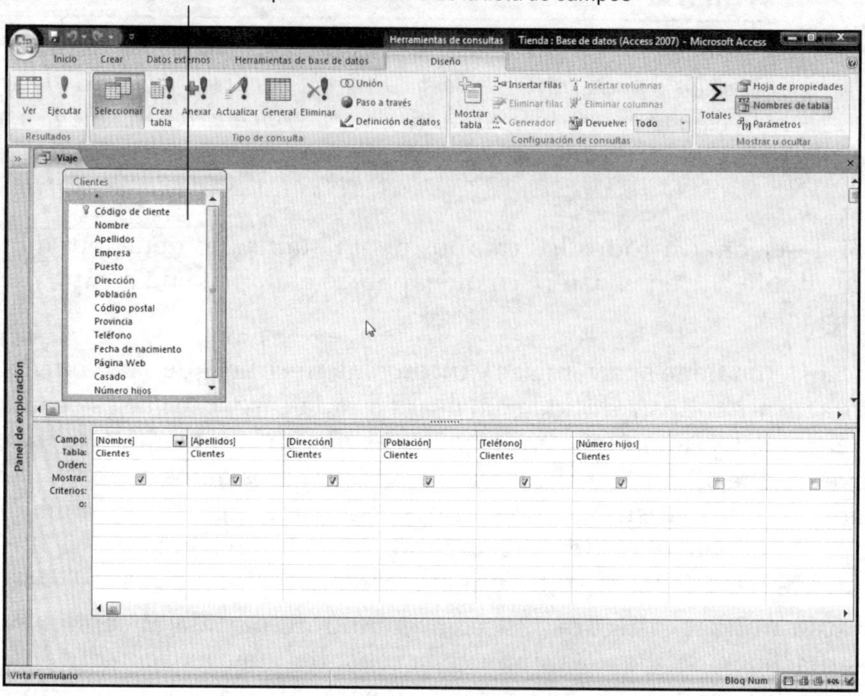

Figura 12.1. Punto de partida.

Hay varios procedimientos para eliminar un campo de la cuadrícula QBE:

- Hacer clic con el puntero del ratón en cualquier posición de la columna que contenga el campo en la cuadrícula QBE y hacer clic en el botón **Eliminar columnas** de la sección Configuración de consultas de la Cinta de opciones.
- Situar el puntero del ratón en el selector de columna del campo (la pequeña barra situada sobre el nombre del campo) que desee eliminar y hacer clic cuando el puntero del ratón se convierta en una flecha apuntando hacia abajo para seleccionar toda la columna. Una vez seleccionado, pulsar la tecla **Supr**.

Independientemente del método que use, el resultado es que la columna seleccionada desaparece de la cuadrícula QBE y el resto de columnas se desplazan a la izquierda para rellenar el hueco dejado. Pruebe a eliminar el campo Dirección de nuestra consulta Viaje.

Tenga en cuenta que eliminar un campo de una consulta no sólo provoca que no aparezca en el resultado de esta consulta, sino que evita que se pueda utilizar para su diseño (no se podrá usar una condición sobre dicho campo). Por ello, si lo que desea es que no aparezca el campo, pero necesita sus datos para ejecutar la consulta, lo mejor es que oculte los campos de dicha consulta, como se indica en el próximo apartado.

Ocultar los campos en las consultas

Hay ocasiones en las que se necesita un campo para diseñar la consulta, pero no interesa que aparezca en el resultado final.

Imagine que, continuando con nuestro viaje, hemos decidido ir a visitar a los clientes que no poseen teléfono. Para crear esta consulta, necesitaremos los mismos campos de la tabla Clientes que hemos estado usando hasta ahora y la condición **Nulo** en el campo Teléfono.

Mostrar el campo Teléfono en el resultado de la consulta es absurdo, porque estará vacío en todos los registros que aparezcan. De este modo, si ejecuta la consulta mostrada en la figura 12.2, verá que no aparece el teléfono, a pesar de que se ha usado como condición en la cuadrícula QBE. El motivo: la casilla de verificación de la fila Mostrar del campo Teléfono aparece desactivada (vacía, sin una cruz).

Si la selección que hemos realizado de los campos ha sido a través del asterisco que aparece en la lista de campos (recuerde que es una forma rápida de seleccionar todos los campos de una tabla), la forma de poder usar un campo para introducir condiciones consiste en añadirlo de manera individual y desactivar su casilla Mostrar para evitar que aparezca dos veces.

Modificar el orden de los campos en la consulta

El orden inicial de los campos en las columnas de la cuadrícula QBE depende de su orden de selección mientras se utiliza el asistente para crear consultas sencillas. Así pues, el primer campo que se seleccione al crear la consulta ocupará la primera columna, el segundo ocupará la segunda, etcétera.

Como el orden en el que aparecen los campos en la cuadrícula QBE define el orden en el que aparecerán en la vista Hoja de datos (en el resultado), habrá ocasiones en las que interese modificar ese orden inicial de selección. Para ello, use la técnica "arrastrar y soltar" que ya utilizamos en la vista Hoja de datos de la tabla:

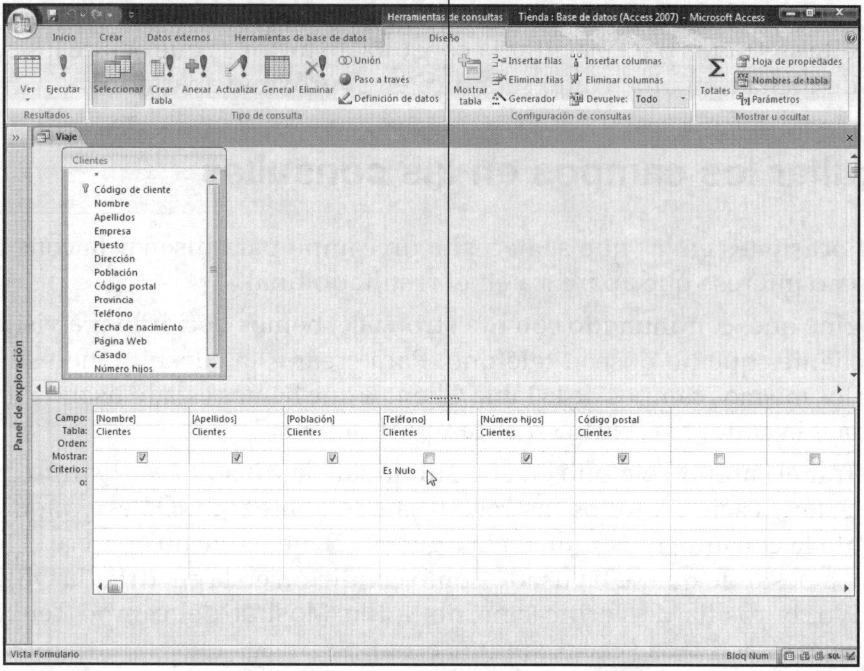

Figura 12.2. Ejemplo de un campo ocultado.

1. Enprimer lugar, seleccione la columna que desee desplazar (use el selector de columna).
2. Arrastre la columna hasta la nueva posición del campo. Conforme arrastre columnas, el puntero del ratón mostrará un pequeño cuadro en su parte posterior y aparecerá una barra gruesa que indica la posición en la que se situará la columna cuando suelte el botón.

Utilice ahora la técnica de arrastrar y soltar para situar el campo Dirección de nuevo en su sitio (entre las columnas de los campos Apellidos y Población). Como lo habíamos eliminado en un apartado anterior, tendrá que añadirlo antes de poder moverlo.

Cambiar el nombre a los campos en la consulta

Al estudiar las propiedades de los campos, vimos que la propiedad Título definía el nombre de las columnas del resultado de una consulta (y también de la hoja de datos de las tablas en sí).

En cualquier caso, se puede modificar el nombre que aparece en las cabeceras de cada columna modificándolo en la vista Diseño de la consulta. Para llevar a cabo este cambio de nombre, lo único que hay que hacer es escribir el nuevo nombre y dos puntos, delante del antiguo en la cabecera de la columna.

Por ejemplo, si desea usar como cabecera de la columna "Calle" en lugar de "Dirección" (que es el nombre del campo), la cabecera de la columna quedaría **Calle: Dirección** (figura 12.3).

Esta posibilidad se suele utilizar para mejorar la apariencia de las consultas (aclarando a qué se refiere cada columna de la hoja de datos) y para asignar un nombre a los campos calculados (que veremos más adelante).

Clasificar la consulta

Hasta ahora, al ejecutar una consulta, los datos resultantes aparecían en el mismo orden en el que estaban ordenados en la tabla original (por la clave principal). Esto puede ser útil en ciertas ocasiones, pero habrá otras en las que este orden no ayude a la lectura.

Por ejemplo, imagine que deseamos saber en qué poblaciones de Extremadura tenemos clientes. La consulta representada en la figura 12.3 nos proporcionaría esta información. (Hemos considerado el hecho de que los códigos postales de Badajoz comienzan por 06 y los de Cáceres por 10; recuerde del capítulo 10 el uso de los caracteres comodín, * y ?.)

De este modo, aparecerán todas las poblaciones de todos los clientes que vivan en la provincia de Badajoz o de Cáceres. El resultado, mostrado en la figura 12.4, sin embargo, no es lo suficientemente claro y habrá que ir mirando una a una si la población que aparece, ha aparecido ya en otro cliente.

En éste y en otros muchos casos, nos interesará que el resultado de la consulta aparezca en un orden determinado. Para ello, existe en la cuadrícula QBE una fila llamada Orden. Al hacer clic en un campo de dicha fila, aparece un cuadro de lista desplegable con tres opciones: Ascendente, Descendente y (sin ordenar).

Las opciones Ascendente y Descendente se utilizan igual que en el caso de las tablas, así que no ahondaremos más en ellas. Si selecciona la opción (sin ordenar), la celda correspondiente quedará vacía (como estaba originalmente).

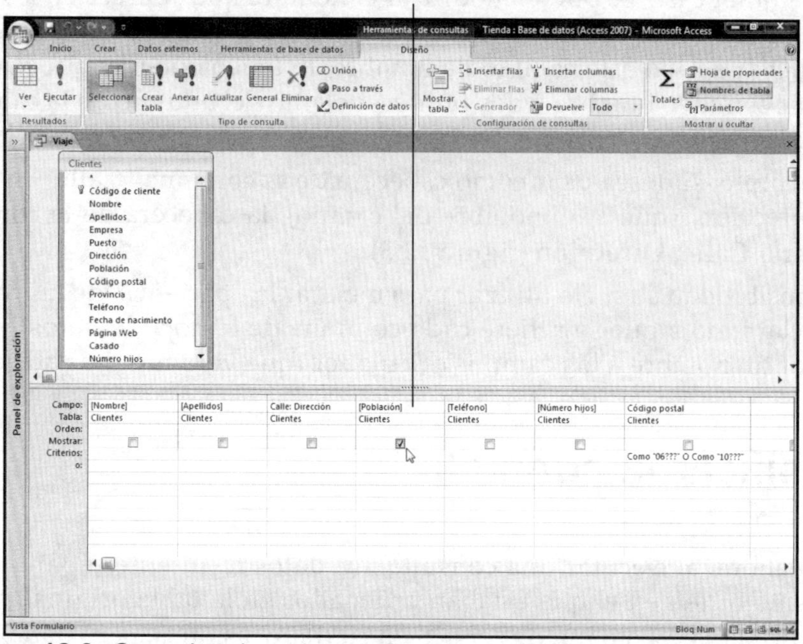

Figura 12.3. Consulta sin ordenar. Observe la fila Mostrar de cada campo.

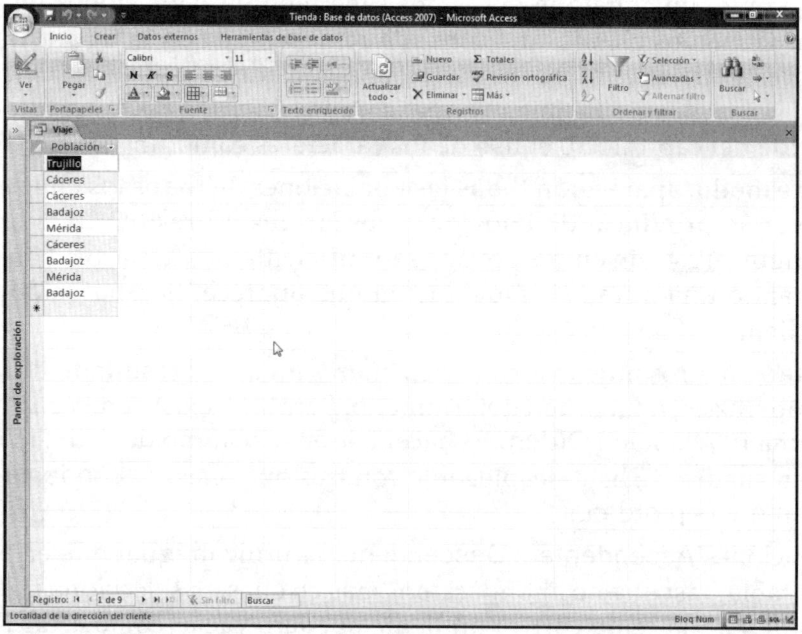

Figura 12.4. Resultado de la consulta sin ordenar.

En nuestro ejemplo anterior, si en la consulta de la figura 12.3 seleccionamos la opción Ascendente en el campo Población, obtendremos todas las poblaciones de Extremadura en las que tengamos clientes, clasificadas por orden alfabético.

Es posible clasificar una consulta por más de un campo. Para ello, no hay más que seleccionar la opción Ascendente o Descendente en las columnas relativas a los distintos campos. Al igual que en el caso de las tablas, Access clasificará primero el campo que esté situado más a la izquierda en el diseño de la consulta. Por tanto, lo único que habrá que hacer es colocar los campos teniendo en cuenta esta regla.

Nota:

También se pueden usar filtros en las consultas, aunque dejaremos este tema para los formularios, que es donde realmente tienen utilidad.

Las propiedades de las consultas

Las propiedades aparecen en todos los elementos de Access. De este modo, las consultas también presentan sus propiedades, las cuales permiten aumentar nuestro control sobre su funcionamiento. Para ver las propiedades de la consulta, abra la vista Diseño y haga clic en el botón **Hoja de propiedades** de la sección Mostrar u ocultar de la Cinta de opciones. Aparecerá la hoja de propiedades de la consulta, tal como se ilustra en la figura 12.5.

Para averiguar el objetivo de cada una de estas propiedades, sitúe el punto de inserción en dicha propiedad. Una vez en él, observe la descripción de la propiedad en la barra de estado.

De entre las propiedades de las consultas, las más interesantes son las siguientes:

- Descripción. Su única misión es describir la consulta. No es mala idea utilizarla para conocer en todo momento su objetivo.
- Mostrar todos los campos. El valor Sí en esta propiedad indica que en la hoja de datos (en el resultado de la consulta) deben aparecer todos los campos de la cuadrícula QBE, aunque tengan desmarcada su opción Mostrar.

Botón Hoja de propiedades

Hoja de propiedades

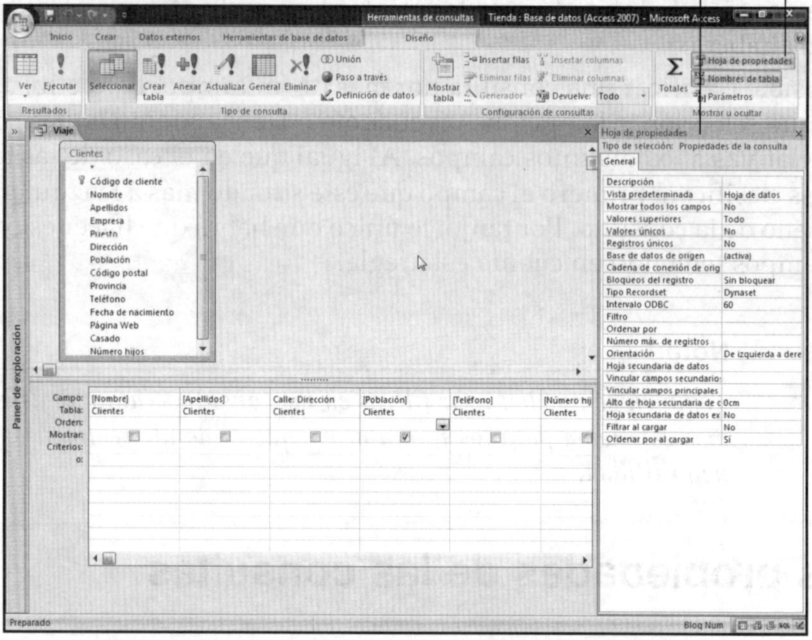

Figura 12.5. Hoja de propiedades de la consulta.

- Valores superiores. Es muy útil cuando sólo se desean ver los valores superiores de un campo. Así, si indica 10, sólo aparecerán en la hoja de datos los 10 registros que tengan los valores mayores en el primer campo numérico que aparezca en la cuadrícula QBE (por supuesto, tienen que cumplir también las condiciones). Esta propiedad se puede definir también usando el botón **Devuelve** de la sección Configuración de la consulta de la Cinta de opciones.
- Valores únicos. Cuando está propiedad tiene el valor `Sí`, sólo aparecerán en la hoja de datos los registros en los que los valores de todos los campos sean únicos.
- Registros únicos. Al activar esta propiedad, Access sólo mostrará valores sin repetir. Veremos un ejemplo a continuación.

Vamos a depurar un poco más nuestra consulta anterior (figura 12.3) utilizando sus propiedades, de modo que aparezcan sólo una vez las poblaciones de Extremadura en las que tenemos clientes. Como vimos en la figura 12.4, aparecen repetidas las poblaciones tantas veces como clientes tenemos en ellas. Así, el nombre Badajoz aparece tres veces.

Nota:

Si está utilizando una consulta que no sea de selección, es posible que aparezcan algunas propiedades adicionales a las que se ilustran en la figura 12.5.

El modo de indicar a Access que sólo muestre los valores no repetidos es un proceso de dos pasos:

1. Abrir la hoja de propiedades de la consulta.
2. Seleccionar la opción Sí en la propiedad Valores únicos.

Tras llevar a cabo este cambio, ejecútela y verá que ahora sí se muestran claramente las poblaciones de Extremadura en las que tenemos clientes. Por supuesto, esta propiedad también se puede utilizar cuando al ejecutar la consulta se muestre más de un campo. En este caso, tendrán que coincidir los valores de todos los campos mostrados para que se considere que "están repetidos", no siendo suficiente que coincidan algunos.

Modificar una propiedad de una consulta no afecta a las propiedades del resto de consultas de la base de datos, ni a las que se creen en el futuro.

Propiedades de los campos y de la lista de campos

Además de propiedades que afectan a la consulta completa, hay otras propiedades relativas a las listas de campos y a los campos de las consultas.

Para abrir la hoja de propiedades relativas a una lista de campos, haga clic en su barra del título y seleccione el botón **Hoja de propiedades**.

Con respecto a las propiedades de los campos en sí, para ver su hoja de propiedades, seleccione un campo en la cuadrícula QBE (mediante su selector de columna) y haga clic en el botón **Hoja de propiedades**.

Advertencia:

No se puede abrir la hoja de propiedades de un campo que tenga desactivada la opción Mostrar.

Esta hoja de propiedades presenta dos fichas: General y Búsqueda. En la primera, las propiedades son similares a las vistas en los campos de una tabla. La ficha Búsqueda también la mentamos cuando vimos las propiedades de los campos de la tabla, y la analizaremos cuando hayamos visto más sobre los formularios.

Antes de continuar, guarde la consulta actual con el nombre Poblaciones extremeñas. Para ello, haga clic en el botón de Office, seleccione el comando Guardar como y escriba **Poblaciones extremeñas** en el cuadro de diálogo que aparece. Con este comando puede llevar a cabo una copia de la consulta sin variar el original.

Los campos calculados

Los campos calculados permiten utilizar en las columnas de la cuadrícula QBE información que no procede de un campo, sino de una operación con valores de otros campos. Veamos un ejemplo.

En la tabla Almacén de nuestra base de datos Tienda, se almacena un campo llamado Precio unidad que contiene el precio del artículo sin IVA. Hace tiempo que nuestros vendedores nos han solicitado una lista de precios de todos nuestros artículos, ordenada por el código del artículo.

Para ello, hemos decidido crear una consulta, de forma que Access nos proporcione la información que necesitamos. El mejor modo, como siempre, consiste en utilizar los pasos que se indicaron en el capítulo anterior:

1. Planificar la consulta.
2. Identificar la tabla en la que se encuentra la información en cuestión.
3. Identificar los campos que son necesarios.
4. Crear la consulta en sí usando el asistente para consultas sencillas.
5. Añadir las condiciones que definan el objetivo de la consulta.
6. Ejecutar la consulta y retocarla si el resultado no es el deseado.

La información que necesitamos es el código del artículo, su nombre (para que el vendedor sepa cuál es) y el precio. Toda esta información está contenida en los campos Id producto, Nombre producto y Precio venta de la tabla Almacén.

La figura 12.6 muestra un boceto de nuestra consulta (llamada Lista artículos) tras usar el Asistente para consultas sencillas. Como ve, no ha sido necesario añadir ninguna condición para conseguir la lista que deseaban nuestros vendedores.

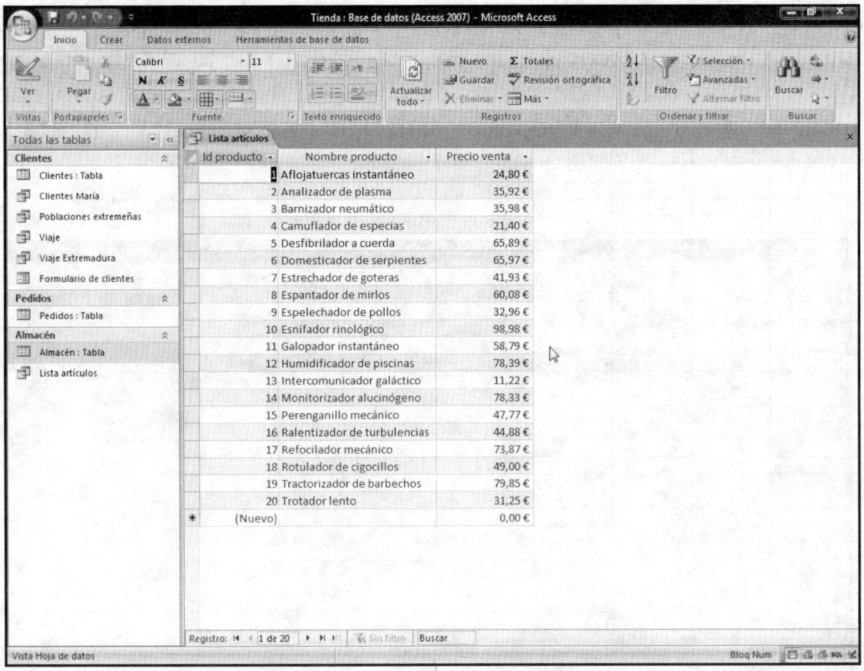

Figura 12.6. Consulta obtenida mediante el Asistente.

Una vez impreso el resultado de la consulta, se la hemos hecho llegar a nuestros vendedores con gran júbilo por su parte. Pero... unos días después comienzan los problemas: los vendedores quieren el precio con el IVA.

Una solución sería incluir un nuevo campo en la tabla Almacén, llamado **PVP**, que contenga el valor del artículo con IVA. Sin embargo, recuerde que en el capítulo 3 se recomendaba que nunca se incluyera en una tabla un campo cuyo valor pudiera calcularse con los valores de otro.

La solución más correcta a este problema es aprovechar que Access permite añadir a las consultas columnas de campos calculados. Esto es, añadir a la consulta un campo que calcule el precio con IVA. Los valores existentes en los campos calculados provienen de cálculos. En nuestro ejemplo, con utilizar la expresión **=[Precio venta] * 1,16** (suponiendo que el IVA fuera del 16 por 100), obtendríamos el precio con el IVA, sin necesidad de añadir un nuevo campo a nuestra tabla. Veamos paso a paso cómo hacerlo:

1. Haga clic en la casilla Campo de la primera columna que esté libre en la cuadrícula QBE.
2. Introduzca el nombre que desee asignar a la columna (**PVP**, en el ejemplo) y que, como sabemos, será el que aparecerá al ejecutar la consulta.

3. Teclee : (con un espacio detrás) y escriba la expresión que quiera utilizar. Recuerde que, como vimos en el capítulo 10, al escribir el nombre de un campo, éste ha de ir entre corchetes. (En nuestro ejemplo, podríamos introducir **PVP: [PrecioUnidad]*1,16** como muestra la figura 12.7.)

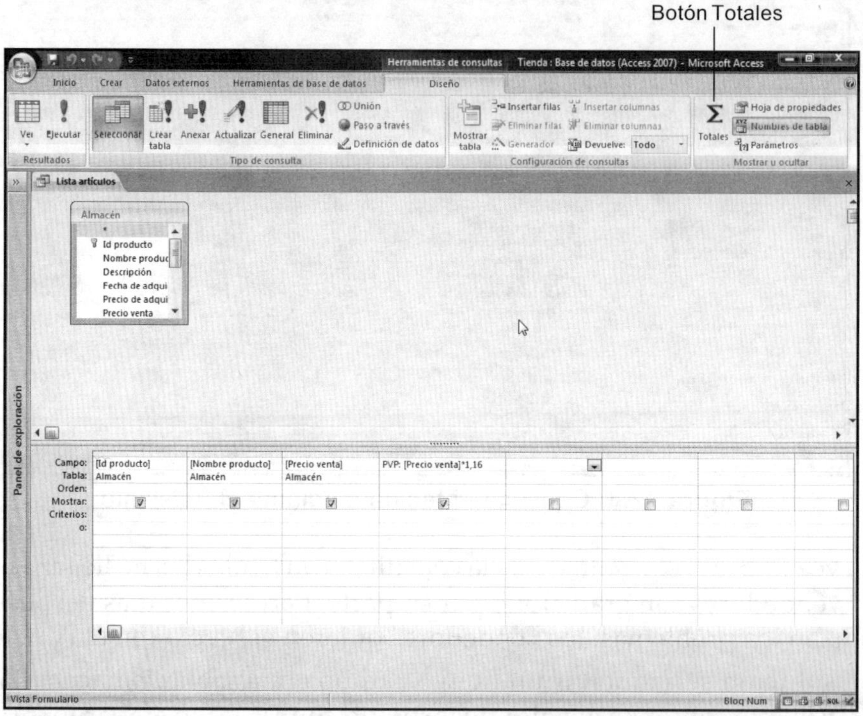

Figura 12.7. Ejemplo de campo calculado en una consulta.

No es obligatorio introducir un nombre para la columna. Si no lo hace, Access le asigna automáticamente el nombre *Expr1*. Si creara otro campo calculado, lo denominaría *Expr2* y así sucesivamente. Como vimos en el apartado "Cambiar el nombre a los campos en la consulta", puede cambiar el nombre de dicho campo calculado en cualquier momento por uno más descriptivo.

Nota:

Abra la hoja de propiedades del campo y seleccione la opción Euro *en la propiedad* Formato *y el valor* 2 *en* Lugares decimales. *No deje de usar las propiedades para mejorar el formato de los datos.*

Agrupación de registros y totales

Al comenzar a hablar de las consultas, vimos que éstas servían para responder a preguntas como ¿cuántos clientes tengo en la provincia de Badajoz? o ¿cuál es el precio medio de los artículos de nuestro almacén? Con lo aprendido hasta ahora, sin embargo, no es posible responderlas.

Todas estas preguntas, que suelen tener una importancia vital en los negocios, implican una de estas dos operaciones (o las dos):

- Agrupar los registros de nuestras tablas por algún concepto.
- Realizar alguna operación de tipo estadístico, como contar, calcular medias, etcétera.

Por ejemplo, si deseamos conocer los clientes que tenemos en las distintas provincias, hay que agruparlos por provincias y contarlos; y si queremos saber cuál es el precio medio de nuestros artículos de almacén, hay que calcular el promedio de todos los artículos.

Cálculos sobre todos los registros de la tabla

En este apartado vamos a ver cómo crear consultas que realicen cálculos sobre todos los registros de una tabla, sin agruparlos por ningún concepto y sin condiciones de ningún tipo. Puede usar estas consultas, por ejemplo, para saber cuántos clientes tiene (contar todos los clientes), para obtener el precio medio de todos los artículos del almacén, el valor máximo de todos los registros en un campo, etcétera.

Comencemos por algo realmente sencillo: contar la cantidad de artículos que tenemos en almacén. Para empezar, cree una nueva consulta con el Asistente para consultas sencillas usando como base la tabla Almacén. Añada sólo el campo Unidades en existencia y guarde la consulta con el nombre **Existencias**.

La forma de indicar a Access que deseamos crear una consulta de totales consiste en hacer clic en el botón **Totales** (figura 12.7) de la sección Mostrar u ocultar de la Cinta de opciones (por supuesto, en la vista Diseño de la consulta). Tras ejecutar este comando, aparece una nueva fila en la cuadrícula QBE, que recibe el nombre de fila de totales o fila Total.

Esta fila es la manera que tenemos de indicar qué operación deseamos realizar con los registros de nuestra tabla. Por omisión, aparece la operación Agrupar por en todas las columnas que hayamos añadido a la cuadrícula QBE (veremos cómo usar esta función más adelante), pero esta operación se puede cambiar por otra. Para hacerlo, sólo tiene que hacer clic en la casilla correspondiente a la fila Total y seleccionar la opción del cuadro de lista desplegable que aparece (haga clic en la flecha que aparece a la derecha).

Por ejemplo, nosotros deseamos sumar el contenido del campo Unidades en existencia de todos los registros. Para ello, seleccione suma en la casilla correspondiente a la columna del campo Unidades en existencia y a la fila Total (figura 12.8). Si ejecuta ahora la consulta, obtendrá el resultado que deseábamos conocer: la cantidad de artículos que hay en el almacén.

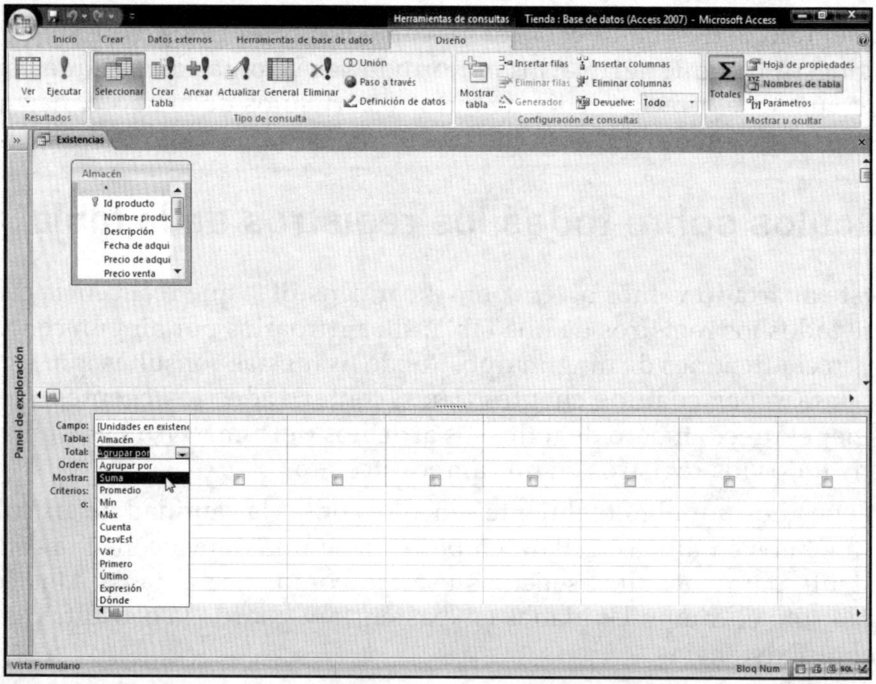

Figura 12.8. Use la fila Total para indicar la operación que desea realizar.

Nota:

En la vista Hoja de datos de estas consultas, las cabeceras de las columnas indican el origen del valor que presentan. Así, la columna correspondiente al campo Unidades en existencia muestra el texto "SumaDeUnidades en existencia".

En este ejemplo, hemos utilizado la operación suma, pero si despliega el cuadro que aparece al hacer clic en una casilla de la fila Total (figura 12.8), verá que hay otras operaciones que se pueden llevar a cabo. La tabla 12.1 muestra estas opciones y su función.

Tabla 12.1. Operaciones que se pueden realizar en las consultas de totales.

Nombre	Función
Suma	Muestra la suma de los valores del campo.
Promedio	Muestra la media de los valores del campo.
Mín	Muestra el valor mínimo existente en el campo.
Máx	Muestra el valor máximo existente en el campo.
Cuenta	Muestra la cantidad de campos con un dato distinto a Nulo.
DesvEst	Calcula la desviación estándar de los valores del campo.
Var	Muestra la varianza de los valores del campo.
Primero	El valor existente en este campo del primer registro.
Último	El valor existente en este campo del último registro.
Expresión	Permite definir nuestras propias "operaciones" mediante campos calculados. Veremos un ejemplo a continuación.
Donde	Se utiliza para incluir condiciones sobre campos que no se usan ni para calcular totales ni para agrupar.

Más interesante todavía que la consulta que se ilustra en la figura 12.8, suele ser obtener el dinero que tenemos "inmovilizado" en el almacén, o sea, el precio total de los productos de nuestro almacén. Para ello, necesitamos multiplicar los datos existentes en los campos Precio venta y Unidades en existencia. El mejor modo de hacerlo es utilizando un campo calculado en la cuadrícula QBE. Siga los siguientes pasos para crear esta consulta:

1. Haga clic en el botón **Guardar** de la barra de herramientas de acceso rápido para guardar los cambios realizados en la consulta Existencias.
2. Guarde la misma consulta con el nombre **Valor almacén** mediante la opción Guardar como del botón de Office.
3. Haga clic en el botón **Eliminar columnas** de la sección Configuración de consultas de la Cinta de opciones para dejar en blanco la cuadrícula QBE de la nueva consulta (Valor almacén).

4. A continuación, añada un nuevo campo calculado que calcule el producto del precio de cada artículo por la cantidad existente en stock (puede llamarlo **Valor**).
5. Seleccione la opción suma en la casilla correspondiente a la fila Total.
6. Aplique el formato Euro y 2 lugares decimales al nuevo campo. (Recuerde que el botón Hoja de propiedades le permite ver las propiedades del campo que tenga seleccionado en la cuadrícula QBE.)

La figura 12.9 muestra cómo debe ser la consulta. Al ejecutar esta consulta, obtendrá el valor total de los productos que tenga en el almacén.

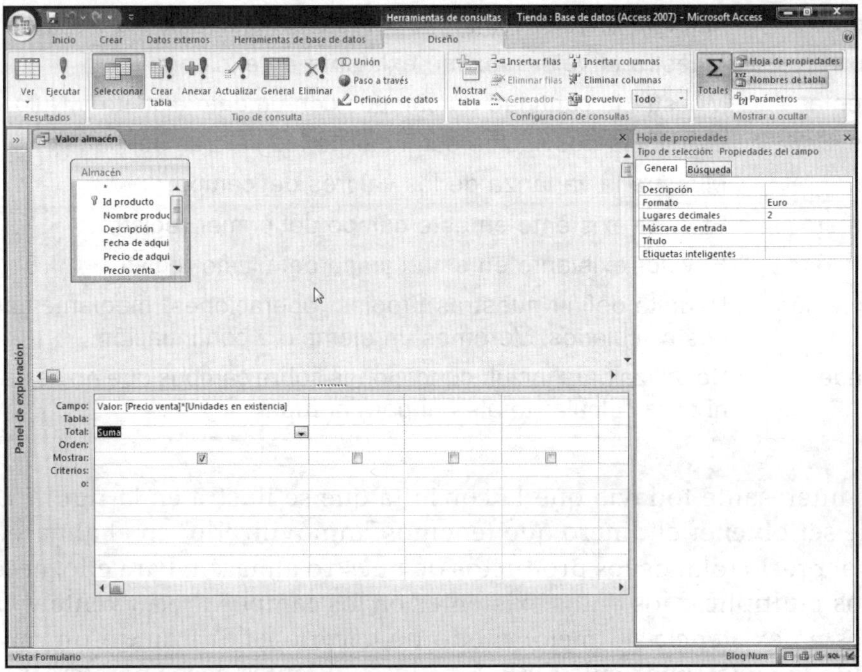

Figura 12.9. Consulta de totales con un campo calculado.

Nota:

Cuando cierre y vuelva a abrir la vista Diseño de la consulta, verá que Access habrá modificado la definición y habrá sustituido la opción Suma *por la opción* Expresión. *Además, habrá modificado la expresión del campo calculado incluyendo Suma como parte de la expresión de dicho campo calculado. Esto es un ejemplo del uso de la opción Expresión en la fila de totales.*

Cálculos sobre grupos de registros

Los dos ejemplos del apartado anterior han utilizado todos los registros de una tabla (en este caso, la tabla Almacén). Sin embargo, habrá muchas ocasiones en las que nos interesará obtener datos estadísticos de los registros de una tabla, agrupados por algún concepto determinado.

Por ejemplo, podemos crear una consulta que nos muestre la cantidad de artículos que poseemos en el almacén pero agrupados por proveedor. De esta forma, tendremos una idea de los proveedores que son más importantes para nuestro negocio.

Para crear esta consulta, podemos basarnos en la consulta Existencias del apartado anterior. Abra ahora la vista Diseño de esta consulta.

Además del campo Unidades en existencia, necesitamos los datos de los proveedores. Por tanto, añada el campo Proveedor a la cuadrícula QBE (para que el resultado sea más claro, sitúe este campo en la columna más a la izquierda). Como ya se indicó en el apartado anterior, aparece automáticamente el texto "Agrupar por" en la fila Total correspondiente al campo Proveedor (figura 12.10).

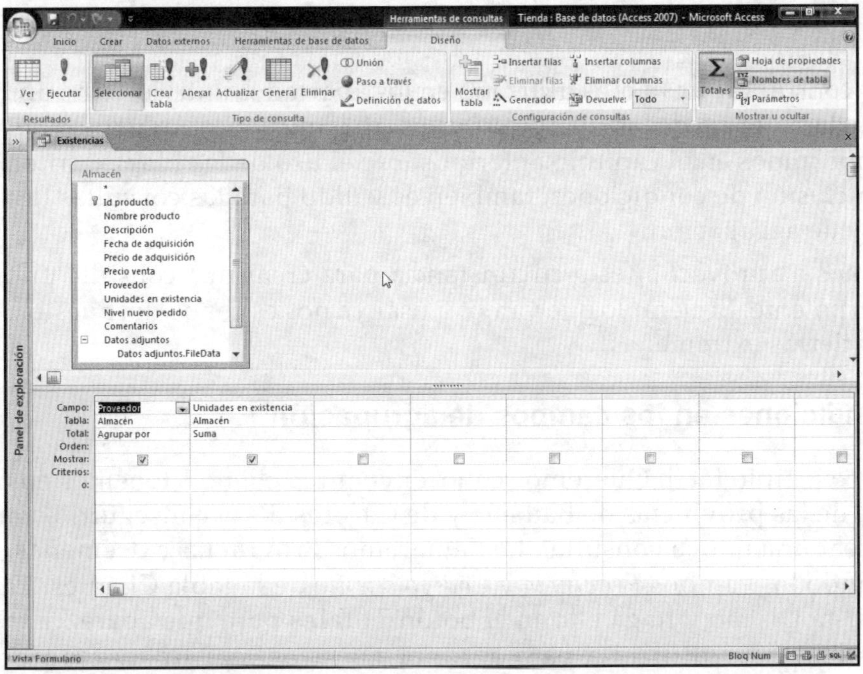

Figura 12.10. Ejemplo de consulta de agrupación y totales.

Ejecute la consulta y obtendrá, como queríamos, la cantidad de productos que tenemos en el almacén agrupados por proveedor.

Si a la consulta que se ilustra en la figura 12.10 le añadimos un campo calculado llamado Valor, similar al que se utilizó en la consulta Valor almacén (figura 12.9) y seleccionamos la opción suma en su fila Total, obtendremos el valor de los productos del almacén agrupados por proveedor (que es más interesante, económicamente, que la cantidad de productos). Guarde esta consulta con el nombre de **Artículos proveedor** y cierre su ficha (no olvide aplicar el formato Euro con 2 decimales al nuevo campo).

Como ve, combinando las posibilidades de agrupación y de los campos calculados, las consultas tienen multitud de nuevas aplicaciones.

Nota:

También es posible realizar la agrupación por varios campos. Sólo hay que añadir tantos campos como deseemos en la cuadrícula QBE y seleccionar la opción "Agrupar por" en su casilla de la fila Total.

Utilización de condiciones en los cálculos

Las consultas que hemos utilizado en los apartados anteriores no aprovechan la potencia de las filas de criterios. Hay que tener en cuenta que todo lo que vimos en el capítulo anterior sobre el uso de las filas de criterios y la inclusión de condiciones, también es válido para las consultas de totales y de agrupación.

Vamos a aprovechar esta circunstancia para crear una consulta un poco más potente. El ejemplo que vamos a usar ya nos es conocido: nuestro viaje por tierras extremeñas.

Condiciones en los campos de agrupación

Otro ejemplo fácil. Queremos conocer cuántos clientes tenemos en cada una de las provincias de Badajoz y de Cáceres. Para conseguirlo, vamos a crear una nueva consulta que llamaremos **Provincias extremeñas**, utilizando los campos *Provincia* y *Código cliente* de la tabla Clientes. Pase a la vista Diseño y haga clic en el botón **Totales** para que aparezca la fila Total y poder utilizarla para agrupar nuestros registros y realizar los cálculos.

En estos momentos, nos encontramos con la cuadrícula QBE con dos campos: Provincia (que lo utilizaremos para agrupar registros) y Código cliente (que lo usaremos para contar clientes). Por tanto, para indicar que desea contar los clientes, seleccione la opción Cuenta en la casilla correspondiente al campo Código cliente.

Si ejecuta ahora la consulta, obtendrá la cantidad de clientes por provincia, pero no sólo de Cáceres y de Badajoz. ¿La forma de solucionarlo...?, usar condiciones en las filas de criterios. La figura 12.11 muestra la vista Diseño de la consulta completa.

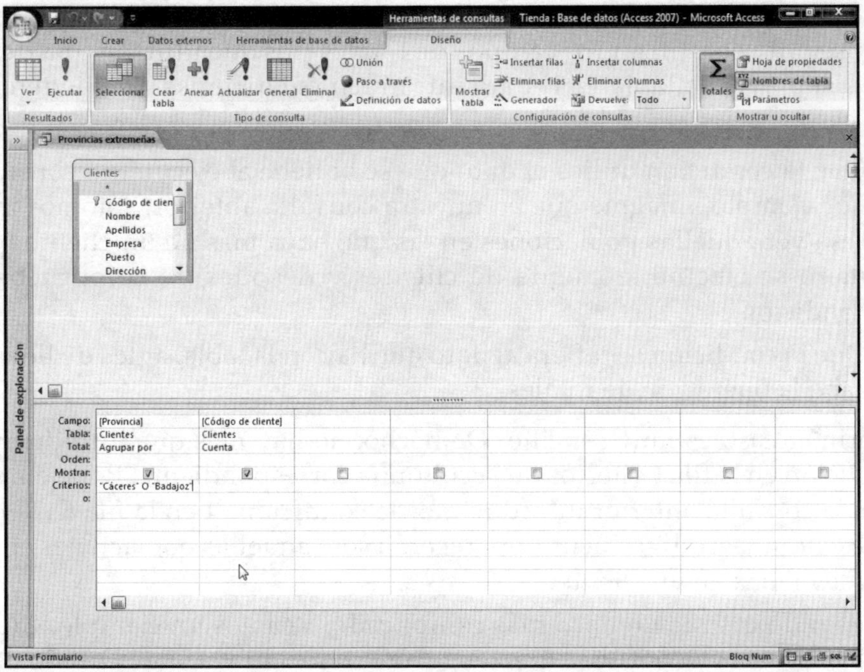

Figura 12.11. Consulta de agrupación y totales con condiciones.

A este tipo de condiciones se las denomina *condiciones de los campos de agrupación*, ya que se introducen en la columna correspondiente a un campo que posee el texto "Agrupar por" en su fila Total (y que se usa, por tanto, para agrupar los datos de la consulta).

Como indicamos en el apartado anterior, es posible agrupar los registros por más de un campo. De esta forma, si añadimos el campo Población a la cuadrícula QBE y ejecutamos la consulta, obtendremos los clientes que tenemos en cada una de las poblaciones de Extremadura.

Nota:

Una de las consultas que creamos anteriormente en este capítulo la usamos para saber las poblaciones extremeñas en las que teníamos clientes. Esta nueva consulta propuesta es bastante más sencilla que la creada entonces y, además, nos muestra la cantidad de clientes que tenemos en cada población.

Condiciones en los campos de totales

En el apartado anterior, utilizamos los campos de agrupación para incluir condiciones en la consulta. En este apartado vamos a ver que también se pueden utilizar los campos de totales (los que utilizan una de las operaciones de la tabla 12.1) para introducir condiciones. Se pueden dar dos casos:

- Que la condición utilice el dato que se obtiene al ejecutar la consulta. Por ejemplo, imagine que en nuestra consulta anterior, sólo nos interesa ver aquellas poblaciones en las que haya más de un cliente (primero se efectúa la cuenta de clientes y después, se comprueba la condición).
- Que la condición se refiera al dato que hay en la tabla, antes de llevar a cabo la operación de totales.

El primer caso es muy sencillo. De hecho, no hay más que introducir la condición en la fila Criterios de la columna correspondiente. Por ejemplo, si en la consulta anterior introducimos la condición **>1** en la fila Criterios de la columna Código cliente, aparecerán sólo aquellas poblaciones en las que haya más de un cliente.

El segundo caso es un poco más complicado. Veamos un ejemplo. Cierre todas las tablas y consultas que tenga abiertas y abra la vista Diseño de la consulta que hemos llamado *Valor almacén* (figura 12.9). En esta consulta, recuerde que calculábamos el valor de todos los artículos que teníamos en almacén.

Tras analizar nuestra lista de artículos, nos hemos percatado de que tenemos algunos con un valor menor o igual que 10 en el campo Nivel nuevo pedido (Cantidad mínima). Al preguntar el motivo, hemos descubierto que cuando un registro tiene un valor menor o igual que 10 en este campo es que no hay modo de venderlo y, por tanto, no interesa pedirlo más.

En esta circunstancia, deseamos conocer el verdadero valor de nuestro almacén, sin contar los productos que sabemos que no vamos a vender.

Para ello, guarde la consulta con el nombre **Valor real almacén** y siga estos pasos:

1. Añada a la cuadrícula QBE el campo que nos permita definir la condición (en nuestro caso Nivel nuevo pedido).
2. Introduzca la condición en la fila Criterios, de forma que sólo se usen para el cálculo de totales aquellos registros de la tabla que cumplan la condición. (En nuestro ejemplo, teclee **>10** en la columna del campo Nivel nuevo pedido.)
3. Seleccione la opción Dónde en la casilla de la fila de totales (figura 12.12).

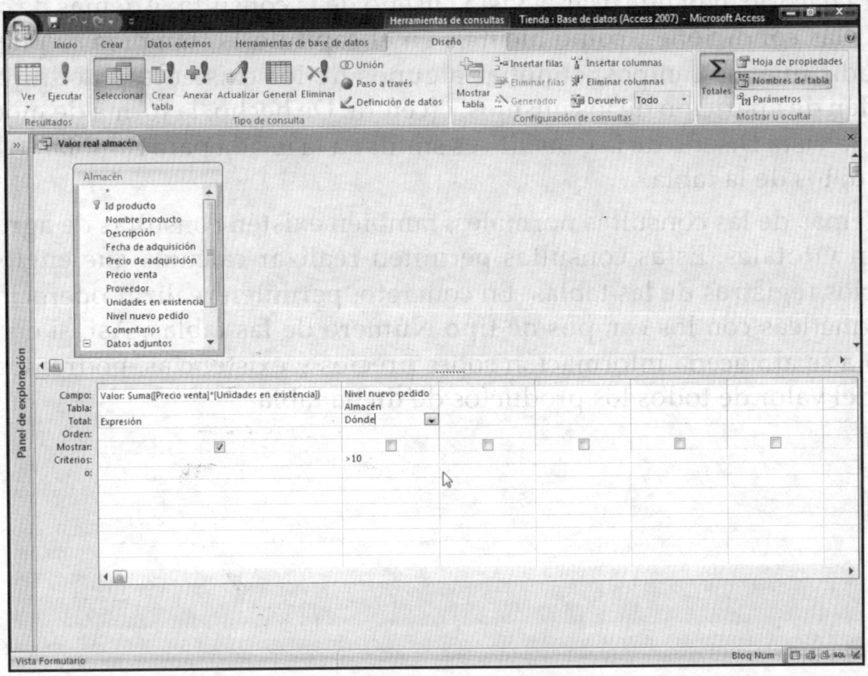

Figura 12.12. Campo utilizado para incluir condiciones.

La opción Dónde nos permite introducir campos en la cuadrícula QBE, de forma que ni sean campos de agrupación, ni sean campos que se utilicen para llevar a cabo un cálculo. Utilice esta opción, por tanto, cuando desee incluir una condición de un campo que no vaya a usar, ni para agrupar, ni para cálculos.

Con las condiciones en campos de totales y de agrupación se ha terminado este segundo capítulo dedicado a las consultas. Para terminar con las consultas, dedicaremos el capítulo 15 a analizar cómo usar campos de varias tablas en una consulta y los otros tipos de consultas.

Resumen

Si en el capítulo anterior aprendíamos lo básico sobre las consultas, en éste hemos avanzado mucho más. Por una parte, hemos visto que una vez creada una consulta, se puede modificar igual que ocurría con los formularios y las tablas.

Para hacerlo, hay que usar la vista Diseño de la consulta. Además de cambiar las condiciones, como hicimos en el capítulo 11, también se pueden añadir nuevos campos, eliminar algunos de los existentes, modificar el orden de aparición de los mismos, etcétera. De hecho, la forma de modificar la vista Diseño de la consulta es similar a la usada para cambiar la hoja de datos de la tabla.

Además de las consultas normales, también existen consultas de agrupación y totales. Estas consultas permiten realizar cálculos que engloban varios registros de las tablas. En concreto, permiten realizar operaciones aritméticas con los campos de tipo Número de las tablas. Así, si en una tabla se almacena información sobre precios y existencias, podremos saber el valor de todos los productos de dicha tabla.

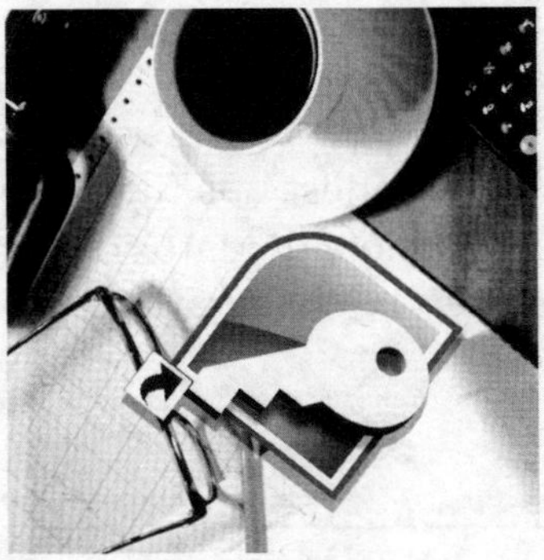

Capítulo 13

Filtros y modificación de formularios

En este capítulo aprenderá:

- A ordenar los datos de los formularios.
- El uso de filtros en los formularios.
- A emplear los filtros especiales que permiten filtrar según un valor.
- A aplicar todo lo aprendido en las consultas a los filtros.
- A añadir controles a los formularios.
- Cómo crear los distintos tipos de controles de un formulario.
- La diferencia entre controles dependientes e independientes.
- A usar controles calculados en formularios.
- La influencia de las propiedades en los controles.
- A cambiar las propiedades por omisión de los tipos de controles.

Ordenar y filtrar los formularios

Ya hemos citado el tema de los filtros en varias ocasiones. Los filtros se pueden aplicar en la hoja de datos de las tablas, en la hoja de datos de las consultas, en la hoja de datos de los formularios y en la vista Formulario de los formularios.

Nota:

Aunque a lo largo del apartado nos referiremos constantemente a la vista Formulario de los formularios, puede usar las mismas técnicas en las hojas de datos citadas.

Los filtros tienen una utilidad doble:

1. "Filtrar" los datos del formulario, de forma que solamente muestre los registros de la tabla o consulta base que cumplan ciertas condiciones.
2. Ordenar los registros de la tabla base. Ya hemos visto cómo clasificar los datos en la hoja de datos de la tabla. En los formularios funciona igual. Sólo tiene que situarse, en cualquier registro, en el campo por el que desea ordenar y hacer clic en los botones **Ascendente** o **Descendente** de la sección Ordenar y filtrar del Cinta de opciones.

Filtrar rápidamente por selección

Del mismo modo que se pueden ordenar los datos mediante los botones de la Cinta de opciones, también se pueden filtrar los datos usando el botón **Selección** de la misma sección de la Cinta de opciones. En realidad, no puede crear filtros muy potentes de este modo, ya que sólo permite filtrar los datos por algún valor determinado. Por ejemplo, en el formulario Formulario almacén que creamos en el capítulo 10, podríamos usar este tipo de filtro para ver sólo los artículos de un determinado proveedor (el que tiene el identificador 1). Los siguientes pasos indican cómo hacerlo:

1. Sitúe el punto de inserción en un campo que tenga el valor que desee usar para el filtro. Por ejemplo, sitúese en el campo Proveedor de un artículo cuyo valor sea 1.
2. Haga clic en el botón **Selección**.
3. En la lista que aparece, seleccione Igual a "1".

En ese momento, Access ocultará todos los registros que no tengan dicho valor en el campo Proveedor. De esta forma tan sencilla, puede ver solamente los artículos de un proveedor concreto.

Nota:

Cuando filtre un formulario, podrá ver en la parte inferior el número total de registros que cumplen la condición del filtro y, a su derecha, un botón con el texto ***Filtrado****, que indica que hay un filtro activo. Para quitar el filtro, haga clic en dicho botón y ya está.*

También existe la opción contraria: mostrar los registros que tienen un valor distinto al usado para filtrar. Para hacerlo, repita los pasos anteriores, pero en el paso 3, seleccione la opción No es igual a.

Además del botón Selección de la Cinta de opciones, también se pueden usar estos filtros desde el menú emergente. Haga clic con el botón derecho sobre el campo por que quiera filtrar y seleccione la opción de filtro en el menú emergente (figura 13.1).

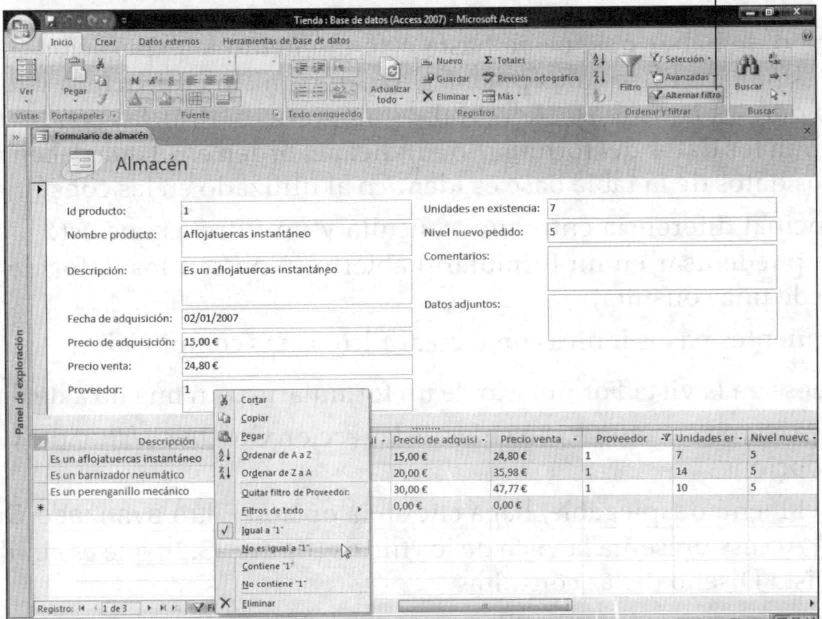

Figura 13.1. Menú emergente para filtrar y ordenar.

Para volver a ver todos los datos del formulario sin filtrar, sólo tiene que hacer clic en el botón **Filtrado** en la parte inferior del formulario.

Filtros por entrada

Otro tipo de filtro muy sencillo consiste en usar la opción Filtros de del menú emergente de los campos de un formulario (figura 13.1). El nombre de la opción varía dependiendo del tipo de campo del que se trate. Así, puede ser Filtros de texto o Filtros de números, por poner dos ejemplos.

Esta opción tiene la ventaja de que puede filtrar el contenido del formulario según un valor que nosotros introduzcamos y no necesariamente por un valor ya existente en la tabla correspondiente. Las opciones de este comando se explican por sí mismas.

escribe una expresión en el cuadro de texto de dicha opción, filtrará el formulario empleando dicha expresión como condición del campo en cuestión. Así, en la figura 13.1 el filtro oculta los registros cuyo IdProveedor no sea 3.

Los filtros en toda su potencia

El motivo de haber pospuesto hasta este momento la explicación de los filtros es que los filtros más potentes tienen la misma estructura y forma de uso que las consultas. De hecho, el modo de indicar las condiciones que filtran los datos del formulario e indicar el orden en el que deben aparecer los datos de la tabla base es idéntico al utilizado en las consultas.

La principal diferencia entre una consulta y un filtro es que éste último sólo se puede usar en un formulario abierto (y no con los datos de una tabla o de una consulta).

Los siguientes pasos indica cómo crear filtros más complicados.

1. Sitúese en la vista Formulario de un formulario o en una hoja de datos.
2. Haga clic en el botón **Avanzadas** de la sección Ordenar y filtrar del Cinta de opciones.
3. En el menú desplegable, haga clic en la opción Filtro avanzado/Ordenar. Access presenta la vista de los filtros (figura 13.2), que es similar a la vista Diseño de las consultas.
4. Configure la cuadrícula QBE para que en el formulario aparezcan sólo los datos que quiera ver y en el orden que desee.

5. Haga clic en **Alternar filtro**. Cuando vuelva a la vista Formulario (o la hoja de datos) verá que se ha aplicado el filtro y sólo se muestran los datos que cumplen las condiciones del filtro y/o en el orden indicado.

Advertencia:

En realidad, un nombre más apropiado para el botón ***Alternar filtro*** *sería* ***Aplicar filtro***.

Podemos utilizar la secuencia de pasos anterior para que el formulario Formulario de almacén sólo muestre aquellos productos cuyo valor sea superior a 50 euros ordenados por las existencias en stock. El ejemplo es muy sencillo; la figura 13.2 presenta la ventana del filtro.

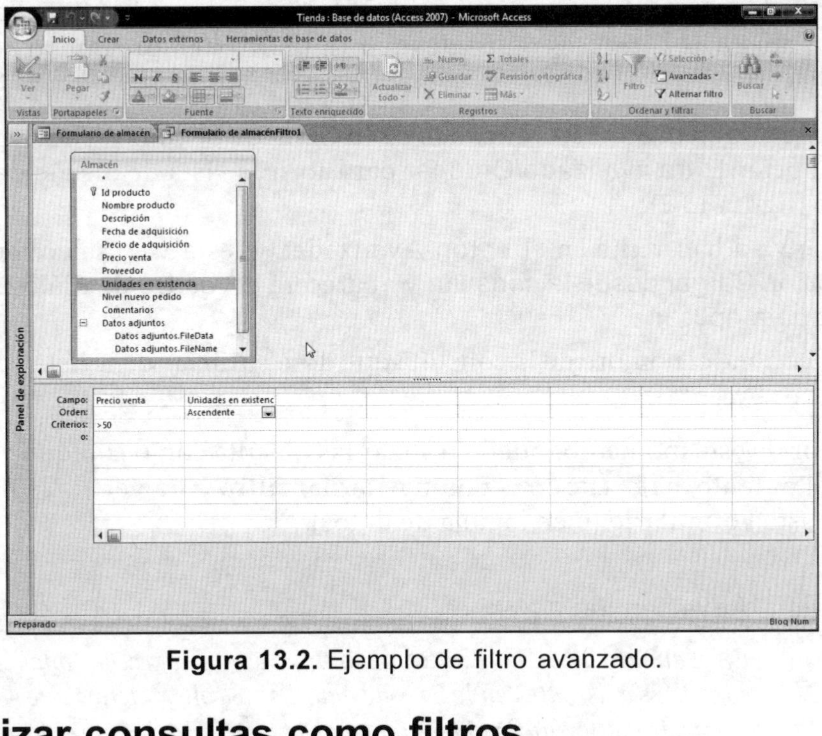

Figura 13.2. Ejemplo de filtro avanzado.

Utilizar consultas como filtros

Uno de los principales problemas de los filtros es que son temporales y no se pueden guardar junto con el formulario (aunque el formulario sea capaz de recordar el último filtro utilizado). Esto significa que cada vez que deseemos utilizar un filtro habrá que diseñarlo de nuevo, a menos que sea el último usado. Hay un modo de evitar este problema que consiste en lo siguiente:

1. Crear un filtro desde cero y grabarlo como una consulta para poder utilizarlo en el futuro.
2. Usar la consulta que hemos creado anteriormente para filtrar el formulario que tenemos en pantalla siempre que lo deseemos.

Para guardar un filtro como una consulta, hay que seleccionar el comando Guardar (bien desde el botón de Office o usando el menú emergente de la ficha del filtro). En ese momento, aparecerá el cuadro de diálogo Guardar como consulta, que puede usar para introducir el nombre de la nueva consulta. (Pruebe ahora a guardar el filtro de la figura 13.1 con el nombre **Artículos caros**.)

A partir de este momento, podrá utilizar la nueva consulta *Artículos caros* con objeto de filtrar los datos de un formulario siempre que lo desee. Para hacerlo:

1. Haga clic en el botón **Avanzadas** de la Cinta de opciones y seleccione la opción Filtro avanzado/Ordenar para abrir la vista de diseño del filtro (figura 13.2).
2. Vuelva a hacer clic en el botón Avanzadas y, esta vez, seleccione la opción Cargar desde la consulta y aparecerá el cuadro de diálogo Filtro para aplicar.
3. Seleccione el nombre de la consulta que desee utilizar de la lista y haga clic en **Aceptar**.

A partir de este momento, puede utilizar la consulta como cualquier otro filtro. Por tanto, haga clic en el botón **Alternar filtro** para ver el resultado en la vista Formulario (o en la hoja de datos).

Advertencia:

En el cuadro de diálogo Filtro para aplicar, *no aparecen todas las consultas existentes en la base de datos, sino sólo aquéllas que son aplicables al formulario que tenemos abierto. Ha de estar basada en la misma tabla o consulta que el formulario abierto, usar sólo campos de dicha tabla o consulta, ser una consulta de selección y no incluir totales.*

Filtros por formulario

Para terminar con los filtros, hay otro tipo de filtro que recibe el nombre de *filtros por formulario* y se utiliza del siguiente modo:

1. En la vista Formulario (o en la hoja de datos correspondiente), haga clic en el botón **Avanzadas** de la sección Ordenar y filtrar.
2. Dentro de las opciones, seleccione Filtro por formulario. Aparecerá la vista Formulario del formulario pero vacía.
3. Haga clic en el campo que quiera usar para definir el filtro y observe que aparece una flecha a su derecha.
4. Teclee en el campo la expresión que quiera usar para filtrar los datos. Si la expresión es un valor determinado, puede seleccionar dicho valor desplegando la flecha que ha aparecido a su derecha.
5. Haga clic en el botón **Alternar filtro**.

Observe que la ventana del filtro por formulario presenta también una ficha con el texto Or. Por medio de esta ficha, puede añadir más grupos de condiciones al formulario. Como es de imaginar, las condiciones existentes en dos fichas distintas están unidas por el operador lógico O.

La figura 13.3 muestra un ejemplo de filtro creado mediante este sistema. Puede usar expresiones similares a las vistas en los capítulos de las consultas.

Añadir controles a un formulario

Es posible que la primera vez que cree un formulario, la solución obtenida con el Asistente para formularios sea completamente satisfactoria. En otras ocasiones, puede que consiga su objetivo modificando un poco los controles. Sin embargo, habrá otras ocasiones en las que será necesario realizar modificaciones que irán más allá de mover o cambiar el tamaño de un control.

Como ejemplo, piense en la posibilidad de insertar nuevas etiquetas que expliquen el contenido de cada parte del formulario, de crear nuevos controles para aumentar la información del formulario (y obtener, por ejemplo, totales de ventas), etcétera.

Además, recuerde que, normalmente, las bases de datos contendrán tablas relacionadas entre sí. Para trasladar esa relación a un formulario, necesitará incluir más de una tabla en un formulario (a este tema le dedicamos el capítulo 18).

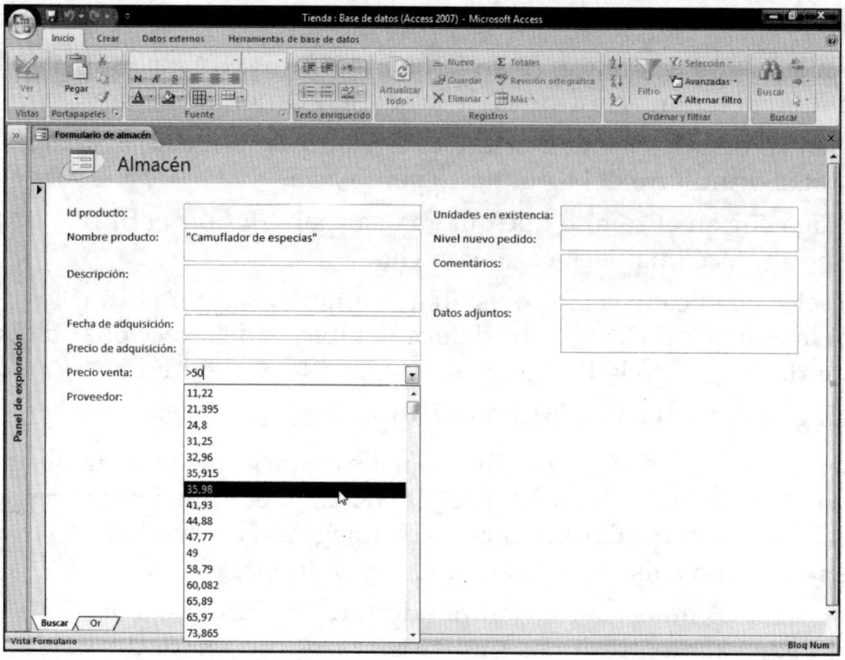

Figura 13.3. Ejemplo de filtro por formulario.

La sección Controles

En la Cinta de opciones de la vista Diseño de formularios, hay una sección que se llama Controles. Esta sección la usamos en el capítulo 9 para seleccionar objetos (ha de estar activo el botón **Seleccionar**). Pero la misión principal del contenido de esta sección es la inserción de nuevos controles en el diseño del formulario.

A continuación puede ver una breve descripción de los distintos botones de esta sección:

- **Seleccionar**. Ya hemos usado esta herramienta en el capítulo 9 para modificar un control. Su función es la selección y manipulación de controles del formulario.
- **Utilizar Asistentes para controles**. Activa o desactiva los Asistentes para controles que proporciona Access. Mi consejo es que lo tenga siempre activo.

- **Cuadro de texto**. Este botón permite crear un cuadro de texto en el formulario. Los cuadros de texto tienen la función de mostrar y/o introducir datos. Por omisión, la mayoría de los campos están representados por controles de este tipo.
- **Etiqueta**. Esta herramienta crea una etiqueta. Las etiquetas sirven para incluir un texto explicativo en los formularios.
- **Botón**. Inserta un botón de comando. Los botones de comandos ejecutan instrucciones cuando se hace clic sobre ellos.
- **Cuadro combinado**. Sirve para construir cuadros combinados, los cuales combinan las características de los cuadros de lista (permiten seleccionar un elemento de una lista) y de los cuadros de texto (permiten escribir la selección directamente).
- **Cuadro de lista**. Esta herramienta presenta un conjunto de opciones en forma de lista. Para seleccionar una opción, hay que hacer clic sobre ella.
- **Subformulario/Subinforme**. Esta herramienta permite introducir un formulario dentro de otro. La analizaremos con detalle en el capítulo 18.
- **Línea**. Inserta una línea en el formulario. Se usa para mejorar la apariencia del formulario.
- **Rectángulo**. Inserta un rectángulo en el formulario.
- **Marco de objeto dependiente**. Inserta un marco para incluir el valor de un campo OLE determinado. Lo veremos en el capítulo 14.
- **Grupo de opciones**. Un grupo de opciones está formado por un conjunto de casillas de verificación, botones de alternar o botones de opción. Sólo puede estar activada una opción por grupo.
- **Casilla de verificación**. También se utiliza para seleccionar valores del tipo Sí/No. Como ya sabemos, se puede usar en un grupo de opciones.
- **Botón de opción**. Al igual que la anterior, se usa para seleccionar valores Sí/No. Además, puede utilizarse en un grupo de opciones. También recibe el nombre de *botón de radio*.
- **Botón de alternar**. Es una de las herramientas pensadas para representar valores Sí/No. Se puede usar en un grupo de opciones.
- **Control ficha**. Se utiliza para crear diversas fichas o pestañas en un formulario o en un cuadro de diálogo.
- **Insertar página**. Inserta una página en el formulario.
- **Insertar gráfico**. Como su nombre indica, permite insertar un gráfico en el formulario.

- **Marco de objeto independiente**. Inserta un marco para incluir un objeto OLE no dependiente del contenido de un campo. Lo veremos en el capítulo 14.
- **Imagen**. Permite crear un marco para insertar una imagen dentro. Lo veremos en el capítulo 14.
- **Insertar o quitar salto de línea**. Esta herramienta inserta un salto de página en un punto determinado del formulario.
- **Insertar hipervínculo**. Permite insertar un hipervínculo a una página Web, por ejemplo.
- **Datos adjuntos**. Los datos adjuntos los analizaremos en el capítulo siguiente.

Nota:

Los conceptos como cuadro de texto, botón de comando y casilla de verificación son propios de Windows y no de Access. Acuda a su manual de Windows si tiene dudas sobre alguno de ellos.

Ahora que ya tenemos una idea aproximada de para qué sirve cada uno de los botones de esta sección, vamos a crear un control utilizando la herramienta más extendida: el cuadro de texto. Cuando se utilizan los asistentes para formularios, éstos crean un control del tipo cuadro de texto para cada uno de los campos de la tabla usada como base de los mismos y un control del tipo etiqueta para representar cada una de las etiquetas de los campos. Esta norma, tiene las siguientes excepciones:

- Los campos del tipo Sí/No. Estos campos se muestran, por omisión, por una casilla de verificación.
- Los campos del tipo Imagen. Este tipo de campo se representa por un marco de objeto dependiente, que veremos en el capítulo siguiente.
- Los campos en los que se haya utilizado la ficha Búsqueda en su definición de propiedades. Por ejemplo, en nuestra tabla Pedidos, se usó esta ficha en el campo Vendedor. Si crea un formulario basado en esta tabla, verá que el campo Vendedor se presenta como un cuadro de lista o un cuadro combinado y no como un cuadro de texto.

Para trabajar en este capítulo, vamos a usar el formulario **Trabajo con controles** que creamos en el capítulo 9 usando el Asistente para formularios genérico.

Crear un control

Abra la vista Diseño del formulario Trabajo con controles (figura 13.4) para comenzar a crear nuevos controles. En el momento de crear un control, lo primero que hay que considerar es el tipo de control que necesitamos. Los controles se pueden clasificar por varios criterios, de los que nos interesan dos:

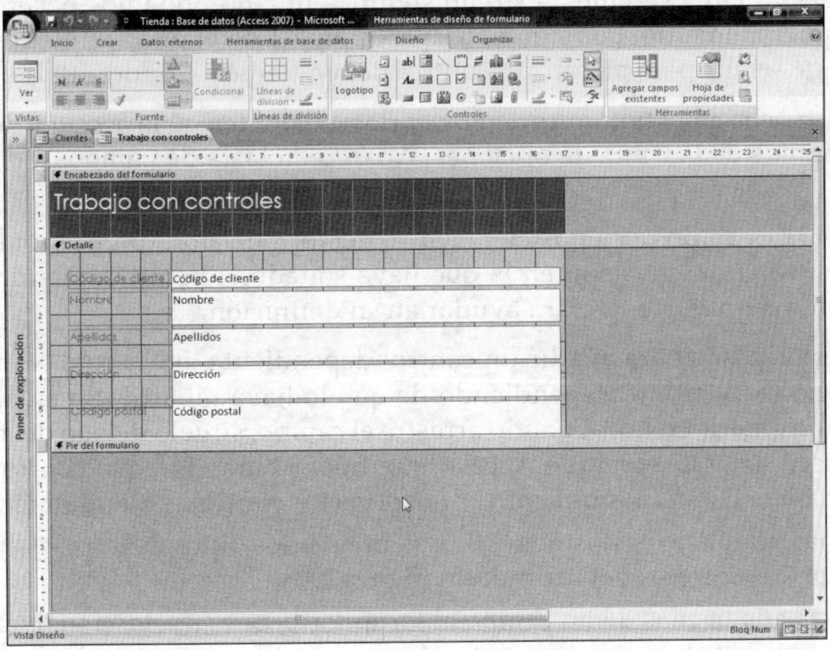

Figura 13.4. Vista Diseño del formulario Trabajo con controles.

1. El tipo de herramienta con la que se desea crear el control. De esta forma, definiremos si el control va a actuar como un cuadro de texto, una casilla de verificación, etcétera.
2. Si el control va a ser *dependiente*, *independiente* o *calculado*. En los siguientes subapartados veremos estos tres tipos de controles.

Creación de un control dependiente

Los *controles dependientes* son aquéllos que "dependen" de los datos de un campo de una tabla o consulta. De este modo, si modificamos el dato existente en un control de este tipo, modificaremos el dato existente en el campo del que depende dicho control.

Se utilizan para mostrar, introducir y modificar datos contenidos en campos. Hasta este momento, todos los cuadros de texto mostrados en nuestros formularios son dependientes. Si volvemos a nuestro formulario de ejemplo de la figura 13.4, veremos que el control Apellidos depende del campo Apellidos de la tabla Clientes.

Al crear este formulario de ejemplo, no incluimos en él todos los campos de nuestra tabla Clientes. Esto no significa que no podamos hacerlo en cualquier momento. Los siguientes pasos muestran el procedimiento que hay que seguir para añadir un control dependiente a un formulario.

1. Haga clic en el botón **Agregar campos existentes** de la sección Herramientas de la Cinta de opciones. Aparece la Lista de campos.
2. Arrastre el campo del que desea crear el control dependiente desde la lista de campos a su posición dentro del formulario. Aparece el nuevo control en la posición en la que haya soltado el botón izquierdo del ratón o un asistente para ayudar en su definición.

Use estos pasos para añadir un control dependiente del campo Número teléfono (o Teléfono, dependiendo de que lo haya modificado en algún capítulo anterior o no). Cuando arrastre el campo, sitúelo debajo del campo Dirección. Observe que Access hace hueco para el nuevo control, de forma que no tenemos que mover nosotros los controles manualmente.

Además, le aplica los mismos estilos (sombreados, tipos de letra, etc.) que al resto de controles del formulario (figura 13.5).

Si desea añadir más de un campo al formulario, puede seleccionar varios campos de la lista de campos antes de comenzar la operación de arrastre.

Creación de un control no dependiente

Los *controles independientes* o *no dependientes* son aquéllos cuyo valor no proviene de ningún campo en concreto ni de una expresión que utilice datos de ningún campo. Su misión es presentar información, mejorar la apariencia del formulario o captar datos del usuario que no deseemos almacenar en ninguna tabla. Las etiquetas, los rectángulos y las líneas representan controles independientes.

La forma de crear un control de este tipo es muy parecida a la utilizada para crear un control dependiente. La gran diferencia, obvia por otra parte, es que no hay que arrastrar el campo desde la lista de campos. Los pasos que hay que seguir son:

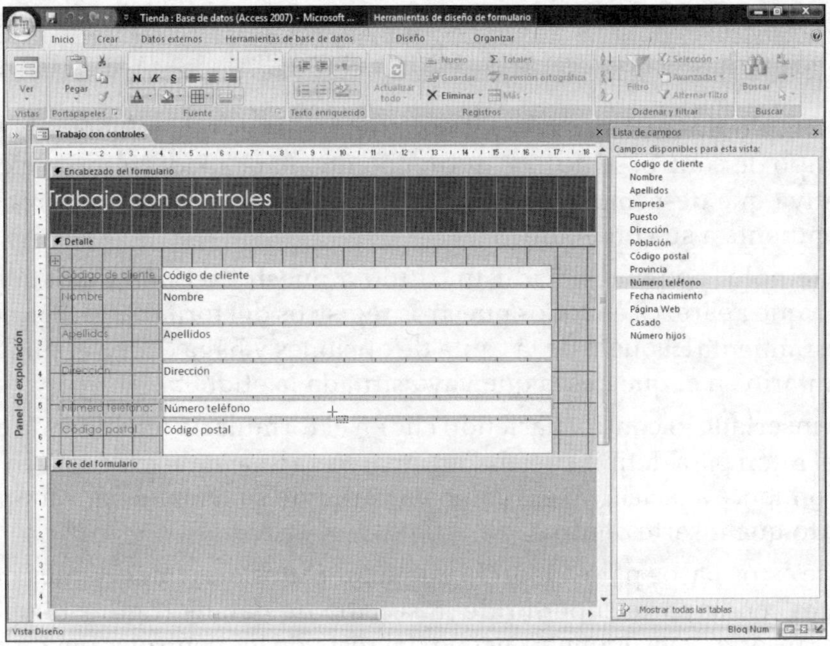

Figura 13.5. Nuevo control.

1. Seleccionar el tipo de control que deseamos añadir al formulario en la sección Controles de la Cinta de opciones.
2. Indicar (haciendo clic) en qué posición del formulario deseamos incluir el nuevo control.

Cuando seguimos los dos pasos anteriores, Access le asigna un tamaño por omisión al nuevo control que depende del tipo de control. Una vez que se ha insertado, se pueden utilizar las técnicas que vimos en el capítulo 9 para llevar a cabo cualquier operación (mover, cambiar de tamaño, duplicar, eliminar) con el nuevo control.

Nota:

Para facilitar la lectura del libro, a partir de este momento nos referiremos únicamente a la herramienta que vamos a usar para crear un control. De esta manera, no diremos "cree un control del tipo Etiqueta", sino simplemente "cree una etiqueta".

Truco:

Puede asignar a un control su tamaño final directamente al crearlo; tras seleccionar la herramienta adecuada, haga clic y, sin soltar el botón del ratón, arrástrelo por el formulario hasta que el nuevo control alcance el tamaño deseado.

Un ejemplo típico de un control independiente es una etiqueta de texto. Este tipo de control se utiliza, normalmente, para añadir información explicativa que deseemos que aparezca en todos los registros de forma independiente a su contenido.

Por ejemplo, podemos añadir un título a nuestra sección de detalle, de forma que aparezca en todos nuestros registros del formulario. Seleccione la herramienta Etiqueta de la Cinta de opciones y haga clic en el punto del formulario en el que desea que vaya situada la etiqueta.

Si ha insertado el control haciendo clic en el formulario (en lugar de arrastrar el ratón para definir su tamaño), aparecerá una minúscula caja en blanco. Comience a teclear y verá cómo va variando su tamaño para adaptarse al texto que inserte dentro.

Utilice estos pasos para añadir la etiqueta "Datos más importantes de mis clientes" en la parte superior de la sección de detalle (figura 13.6). Para poder insertar esta etiqueta encima del resto de los controles del formulario, ha sido necesario desplazarlos hacia abajo. También hemos modificado el tamaño de la etiqueta.

Las etiquetas pueden estar o no, asociada a un control. No confunda el término *asociado* con *dependiente*. Cuando se indica que una etiqueta está asociada a un control, significa que al mover (duplicar, borrar, etcétera) el control, se mueve (duplica, borra, etcétera) también la etiqueta. El término *dependiente* lo utilizamos para indicar que el contenido de un control depende del contenido de un campo.

Cuando se crea una etiqueta nueva, Access muestra un botón con el texto "Esta etiqueta es nueva y no está asociada a un control". Al desplegar este botón (figura 13.6), se puede asociar dicha etiqueta a un control o indicar que se omita este error si no se quiere que esté asociada.

Truco:

Puede usar los botones de la sección Fuente *relativos al texto (Fuente, Tamaño de fuente, Alinear texto a la izquierda, etcétera) con las etiquetas. Para hacerlo, tiene que seleccionar la etiqueta primero.*

Cuando crea una etiqueta, por omisión puede incluir más de una línea de texto en la misma. Para hacerlo, simplemente tiene que pulsar la combinación de teclas ***Control-Intro*** *en la posición en la que desee incluir el salto de línea.*

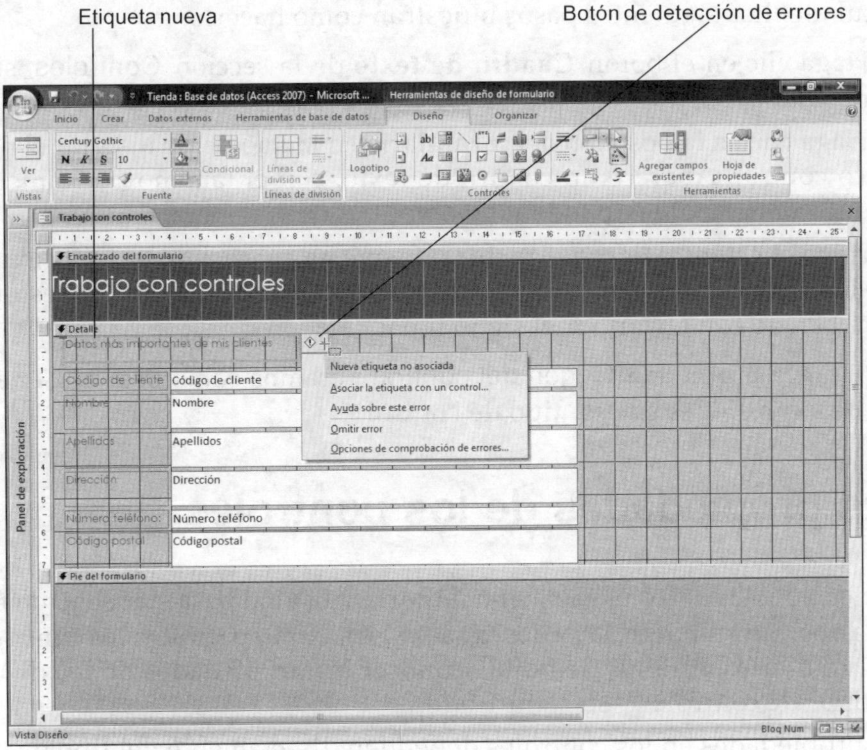

Figura 13.6. Ejemplo de etiqueta no asociada a ningún control.

Creación de un control calculado

Los *controles calculados* contienen expresiones que determinan su valor. Esto es, en lugar de ser dependientes de un campo, su valor viene dado por una expresión similar a las que veíamos al tratar los campos calculados en las consultas. La posibilidad de proporcionar totales y otros tipos de cálculos es uno de los objetivos de este tipo de controles.

Por ejemplo, imagine que el precio final de nuestros productos depende del descuento que le hagamos al cliente. Como cada cliente tiene su descuento, hemos insertado dos controles en nuestro formulario: uno independiente, en el que podamos introducir el descuento que deseamos hacer;

y otro calculado, que nos proporcione el precio final (multiplicando su precio base por el descuento indicado).

Los controles calculados se crean con mucha facilidad, sólo hay que tener en cuenta que hay que crear primero un cuadro de texto independiente y después teclear en su interior la expresión que calcule el valor del control calculado. Los siguientes pasos muestran cómo hacerlo:

1. Haga clic en el botón **Cuadro de texto** de la sección Controles, si es necesario.
2. Haga clic en la posición del formulario en la que desee insertar el nuevo control. Aparece un cuadro de texto, con el tamaño por omisión, que contiene el texto Independiente.
3. Haga clic dentro del cuadro de texto que ha aparecido, teclee la expresión del control calculado y pulse **Intro**. Recuerde que las expresiones deben de comenzar por el signo igual.

Al tratar la propiedad Origen del control, veremos cómo usar el Generador de expresiones en este tipo de control.

Las propiedades de los controles

La creación de controles es de una importancia vital para el diseño de formularios. Sin embargo, si se desea sacar el máximo partido a los controles en formularios, es imprescindible conocer las propiedades de los distintos tipos de controles y su significado.

Las propiedades en los controles dependen directamente del tipo de elemento que usemos. Es posible definir las propiedades del formulario completo, de una de las secciones del mismo (detalle, encabezado o pie) o de un único control.

Mostrar las propiedades de un control

Antes de pensar en modificar una propiedad, es necesario conocer cómo ver el valor que tiene y su función. La forma de ver las propiedades de un control consta sólo de dos pasos:

1. Seleccionar el control para que aparezcan selectores su alrededor.
2. Hacer clic en el botón **Hoja de propiedades** de la sección Herramientas de la Cinta de opciones.

Por ejemplo, la figura 13.7 muestra la hoja de propiedades del control dependiente Código de cliente. Observe que en la parte superior de esta ventana se muestra el tipo de control seleccionado.

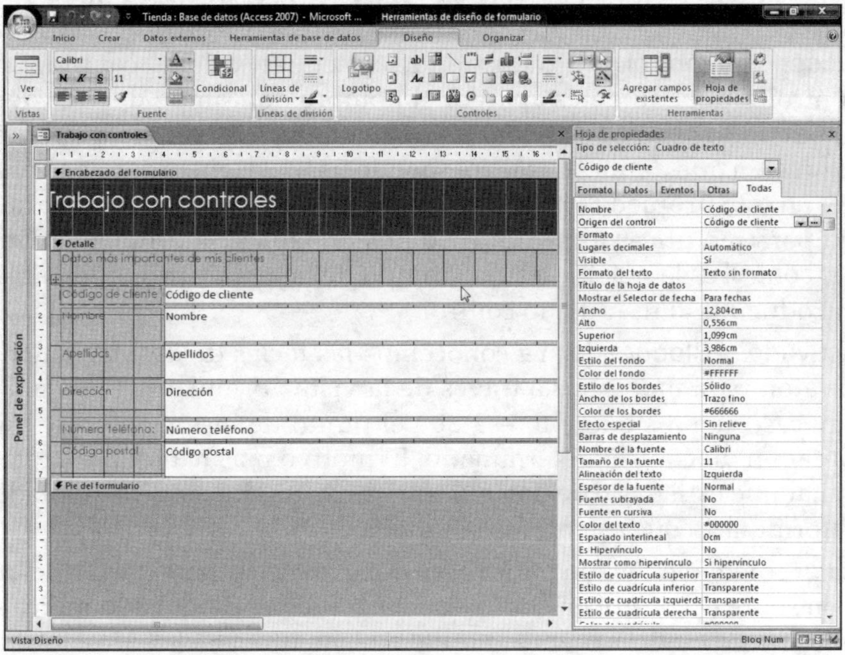

Figura 13.7. Hoja de propiedades del control Código de cliente.

Truco:

Puede hacer doble clic sobre un control para que aparezca la hoja de propiedades directamente.

En la parte superior de la hoja de propiedades, hay cinco fichas: Formato, Datos, Evento, Otras y Todas. Vamos a ver todas estas categorías en un cuadro de texto. Recuerde que para obtener ayuda sobre la función de una propiedad, sólo tiene que pulsar la tecla **F1** y teclear el nombre de la propiedad.

Propiedades de datos

Este tipo de propiedades recibe este nombre ya que tiene una relación directa con los datos que existen en el interior de los controles de un formulario. Como es natural, sólo tiene sentido en los controles dependientes y calculados.

En los cuadros de texto aparecen diez propiedades de datos. Cuatro de ellas ya las vimos en los campos de las tablas (Máscara de entrada, Valor predeterminado, Regla de validación y Texto de validación). El resto son:

- Origen del control. Indica de dónde obtiene su valor el control. En los controles dependientes aparece el nombre del campo del que depende. Cuando se trata de un control calculado, esta propiedad indica la expresión que define al control (puede usar el Generador de expresiones en esta propiedad para definir la expresión). Si utiliza un formulario para modificar o introducir datos en tablas, la propiedad Origen del control es la que indica qué campo de la tabla va a modificarse o a introducirse al usar dicho control.
- Activado y Bloqueado. Ya conocemos las teclas de desplazamiento y el ratón para movernos a través de la vista Formulario. Sin embargo, hay casos en los que interesa que el punto de inserción no se pueda situar en un control determinado. El motivo más habitual es tratar de evitar que el usuario del formulario pueda modificar dicho dato desde el formulario que estemos diseñando.

  La propiedad Activado indica si se puede o no situar el punto de inserción sobre el control en cuestión. La propiedad Bloqueado indica si se puede o no modificar el valor que se encuentra en el control. Como es obvio, si un control tiene el valor No en la propiedad Activado, no importa el valor de la propiedad Bloqueado, ya que no será posible modificarlo (no podrá situar el puntero de inserción en él).
- Buscar por filtro. Esta propiedad permite indicar si se quiere que al usar un filtro por formulario aparezcan o no los valores de este campo en el control del formulario que representa al campo. Si se define como Nunca, no se podrán seleccionar los valores de este control para filtrar por formulario.
- Etiquetas inteligentes. Esta propiedad permite asignar una etiqueta inteligente a un control. Sólo se pueden utilizar en cuadros de texto, en cuadros combinados y en etiquetas.

  En la figura 13.8 puede verse el resultado de activar esta propiedad con un valor de Nombre en el control Nombre de nuestro formulario de ejemplo. Mediante la etiqueta inteligente, se podrá enviar un correo, agregar un contacto, abrir un contacto o programar una reunión en Microsoft Outlook directamente desde un formulario.

- Formato del texto. Esta propiedad, nueva en Access 2007, permite sacar partido al texto enriquecido. Se sale del objetivo del libro, pero es interesante que conozca que es una de las novedades de Access 2007.

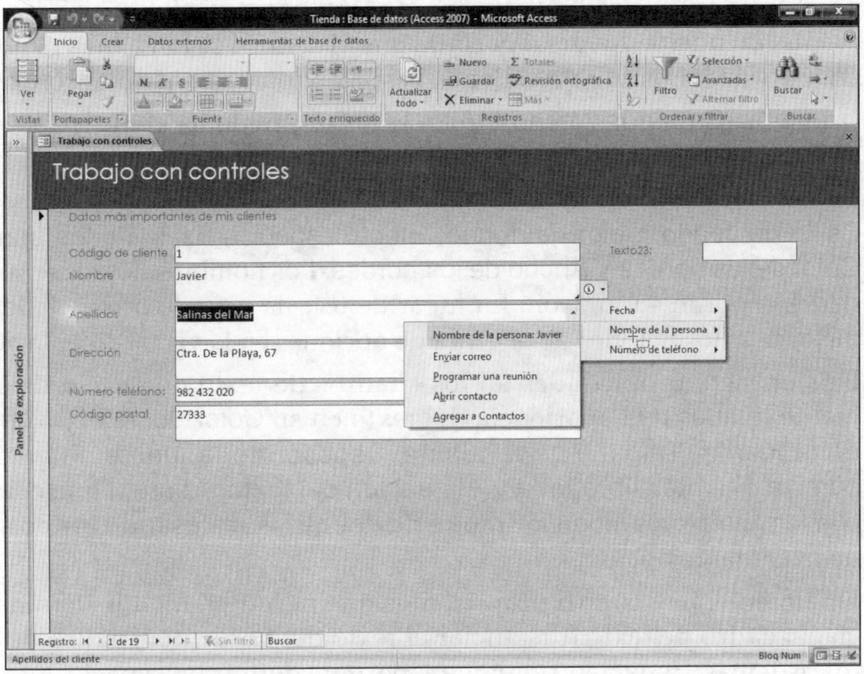

Figura 13.8. Ejemplo de uso de una etiqueta inteligente.

Propiedades de formato

Como su nombre indica, las propiedades de formato definen la apariencia del control en el formulario. Las propiedades Formato y Lugares decimales son idénticas a sus homónimas de los campos de la tabla que ya conocemos.

Del resto, las más importantes son:

- Visible. Seleccionando la opción No, puede hacer que el control no aparezca en la vista Formulario ni en la hoja de datos.
- Mostrar cuándo. Permite especificar si el control va a aparecer sólo en pantalla, sólo al imprimir el formulario o siempre.
- Barras de desplazamiento. Indica si el control va a tener o no, una barra de desplazamiento vertical.

- Autoextensible y Autocomprimible. Estas dos propiedades permiten adaptar verticalmente el tamaño del control (o sección) al contenido del mismo. De este modo, Autoextensible indica a Access que aumente el tamaño del control sólo cuando los datos que contiene no quepan en el tamaño asignado. La propiedad Autocomprimible tiene, exactamente, la función inversa: permite que el control se haga más pequeño cuando su contenido no rellene el espacio total asignado al control.
- Izquierda, Superior, Ancho y Alto. Estas propiedades definen la situación y tamaño exacto del control. Superior e Izquierda indican la posición de la esquina superior izquierda del control.
- Estilo del fondo, Color del fondo, Efecto especial, Estilo de los bordes, Color de los bordes y Ancho de los bordes. Los nombres de estas propiedades explican su función. En lugar de usar la hoja de propiedades, es mejor usar los botones de la Cinta de opciones en la vista Presentación.
- Existen siete propiedades en los cuadros de texto que están directamente ligadas a la apariencia del texto en sí: Color del texto, Nombre de la fuente, Tamaño de la fuente, Espesor de la fuente, Fuente en cursiva, Fuente subrayada y Alineación del texto. Al igual que ocurría con las anteriores, el mejor modo de definirlas sea usando los botones de la Cinta de opciones.
- Finalmente, hay cuatro propiedades que permiten incluir un margen en el cuadro de texto (distanciar el texto del borde del cuadro de texto). Además, Espaciado interlineal permite definir un espacio entre las líneas del cuadro de texto.

Propiedades de eventos

Las propiedades de eventos están muy ligadas a las macros y a los módulos. De hecho, veremos algún ejemplo en el capítulo 17 al tratar las macros. Este tipo de propiedades indica lo que debe hacer Access cuando se produzca un evento. Un evento en este contexto indica cuándo se produce una operación determinada, bien por parte del usuario o por parte del propio Access.

Otras propiedades

En la ficha Otras de la hoja de propiedades de un control, se incluyen aquellas propiedades que no se han considerado que pertenezcan a ninguno de los anteriores. Aunque hay varias, sólo vamos a ver tres:

- Nombre. El nombre identifica de forma única a cada control. Todos los controles tienen su nombre. Si no se indica ninguno, Access asigna uno automáticamente. En nuestro ejemplo, el nombre del control lo ha asignado Access y es Nombre. Tenga en cuenta que para poder hacer referencia a otro control desde un control calculado es necesario proporcionar el nombre del control. Por este mismo motivo, no puede haber dos controles con el mismo valor en la propiedad Nombre.
- Texto de la barra de estado. El texto que se escribe en esta propiedad aparece en la barra de estado cuando se sitúa el punto de inserción en él. Esta propiedad puede venir definida desde el momento de la creación del campo del que depende el control. Si al crear la tabla se introdujo texto en el campo Descripción, ese mismo texto aparecerá en esta propiedad.
- Permitir Autocorrección. Si se asigna el valor Sí a esta propiedad, Access utilizará la Autocorrección en el interior del mismo.
- Vertical. Permite que el texto del control adopte este sentido.

Modificar una propiedad

Una vez que tenemos la hoja de propiedades en pantalla, modificar una propiedad es sencillo: haga clic en el cuadro situado a la derecha del nombre de la propiedad que desee modificar y seleccione el nuevo valor (si aparece un cuadro de lista) o tecléelo (si no aparece). Recuerde que también puede modificar algunas propiedades de la categoría Formato mediante los botones de la sección Fuente Cinta de opciones.

Si tiene problemas para ver el contenido completo de una propiedad, pulse **Mayús-F2** para mostrar el cuadro Zoom y utilícelo para llevar a cabo los cambios que necesite.

Nota:

Estas propiedades corresponden al tipo de control Cuadro de texto. Sin embargo, no son las únicas que existen en este tipo de control ni en otros controles de otro tipo

Herencia de propiedades del campo

Cuando se crea un control dependiente de un campo, el control hereda las mismas propiedades del campo que se definieron al crear la estructura de una tabla: Formato, Máscara de entrada, Texto de la barra de estado (de la Descripción), Regla de validación, etcétera.

En ocasiones, deseará modificar estas propiedades para el control del formulario (por ejemplo, el formato). Cuando lo haga, no afectará a las propiedades originales del campo del que depende.

A diferencia de lo que ocurría en las primeras anteriores de Access, si se modifica una propiedad de un campo en la vista de diseño de una tabla, se puede pedir a Access que actualice el valor de dicha propiedad en todos los controles de formularios e informes que se hayan creado dependientes de dicho campo. Esto ahorra mucho tiempo, pero en ocasiones puede provocar que se cambie una propiedad que no se quiera modificar.

Propiedades por omisión de los tipos de controles

Utilizando los valores de las propiedades vistas en los apartados anteriores, podemos modificar al detalle cada uno de los controles existentes en un formulario, de forma que tengan la apariencia y el comportamiento que nosotros deseemos.

Como cada uno tiene sus gustos, es normal que siempre elija los mismos tipos de letra y el mismo aspecto general para los formularios. Si estas preferencias no coinciden con las opciones por omisión que Access utiliza para los controles, siempre que cree un nuevo control para un formulario, tendrá que modificar sus propiedades para adaptarlo a su gusto.

Para evitarlo, es posible definir las propiedades que tienen los distintos tipos de controles por omisión, de forma que, al crear un control, éste aparezca como nosotros deseamos, sin que sea necesario modificarlo después. Tenga en cuenta que esta definición afectará sólo a los controles que cree nuevos, dejando como estaban los creados con anterioridad.

Los pasos siguientes muestran cómo cambiar lo que se denominan las propiedades predeterminadas del tipo de control.

1. Seleccione el tipo de control que desee modificar en el cuadro de herramientas. Observe que Access "hunde" el botón correspondiente al tipo de control para indicar que está seleccionado.
2. Haga clic sobre el botón **Hoja de propiedades** de la Cinta de opciones. Access muestra la hoja de propiedades Tipo control predeterminado/a, donde el texto *Tipo control* se sustituye por el tipo de control

que hayamos seleccionado. Por ejemplo, Cuadro de texto predeterminado/a.

3. Modifique las distintas propiedades y cierre la hoja de propiedades.

La próxima vez que cree un control de este tipo aparecerá con las propiedades definidas en estos pasos.

Para terminar el capítulo, guarde los cambios en el formulario de ejemplo y cierre su ventana.

Resumen

El uso de los filtros en los formularios se puede interpretar como la fusión entre el uso de las consultas y los formularios. En otras palabras, los filtros permiten filtrar los datos de los formularios igual que las consultas permiten filtrar los datos de las tablas.

Esto significa que todo lo que se puede lograr con las tablas mediante las consultas, es posible llevarlo a cabo en los formularios. Así, es posible ordenar los datos de las tablas en un formulario, o ver sólo los datos que cumplen ciertas condiciones.

Access, para facilitar aún más la cosa, pone a nuestra disposición algunos filtros especiales, como los filtros por selección, que permiten conforme se trabaja con los datos, realizar consultas directas a las tablas.

En este capítulo, también hemos aprendido a añadir controles a los formularios. Esta operación es esencial, ya que es la forma en la que se pueden añadir datos a los formularios, bien dependientes de los contenidos de las tablas o bien independientes de los mismos (como las imágenes). Un tipo especial de estos controles son los controles calculados, que permiten realizar operaciones en los formularios y relacionar así los datos de campos distintos.

Capítulo 14

Otros controles y objetos en Formularios

En este capítulo aprenderá:

- Otros tipos de controles distintos de cuadros de texto y etiquetas.
- A crear cuadros de lista para seleccionar valores en los formularios.
- A crear los cuadros combinados.
- A representar los campos del tipo Sí/No mediante botones de opción, casillas de verificación y botones de alternar.
- A crear grupos de opciones.
- A incluir botones de comandos en los formularios.
- A aplicar las propiedades de los formularios.
- A incluir objetos creados con otras aplicaciones.

Otros tipos de controles

Hasta el momento, hemos utilizado sólo dos tipos de controles: los cuadros de texto y las etiquetas. A continuación, vamos a dedicar una serie de apartados a otros tipos de controles, de forma que sepa cuándo se suelen utilizar y cómo crearlos.

Los cuadros de lista

Los cuadros de lista son uno de los tipos de control más utilizados. Un cuadro de lista presenta un conjunto de opciones en su interior, de las cuales se puede seleccionar una.

Como siempre, vamos a ver un ejemplo. Cree un nuevo formulario basado en los datos de la tabla Pedidos.

El resultado final debe ser como el mostrado en la figura 14.1, aunque puede variar el formato, ya que he vuelto a usar el formato Estándar para que quede más claro. En él, tenemos un control llamado "Vendedor", que presenta el valor que posee el campo del mismo nombre.

Observe que el campo Vendedor aparece como un cuadro de texto. Sin embargo, como sólo tenemos 3 vendedores en la tienda (Pepe, Toño y Juan), vamos a cambiarlo para que sea un cuadro de lista. De ese modo, en lugar de tener que teclear estos nombres una y otra vez, los seleccionaremos sin más.

Cuando el control que se quiere crear no es un cuadro de texto, hay que añadir un paso más a la hora de crearlo, que consiste en hacer clic en el botón del control que se quiera crear antes de pulsar el botón **Agregar campos existentes**. Por tanto:

1. Haga clic en el botón **Cuadro de lista** de la Cinta de opciones.
2. Haga clic en el botón **Agregar campos existentes** para abrir la Lista de campos.
3. Haga doble clic en el campo Vendedor a la vista Diseño del formulario. Access mostrará el primer cuadro de diálogo del Asistente para cuadros de lista.

Access proporciona un Asistente para crear los cuadros de lista. Así, cuando se crea un control de este tipo aparece automáticamente dicho Asistente (figura 14.2). Como puede ver en esta figura, hay tres formas de definir los valores de un cuadro de lista: extrayendo los valores existentes en una tabla o consulta, introduciendo uno a uno estos valores o buscándolos en un formulario.

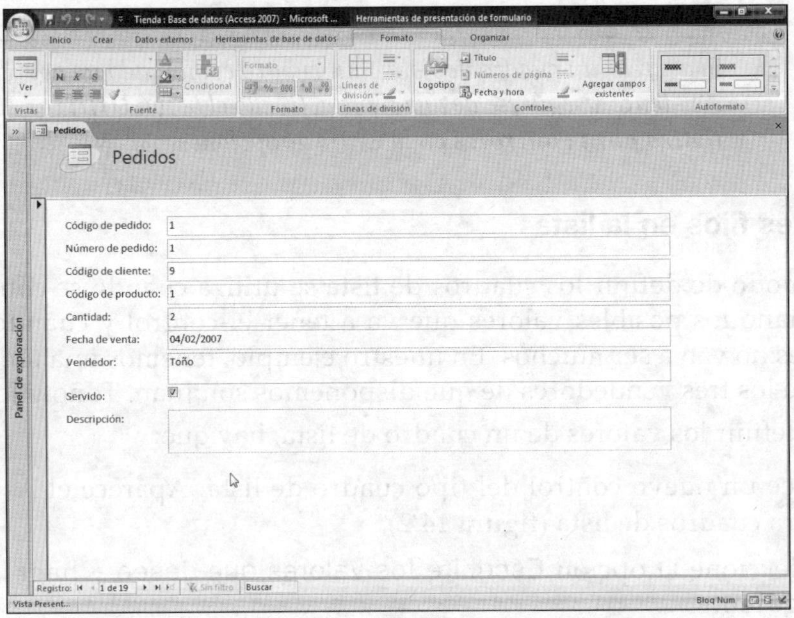

Figura 14.1. Nuevo formulario de la tabla Pedidos.

Access coloca el nuevo control en el formulario

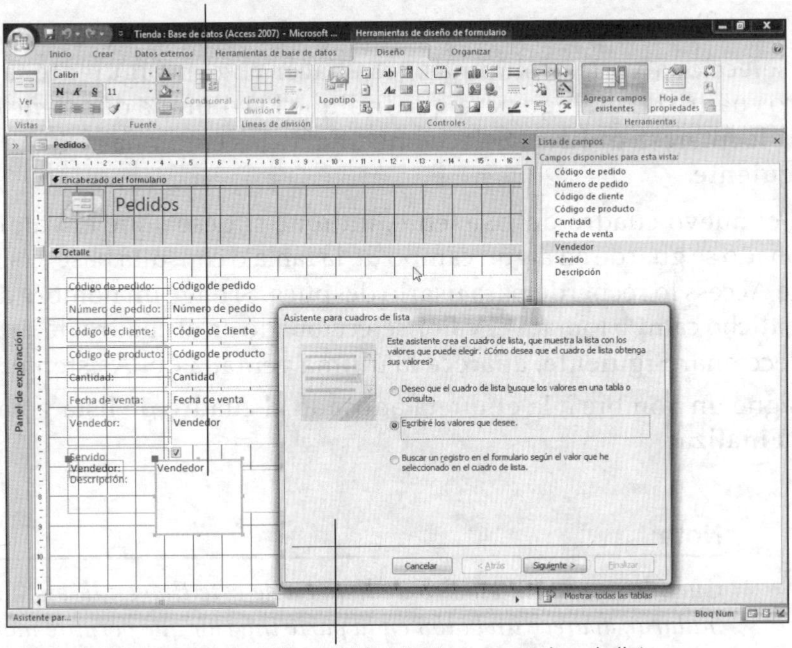

Abre el primer cuadro de diálogo del Asistente para cuadros de lista

Figura 14.2. Primer cuadro de diálogo del Asistente para cuadros de lista.

Advertencia:

*Si al crear un cuadro de lista o un cuadro combinado no aparece el Asistente, asegúrese de que tiene activado el botón **Utilizar Asistentes para controles** en la Cinta de opciones.*

Valores fijos en la lista

Este modo de definir los cuadros de lista se utiliza cuando se conoce de antemano los posibles valores que va a tener el control y cuando estos valores no van a ser muchos. En nuestro ejemplo, tenemos una idea clara de que los tres vendedores de que disponemos son Juan, Toño y José.

Para definir los valores de un cuadro de lista, hay que:

1. Cree un nuevo control del tipo cuadro de lista. Aparece el Asistente para cuadros de lista (figura 14.2).
2. Seleccione la opción Escribiré los valores que desee y haga clic en **Siguiente**.
3. En el cuadro que aparece, escriba el número de columnas que desea que contenga el cuadro y los distintos valores en cada una de ellas (figura 14.3).
4. Si selecciona varias columnas, tras hacer clic en **Siguiente**, aparece otro cuadro de diálogo para que indique la columna que tiene el dato que le interesa utilizar. Seleccione una de las columnas y haga clic en **Siguiente**.
5. En el nuevo cuadro del asistente, indique si desea que el valor seleccionado se guarde en algún campo de la tabla o consulta base, o si quiere que Access lo recuerde para usarlo después. Si elige un nombre de campo, dicho campo tomará el valor seleccionado en el cuadro de lista. Tras seleccionar **Siguiente**, aparece la última ventana del Asistente.
6. Asigne un nombre a la etiqueta adosada al cuadro de lista y haga clic en **Finalizar**.

Nota:

Cuando se usa un cuadro de lista en de este tipo en la vista Formulario, aparece un botón en la parte inferior que permite modificar dicha lista. Sólo hay que hacer clic sobre él para ver la lista actual y modificarla.

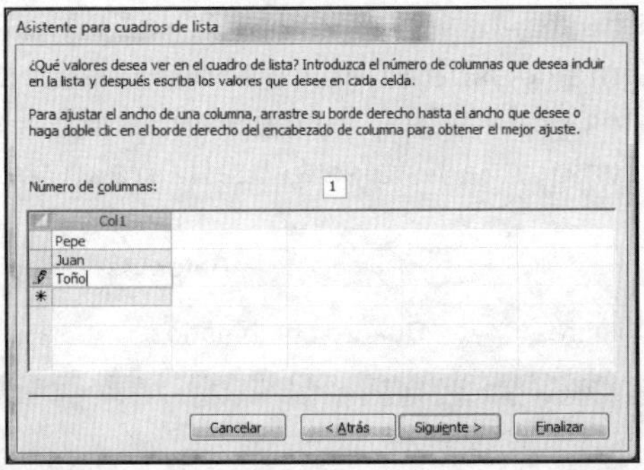

Figura 14.3. Otro cuadro de diálogo del Asistente.

En la figura 14.4 se muestra el resultado de crear dos cuadros de lista en la ventana de presentación del formulario y un cuadro combinado. El cuadro de lista situado a la izquierda, se ha creado con esta secuencia de pasos anterior, y es un cuadro de lista dependiente del campo Vendedor con los tres valores que ya conocemos: Pepe, Juan y Toño. Como sólo tiene una columna, no aparecerá el paso 4. Con respecto a la etiqueta, le hemos asignado el nombre "Vendedor".

Nota:

Abra la hoja de propiedades y fíjese en las propiedades Origen del control, Tipo de origen de la fila, Origen de la fila, Columna dependiente *(en la ficha* Datos*) y* Número de columnas *(en la ficha* Formato*). El Asistente lo único que hace es definir dichas propiedades.*

Extraer la lista de los valores de un campo

Hay otras ocasiones en las que, en lugar de usar una lista fija de valores, será necesario extraer los valores de los existentes en un campo de una tabla. Por ejemplo, en nuestro formulario de ejemplo, al introducir el dato del código de cliente en nuestra tabla de pedidos es fácil equivocarse (o no conocerlo, lo cual ralentiza el trabajo).

Para estas ocasiones, Sin embargo, si usamos un cuadro de lista para seleccionarlo directamente en él es mucho más difícil que nos equivoquemos. Observe el cuadro de lista de la parte derecha de la figura 14.4; este cuadro muestra los nombres y apellidos de los clientes en lugar de su código, lo cual es mucho más útil.

Para conseguir hacer esto, hay que "extraer" los datos directamente de la tabla Clientes (o de una consulta que dé como resultado estos datos). Así, si cambian los clientes en la tabla, no será necesario modificar el control, ni sus propiedades, ya que la lista se actualizará de manera automática.

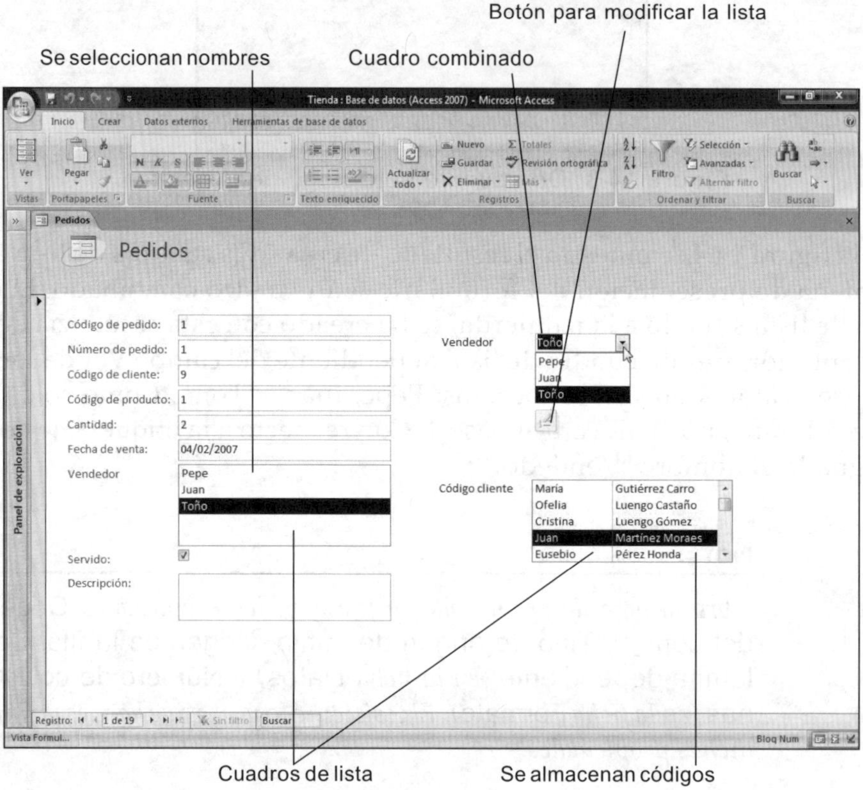

Figura 14.4. Dos ejemplos de cuadros de lista y un cuadro combinado.

Los pasos del asistente para cuadros de lista varían ligeramente en este caso, ya que es necesario especificar la tabla o consulta de la que deseemos obtener los datos: Para mostrar una lista de valores procedentes de un campo

1. Cree un nuevo control del tipo cuadro de lista. Aparece el Asistente para cuadros de lista (figura 14.2).
2. Seleccione la opción Deseo que el cuadro de lista busque los valores en una tabla o consulta y haga clic en **Siguiente**. El nuevo cuadro de diálogo permite seleccionar la tabla o consulta de la que se obtendrán los datos.

3. Seleccione una tabla o una consulta (haga clic en el botón de radio Tablas o Consultas, según desee usar unas u otras). Tras hacer clic en **Siguiente**, aparece otro cuadro de diálogo para que indique los campos que deben aparecer en el cuadro de lista.
4. Seleccione los campos que desee incluir en el cuadro de lista y haga clic en **Siguiente**.
5. Indique el campo o campos por los que desea ordenar la lista.
6. Indique el ancho de cada columna y si quiere que ver la columna clave en el cuadro de lista. Haga clic en el botón **Siguiente**.
7. Indique si desea que el valor seleccionado se guarde en algún campo de la tabla o consulta base, o si quiere que Access lo recuerde para utilizarlo después. Haga clic en el botón **Siguiente**. Si elige un nombre de campo, dicho campo tomará el valor seleccionado en el cuadro de lista.
8. Asigne un nombre a la etiqueta adosada al cuadro de lista y haga clic en **Finalizar**. Aparecerá el cuadro de lista en el formulario.

Pruebe a usar esta secuencia de pasos para crear el cuadro de lista inferior de la figura 14.4. Debe tener en cuenta que los campos que proporcionan los valores para el cuadro de lista son Código de cliente, Nombre y Apellidos (todos de la tabla Clientes), que los hemos ordenador por apellidos y por nombre, que hemos ocultado la columna clave en el paso 5, que el campo que adopta el valor seleccionado es Código de cliente, y que a la etiqueta la hemos llamado Código cliente. También hemos cambiado el texto, tamaño y posición de la etiqueta.

Lo más interesante de este ejemplo es que aunque se selecciona el nombre y apellidos del cliente, en realidad en la tabla se almacena el código del cliente. En el cuadro de lista no aparece el código del cliente al indicarle al asistente que no lo muestre, pero esto se puede ver en este formulario al mostrarse también el control Código de cliente original.

Los cuadros combinados

Los cuadros combinados son parecidos a los cuadros de lista. La diferencia entre ambos estriba en que los cuadros combinados, como su nombre indica, "combinan" las características de los cuadros de lista y de los cuadros de texto. Por ello, además de poder seleccionar los valores de una lista, los cuadros combinados permiten teclear directamente un valor en el cuadro de texto que presentan en su parte superior.

La ventaja principal de los cuadros combinados frente a los de lista es que permiten añadir valores distintos a los ya existentes en la lista. De esta forma, si en nuestro ejemplo anterior de vendedores necesitamos uno nuevo, podemos teclearlo directamente en el cuadro combinado del formulario (pero no podríamos hacerlo en el cuadro de lista). Otra ventaja es que ocupan menos espacio en el formulario, ya que sólo aparece la lista cuando se hace clic sobre la flecha que muestran a su derecha.

Vamos a usar ahora un control de este tipo para mostrar la lista de vendedores. El resultado es el cuadro combinado mostrado también en la figura 14.4 (aparece desplegado). Sólo tiene que añadir al formulario un cuadro combinado dependiente del campo Vendedor y seguir las indicaciones del Asistente a lo largo de sus distintas ventanas, como en el apartado anterior.

Advertencia:

Como siempre, las ventajas se pueden tornar en desventajas. Al poder incluir valores que no están en la lista, se pueden introducir valores incorrectos en un campo. Para evitar que esto suceda, defina la propiedad Limitar a la lista *con el valor* Sí *(sólo si es necesario).*

La situación de la figura 14.4 es curiosa: tenemos dos controles (un cuadro de lista y un cuadro combinado) que dependen del mismo campo de una tabla (Vendedor).

Mi consejo es que practique los distintos modos que tiene ahora de modificar un vendedor o de añadir uno nuevo. Pruebe a ver qué pasa al seleccionar un vendedor usando los dos cuadros.

Si se encuentra con que al seleccionar un valor del cuadro combinado, aparece un número en el cuadro de texto, esto significa que el Asistente para cuadros combinados, además del campo Vendedor, ha incluido en dicho cuadro el campo Código de pedido (que no aparece al ser la columna clave). En ese caso, abra la hoja de propiedades del control y escriba 2 en la propiedad Columna dependiente, para indicar que el valor del campo lo ha de coger de la segunda columna (el vendedor).

Botones de opción y casillas de verificación

Otras dos herramientas que mencionamos al analizar el cuadro de herramientas eran las casillas de verificación y los botones de opción (también llamados antiguamente *botones de radio*). La función principal de estas herramientas es la representación de campos del tipo Sí/No.

En nuestro formulario de ejemplo, tenemos ya un control del tipo Casilla de verificación: el control Servido. Como ve, Access utiliza este tipo de control para representar los campos del tipo Sí/No que hayamos definido en la ventana de diseño de la tabla.

Vamos a añadir otro nuevo control dependiente de dicho campo pero con la herramienta Botón de opción. El resultado ha de ser similar al mostrado en la figura 14.5 (también se muestran en esta figura los botones de alternar que crearemos a continuación).

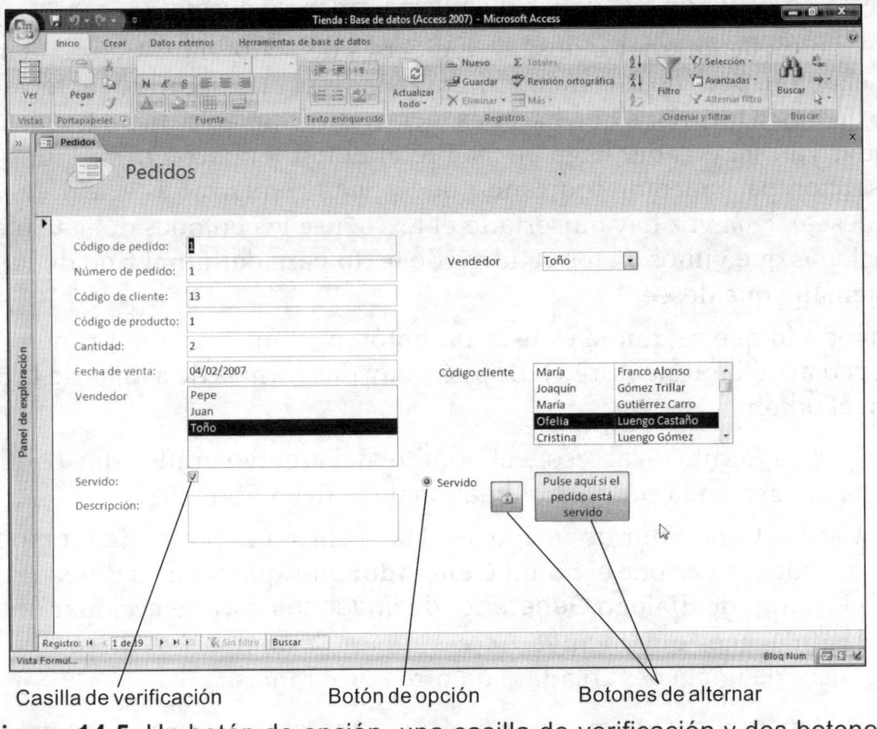

Figura 14.5. Un botón de opción, una casilla de verificación y dos botones de alternar.

La diferencia que existe entre estos dos tipos de controles es meramente formal: en los botones de opción o de radio cuando el valor es Sí (se dice que está activado), el botón aparece relleno; en las casillas de verificación, para indicar que el valor es Sí (que está activada) se usa una cruz en su interior.

Los botones de alternar

Hay una tercera herramienta pensada también para representar los campos con valores del tipo Sí/No: los botones de alternar. La única gran ventaja que proporciona esta herramienta frente a los botones de verificación y los botones de opciones es su presencia más atractiva. En la figura 14.5 se muestran dos ejemplos, uno con texto en su interior y otro con una imagen.

El modo de funcionar de los botones de alternar es similar al de los dos vistos antes: si se hace clic una vez sobre ellos, se activan, y si se hace clic de nuevo, se desactivan. Lo que varía, por tanto, es cómo muestra que está activado; si está activado, el cuadro de alternar aparece como "hundido"; si está desactivado, el cuadro de alternar aparece normal.

Si el botón de alternar que se va a crear es de texto (muestra un mensaje en el botón, pero no una imagen), tras añadir el nuevo control al formulario, lo único que tiene que hacer es teclear directamente dicho texto. (Si el botón ya está creado, haga clic sobre el botón y aparecerá un punto de inserción parpadeante indicando que puede comenzar a teclear cuando lo desee). Una vez haya insertado el texto, use los botones de la Cinta de opciones que vimos en los cuadros de texto para definir el tipo de letra y el tamaño que desee.

Cuando lo que se quiere es usar un botón con una imagen, primero hay que crearlo como siempre y, después, hay dos formas de asignarle la imagen al botón:

1. Teclear la ruta de acceso y el nombre del archivo gráfico que contiene la imagen en la propiedad Imagen de la ficha Formato.
2. Usar el Generador de imágenes. Haga clic en la propiedad Imagen y después seleccione el botón **Generador** que aparece a su derecha. Use el cuadro de diálogo Generador de imágenes para seleccionar una de las imágenes que incluye Access o para "examinar" el disco duro en busca de imágenes creadas con otros programas.

Ha de tener en cuenta que, por omisión, Access buscar archivos gráficos en formato BMP o el ICO (de iconos). Si desea algún otro, utilice el botón **Examinar** del Generador de imágenes para localizarlo.

Grupos de opciones

Los grupos de opciones permiten "agrupar" distintos botones de alternar, botones de opción y cuadros de verificación, de forma que sólo uno de estos elementos pueda estar activado a la vez. Todos los controles han de ser del mismo tipo; dicho de otro modo, o todos son botones de alternar o todos son cuadros de verificación, pero no pueden estar mezclados.

El objetivo es el mismo que el de los cuadros de lista y el de los cuadros combinados (seleccionar una opción de varias posible) con dos diferencias: la herramienta utilizada (el grupo de opciones) y el tipo de dato que se obtiene (siempre es numérico).

Al crear un control de este tipo, aparece un Asistente para grupos de opciones. Los siguientes pasos muestran cómo usarlo:

1. Cree un nuevo control del tipo Grupo de opciones y aparecerá la primera ventana del Asistente (figura 14.6).
2. Escriba una etiqueta para cada una de las opciones que va a incluir el grupo y haga clic en **Siguiente**.
3. Indique si desea usar una de las opciones como opción por predeterminada. Si es así, selecciónela.
4. Tras hacer clic en **Siguiente**, aparece una nueva ventana pidiendo los valores que desea asignar a cada opción. Modifique, si es necesario, los valores numéricos que desee asignar a cada opción y haga clic en **Siguiente**.
5. Aparece una nueva ventana del Asistente, en la que ha de indicar si desea guardar el valor en un campo determinado o simplemente recordarlo.
6. Tras hacer clic en **Siguiente**, aparece otra ventana. Seleccione el estilo que desea aplicar al cuadro de opciones y la herramienta que desee utilizar como opciones. Conforme seleccione un estilo, en la parte izquierda verá una muestra de cómo va a quedar.
7. Haga clic en **Siguiente**. Finalmente, asigne una etiqueta al nuevo control y haga clic en **Finalizar**.

En la figura 14.7 se muestra un ejemplo de grupo de opciones. Presenta los distintos vendedores que tenemos y hemos usado botones de opción.

Para entender cómo funcionan las opciones dentro de un grupo de opciones, abra la hoja de propiedades de una de las opciones y observe la propiedad Valor de la opción; su valor lo ha indicado en una de las ventanas del Asistente y es el número que se insertará en el campo indicado (o se almacenará para su uso posterior) cuando se seleccione una de estas opciones. Por ejemplo, en nuestro caso, si seleccionamos la primera opción (Pepe), realmente almacenaremos el valor 1; si seleccionamos la opción Juan, se almacenará el valor 2.

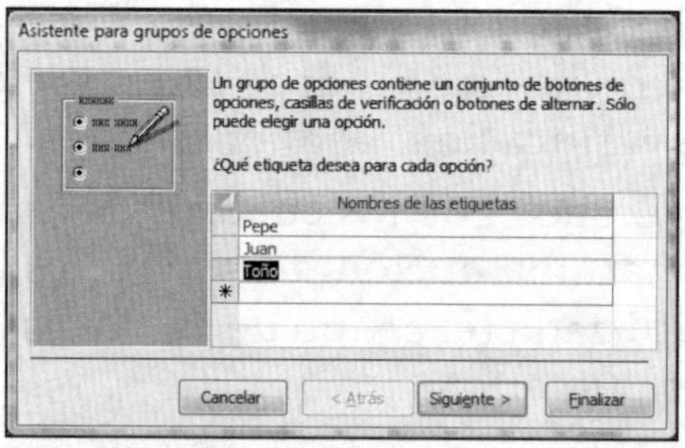

Figura 14.6. Primer cuadro del Asistente para grupos de opciones.

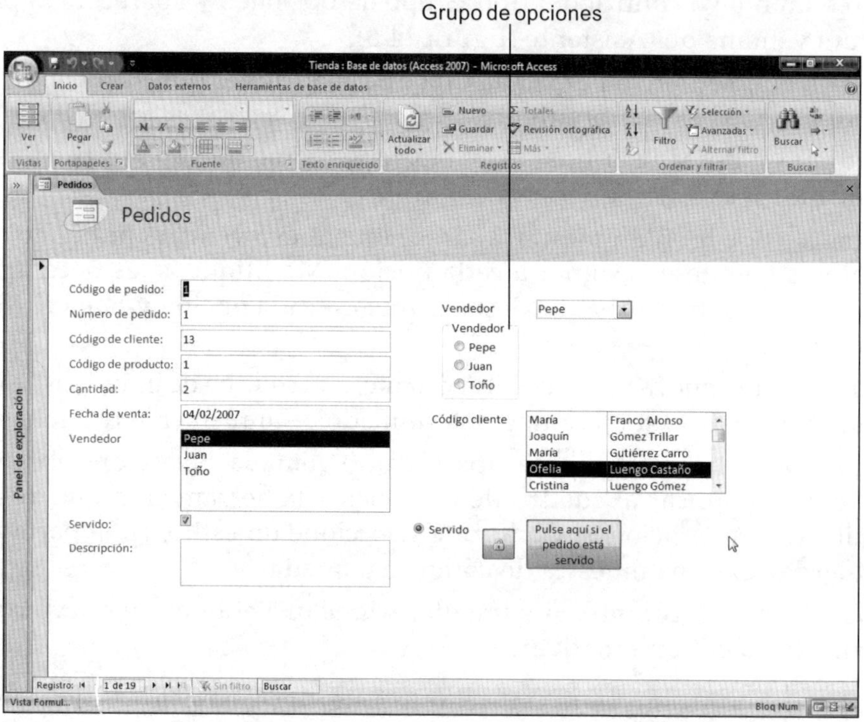

Figura 14.7. Ejemplo de un grupo de opciones.

Tenga en cuenta que la propiedad Valor de la opción contiene un valor numérico. Por eso, utilice los grupos de opciones cuando desee obtener como resultadoun valor numérico. Si desea obtener un valor de texto, como un apellido o un nombre, es mejor que use los cuadros de lista o los cuadros combinados.

En nuestro ejemplo, no hemos asociado el nuevo control a ningún campo, ya que el vendedor es un campo de tipo texto y no numérico.

Los botones de comandos

Los botones de comandos se utilizan mucho en el entorno del sistema operativo Windows, ya que permiten al usuario tomar decisiones con la simple pulsación del ratón sobre un botón determinado. Access proporciona otro Asistente para la creación de botones de comando. Este Asistente lo trataremos en el capítulo 17, que está dedicado por completo a las macros.

Propiedades del formulario

Al igual que los controles, el formulario posee sus propiedades. Si las propiedades del control permiten definir la apariencia y comportamiento de cada uno de los controles, las propiedades de los formularios se utilizan para definir ciertas características generales de los formularios. (Las secciones también tienen propiedades que se pueden definir. Las veremos en el capítulo 20.)

Para abrir la hoja de propiedades del formulario, haga clic en la vista Diseño fuera de cualquier control (mejor fuera del propio formulario) y haga clic en el botón **Hoja de propiedades**.

Muchas de las propiedades que aparecen en el cuadro de propiedades de formularios se escapan del ámbito de este libro (ya que resultan demasiado complejas). A continuación se muestran las propiedades más interesantes:

- Origen del registro. Muestra la tabla o consulta en la que está basado el formulario. Puede cambiarlo en cualquier momento seleccionando otra tabla o consulta de la lista desplegable. También puede usar el Generador de consultas, que permite definir una consulta relativa a la tabla base.
- Filtro. Permite definir una expresión para usarla como filtro del formulario.
- Permitir ediciones. Esta propiedad permite indicar si se desea que el usuario pueda o no modificar los registros de la tabla o consulta base.
- Entrada de datos. Si selecciona la opción Sí en esta propiedad, al abrir el formulario aparecerá directamente un registro en blanco para que introduzca datos.

Nota:

*No dude en investigar el resto de propiedades por su cuenta. Recuerde que debe situarse sobre la propiedad en la que esté interesado y pulsar a continuación la tecla **F1** para obtener ayuda. Mostrar estas pocas propiedades tiene como objetivo resaltar el hecho de que el formulario también dispone de sus propiedades y de que es conveniente conocer su existencia por si hiciera falta usarlas en alguna ocasión.*

Objetos de otras aplicaciones

La posibilidad de compartir información entre las distintas aplicaciones informáticas existentes en los ordenadores ha sido uno de los grandes motivos del desarrollo de la informática personal.

Hasta la versión 2007 de Access, el único modo de hacerlo consistía en usar los campos de tipo Objeto OLE. Sin embargo, a partir de esta versión, aparece el tipo de campo Datos adjuntos, que facilita muchísimo incluir archivos y documentos en las tablas de Access.

Vamos a observar un ejemplo. Al crear la tabla Almacén, definimos un campo asignándole el tipo Datos adjuntos. La intención era almacenar una fotografía del objeto con el fin de poderla mostrar a los clientes (por ejemplo).

Cree un formulario automático basado en la tabla Almacén. La figura 14.8 muestra el resultado. La forma de rellenar un campo de este tipo consiste en los siguientes pasos:

1 Haga clic sobre el control que representa el campo Dato adjunto (puede hacerlo tanto en la vista Presentación como en la vista Formulario). Aparecen tres botones sobre dicho control (figura 14.8).
2. Haga clic en el botón con forma de clip. Aparece el cuadro de diálogo Datos adjuntos (figura 14.9).
3. Haga clic en el botón **Agregar** para abrir el cuadro de diálogo Elegir archivo.
4. Utilice este cuadro de diálogo para seleccionar el archivo que quiera incluir en la tabla. Cuando lo encuentre, haga clic en el botón **Abrir**. Volverá al cuadro de diálogo Datos adjuntos.
5. Para terminar, haga clic en el botón **Aceptar**.

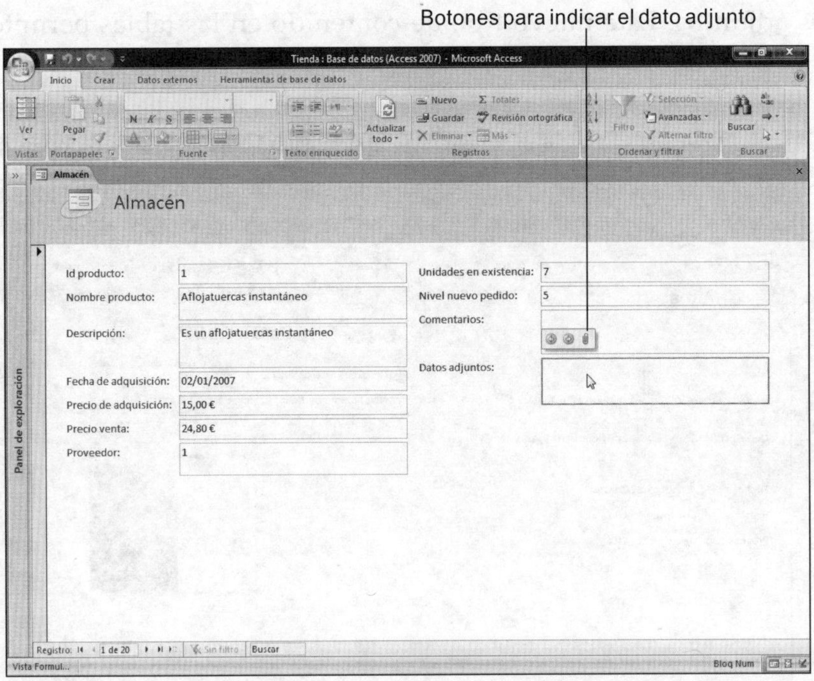

Figura 14.8. El campo de datos adjunto en un formulario.

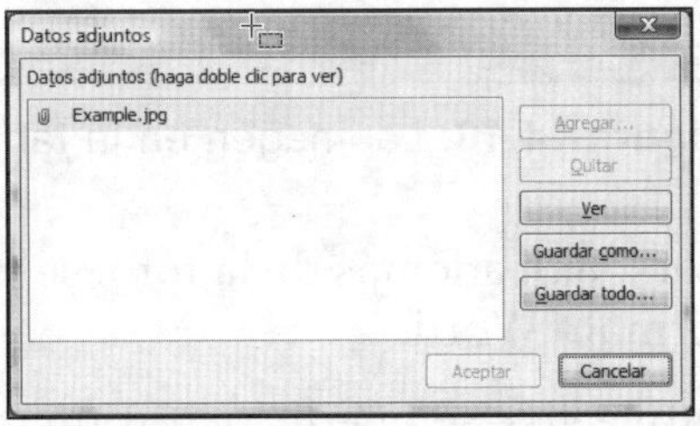

Figura 14.9. Cuadro de diálogo Datos adjuntos.

La figura 14.10 muestra cómo se ve una imagen de ejemplo en el formulario (hemos agrandado el control para que se vea mejor). Una vez insertado el archivo, si se quiere modificar el contenido (el archivo en sí), hay que hacerlo desde la vista Formulario o desde la vista Diseño.

No sólo imágenes

Si bien en el ejemplo anterior hemos usado una imagen para meterla en la tabla, no hay que pensar exclusivamente en este tipo de objetos para los

Datos adjuntos. Este nuevo tipo de contenido en las tablas permite, por ejemplo, incluir en las tablas:

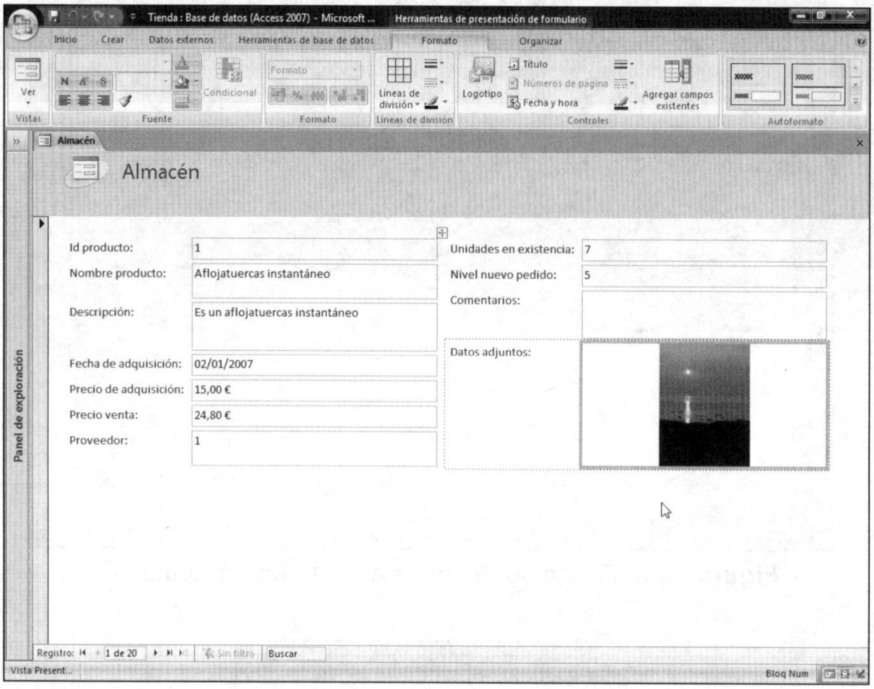

Figura 14.10. La imagen en la tabla.

1 En una tabla de personal, además de la foto, se puede incluir el Curriculum Vitae en formato Word.

2. En una tabla de proyectos, se puede incluir un campo para almacenar los presupuestos enviados a los clientes y otro para la factura una vez terminada.

3. En una tabla de viajes de empresa, se puede incluir un campo con la hoja de gastos del viaje.

4. En una base de datos de conferencias, el conferenciante puede incluir la presentación en PowerPoint, de manera que si la repite en el futuro, tenga claro su acceso.

Son sólo tres ejemplos para ver que es posible meter en este tipo de campo hojas de cálculo de Excel, documento de Word e, incluso, presentaciones de PowerPoint.

Insertar objetos independientes

Además de introducir documentos y objetos en los campos de una tabla (objetos a los que hemos llamado dependientes), es posible incrustar objetos en formularios e informes que no se almacenen en campos de una tabla. A estos objetos los hemos llamado *independientes*. Como no dependen de ningún campo, no es posible incrustarlos o vincularlos en tablas, por lo que hay que hacerlo en los formularios o informes.

Los objetos independientes se caracterizan (en general) por no estar relacionados con un registro concreto de una tabla de la base de datos. Un ejemplo típico de objeto independiente es la imagen del logotipo de la empresa, que no tiene ninguna relación directa con ningún campo.

La siguiente secuencia de pasos muestra el procedimiento que hay que usar para incrustar o vincular un objeto independiente en un formulario (en un informe sería igual).

1. En la vista Diseño del formulario, seleccione el botón Marco de objeto independiente de la Cinta de opciones cuadro de herramientas.
2. Haga clic en la posición en la que desea situar el nuevo control para que Access muestre el cuadro de diálogo para insertar objetos.
3. Seleccione la opción Crear desde archivo y haga clic en **Examinar** para abrir el cuadro de diálogo del mismo nombre.
4. Seleccione el archivo que desea incrustar o vincular en el formulario y haga clic en **Aceptar**.
5. Active la casilla Vincular si desea vincular el archivo. Si no la activa, el objeto se incrustará. Haga clic en el botón **Aceptar**.
6. Una vez el nuevo control en el formulario, modifique su posición y tamaño hasta que esté contento con el resultado final.

Por ejemplo, la figura 14.11 muestra la vista Diseño del formulario de la figura 14.10 al que le hemos añadido un marco de objeto independiente con la imagen Tucán de la carpeta de imágenes de muestra de Windows Vista.

Observe que, a pesar de estar en la hoja de diseño del formulario, Access muestra el objeto (en este caso, la imagen) y no solamente su marco, como ocurre con el marco de objeto dependiente. Esto es así porque, al ser un objeto independiente, la imagen es la misma para todos los registros. Si ahora pasa a la vista Formulario, verá que cada registro tiene su dato adjunto propio (y distinto de los demás) y el objeto independiente que es común.

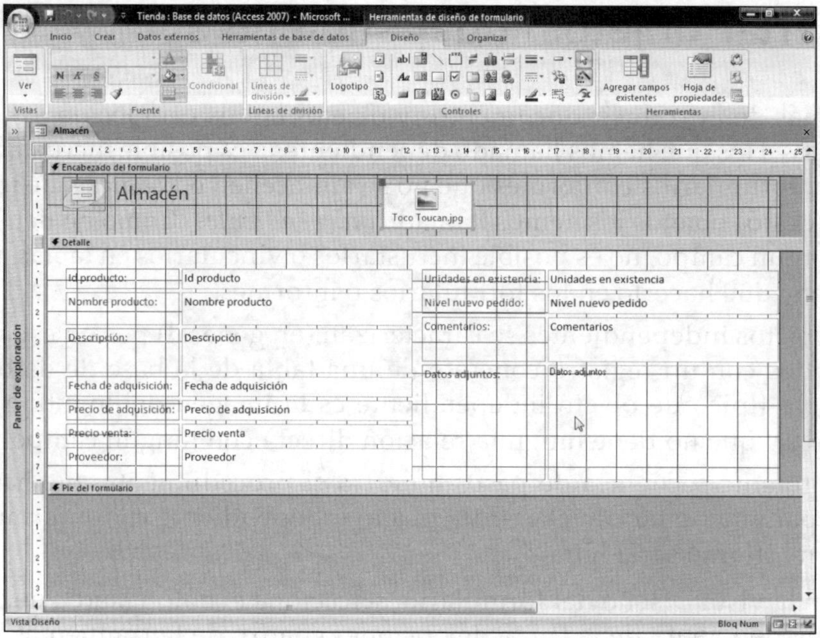

Figura 14.11. Un marco de objeto independiente.

Resumen

Los formularios creados mediante los asistentes suelen estar formados, casi en exclusiva por cuadros de texto (que representan los campos) y por etiquetas (que representan los títulos de dichos campos). Sin embargo, en los formularios se pueden usar muchos otros tipos de controles. Estos controles son los mismos que se encontrará en las aplicaciones de Windows: cuadros de lista, cuadros combinados (también llamados cuadros de lista desplegables), botones de opción, casillas de verificación, botones de alternar, grupos de opciones y botones de comandos.

Dependiendo del tipo de dato que se quiera representar, se debe usar un tipo u otro de control. Sin embargo, el modo de crearlos y modificarlos es siempre el mismo: seleccionar el tipo de control, seleccionar el campo del que depende y hacer clic. Access, al estar diseñado para trabajar en Windows, permite compartir información con otras aplicaciones de Windows, bien copiando y pegando (mediante el Portapapeles) o incluyendo objetos creados con otras aplicaciones. Estos documentos creados con otras aplicaciones pueden incluirse en los campos de las tablas o simplemente usarlos como adornos en los formularios e informes.

Capítulo 15

Consultas de varias tablas

En este capítulo aprenderá:

- A crear consultas de varias tablas.
- A sacar partido a las relaciones de Access en las consultas.
- El concepto de combinación en las consultas.
- A añadir y eliminar tablas en las consultas.
- A crear una consulta basada en otra consulta y no en una tabla.
- A definir el tipo de combinación en las consultas.

Usar varias tablas en una consulta

En los capítulos anteriores, hemos analizado la mayoría de las herramientas que Access proporciona para trabajar en las bases de datos. En todas ellas, hemos empleado básicamente información de una única tabla (excepto en los formularios que automáticamente Access ha creado con datos de más de una tabla). En el caso concreto de las consultas, hemos creado consultas complejas, pero basadas en una tabla.

En este capítulo vamos a dar el gran salto: crear consultas de varias tablas. Es el momento de ver la verdadera potencia de Access y sus relaciones.

Comenzaremos con algo muy común. Un cliente realiza un pedido a nuestro negocio de dos cajas de aflojatuercas y un espelechador de pollos. Ante esta situación, nosotros llevamos a cabo el siguiente proceso:

1. Consultamos la lista de precios (que obtuvimos mediante una consulta en el capítulo 12) y localizamos el precio de estos dos útiles productos.
2. Consultamos otra lista que poseemos de clientes y, tras localizar al cliente por sus apellidos o por el código, apuntamos parte de sus datos (en concreto, su nombre, apellidos y su dirección completa).
3. Con esta información, rellenamos la factura para el cliente. Para ello, es necesario multiplicar el precio (sin IVA) de los aflojatuercas por dos (ha comprado dos), sumarle el precio del espelechador y, al total, calcularle el precio con el IVA.
4. Una vez realizados los tres pasos anteriores, rellenamos la factura y se la pasamos a la persona encargada de los repartos para que efectúe la entrega.
5. Finalmente, encendemos el ordenador, abrimos la base de datos Tienda, abrimos la tabla Almacén, buscamos el registro correspondiente a los aflojatuercas y reducimos las existencias en dos. También buscamos el registro de los espelechadores y reducimos las existencias en una unidad.

Esta forma de actuar, aunque válida, exige un gran esfuerzo (y mucho tiempo) por nuestra parte.

Si intentamos construir una consulta que nos "alivie" el trabajo que produce el pedido de un cliente, nos encontraremos con que necesitamos, de alguna manera, poder conectar los datos del cliente (nombre, dirección, etcétera), con los de los artículos que ha adquirido (precio, descripción, código, etcétera). Como puede haber imaginado, la forma de conectar estos datos es por medio de una relación entre tablas.

En el capítulo dedicado a las relaciones, relacionamos las tres tablas usadas a lo largo del libro: Clientes, Almacén y Pedidos. Pues bien, en el ejemplo que hemos visto, hemos usado datos de estas tres tablas (aunque sin saberlo):

- De la tabla Pedidos, hemos extraído la información sobre el pedido de nuestro cliente: artículos y cantidad de cada uno de los artículos que nos ha solicitado.
- De la tabla Clientes, hemos obtenido los datos del cliente.
- De la tabla Almacén, hemos obtenido la descripción, el precio y el número de unidades de cada artículo.

Crear consultas con varias tablas

La forma de crear consultas de varias tablas es similar a la usada para crear consultas de una única tabla. La diferencia estriba en que en el primer cuadro de diálogo del asistente hay que seleccionar campos de dos o más tablas. Por tanto, la creación en sí de la consulta no conlleva ningún procedimiento que no conozcamos.

Vamos a ver un ejemplo. Nuestro objetivo es obtener información sobre cada una de las ventas realizadas en nuestra tienda. En concreto, queremos saber el código y los apellidos del cliente, además del código del pedido y la fecha de la venta.

Como ya sabemos, la información sobre el código y los apellidos del cliente se encuentra en la tabla Clientes, mientras que la fecha de la venta y el código del pedido están en la tabla Pedidos. Por tanto, necesitamos información de ambas tablas. El modo general de hacerlo es:

1. Haga clic en la ficha Crear de la Cinta de opciones.
2. Haga clic en el botón **Asistente para consultas** de la sección Otros para abrir el primer cuadro de diálogo del asistente.
3. Seleccione Asistente para consultas sencillas y haga clic sobre el botón **Aceptar**.
4. Seleccione la primera tabla en el cuadro Tablas/Consultas y haga doble clic en los campos de dicha tabla que desee añadir a la consulta.

5. Repita el paso anterior tantas veces como tablas quiera usar en la consulta.
6. Termine de crear la consulta con el Asistente.
7. Añada a la cuadrícula QBE los campos y las condiciones necesarias.

En realidad, todo esto ya lo conocemos de capítulos anteriores. Pruebe ahora a crear una nueva consulta basada en los campos Código de pedido y Fecha de venta de la tabla Pedidos y en los campos Código de cliente y Apellidos de la tabla Clientes. Guárdela con el nombre **Consulta varias tablas**. Puede ver la ventana de diseño de la nueva consulta en la figura 15.1.

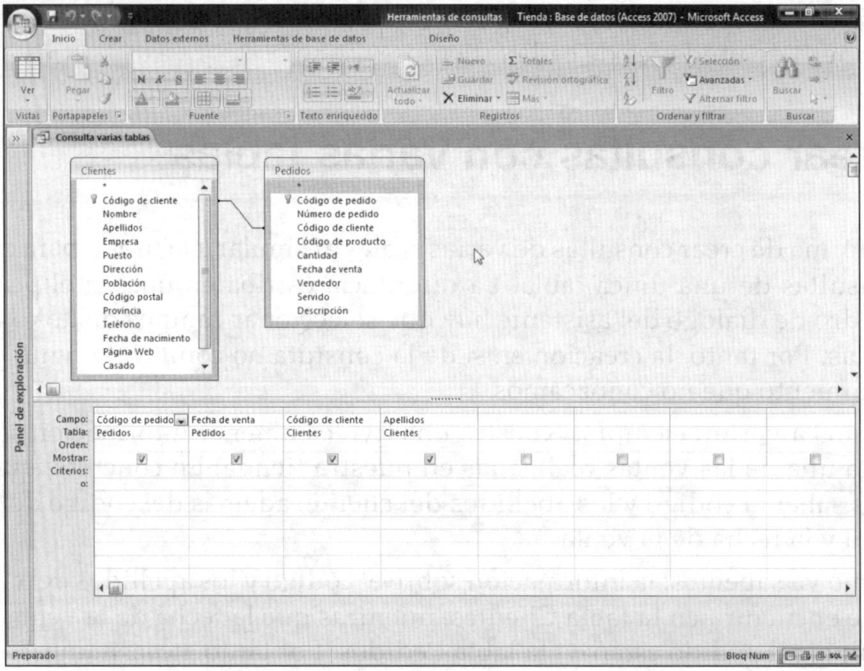

Figura 15.1. Consulta de varias tablas obtenida con el asistente.

Combinar tablas en las consultas

Si observamos la figura 15.1, veremos que hay una línea que une las dos listas de campos de nuestra consulta de ejemplo. Si recuerda las relaciones entre tablas que creamos, se dará cuenta de que dicha línea une los campos de las dos tablas que están relacionadas entre sí.

Estas líneas indican que las tablas están "combinadas" por un campo determinado. Las combinaciones entre listas de campos tienen gran importancia en las consultas, ya que representan una condición en sí. Al ejecutar una consulta que está formada por tablas combinadas entre sí, sólo aparecen los registros que tengan iguales los campos por los que se realiza la combinación. Veamos esto en nuestro ejemplo.

En la cuadrícula QBE de la consulta, hay cuatro campos, dos de cada una de las tablas. Aunque no hay ninguna condición en la cuadrícula QBE, al ejecutar la consulta sólo aparecen en la hoja de datos aquellos clientes que hayan efectuado algún pedido (figura 15.2).

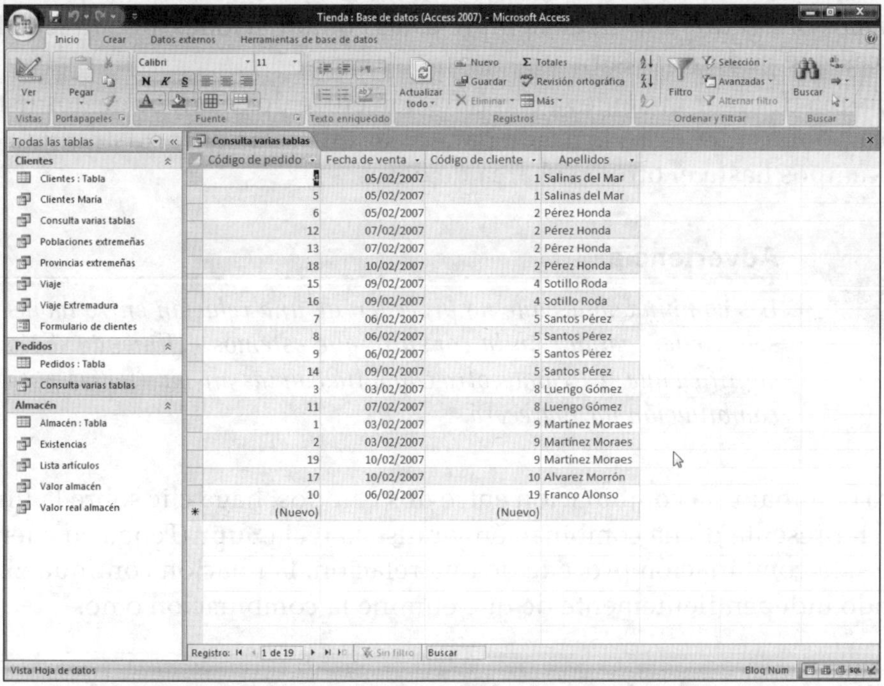

Figura 15.2. Hoja de datos tras ejecutar la consulta.

En resumen, en nuestro ejemplo anterior, Access considera implícita la condición **[Pedidos]![Código de cliente] = [Clientes]![Código de cliente]**. Del mismo modo, siempre considerará implícita esta condición entre los distintos campos de la combinación.

Por esto, no es lo mismo crear una consulta con datos procedentes de dos tablas que crear dos consultas cada una de ellas con datos de una tabla.

Nota:

Pruebe a crear ahora una consulta que muestre los campos Código de cliente y Apellidos de la tabla Clientes. Cree otra con los campos Código de pedido y Fecha de venta de la tabla Pedidos. Ejecútelas y observe que hay más datos que los mostrados en la figura 15.2.

Crear y eliminar combinaciones en las consultas

Si las tablas utilizadas en una consulta están relacionadas entre sí, aparece una combinación en la consulta automáticamente. Esto no implica que estemos obligados a utilizar siempre estas combinaciones, ni que sean las únicas que podamos usar.

La forma de crear una nueva combinación entre dos campos de dos listas de campos es idéntica a la usada para crear una relación: arrastrar uno de los campos hasta el otro en el área de datos.

Advertencia:

Las combinaciones que no proceden de una relación entre tablas sólo tienen validez en la consulta que estemos definiendo. Esto significa que si creamos otra consulta con las mismas tablas, esta combinación no aparecerá.

Para eliminar una combinación entre dos campos, haga clic sobre la línea que representa dicha combinación y pulse la tecla **Supr**. Tenga en cuenta que si la combinación procede de una relación, la relación continúa existiendo independientemente de que elimine la combinación o no.

Añadir y eliminar tablas de una consulta

En la parte superior de la ventana de diseño de las consultas, se muestran las listas de campos de las tablas en las que se basa la consulta. En cualquier momento puede añadir una tabla a una consulta. Los siguientes pasos muestran cómo hacerlo.

1. En la vista Diseño de la consulta, haga clic en el botón **Mostrar tabla** de la sección Configuración de consultas. Aparece el cuadro de diálo-

go **Mostrar tabla** encima de la ventana de diseño de la consulta. Este cuadro es idéntico al visto en las relaciones.

2. Haga doble clic en cada una de las tablas que quiera añadir a la consulta.
3. Haga clic en el botón **Cerrar** cuando termine.

Añada ahora la tabla Almacén a la nueva consulta. Observe que junto a las listas de campos de las tablas Pedido y Clientes, aparece la lista de campos de nueva tabla y que aparece una nueva combinación entre las tablas Pedidos y Almacén (figura 15.3).

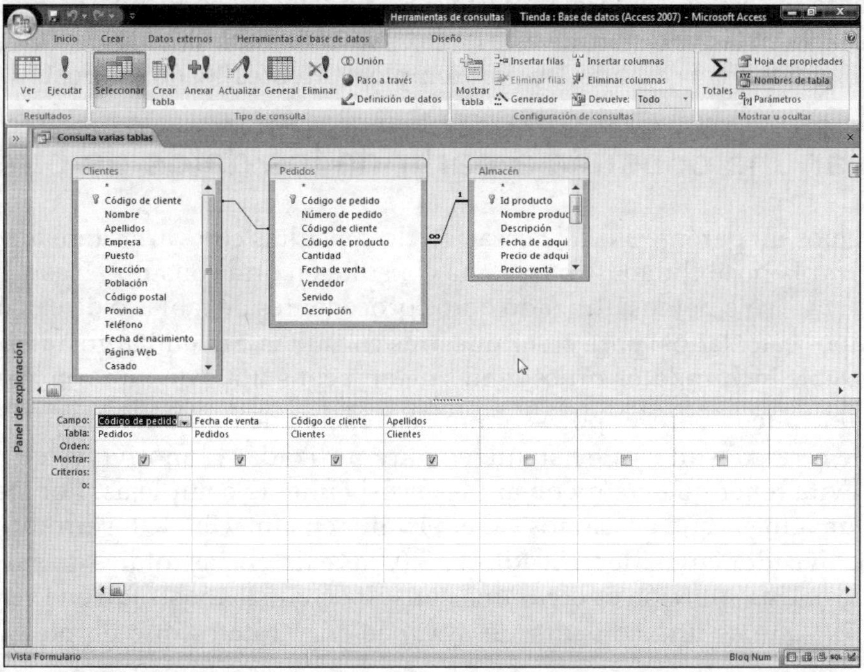

Figura 15.3. La consulta con tres tablas y sus combinaciones.

Si desea eliminar una tabla de la consulta, selecciónela haciendo clic en la barra del título de su lista de campos y pulse **Supr**. El resultado es instantáneo: Access elimina de la zona de datos la tabla en cuestión.

Una vez que ha añadido una tabla a una consulta, lo normal es que desee añadir campos de dicha tabla a la cuadrícula QBE. La forma de añadir los campos a la cuadrícula QBE es exactamente igual que la utilizada para añadir esos mismos campos cuando se usaba una tabla: hacer doble clic sobre el campo en cuestión.

Nota:

Asegúrese de que tiene activa la opción Nombres de tabla *de la sección* Mostrar u ocultar *de la Cinta de opciones. De esta forma, aparecerá la fila* Tabla *en la cuadrícula QBE y siempre sabrá a qué tabla pertenece cada campo de la cuadrícula.*

El único problema que puede encontrar al usar campos de varias tablas es que necesite usar en un campo calculado el nombre de un campo que aparece en más de una tabla de la consulta (por ejemplo, el campo Código postal tanto en clientes como en proveedores). En estos casos, incluya el nombre de la tabla en la expresión, de este modo: **[*Nombre_tabla*]![*Nombre_campo*]**, como vimos en el capítulo 10; por ejemplo, **[Clientes]![Código postal]**.

Crear una consulta a partir de los datos de otra

Hacemos un paréntesis en la creación de consultas con varias tablas para analizar la posibilidad de basar una consulta en otra consulta. Hasta este momento, sólo hemos utilizado datos procedentes de tablas o de cálculos (campos calculados) para crear nuestras consultas. Sin embargo, también es posible incluir datos procedentes de otra consulta o de un formulario.

Aunque pueda parecer poco común, la creación de una consulta partiendo de otra consulta ya existente es muy utilizada. El motivo es que su uso evita tener que crear consultas excesivamente complejas. Por ejemplo, imagínese que deseamos saber el valor en almacén de los productos del proveedor cuyo identificador es 3 (y las existencias totales de sus artículos). Una solución es crear una consulta como la mostrada en la figura 15.4, que es una consulta de agrupación y totales que emplea una expresión.

La consulta de la figura 15.5 nos proporciona el mismo resultado, pero es más sencilla. El "truco" consiste en aprovechar la información resultante de otra consulta creada con anterioridad (Valor almacén) como base para una consulta nueva. Veamos cómo se haría:

1. Cree una nueva consulta usando el asistente y seleccione la consulta Valor almacén en la lista Tablas/Consultas para indicar que va a basar la nueva consulta en dicha consulta.
2. En la ventana de diseño de la nueva consulta, sólo tiene que indicar la condición de que pertenezcan al proveedor cuyo Proveedor es 2.

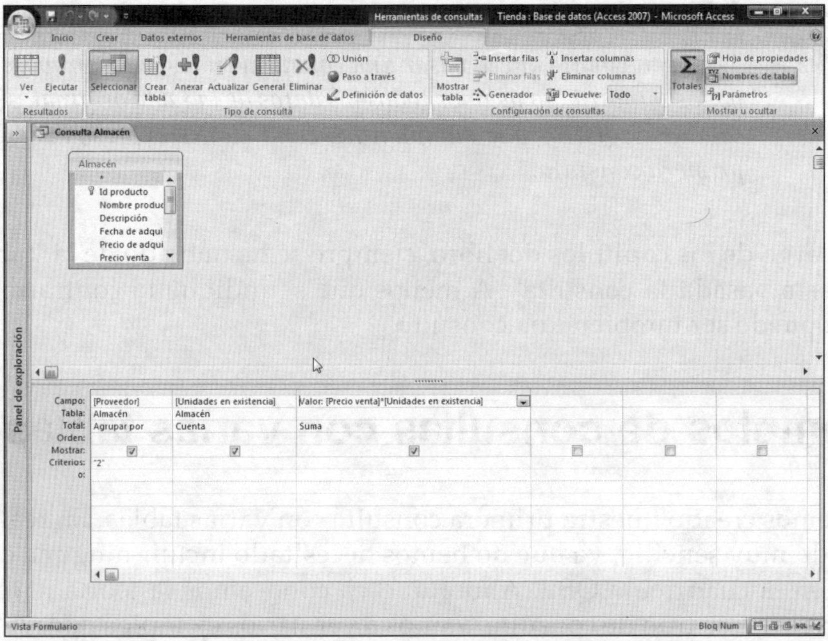

Figura 15.4. Consulta creada directamente desde las tablas.

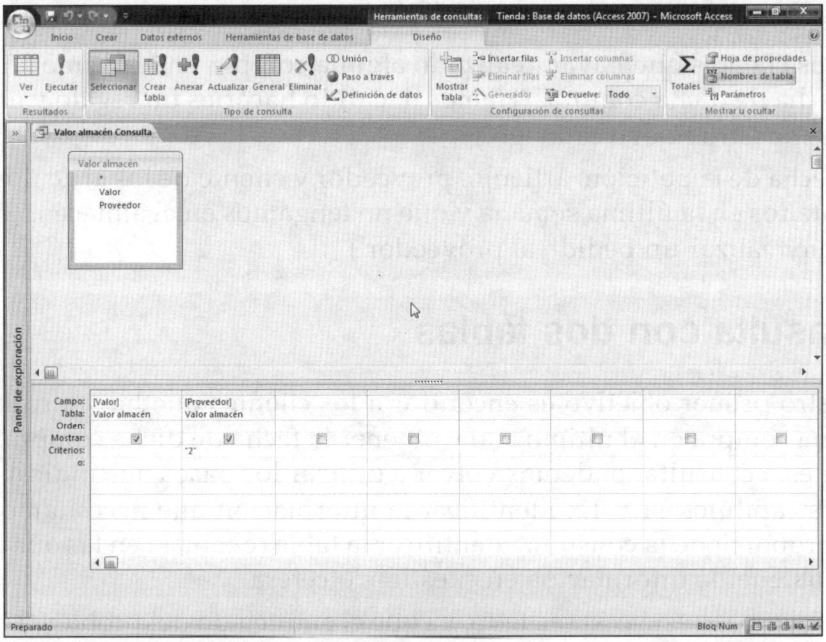

Figura 15.5. Ejemplo de consulta basada en otra consulta.

Advertencia:

Tenga en cuenta que al basar una consulta en los datos proporcionados por otra, no usamos todos los datos de la tabla original, sino sólo los registros que cumplan las condiciones expresadas en la primera consulta.

A lo largo de los capítulos del libro, siempre se ha hablado de la "tabla en que está basada la consulta". A menos que se indique lo contrario, esta tabla puede ser también una consulta.

Ejemplos de consultas con varias tablas

Ya hemos creado nuestra primera consulta con varias tablas. En realidad, ha sido muy sencillo, ya que no hemos necesitado incluir ninguna condición en la cuadrícula QBE. Ahora que ya conocemos la teoría necesaria para crear este tipo de consulta, vamos a ver varios ejemplos que nos ayuden a clarificar los conceptos.

Supongamos que necesitamos crear dos consultas que nos proporcionen la siguiente información:

- Los clientes que hayan realizado alguna compra en el último año y la fecha de dicha compra. (Hemos decidido hacerles un regalo y enviarles nuestro nuevo catálogo.)
- Fecha de la petición, artículo, proveedor y cliente de los artículos solicitados en la última semana y que no tengamos en el almacén. (Habrá que realizar un pedido al proveedor.)

Consulta con dos tablas

Nuestro primer objetivo es encontrar a los clientes que hayan realizado alguna compra en el último año y obtener la fecha de dicha compra. Para crear esta consulta, podemos volver a utilizar los pasos que indicábamos en los capítulos 11 y 12: identificar la información que necesitamos que nos proporcione la consulta, identificar la tabla (o tablas) en las que podemos obtener la información en cuestión, etcétera.

El primer paso está casi resuelto, ya que el enunciado del problema indica que deseamos obtener el cliente (suponemos que queda identificado por su código de cliente y sus apellidos) y la fecha de su última compra. Todos los datos del cliente los tenemos en la tabla Clientes, y disponemos de la fecha de la compra en la tabla Pedidos. Por tanto, ya sabemos que necesitamos las tablas Clientes y Pedidos.

El tercer paso consiste en identificar los campos que necesitamos de cada tabla. No es difícil deducir que estos campos son Código de cliente y Apellidos de la tabla Clientes y el campo Fecha de venta de la tabla Pedidos.

Por tanto, ya estamos preparados para comenzar el diseño de nuestra consulta. En este caso, no vamos a usar el asistente, sino que vamos a crear la consulta desde cero:

1. Haga clic en la ficha Crear de la Cinta de opciones.
2. Haga clic en el botón Diseño de consulta de la sección Otros. Aparecerá la vista Diseño vacía y el cuadro Mostrar tabla en primer plano.
3. Añada las tablas Clientes y Pedidos y haga clic en el botón **Cerrar**.

Por supuesto, puede usar este método siempre que lo desee, incluso si la consulta está formada por una única tabla. La diferencia con el uso del Asistente es que, en este caso, no tendrá ningún campo en la cuadrícula QBE. Añada ahora los campos indicados anteriormente a la cuadrícula QBE.

Llegados a este punto, sólo queda incluir las condiciones necesarias en la cuadrícula QBE. Vamos a añadir la única condición necesaria para terminar la consulta: que el pedido se haya realizado en el último año. Para indicar que los pedidos se han realizado en el último año, vamos a utilizar una función, en concreto, la función Fecha ( ). Esta función devuelve la fecha del ordenador. Por tanto, la expresión

```
>Fecha()-365
```

selecciona los registros cuya fecha de compra esté dentro del último año (por supuesto, si el reloj del ordenador está correctamente ajustado).

En la figura 15.6 vemos cómo queda la consulta terminada. Ejecútela y observe que Access sólo muestra los apellidos de los clientes que hayan realizado algún pedido en el último año (aunque esa información no esté en la tabla Clientes) y que no ha sido necesario incluir ninguna condición más para que no aparezcan los clientes que han realizado una compra o un pedido en otra fecha cualquiera o que no han realizado ningún pedido. El motivo ya lo conocemos: la condición intrínseca **[Clientes.Código de cliente] = [Pedidos.Código de cliente]**. Guarde esta consulta con el nombre **Regalo** y ciérrela.

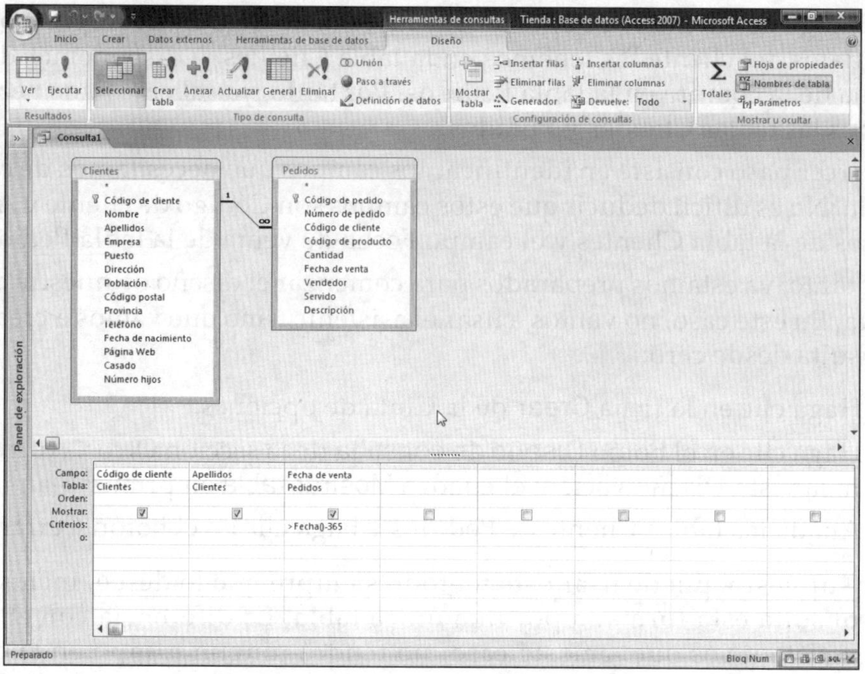

Figura 15.6. Consulta con dos tablas.

Consulta con tres tablas

Nuestro segundo ejemplo nos pide la fecha de pedido, el nombre del artículo, el identificador del proveedor y el cliente de los artículos que nos hayan pedido en la última semana y de los que no tengamos suficiente cantidad en el almacén.

La información que necesitamos es el nombre de los artículos que tenemos que pedir y el proveedor al que hay que pedírselos. Además, deseamos conocer el nombre y apellidos del cliente que ha efectuado el pedido para comunicarle (por teléfono) que va a tardar unos días. Por último, deseamos saber la fecha exacta en que se nos hizo el pedido.

Una vez identificada la información, podemos ya identificar las tablas en las que se encuentra esta información y, concretamente, en qué campos de dichas tablas. De la tabla Clientes, necesitamos los campos Nombre, Apellidos y Teléfono; de la tabla Pedidos, el campo Fecha de venta; y de la tabla Almacén, el Nombre producto y el Proveedor.

Cree una nueva consulta con estas tablas y estos campos mediante el asistente. Guárdela con el nombre **Urgencias**. Si observa la zona de datos, ahora hay tres listas de campos, con dos líneas de combinaciones entre las tablas. Esto provoca, como sabemos, dos condiciones implícitas: ***[Pedidos]![Código de cliente] = [Clientes]![Código de cliente]*** y ***[Pedidos]![Código de producto] = [Almacén]![Producto]***. Si ejecutamos la consulta en este momento (hágalo), aparecerán sólo los clientes que hayan efectuado algún pedido y sólo aquellos artículos que estén incluidos en algún pedido.

Vuelva a la vista Diseño de la consulta y añada las dos condiciones que necesitamos:

1. Que el pedido haya sido realizado en la última semana.
2. Que no haya existencias suficientes para servirlo.

La primera condición se especifica igual que en el ejemplo anterior; esto es, mediante la expresión **>Fecha()-7**. La segunda condición, sin embargo, es un poco más complicada. Necesitamos crear un campo calculado que reste a las existencias la cantidad pedida. De esta forma, si este campo calculado tiene un valor negativo, es que no habrá existencias suficientes.

Para ello, vamos a crear un campo calculado con el nombre **Suficientes**. La expresión que define a este campo, como hemos dicho, será:

```
[Almacén]![Unidades en existencia]-[Pedidos]![Cantidad]
```

Recuerde que el signo de cierre de exclamación de los operandos se utiliza para separar el nombre de la tabla del nombre del campo. Aquí no sería necesario, ya que no hay campos con el mismo nombre, pero usarlos siempre evita confusiones.

Una vez definido este campo, la condición se establece mediante la expresión **<0**. La figura 15.7 muestra cómo queda la consulta una vez terminada. Al ejecutarla, sólo aparecerán los datos de aquellos pedidos que no sea posible suministrar por falta de existencias.

Esta consulta es mucho más "completa" que la anterior, ya que muestra algunas de las características de las consultas que hemos tratado de forma teórica casi sin ver ningún ejemplo:

1. En el campo calculado, se utilizan dos campos que no aparecen en la cuadrícula QBE: el campo Unidades en existencia de la tabla Almacén, y el campo Cantidad de la tabla Pedidos.
2. El resultado de la consulta se puede clasificar por cualquiera de los campos, aunque no se haya usado para añadir condiciones a la consulta. En este ejemplo, lo hemos hecho por el campo Apellidos.

Guarde los cambios que hemos efectuado en esta consulta con el mismo nombre que tenía y ciérrela.

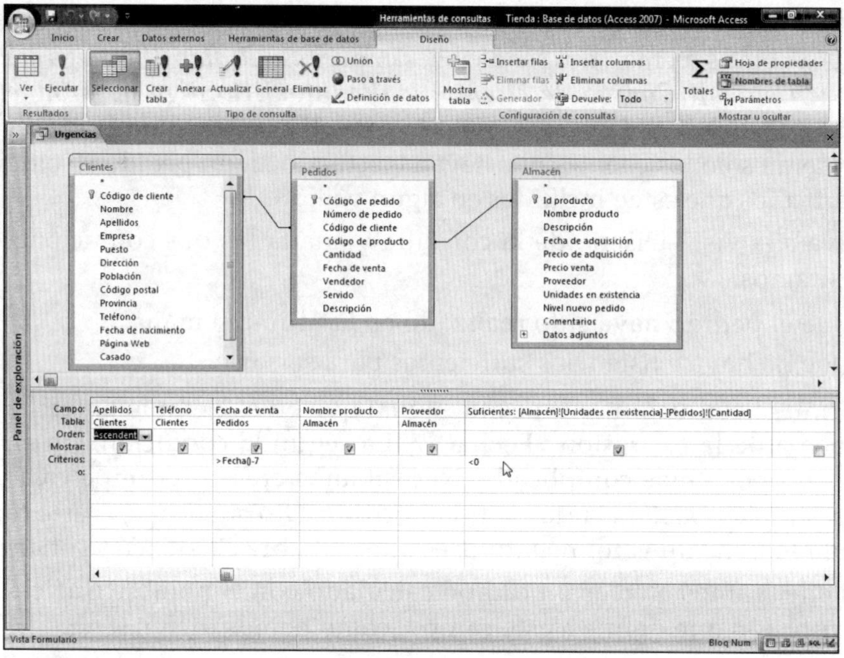

Figura 15.7. La consulta con tres tablas una vez terminada.

Otros tipos de combinaciones

En los apartados anteriores, hemos visto que las tablas que están relacionadas entre sí aparecen combinadas también en la ventana de diseño de la consulta. También hemos visto la manera de eliminar dicha combinación o de crear una combinación distinta de las preestablecidas por las relaciones.

Pues bien, todas las combinaciones que hemos presentado hasta ahora reciben el nombre de *combinaciones equivalentes*, pues incluyen la condición intrínseca de que los campos que se utilicen para la combinación sean "equivalentes", esto es, que posean el mismo valor en ambas tablas.

Sin embargo, no son los únicos tipos de combinaciones que se pueden utilizar en las consultas de Access, también existen las combinaciones externas y las auto-combinaciones.

Combinaciones externas

Las combinaciones externas se diferencian de las equivalentes en que, al ejecutar la consulta, aparecen todos los registros de una de las tablas (aunque no tengan valor equivalente en la otra tabla); de la otra tabla, sólo aparecen los registros en los que el campo de combinación coincide con el de la primera tabla. La forma de crear una unión de tipo externo es la siguiente:

1. Cree la combinación como siempre (arrastre el nombre del campo de combinación de una tabla a la otra).
2. Haga doble clic en la línea que representa la combinación para abrir el cuadro de diálogo Propiedades de la combinación.
3. Defina cómo desea que sea la combinación en el cuadro de diálogo Propiedades de la combinación (la opción 1 es una combinación equivalente, la 2 y la 3 son combinaciones externas). Las opciones 2 y 3 permiten definir la tabla de la cuál desea ver todos los registros.

Veamos un ejemplo. Imagine que nos interesa tener una lista de todos los clientes existentes en la tabla Clientes. Además de sus datos particulares (Apellidos, Código de cliente y Dirección), desea saber los pedidos que han efectuado desde que abrimos el negocio y la fecha en la que los realizaron.

La consulta que tenemos que crear para obtener esta información ha de utilizar los campos Código de cliente, Apellidos, Dirección (de la tabla Clientes), Código de pedido y Fecha de venta (de la tabla Pedidos).

Si creamos la consulta como hemos estado haciendo en los ejemplos anteriores, obtendremos algo parecido a la figura 15.8. Al ejecutar esta consulta, aparecerán sólo los datos de los clientes que hayan efectuado algún pedido desde que abrimos la tienda, pero puede ocurrir que haya alguno en la tabla Clientes que hayamos introducido y no haya realizado ningún pedido (o que realizara un pedido y luego lo cancelara).

Para este tipo de situaciones, se crearon las combinaciones externas. Vuelva a la ventana de diseño y haga doble clic en la línea de combinación existente entre las listas de campos Clientes y Pedidos. Aparecerá el cuadro de diálogo Propiedades de la combinación (figura 15.9) con las tres opciones que analizamos anteriormente.

Seleccione la opción Incluir TODOS los registros de 'Clientes' y sólo aquellos registros de 'Pedidos' donde los campos combinados sean iguales. Una vez activada esta opción, haga clic en **Aceptar**. Observe que la línea de unión es ahora una flecha. Ejecute de nuevo la consulta. En la hoja de datos podrá ver los datos de todos los clientes, incluidos los que no han efectuado ningún pedido (figura 15.10). Cierre la consulta y guárdela como **Combinación externa**.

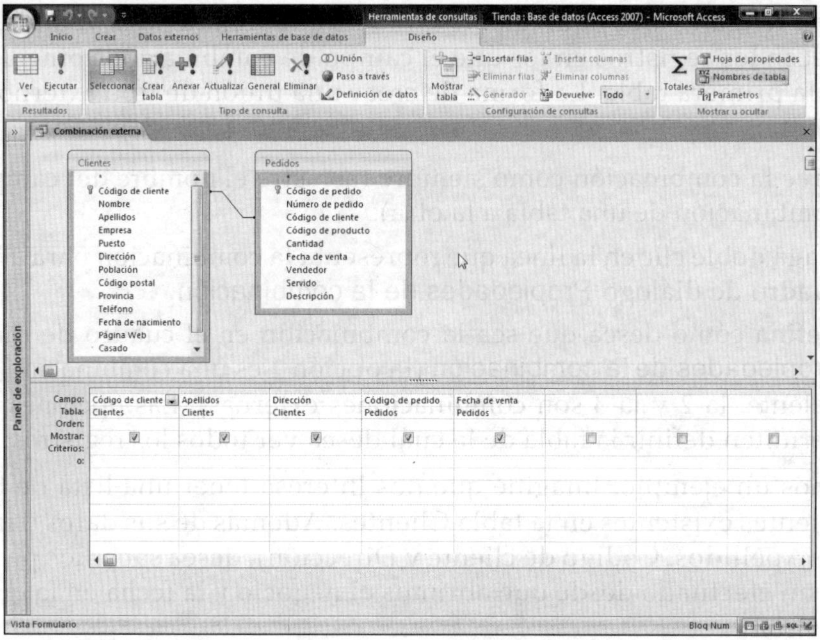

Figura 15.8. Consulta con una combinación equivalente.

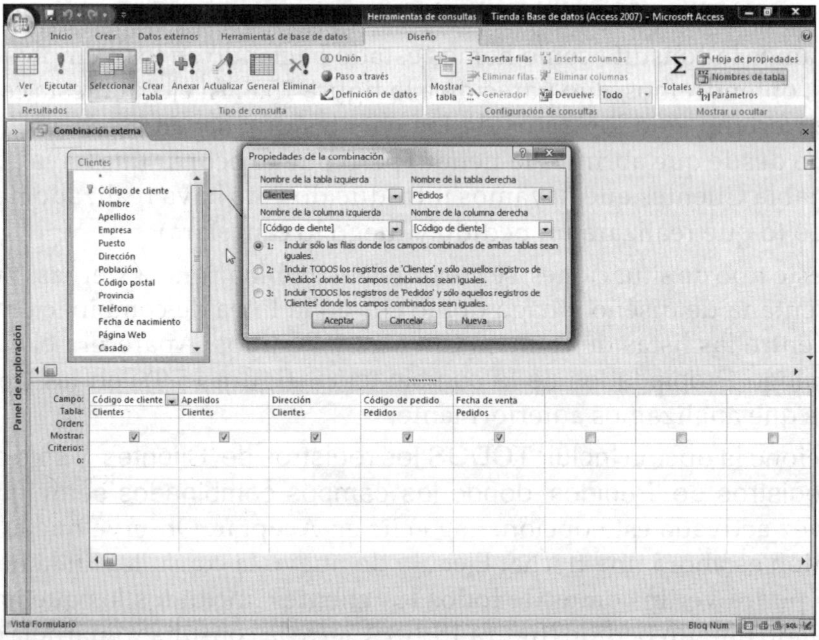

Figura 15.9. Cuadro de diálogo Propiedades de la combinación.

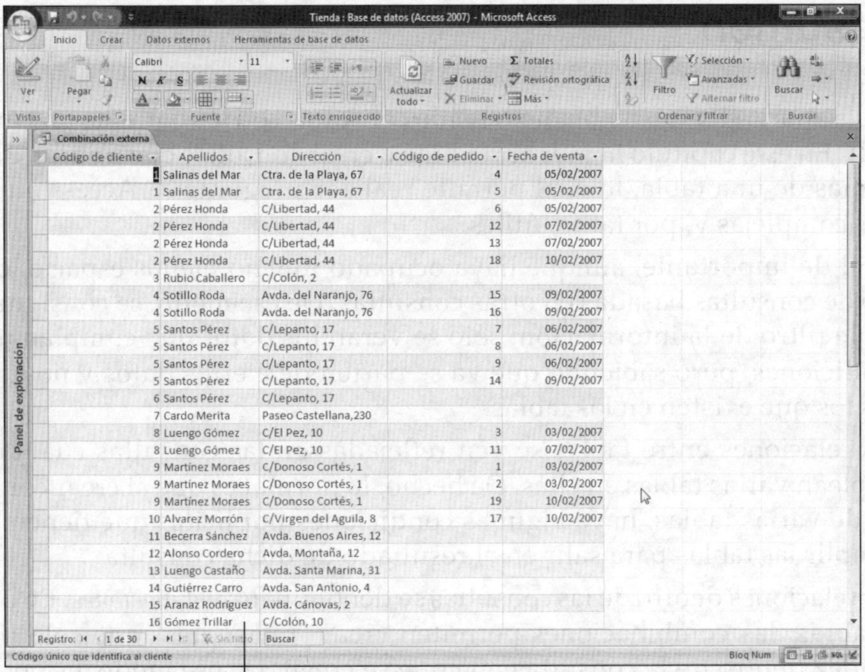

Este cliente no ha realizado ningún pedido

Figura 15.10. Resultado de ejecutar la consulta con una combinación externa.

Auto-combinaciones

Las auto-combinaciones reciben este nombre porque es una combinación entre dos campos de la misma tabla. La forma de crear la combinación es exactamente igual que si fueran dos tablas distintas: arrastrar un campo de una lista de campos a otro campo de la otra lista de campos.

Si bien es cierto que estas combinaciones no son muy comunes, es bueno saber que existen y cómo se crean, por si es necesario usarlas en alguna ocasión. El ejemplo típico se produce cuando en una tabla se encuentra un campo que define algún tipo de "dependencia" entre los distintos registros de la tabla. Por ejemplo, en una tabla con los empleados de una fábrica puede existir un campo llamado Jefe, el cual no es más que otro empleado que también se encuentra en dicha tabla.

Para crear una consulta de este tipo, añada dos veces la misma tabla a la consulta (mediante el cuadro de diálogo Mostrar tabla) y cree una combinación como cualquier otra combinación creada entre dos tablas distintas.

Resumen

Hasta ahora, siempre habíamos creado consultas con los datos de una única tabla. En este capítulo hemos aprendido a crear consultas que utilicen datos de más de una tabla, lo cual permite realizar preguntas a Access mucho más complejas y, por tanto, útiles.

Igual de importante, aunque haya ocupado mucho menos espacio, es el uso de consultas basadas en otras consultas. De ese modo, se consigue un doble filtro de la información: sólo se verán los datos que cumplan unas condiciones, pero sabiendo que ya se parten de ciertos datos y no de todos los que existen en las tablas.

Las relaciones entre tablas se ven reflejadas en las consultas cuando se emplean varias tablas en ellas. De hecho, lo normal es que al crear consultas de varias tablas, haya algunas condiciones implícitas que tienen que cumplir las tablas para salir en el resultado de dicha consulta.

Las relaciones dentro de las consultas se denominan *combinaciones*. En otras palabras, las combinaciones permiten crear "relaciones" que sólo tiene validez dentro de la consulta en la que se creen. De ese modo, es posible lograr enlazar los datos de dos tablas en una consulta, sin que eso afecte a ninguna otra consulta ni, por supuesto, a las relaciones de las tablas.

Capítulo 16

Otros tipos de consulta

En este capítulo aprenderá:

- Los otros tipos de consultas (además de las consultas de selección).
- A usar consultas para crear tablas nuevas.
- A usar consultas para borrar registros de las tablas.
- A crear consultas que permiten añadir registros a tablas.
- A crear consultas que permiten modificar datos de las tablas de manera automática.
- El concepto de consultas de parámetros.
- A crear y usar consultas de referencias cruzadas.
- A localizar datos repetidos mediante consultas.
- A localizar datos que pueden sobrar usando consultas.
- A acceder a la ventana SQL de las consultas.

Otros tipos de consulta

En el primer capítulo de consultas se comentó que existían varios tipos de consultas. Sin embargo, todas las que hemos utilizado hasta el momento pertenecen al conjunto de las *consultas de selección*. Este tipo de consultas posee dos características principales:

- No realiza ninguna operación sobre los datos reales de las tablas, sólo los muestra.
- Si se desea modificar cualquier condición de la consulta, hay que crear una nueva o modificar una existente.

Las consultas de selección son las más utilizadas, pero existen otros tipos de consultas que es conveniente que conozca.

Las consultas de acción

Frente a las consultas de selección, las consultas de acción pueden afectar al contenido de los datos reales de una tabla. Hay cuatro tipos de consultas de acción, dependiendo de la "acción" que se lleve a cabo: crear nuevas tablas, borrar registros, añadir registros o actualizar tablas.

Truco:

Antes de ejecutar una consulta de acción, haga clic en el botón ***Ver*** *de la Cinta de opciones para comprobar que el resultado es el deseado. Tenga en cuenta que si comete un error, puede modificar información que no podrá recuperar posteriormente.*

Las consultas de acción aparecen en la lista de la ventana de la base de datos precedidas por un signo de exclamación, aunque el icono varía de unas a otras. A continuación, vamos a ver cómo crear cada uno de los tipos de consultas de acción de que dispone Access.

Consultas para crear tablas

La hoja de datos de una consulta presenta una estructura similar a una tabla. Pues bien, las consultas de acción para crear tablas nos permiten guardar en forma de tabla el resultado de una consulta. Mediante estas consultas, Access crea una nueva tabla con los registros seleccionados mediante los criterios de la cuadrícula QBE y con los campos definidos en dicha cuadrícula. Algunos ejemplos de la utilidad de este tipo de consulta son:

- Realizar una copia de seguridad de los datos existentes en una tabla.
- Crear una tabla con los registros antiguos. Imagine que tras servir un pedido elimina los registros de dicho pedido. A menos que vaya creando tablas con los distintos registros antiguos, no será capaz de consultar la información relativa a un pedido ya servido. Este tipo de tabla suele recibir el nombre de *tabla histórica*.
- Conservar el resultado que se ha obtenido de una consulta en un momento determinado. De esta forma, podrá conocer cómo era la situación en dicho momento puntual (por ejemplo, al terminar un ejercicio económico).

Utilice los siguientes pasos para ejecutar una consulta de acción que cree una nueva tabla:

1. Cree la consulta que presente los datos con los que desea crear la tabla.
2. Haga clic en el botón **Ver** para comprobar en la hoja de datos que el resultado es el esperado.
3. Si el resultado es el esperado, vuelva a la vista Diseño de la consulta y siga con el siguiente paso. En caso contrario, corrija la consulta y vuelva al paso 2.
4. Haga clic en el botón **Crear tabla** de la sección Tipo de consulta de la Cinta de opciones.
5. En el cuadro de diálogo Crear tabla, teclee el nombre de la nueva tabla en el cuadro de texto Nombre de la tabla y haga clic en **Aceptar**.
6. Ejecute la consulta mediante botón **Ejecutar**. Access muestra un cuadro de aviso indicando la cantidad de registros (o filas) que contendrá la nueva tabla creada.
7. Haga clic en **Sí** para que Access cree la nueva tabla.

Advertencia:

Si en el cuadro de texto Nombre de la tabla *introduce o selecciona el nombre de una tabla ya existente, ésta será sustituida por la nueva, perdiendo sus datos y estructura original.*

Vamos a ver un ejemplo. Recuerde que en el capítulo anterior (figura 15.6) diseñamos una consulta para obtener los datos de todos los clientes que habían realizado algún pedido en el último año. Esta consulta la guardamos con el nombre **Regalo**. Utilice la secuencia de pasos anterior para guardar el resultado de esta consulta en una nueva tabla, llamada **Clientes año**.

Al terminar, cierre y guarde la consulta. En el Panel de exploración, la consulta aparece ahora con un signo de exclamación. Además, aparece también una nueva tabla llamada *Clientes año*. Ábrala y estudie los campos que contiene en su ventana de diseño.

La secuencia de pasos anterior crea una nueva tabla y la incluye en la base de datos que tengamos activa en el momento de su creación. Sin embargo, es posible crear la nueva tabla en otra base de datos. Para ello, cuando aparezca el cuadro de diálogo Crear tabla, active el botón de radio Otra base de datos y escriba el nombre de dicha base de datos en el cuadro de texto Nombre de archivo.

Consultas para borrar registros

Las consultas para borrar registros se utilizan para eliminar algunos de los registros de una de las tablas utilizadas en las consultas. De este modo, si decidimos eliminar los registros que cumplen un conjunto de condiciones, no será necesario borrarlos de uno en uno; este tipo de consultas realiza el proceso en un único paso.

Ha de tener en cuenta que si la consulta está basada en más de una tabla, será necesario incluir en la cuadrícula QBE todos los campos de aquella tabla de la que deseemos eliminar registros (recuerde que puede usar el asterisco existente en la lista de campos). Los siguientes pasos muestran cómo crear una consulta de este tipo:

1. Cree la consulta e incluya en la cuadrícula QBE los campos de la tabla de la que desee eliminar registros, los campos de otras tablas que necesite para establecer criterios y los criterios en sí. Si usa sólo una tabla, basta con utilizar los campos necesarios para establecer criterios.
2. Haga clic en el botón **Eliminar** de la sección Tipo de consulta de la Cinta de opciones. Access añade la fila Eliminar a la cuadrícula QBE.
3. Ejecute la consulta. Access muestra un cuadro de aviso indicando los registros (filas) que se eliminarán con la consulta.
4. Haga clic en **Sí** para terminar el proceso.

Observe que al ejecutar el paso 4 de la secuencia de pasos anterior, aparece la palabra "Desde" o "Dónde" debajo de cada campo de la cuadrícula

QBE. La primera (Desde) indica que el campo pertenece a la tabla en la que se eliminarán los registros; la segunda (Dónde), que este campo se puede usar para indicar alguna condición.

Advertencia:

Debido al principio de integridad referencial, casi nunca es posible borrar registros de la tabla principal de una relación del tipo 1-a-n, a menos que tenga activa la opción de eliminación en cascada en el cuadro Modificar relaciones.

Imagine que hemos decidido eliminar todos los pedidos que nos ha realizado el cliente Juan Martínez Moraes. Antes de nada, crearemos una consulta que nos muestre todos los pedidos de dicho cliente. Una vez que hayamos conseguido esta consulta y nos hayamos asegurado de que funciona correctamente, podemos seleccionar el botón **Eliminar** para convertirla en una consulta de eliminación de registros.

Observe en la figura 16.1 la consulta que hemos llamado **Eliminar pedidos**. Vemos que se ha usado el asterisco para añadir todos los campos de la tabla Pedidos (recuerde que si se usan varias tablas en la consulta, hay que añadir todos los campos de la tabla en la que se van a eliminar registros) y los campos Nombre y Apellidos de la tabla Clientes, para definir la condición.

Puede ver que en la columna del asterisco aparece el texto Desde (que indica la tabla en la que se van a borrar registros), mientras que en la columna de Nombre y Apellidos aparece el texto Dónde (que indica que este campo se usa para introducir condiciones y no para eliminar su contenido).

Ejecute la consulta si lo desea. Yo lo he hecho en mi ejemplo.

Consultas para añadir registros

Este tipo de consultas tiene la función de añadir el resultado de una consulta a una tabla ya existente en forma de nuevos registros. Esta tabla puede estar en la misma base de datos o en otra distinta. Al igual que ocurría con las consultas de creación de tablas, se utiliza la estructura de la hoja de datos de la consulta como base para realizar la adición de los nuevos registros.

El ejemplo más típico de su uso es el mantenimiento de las tablas históricas. Como ya indicamos, este tipo de tablas recoge el contenido de todos los registros que hayamos usado en una tabla determinada (incluidos los que ya se hayan borrado).

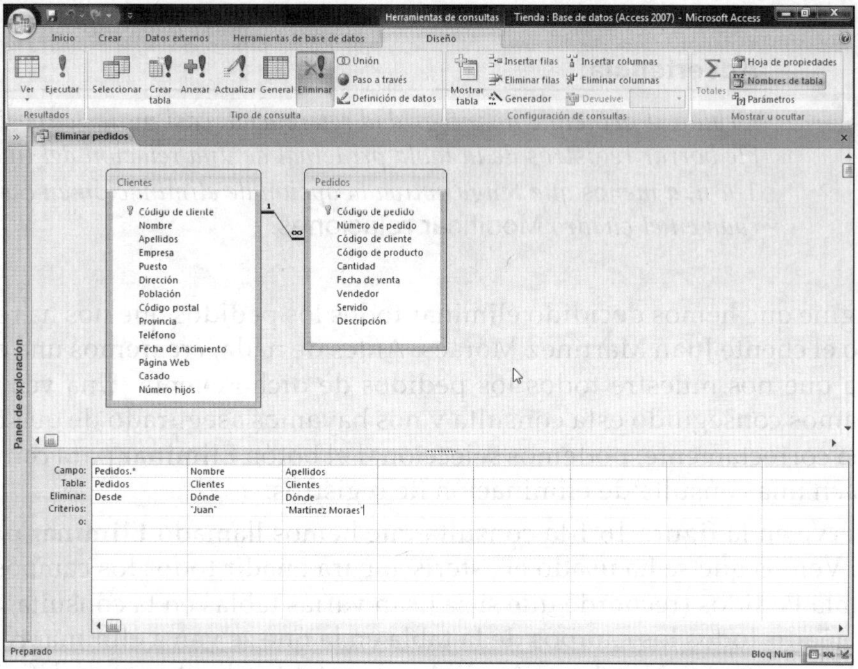

Figura 16.1. Ejemplo de consulta de eliminación.

Este tipo de consulta se puede utilizar incluso si no coinciden todos los campos de las tablas utilizadas; esto es, no es necesario que la estructura de la hoja de datos coincida exactamente con la estructura de la tabla destino. En este caso, Access rellena sólo los datos que coincidan e ignora el resto.

Al igual que en las consultas de eliminación de registros, es necesario incluir ciertos campos en la cuadrícula QBE en el momento de la creación de la consulta. Hay que tener en cuenta que si la tabla a la que vamos a añadir registros tiene un campo clave principal, este campo ha de aparecer en la cuadrícula QBE, o uno del mismo tipo de datos. Access no añadirá los registros que incumplan la unicidad de esta clave principal.

Los siguientes pasos muestran cómo crear una consulta para añadir registros a una tabla:

1. Cree la consulta basada en la tabla que va a aportar los nuevos registros. No olvide introducir en la cuadrícula QBE un campo equivalente al campo clave de la tabla destino.

2. Haga clic en el botón **Anexar** de la sección Tipo de consulta de la Cinta de opciones. Access muestra el cuadro Anexar, idéntico al cuadro de diálogo Crear tabla.
3. Seleccione la tabla destino en el cuadro Nombre de la tabla. Access añade la fila Anexar a.
4. Rellene la cuadrícula QBE con las condiciones y campos pertinentes.
5. Ejecute la consulta. Access muestra un cuadro de aviso indicando los registros (filas) que se añadirán a la tabla destino y los que no podrán añadirse.
6. Haga clic en **Sí** para terminar el proceso.

La fila Anexar a permite indicar a qué campo de la tabla destino (que es la tabla en la que se van a añadir los registros) corresponde cada campo de la tabla origen (la tabla de donde se obtienen los datos que se van a añadir). Si ambas tablas tienen campos con los mismos nombres, el nombre del campo de la tabla destino aparecerá automáticamente en la columna correspondiente a su homónimo de la tabla origen.

En el caso de que haya utilizado el asterisco para incluir en la cuadrícula QBE todos los campos de la tabla origen, Access añadirá los datos de los campos que tengan el mismo nombre en la tabla origen y en la destino, y desechará el resto.

Consultas de actualización

Ya sabemos que en la hoja de datos de una consulta se pueden modificar los datos que ésta presenta. Sin embargo, estas modificaciones se tienen que realizar una a una. Piense por ejemplo que desea incrementar un 10 por 100 el precio de los 1000 productos que tiene en almacén. Si utiliza para esta operación una consulta de selección y los modifica uno a uno en la hoja de datos de dicha consulta, el trabajo puede resultar insufrible. Éste puede ser un ejemplo de la utilidad de las consultas de actualización.

Los siguientes pasos muestran el procedimiento que hay que seguir para crear este tipo de consultas:

1. Cree la consulta como si se tratara de una consulta de selección.
2. Haga clic en el botón **Actualizar** de la sección Tipo de consulta de la Cinta de opciones. Access añade a la cuadrícula QBE la fila Actualizar a.
3. En esta fila, introduzca la expresión que desee que defina la actualización de los valores. Ha de hacerlo en la columna correspondiente al campo que desee modificar.

4. Ejecute la consulta. Access muestra un cuadro de aviso indicando cuántos registros (filas) se actualizarán y cuántos no podrán modificarse.
5. Haga clic en **Sí** para terminar el proceso.

La figura 16.2 muestra un ejemplo de este tipo de consulta. Esta consulta, que hemos llamado **Actualización precios**, se encarga de aumentar en un 10% los precios de nuestros artículos de almacén, pero sólo de los que procedan del proveedor con el código 2. Como ve, toda la consulta se basa en la expresión **=[Precio venta] * 1,1** situada en la casilla correspondiente a la fila Actualizar a y a la columna Precio venta.

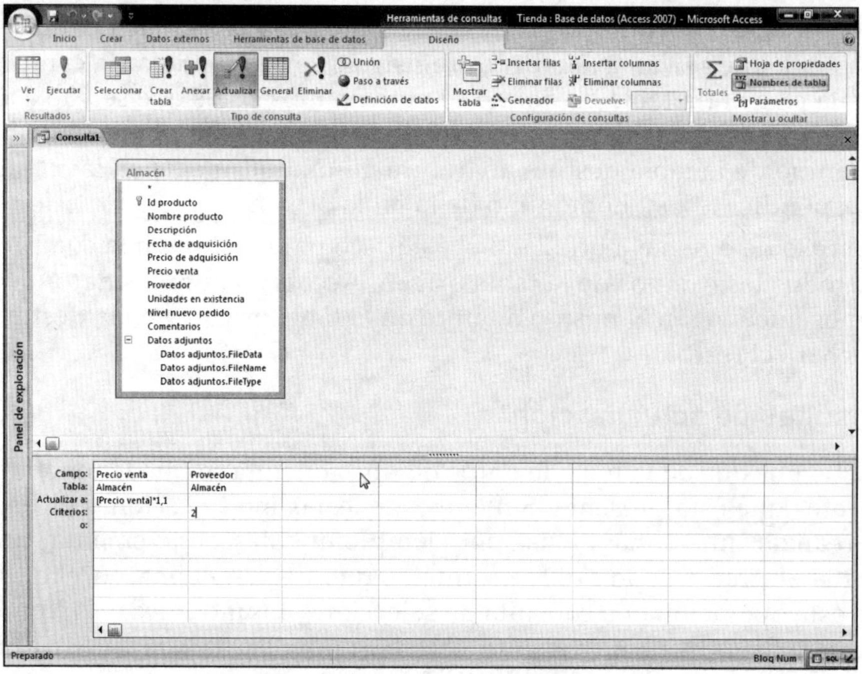

Figura 16.2. Ejemplo de una consulta de actualización.

Las consultas de parámetros

Cuando se utiliza a menudo la información de las tablas de una base de datos, hay ocasiones en las que tenemos que repetir la misma consulta, pero cambiando alguna de las condiciones expresadas en la cuadrícula QBE.

Las consultas de parámetros permiten modificar manualmente las condiciones en el momento de ejecutar la consulta. Un ejemplo puede ser una consulta que muestre nuestras ventas de objetos instantáneos por trimestre. En lugar de crear una consulta para cada trimestre, se puede crear una consulta de parámetros que pida el trimestre del que deseamos obtener la información.

Si se le ha indicado a Access 2007 que solicite algún dato de una condición mediante una consulta de parámetros, al ejecutar dicha consulta, el programa mostrará un cuadro de diálogo solicitando al usuario que introduzca dicho dato. Si deseamos que Access nos pida información sobre más de una condición, aparecerá un cuadro de diálogo diferente para cada uno de los criterios.

La figura 16.3 muestra un ejemplo de consulta de parámetros. Esta consulta muestra en pantalla los pedidos efectuados en un mes determinado del año. Si utilizáramos la expresión **Mes([Fecha de venta])=1** en el campo Fecha de venta de la tabla Pedidos, podríamos obtener los pedidos de enero. La función `Mes` devuelve el número del mes (del 1 al 12) del argumento que se introduzca entre paréntesis. Si deseáramos saber los pedidos de febrero, tendríamos que abrir de nuevo la ventana de diseño y sustituir 1 por 2.

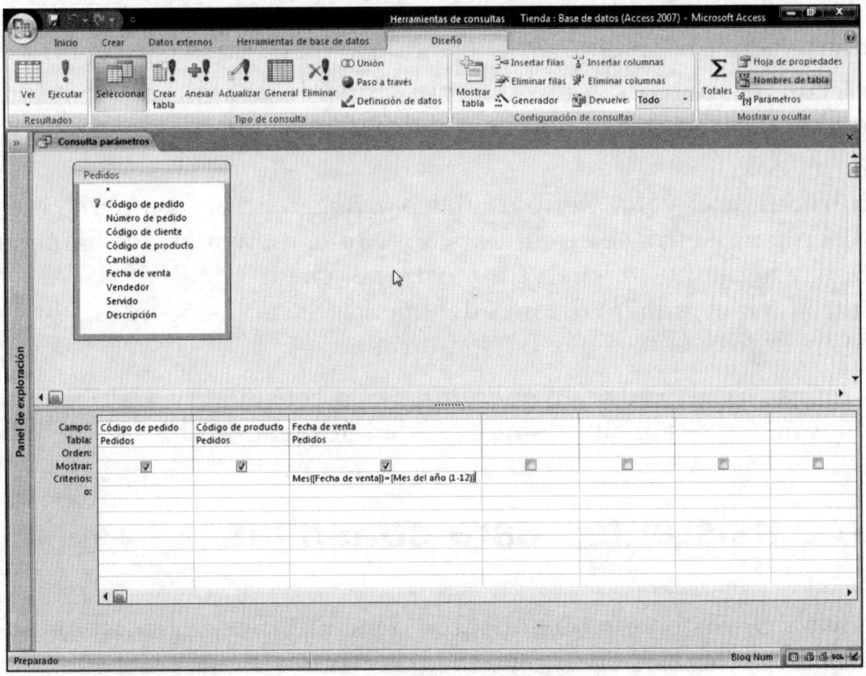

Figura 16.3. Ejemplo de consulta de parámetros.

Sin embargo, por medio de la consulta de la figura 16.3, vamos a preguntar al usuario el mes que desea usar y, dependiendo del valor que nos suministre, le proporcionaremos los pedidos de dicho mes.

Los siguientes pasos muestran el procedimiento que hay que seguir para crear este tipo de consultas:

1. Cree una consulta de selección como siempre. En el ejemplo, la hemos llamado ConsultaParámetros.
2. En la celda correspondiente a la fila Criterios y a la columna del campo en el que desea usar un parámetro, introduzca entre corchetes el texto que desee que Access muestre al ejecutar la consulta. En el ejemplo, Mes([Fecha de venta])=[Mes del año (1-12)].
3. Haga clic en el botón **Parámetros** de la sección Mostrar u ocultar de la Cinta de opciones.
4. En la primera celda de la columna Parámetro, introduzca el mismo texto que escribió en la cuadrícula QBE como parámetro. No hay que escribir los corchetes. Éste será el texto que aparecerá en el cuadro de diálogo al ejecutar la consulta y que permitirá al usuario conocer la información que debe introducir. Por ejemplo, teclee **Mes del año (1-12)**.
5. En la columna Tipo de datos de la misma fila, seleccione el tipo de dato del parámetro (Entero, en el ejemplo) y haga clic en **Aceptar**.
6. Ejecute la consulta como siempre y aparecerá un cuadro de diálogo llamado Introduzca el valor del parámetro pidiendo el valor del parámetro.
7. Introduzca el valor del parámetro y haga clic en **Aceptar**. Si es el único parámetro, se ejecuta la consulta con el valor del parámetro. Si hay alguno más, vuelve a mostrar el cuadro de diálogo. Así, tras introducir el número del mes del que desee ver los pedidos, obtendrá los pedidos del mes que haya indicado.

La ventaja es que, cada vez que utilice esta consulta, podrá obtener los pedidos de un mes distinto, sin necesidad de crear otra.

Otros asistentes para consultas

Además del asistente para consultas sencillas, tiene la posibilidad de utilizar otros tres asistentes para crear consultas. Si hace clic en el botón **Asistente para consultas** de la ficha Crear de la Cinta de opciones, aparece el cuadro de diálogo Nueva consulta, en el que aparecen estos tres asistentes.

En los siguientes apartados vamos a analizar los distintos Asistentes brevemente.

Consultas de referencias cruzadas

Las tablas de referencias cruzadas son tablas de selección. Como tales, se usan para obtener información sobre los datos existentes en una o varias tablas. La única diferencia entre estas tablas y las tablas de selección normales es la forma de presentar los datos resultantes de la consulta.

Para ver un ejemplo, partiremos de la figura 16.4, en la que se muestra el resultado de la consulta de la figura 16.5. Esta consulta muestra el valor de los pedidos realizados por los distintos clientes, agrupados tanto por código de cliente, como por número del pedido (como siempre, he modificado las propiedades de formato de la columna de precios, para mostrarlo en euros con dos decimales).

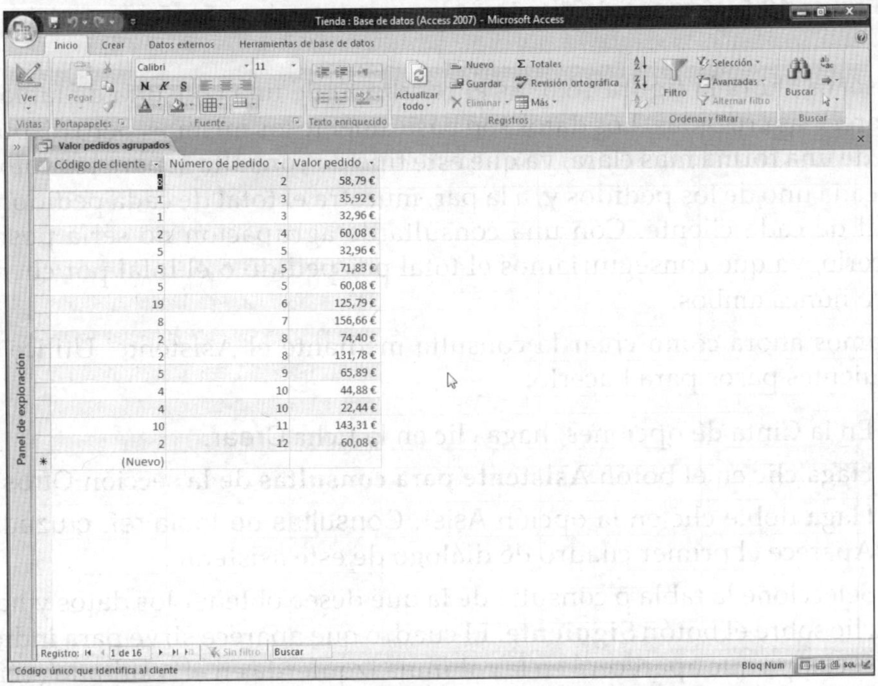

Figura 16.4. Resultado de la consulta de la figura 16.5.

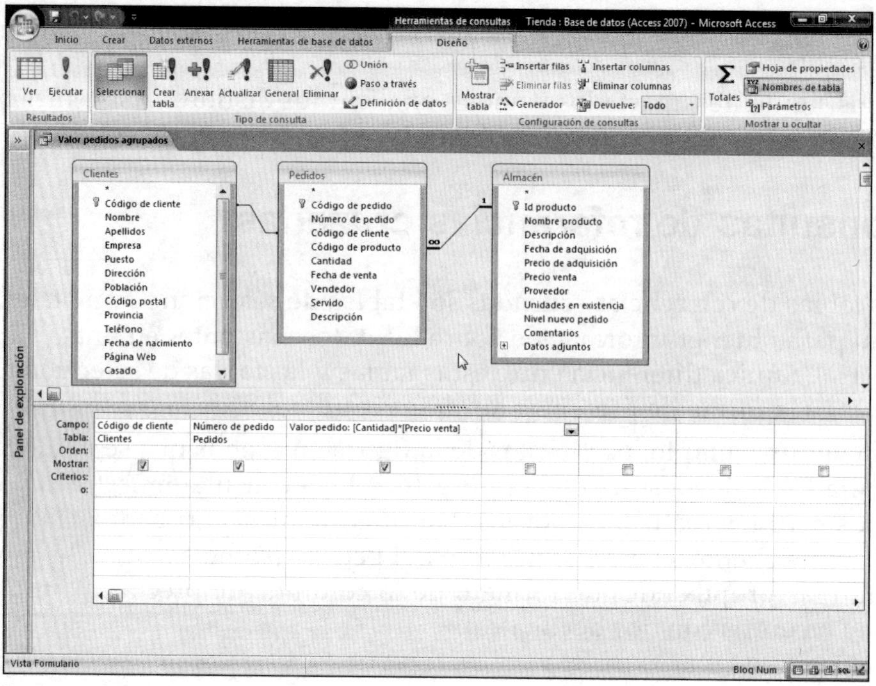

Figura 16.5. Ventana de diseño de una consulta de agrupación y totales.

Observe ahora la figura 16.6. Es el resultado de una consulta de tabla de referencias cruzadas. Los datos son básicamente los mismos, pero dispuestos de una forma más clara, ya que este tipo de consulta separa los valores de cada uno de los pedidos y, a la par, muestra el total de cada pedido y el total de cada cliente. Con una consulta de agrupación no sería posible hacerlo, ya que conseguiríamos el total por pedido o el total por cliente, pero nunca ambos.

Veamos ahora cómo crear la consulta mediante el Asistente. Utilice los siguientes pasos para hacerlo:

1. En la Cinta de opciones, haga clic en la ficha Crear.
2. Haga clic en el botón **Asistente para consultas** de la sección Otros.
3. Haga doble clic en la opción Asist. Consultas de tabla ref. cruzadas. Aparece el primer cuadro de diálogo de este asistente.
4. Seleccione la tabla o consulta de la que desee obtener los datos y haga clic sobre el botón **Siguiente**. El cuadro que aparece sirve para indicar el campo que aparecerá en la columna izquierda en el resultado (véase la figura 16.7).

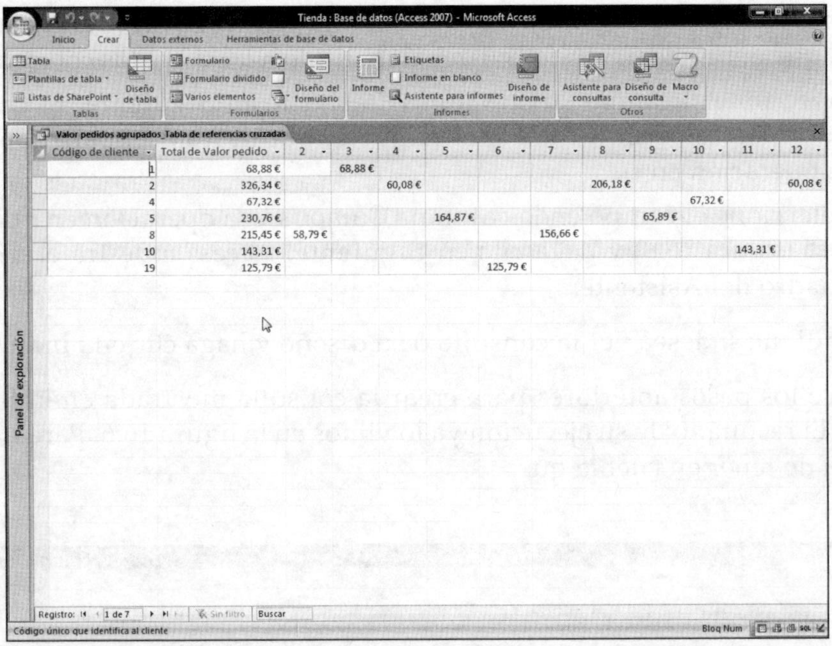

Figura 16.6. Resultado de una consulta de referencias cruzadas.

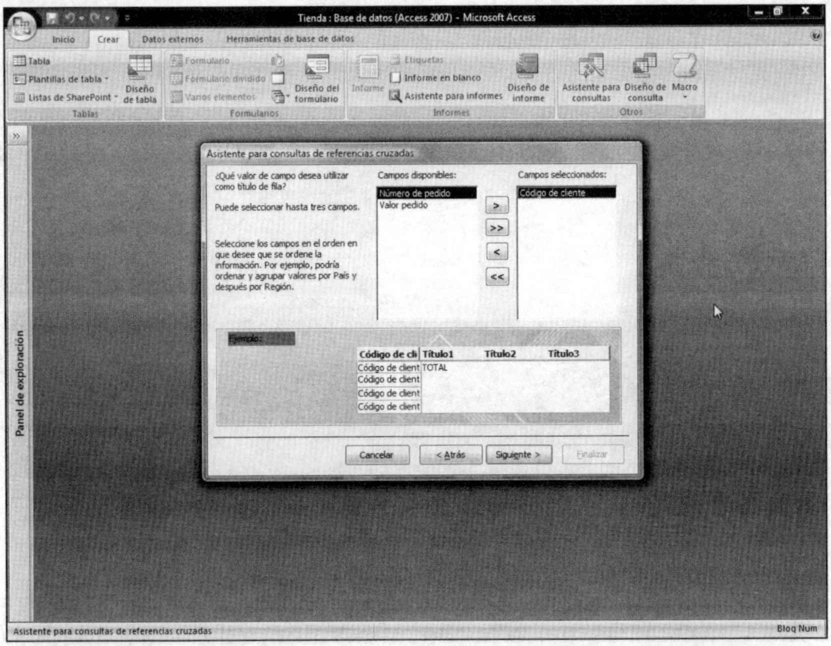

Figura 16.7. Asistente para consultas de referencias cruzadas.

5. Tras seleccionar el campo, haga clic en **Siguiente**. Aparece el cuadro en el que debe decidir el campo que dará título a las distintas columnas.
6. Seleccione el campo en cuestión y haga clic en **Siguiente**. El cuadro que aparece permite indicar el campo que se desea usar para operar y la operación en sí.
7. Seleccione el campo en la columna Campos y la operación en Funciones (figura 16.8) y haga clic en **Siguiente**. Access muestra el último cuadro del Asistente.
8. Indique si desea ver la consulta o su diseño y haga clic en **Finalizar**.

Utilice los pasos anteriores para crear la consulta mostrada en la figura 16.9. El resultado de su ejecución ya lo vimos en la figura 16.6. Para hacerlo, ha de tener en cuenta que:

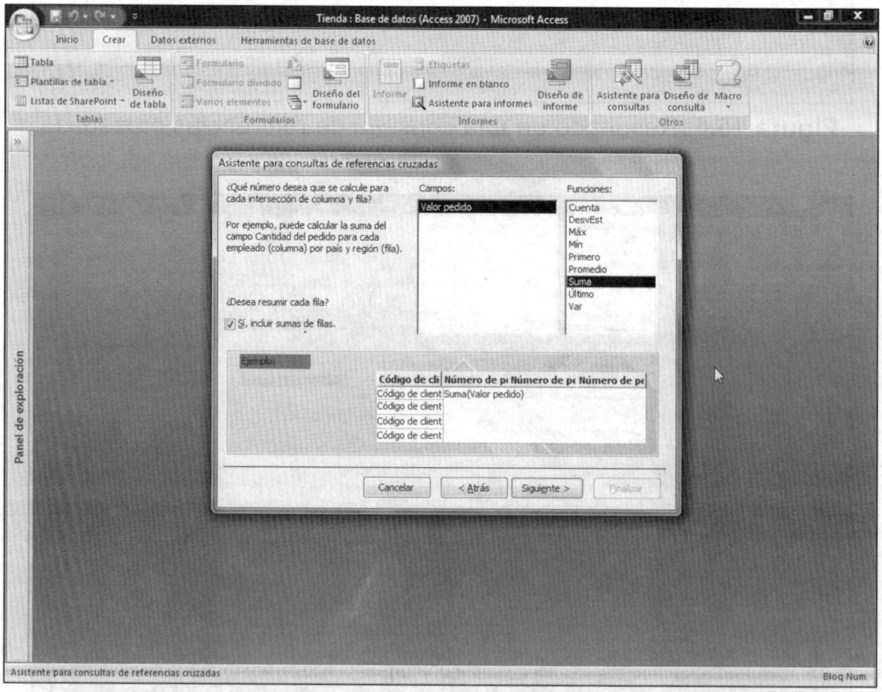

Figura 16.8. Finalmente, seleccione el campo para el cálculo y la función usada.

- La consulta está basada en la consulta Valor pedidos agrupados (véase la figura 16.5).

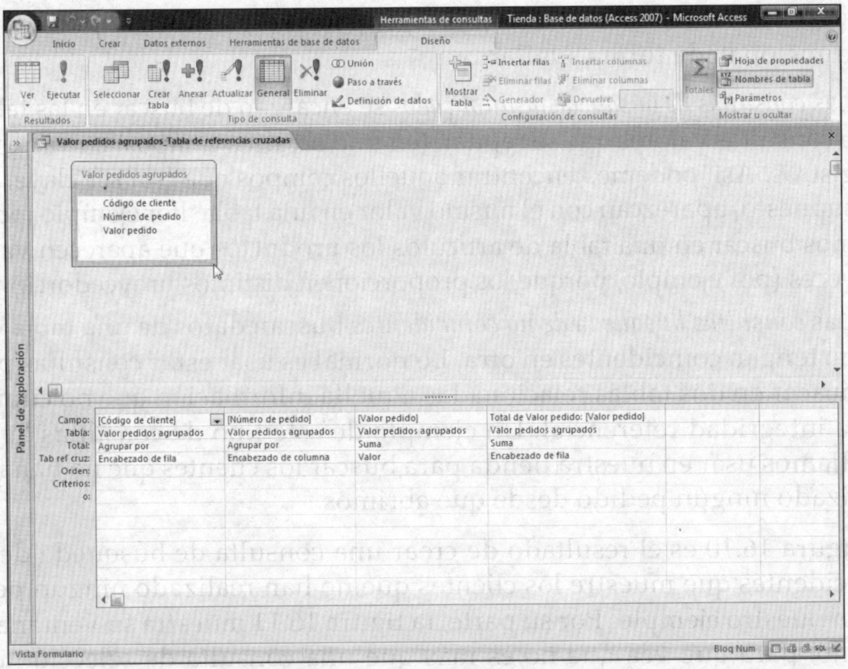

Figura 16.9. Vista Diseño de la consulta de referencias cruzadas.

- En el paso 5 sólo seleccionaremos el campo Código de cliente, ya que es del que nos interesa obtener el total. Tiene que dejar dos campos al menos sin seleccionar para poder usarlos como cabeceras de las columnas restantes y como valores de las celdas.
- Hemos seleccionado el campo Número de pedido en el paso 6, ya que nos interesa conocer la cantidad de cada pedido.
- Finalmente, el campo Valor pedido es el que nos indica el valor de cada pedido, por tanto es el que deseamos que aparezca en cada una de las celdas de la tabla resultante (figura 16.8). La función que vamos a usar es `Suma`, ya que deseamos obtener el valor total.

Si guarda la consulta resultante, verá que en el Panel de exploración aparece con un icono distinto y con el nombre de la tabla o consulta de la que obtiene los datos con el texto *Tablas de referencias cruzadas.*

Buscar duplicados y no coincidentes

Los otros dos asistentes que proporciona Access aparecen con los nombres *búsqueda de duplicados* y *búsqueda de no coincidentes* en el cuadro de diálogo **Nueva consulta**. Los hemos agrupado en un mismo apartado, ya que funcionan de forma similar:

- Las *consultas de búsqueda de duplicados* se encargan de buscar en las tablas o consultas valores que se repitan (en uno o varios campos) en varios registros. Así, podemos encontrar aquellos campos que (sin ser clave, por supuesto) aparezcan con el mismo valor en una tabla. Por ejemplo, podemos buscar en una tabla de artículos los productos que aparecen varias veces (por ejemplo, porque los proporcionen distintos proveedores).
- Las *consultas búsqueda de no coincidentes* buscan datos de una tabla que no tengan coincidentes en otra. Lo normal es usar estas consultas para buscar en dos tablas relacionadas aquella información que no cumple la integridad referencial. Un ejemplo de este tipo de consultas lo podíamos usar en nuestra tienda para buscar los clientes que no han realizado ningún pedido desde que abrimos.

La figura 16.10 es el resultado de crear una consulta de búsqueda de no coincidentes que muestre los clientes que no han realizado ningún pedido en nuestro ejemplo. Por su parte, la figura 16.11 muestra su ventana de diseño, para que vea que no es más que una consulta de selección que utiliza las relaciones entre las dos tablas.

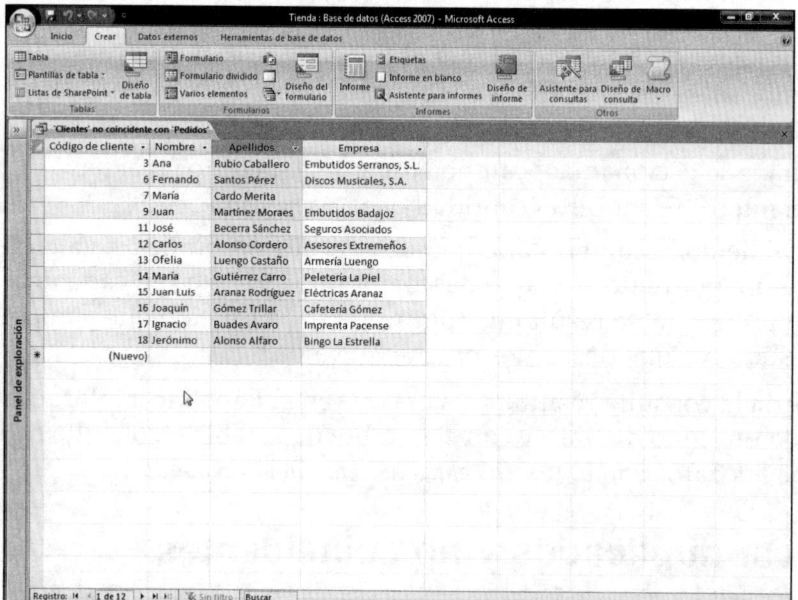

Figura 16.10. Resultado de una consulta de no coincidentes.

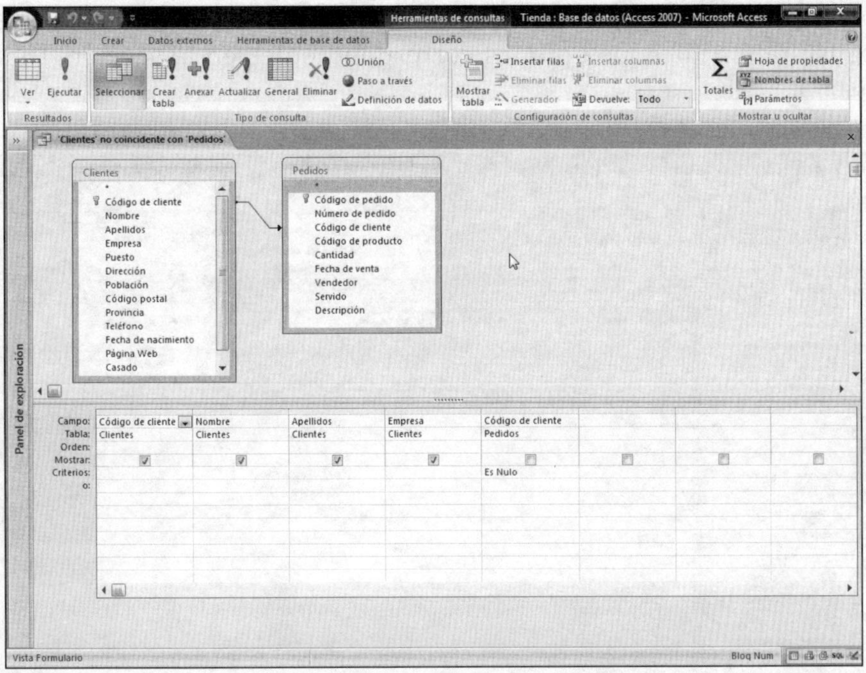

Figura 16.11. Ventana de diseño de la consulta de la figura 16.10.

SQL

El SQL es un acrónimo que significa *Structured Query Language* (lenguaje de consulta estructurado). Como su nombre indica, es un lenguaje pensado para crear consultas. De hecho, internamente, Access convierte todas las consultas que creamos a través de la cuadrícula QBE en instrucciones SQL.

Pruebe a abrir una de las consultas creadas en este capítulo (o en uno de los anteriores) y seleccione la opción Vista SQL del botón **Ver** de la Cinta de opciones. La figura 16.12 muestra esta vista de la consulta "***Valor pedidos agrupados***".

Como ve, es bastante más complicado crear estas consultas así que usando la cuadrícula QBE. Sin embargo, Access incluye la posibilidad SQL porque hay consultas que no se pueden crear utilizando la cuadrícula QBE y que sí pueden crearse mediante SQL: *Consultas de unión* (combinan los campos de dos o más tablas en una), *consultas de paso a través* (sirven para enviar comandos a servidores SQL, como Microsoft SQL Server) y *consul-*

tas de definición de datos. Para crear estas consultas, abra la vista Diseño de la consulta y utilice los botones correspondientes en la sección Tipo de consulta.

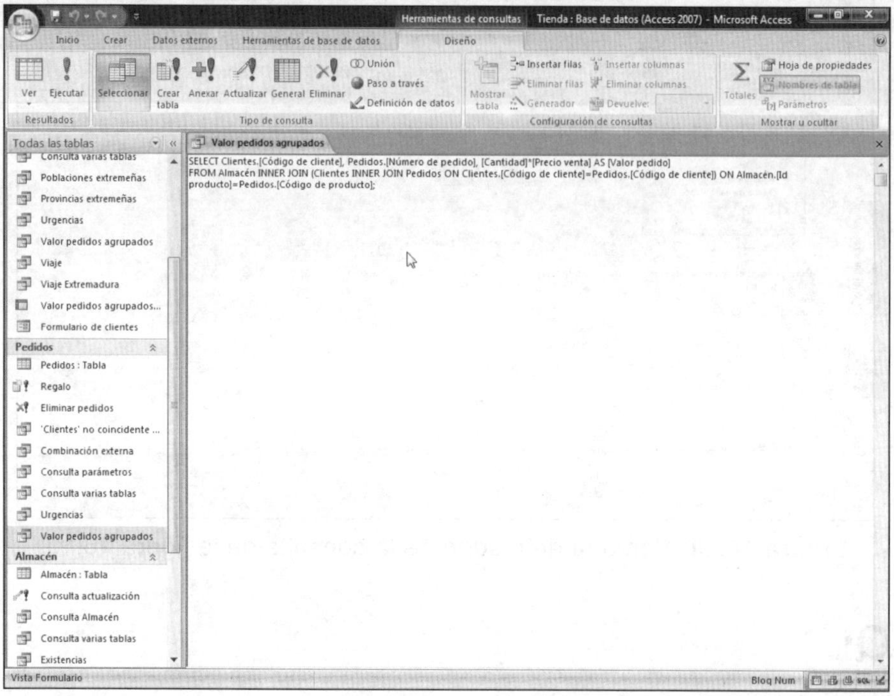

Figura 16.12. Ejemplo de la consulta en vista SQL.

Al igual que no nos hemos introducido en el mundo de la programación de módulos, tampoco considero que el objetivo de este libro sea enseñar a usar un lenguaje como SQL. Pero sí quería que conocieras la existencia de estos tipos de consultas, de forma que, si las necesita, pueda acudir a la ayuda o a un manual más avanzado.

Resumen

En todos los capítulos anteriores del libro, habíamos identificado las consultas con un tipo especial de las mismas, llamadas consultas de selección. Sin embargo, Access proporciona otras consultas especiales, que permiten, además de ver datos, modificarlos.

Las consultas de acción permiten crear tablas con los resultados de las consultas. Además, también pueden usarse para eliminar datos que cumplan ciertas condiciones o para añadir registros a una tabla que ya exista. Todas estas consultas son peligrosas, ya que al modificar datos, pueden provocar la pérdida de los mismos.

Las consultas de actualización también son consultas de acción, pero las destaco ya que permiten realizar operaciones automáticas con todos los datos de las tablas que cumplan ciertas condiciones.

Además de las consultas de acción, Access también ofrece otros tres tipos de consultas que se pueden crear mediante un asistente. Las consultas de referencias cruzadas permiten enlazar datos de distintos campos para, de un vistazo, lograr obtener información compleja.

Las consultas de no coincidentes y de búsqueda de duplicados sirven, respectivamente, para identificar valores en las tablas que no cumplan la integridad referencial y para localizar posibles datos que se repitan en las tablas.

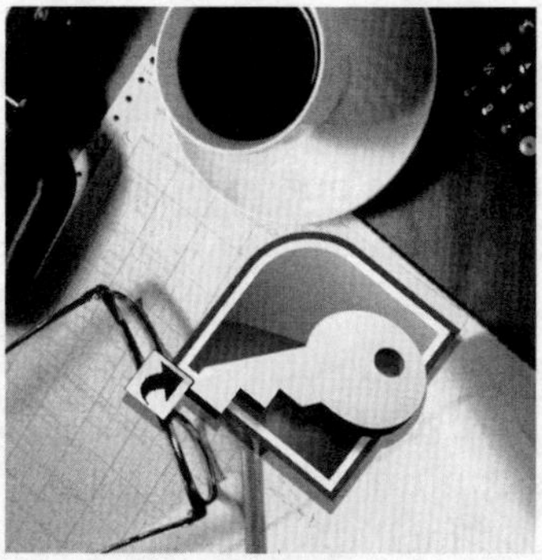

Capítulo 17

Las macros en Access

En este capítulo aprenderá:

- El concepto de macro en otras aplicaciones Windows.
- Las macros aplicadas a Access.
- A crear y ejecutar macros.
- Los elementos básicos de las macros: acciones.
- A usar grupos de macros.
- A incluir condiciones en las macros.
- A depurar los problemas cuando aparezcan al ejecutar macros.
- A usar macros dentro de formularios.

Concepto de macro

Las macros en Access son listas de tareas que deseamos que el programa lleve a cabo una tras otra. Cada una de las tareas definidas en la lista se denomina *acción*.

Como enseguida podrá comprobar, las posibilidades que ofrecen las macros son enormes. Por ejemplo, se pueden automatizar fácilmente tareas repetitivas o tediosas, realizar tareas complejas con un mínimo riesgo y esfuerzo, aprovechar las macros para integrar con facilidad los distintos componentes de la base de datos, sacando así provecho de su diseño global, etcétera.

Si ya ha creado macros en otros programas (en una hoja de cálculo o en un procesador de textos) verá que crearlas en Access es todavía más fácil. En el caso de que sea la primera vez que se encuentra con el término *macro*, no se preocupe. Vamos a introducirnos en este capítulo gradualmente, por lo que no es necesario que sepa nada de programación.

Creación de macros

Como hemos indicado antes, si es un usuario más o menos curtido de programas informáticos, el término macro no le será desconocido. La mayoría de los procesadores de texto y de hojas de cálculo, por poner dos ejemplos, permiten la utilización de macros en sus archivos.

Sin embargo, el modo de crear una macro en Access no es el mismo que el que se suele usar en dichos programas. Lo normal en una hoja de cálculo es que una macro se cree "grabando" o "registrando" los pasos que lleva a cabo el usuario. Así, al ejecutar la macro, el programa repite los pasos con el consiguiente ahorro de tiempo (además de que evita posibles errores de tecleo).

En Access, crear una macro consiste en indicar las acciones (recuerde que una macro no es más que una lista de acciones) y los elementos sobre los que hay que llevar a cabo dichas acciones. Con un ejemplo lo verá más claro.

Las macros se crean en Access siguiendo tres pasos:

1. Crear la macro en sí.
2. Indicar las acciones que debe llevar a cabo la macro al ejecutarse.
3. Guardar la macro. Access no permite ejecutar una macro que no esté guardada.

La forma de crear la macro en sí es similar a la usada con cualquier otro objeto. Es decir, se hace clic en la ficha Crear de la Cinta de opciones y se selecciona el botón **Macro** de la sección Otros. Access abrirá la vista Diseño de la macro (figura 17.1) en la que merece la pena destacar los siguientes elementos:

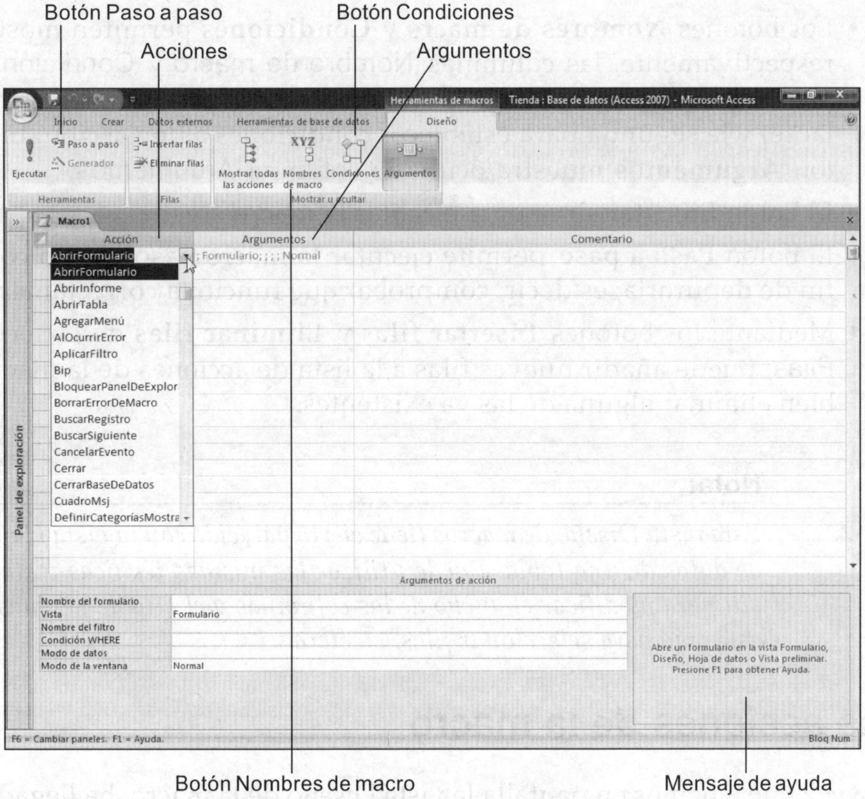

Figura 17.1. Vista Diseño de la macro.

- Hay tres columnas visibles: Acción, Argumentos y Comentario. La primera columna permite crear la lista de acciones que Access debe llevar a cabo cuando se ejecute la macro. La segunda columna indica, normalmente, los objetos con los que se quiere llevar a cabo dichas acciones. En la columna Comentario podemos agregar opcionalmente comentarios que describan la misión de cada acción.
- En la parte inferior derecha de la ventana podrá ver un mensaje que le orientará sobre lo que debe hacer en cada momento. A su vez, en la

parte inferior izquierda aparecerá la lista de argumentos de la opción seleccionada. Los componentes de esta lista sólo aparecen una vez que se ha seleccionado la acción y dependen de la acción en cuestión. Los argumentos los iremos viendo a medida que veamos las distintas acciones que se pueden realizar desde una macro.

- En la Cinta de opciones, hay varios comandos también interesantes:
  - Los botones **Nombres de macro** y **Condiciones** permiten mostrar, respectivamente, las columnas Nombre de macro y Condición. La primera sirve para crear grupos de macros (que veremos más adelante) y la segunda para establecer condiciones a una acción. El botón **Argumentos** muestra/oculta la columna Argumentos.
  - El boton **Ejecutar** sirve para ejecutar la macro creada.
  - El botón **Paso a paso** permite ejecutar la macro paso a paso con el fin de depurarla; es decir, comprobar que funciona correctamente.
  - Mediante los botones **Insertar filas** y **Eliminar filas** de la sección Filas, puede añadir nuevas filas a la lista de acciones de la macro o bien eliminar alguna de las ya existentes.

Nota:

Esta vista Diseño de macros tiene cierto parecido con la vista Hoja de datos de una tabla. Puede utilizar las mismas técnicas vistas allí para modificar el ancho de las columnas y el alto de las filas; así como para seleccionar filas, etcétera.

Las acciones de la macro

Una vez que tenemos en pantalla la vista Diseño de la macro, ha llegado el momento de definir las acciones que la macro llevará a cabo al ejecutarse.

Vamos a crear nuestra primera macro. Esta macro va a ser excepcionalmente sencilla, puesto que su única misión va a ser la de abrir una tabla, en concreto, la tabla Almacén.

El procedimiento para indicar las acciones que llevará a cabo una macro consta de tres pasos:

1. *Indicar la acción.* Consiste en seleccionar la acción que debe ejecutar la macro. Para hacerlo, seleccione una acción de la lista desplegable que aparece al hacer clic sobre la flecha de una casilla de la columna Acción (figura 17.1).

2. *Indicar los argumentos de dicha acción.* Tras seleccionar una acción en la columna Acción, aparecerán un conjunto de argumentos en la zona inferior izquierda de la ventana. Estos argumentos dependerán de la acción.
3. *Introducir un comentario, si se desea.* En la columna Comentario, escriba todo aquello que pueda facilitar la compresión de la macro.

Pruebe ahora a indicar la acción AbrirTabla en la primera casilla de la columna Acción. Como verá, enseguida aparecen argumentos en la zona inferior izquierda de la ventana de macros (y en la columna Argumentos). El argumento Nombre de la tabla sirve para indicar la tabla sobre la que se desea realizar la acción escogida (en este caso, abrirla). El nombre lo puede introducir de diversas maneras: escribiéndolo, abriendo la lista desplegable que hay en la casilla y eligiéndolo en la lista, o arrastrando el nombre de la tabla desde el Panel de exploración hasta la casilla. Utilice el medio que desee para seleccionar el nombre *Almacén* (figura 17.2).

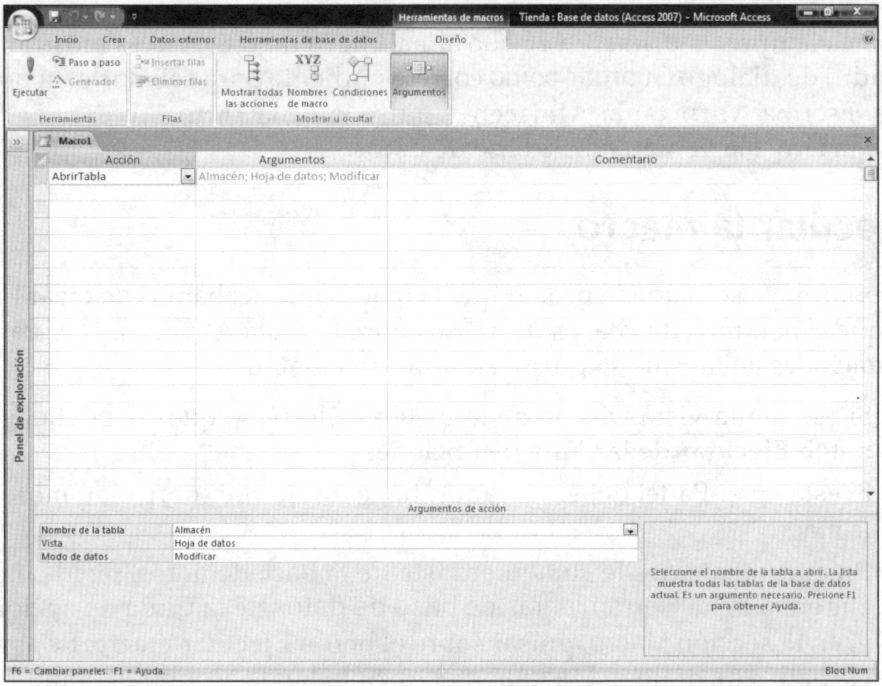

Figura 17.2. La primera acción con su argumento correspondiente.

Si observa los otros dos argumentos, permiten definir la vista en la que se abrirá la tabla (argumento Vista) y el modo de datos (si se puede editar o no, o si la tabla se abre para añadir datos). En nuestro caso, los vamos a dejar con sus valores por omisión.

Cuando hace clic en el cuadro de un argumento, Access muestra un texto explicativo a la derecha del mismo. Lea atentamente las instrucciones que Access proporciona para indicar el valor de cada uno de los argumentos, ya que mostrará opciones que puede no haber contemplado con anterioridad Por último, podremos especificar un comentario opcional junto al nombre de la acción. Para nuestro ejemplo, nos vale el siguiente: **Abrir la hoja de datos de la tabla Almacén en modo Editar**.

Guardar la macro

Una vez terminado el diseño de la macro, sólo resta ejecutarla. Sin embargo, es imprescindible guardarla antes. Para hacerlo, hágalo igual que en el resto de objetos de la base de datos: use el comando Guardar del botón de Office.

Como siempre, la primera vez que almacene la macro, Access mostrará el cuadro de diálogo Guardar como correspondiente para asignarle un nombre. Escriba **Abrir tabla Almacén** y pulse la tecla **Intro**. Access añadirá esta macro a la ventana de la base de datos.

Ejecutar la macro

Y, por fin, ya sólo queda probar que la macro que acabamos de crear hace lo que esperamos de ella; es decir, que abre la tabla Almacén. Hay varias situaciones en las que se puede ejecutar una macro:

- Si está en la vista Diseño de la macro, sólo tiene que hacer clic en el botón **Ejecutar** de la Cinta de opciones.
- Si está en el Panel del explorador, haga doble clic sobre el nombre de la macro.
- Prácticamente desde cualquier vista de la base de datos, puede hacer clic en la ficha Herramientas de base de datos de la Cinta de opciones y, en la sección Macro, pulsar sobre el botón **Ejecutar macro**. Se abrirá el cuadro de diálogo Ejecutar macro. Sólo ha de escribir el nombre de la macro (o seleccionarla en el cuadro Nombre de la macro) y pulsar **Aceptar**.
- Como respuesta a un evento en un formulario o informe. Si recuerda las propiedades de los controles, una de las categorías estaba formada

por las *propiedades de eventos*. En estas propiedades, lo normal es incluir el nombre de la macro que se debe ejecutar cuando se produzca dicho evento.

- Si está en una macro, puede ejecutar otra macro incluyendo la acción EjecutarMacro.

Ejecute ahora la macro que acabamos de crear desde el Panel de exploración y verá que se abre la hoja de datos de la tabla Almacén en modo Editar. Observe que el usuario no percibe el funcionamiento de la macro más que por sus efectos, lo cual convierte a las macros en herramientas ideales para preparar aplicaciones de bases de datos que vayan a ser usadas por otros.

Grupos de macros

En el ejemplo anterior, hemos creado nuestra primera macro llamada Abrir tabla Almacén. Hemos usado un objeto de tipo *macro* para almacenar una sola macro, pero no tiene que ser así siempre, ya que es posible almacenar varias macros distintas en el mismo objeto macro.

Ahora bien, ¿qué utilidad puede tener crear más de una macro en el mismo objeto? Hay varias razones para hacerlo así. Por ejemplo, es una buena idea almacenar juntas todas las macros que realicen funciones similares (por ejemplo, las macros que sirvan para verificar los datos introducidos en formularios) o que realicen acciones sobre el mismo objeto (por ejemplo, todas las macros que actúen sobre un formulario concreto) de manera que cuando sea necesario encontrar una de ellas se sepa rápidamente dónde está.

Almacenando varias macros en el mismo objeto también se consigue reducir la lista de macros existentes en el Panel de exploración, lo cual proporciona más claridad al diseño de la base de datos.

Cuando varias macros se almacenan en un único objeto del tipo macro, a ese objeto se le denomina *grupo de macros* (por contraposición a cuando se almacena una sola macro, en cuyo caso el objeto se llama simplemente *macro*). Los grupos de macros tienen un nombre (el del objeto) y cada una de las macros que hay en su interior tienen, además, su propio nombre. Para hacer referencia a una de las macros del grupo (por ejemplo, con el fin de ejecutarla) debemos indicar el nombre del grupo de macros, seguido por un punto y por el nombre de la macro: *nombreDelGrupo.nombreDeLaMacro*.

Crear un grupo de macros

Las macros de un grupo de macros se crean exactamente igual que las macros individuales. La única diferencia existente entre ambas consiste en que, en el caso de los grupos de macro, debemos utilizar la columna Nombre de macro, en la vista Diseño de la macro, para indicar a Access el nombre de cada macro, su inicio y su final.

Para mostrar esta columna, utilice el botón **Nombres de macro** de la Cinta de opciones. Cuando haya aparecido la columna, escriba en ella el nombre de la macro que desea definir. Access considerará que el nombre comprende todas las acciones que se definan desde esa línea hasta el siguiente nombre de macro (o hasta que no haya más acciones). Una vez introducido el nombre del grupo, no resta más que introducir las acciones de esa macro normalmente.

Por ejemplo, vamos a convertir la macro *Abrir tabla Almacén* en un grupo de macros con dos macros. La primera macro será la que ya hay definida, a la que agregaremos otra acción. La segunda macro realizará la misma función que la primera, pero con una ligera diferencia.

Abra la vista Diseño de la macro Abrir tabla Almacén. Haga clic en el botón **Nombres de macro** para que aparezca la columna Nombre de macro en la parte izquierda de la ventana. Introduzca el nombre **Editar hoja de datos** para la macro que ya tenemos definida dentro del grupo de macros. Seguidamente desplácese a la segunda casilla de la columna Acción y seleccione la acción Bip de la lista disponible. Esta acción no tiene argumentos y su misión consiste en emitir un pitido. Con esto queda redefinida la primera macro del grupo (figura 17.3).

Desplácese ahora a la tercera casilla de la columna Nombre de macro e introduzca el nombre de la segunda macro: **Ver Vista preliminar**. Pase a la columna Acción y seleccione la acción AbrirTabla. Utilice los argumentos que mostramos a continuación para esta acción:

```
Nombre de la tabla:  Almacén
Vista:               Vista preliminar
Modo de datos:       Sólo lectura
```

Pase a la siguiente casilla de la columna Acción y seleccione la acción Maximizar. Como ya habrá deducido, esta macro tiene la misión de mostrar en pantalla la vista preliminar de la tabla Almacén, con los datos en modo de sólo lectura (no se pueden modificar) y con la ventana maximizada.

Ya tenemos definidas las dos macros del grupo de macros (figura 17.4). Añada algún comentario, cierre la macro y guarde los cambios.

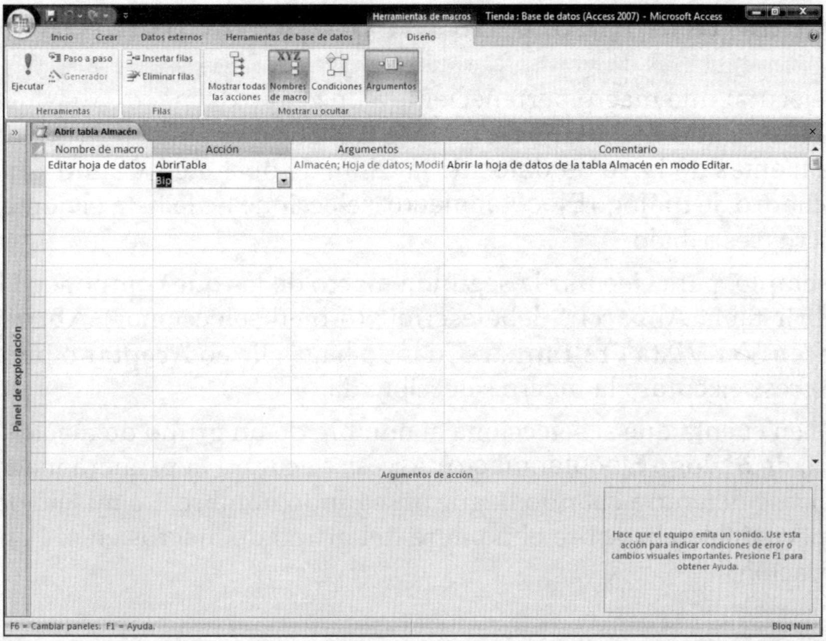

Figura 17.3. La primera macro del grupo se compone de dos acciones.

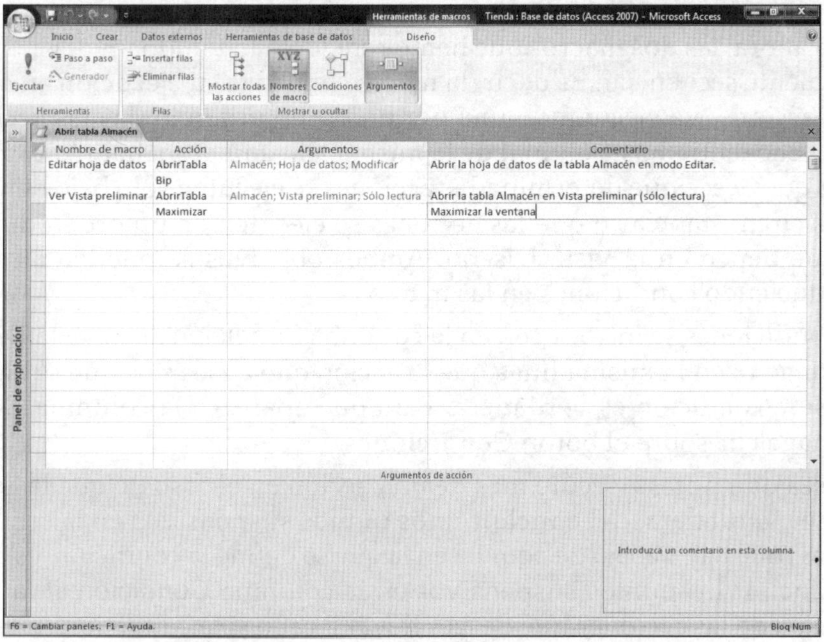

Figura 17.4. El grupo de macros terminado.

Ejecutar una macro de un grupo de macros

Para ejecutar una macro perteneciente a un grupo de macros, hay que utilizar el comando **Ejecutar Macro**. Este comando se encuentra en la ficha Herramientas de base de datos de la Cinta de opciones. Cuando aparezca el cuadro de diálogo Ejecutar macro, seleccione de la lista el nombre de la macro o escríbalo.

Por ejemplo, para ejecutar la segunda macro de las que componen el grupo Abrir tabla Almacén, debe escribir (o bien seleccionar) **Abrir tabla Almacén.Ver Vista Preliminar**. Cuando haga clic en **Aceptar** o pulse **Intro**, Access ejecutará la macro seleccionada.

Tenga en cuenta que si selecciona el nombre de un grupo de macros en el cuadro de diálogo Ejecutar macro, Access ejecutará la primera macro del grupo y se detendrá cuando llegue al segundo nombre. Lo mismo ocurrirá si hace doble clic sobre el nombre del grupo de macros en el Panel de exploración.

Usar condiciones en las macros

Hasta ahora, las dos macros que hemos creado han tenido un diseño completamente secuencial. Es decir, la macro comienza su ejecución en la primera acción y va ejecutando una por una, y en orden, todas las acciones que se encuentre hasta el final de la misma. Sin embargo, habrá ocasiones en las que desee que determinadas acciones se ejecuten sólo bajo determinadas circunstancias o que las acciones se ejecuten en un orden distinto del que tienen en la vista Diseño. Ambos objetivos se pueden alcanzar introduciendo condiciones en las macros.

Las condiciones se introducen en la columna Condición de la vista Diseño de la macro, en la misma línea que la acción que deseemos que se ejecute sólo si la condición es verdadera. Para que aparezca la columna Condición haga clic sobre el botón **Condiciones**.

Si desea que Access ejecute más de una acción en el caso de que la condición sea verdadera, debe incluir unos puntos suspensivos en la casilla (o casillas) que hay debajo de aquélla en la que se define la condición; es decir, debe incluir los puntos suspensivos en la columna Condición al lado de cada una de las acciones que desees llevar a cabo si la condición es verdadera. Puede ver un ejemplo en la figura 17.5.

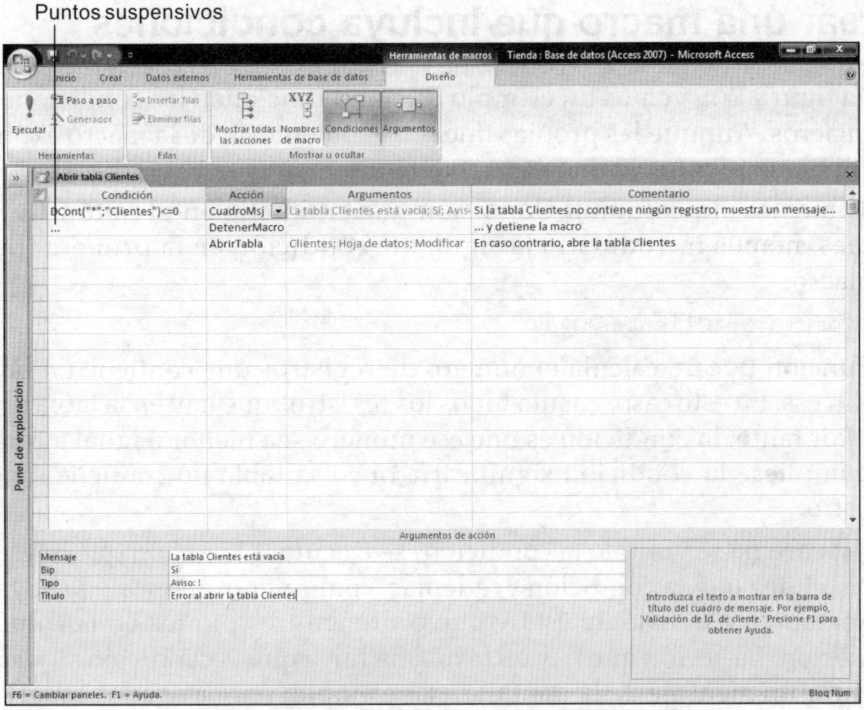

Figura 17.5. Una macro con condiciones.

Cuando Access ejecute la macro, irá realizando las acciones una por una. Al llegar a una acción que tenga una condición a su lado, evaluará esa condición. Si el resultado es verdadero, ejecutará esa acción y todas las que haya debajo de ella con puntos suspensivos en la columna Condición; si el resultado no es verdadero, pasará a la siguiente acción que tenga otra condición o que tenga la condición en blanco (sin puntos suspensivos).

Observe que al agregar condiciones, está modificando el orden de ejecución de la macro. Si definiese una macro con condiciones y al ejecutarla ocurriese que todas las condiciones fuesen verdaderas, la macro se comportaría de forma totalmente secuencial. Sin embargo, en cuanto una condición no fuese verdadera, Access no llevaría a cabo la acción (o acciones) correspondiente, de manera que se estaría alterando el flujo secuencial de la macro al saltarse varias líneas.

Además, hay acciones cuya ejecución altera por sí misma el flujo secuencial de la macro, como por ejemplo la acción DetenerMacro (que detiene la macro).

Crear una macro que incluya condiciones

En la figura 17.5 vemos un ejemplo de cómo funcionan las condiciones en las macros. Aunque las propias líneas de comentario de la macro explican su funcionamiento, veámoslo más detenidamente.

Tras mostrar la columna Condición haciendo clic en el botón **Condiciones**, hemos introducido la siguiente condición en la primera fila de la macro:

```
DCont("*";"Clientes")<=0
```

La función `DCont` calcula el número de registros que contiene un objeto de Access. En este caso, cuenta todos los registros que hay en la tabla Clientes. Por tanto, la condición es que ese número sea menor o igual a cero. Si se cumpliese la condición significaría que esa tabla no contiene ningún registro.

En tal caso (si se cumple la condición) se ejecutará la acción que hay en la misma línea que la condición y, además, cualquier otra línea que haya inmediatamente debajo de ésta y que contenga tres puntos en la columna condición. La acción que hay en la misma línea que la condición sirve para mostrar un mensaje de la pantalla, por ejemplo, para avisar al usuario de que la tabla no contiene ningún registro (observe los valores de los argumentos Mensaje y Título). La siguiente línea tiene tres puntos en la columna condición, por lo que también se ejecutará si se cumple la condición. En este caso, se detiene la macro.

Por último, en el caso de que la condición no se cumpla, Access se saltaría la acción correspondiente a la línea que contiene la condición y aquéllas otras que haya inmediatamente debajo que contengan tres puntos, y pasaría a la acción inmediatamente posterior. En nuestro ejemplo, supuesto que la tabla contuviese algún registro, la macro abriría la vista Hoja de datos de la misma.

Depurar problemas

Cuando se trabaja con macros (y, en general, cuando se trabaja con cualquier tipo de programación), es casi imposible no cometer errores. La cosa se complica a medida que se van creando macros más y más complejas y puede llegar un momento en el que sea verdaderamente difícil detectar los errores y corregirlos si no se cuenta con las herramientas adecuadas.

Afortunadamente, Access cuenta con un pequeño sistema que colabora en la solución de los problemas y errores que se nos puedan presentar durante el trabajo con las macros. Este sistema consiste en permitir la ejecución aislada de cada una de las acciones de una macro, posibilitando la comprobación de su funcionamiento por separado.

Hay que tener en cuenta que existen dos tipos de problemas que pueden dar lugar a que una macro no ofrezca el resultado esperado:

1. Un evidente mal funcionamiento de la macro. Este problema se localiza con facilidad, ya que es advertido por un mensaje de error que indica las posibles causas del problema. Cuando se hace clic en dicho mensaje, Access muestra otro cuadro de diálogo con el título **Falló la acción**, con la única opción de detener la macro (figura 17.6).

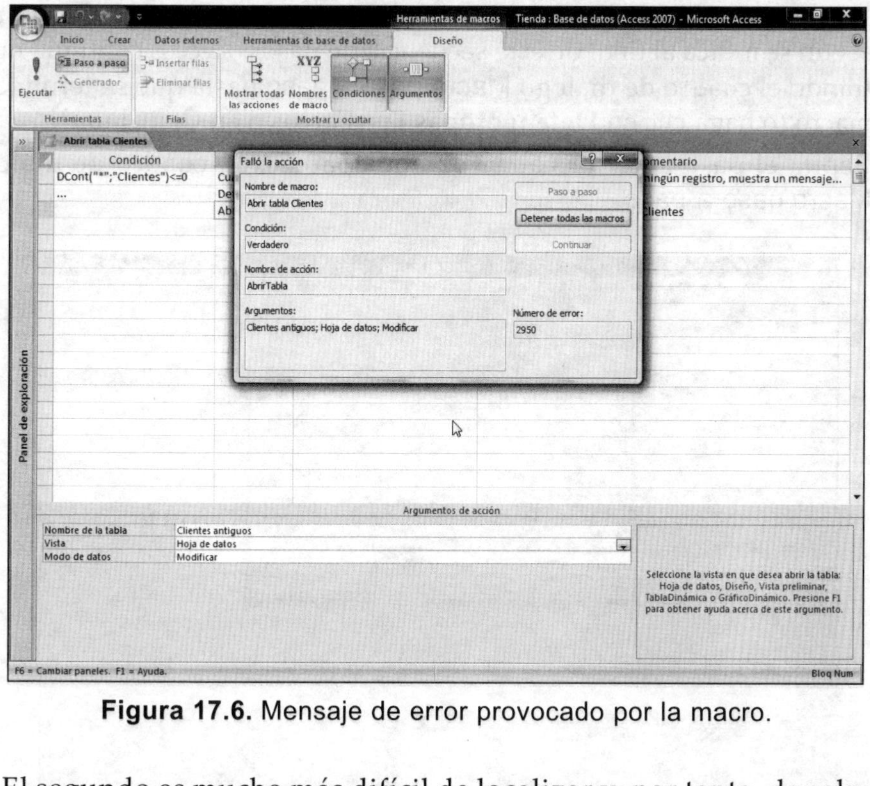

Figura 17.6. Mensaje de error provocado por la macro.

2. El segundo es mucho más difícil de localizar y, por tanto, de solucionar. Este problema se presenta cuando la ejecución de la macro no produce ningún error y, sin embargo, no se obtiene el resultado esperado.

Sea cual sea el problema que produce el incorrecto funcionamiento de la macro, su identificación será mucho más fácil si se pueden ejecutar las distintas acciones de la macro individualmente, ya que así se podrá controlar el resultado de cada una de ellas.

Macro paso a paso

La forma de ejecutar una macro paso a paso no difiere mucho de su ejecución normal, y consta de los siguientes pasos:

1. Abra la vista Diseño de la macro que quiera comprobar y haga clic en el comando **Paso a paso**.
2. Ejecute la macro normalmente. Access muestra, por primera vez, el cuadro de diálogo Macro paso a paso (figura 17.7).
3. Haga clic en el botón **Paso a paso**, **Detener todas las macros** o **Continuar** según se indica al final de esta secuencia de pasos. Access continúa mostrando el cuadro de diálogo Macro paso a paso hasta que se termine la macro (o haga clic en **Detener todas las macros** o en **Continuar)**.
4. Repita el paso anterior cada vez que aparezca el cuadro de diálogo Macro paso a paso.

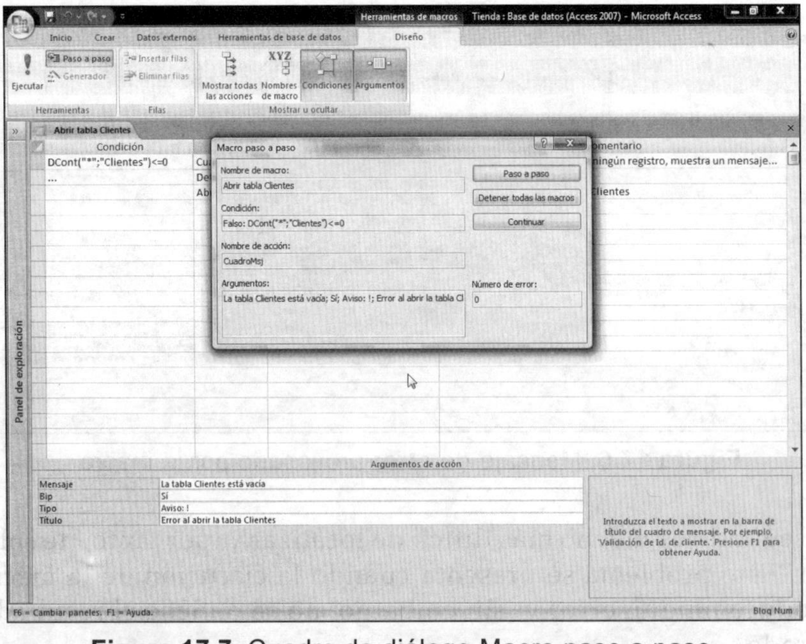

Figura 17.7. Cuadro de diálogo Macro paso a paso.

Advertencia:

Si la macro está muy interrelacionada con un formulario, por ejemplo, es preferible ejecutarla desde el propio formulario, ya que en algunos casos el mal funcionamiento viene dado por las condiciones especiales del contexto en el que se ejecuta (pudiendo la macro funcionar correctamente de forma aislada).

En el paso 3 de la secuencia de pasos anterior, hay que seleccionar uno de los tres botones siguientes:

- **Paso a paso**. Ejecuta únicamente la acción de la macro que aparece en el cuadro de texto Nombre de acción del cuadro de diálogo. Si no se ha producido ningún error (ni se ha terminado la macro), vuelve a mostrar el cuadro Macro paso a paso.
- **Detener todas las macros**. Suspende la ejecución de la macro y cierra el cuadro de diálogo Macro paso a paso.
- **Continuar**. Continúa la ejecución normal de la macro (desactiva el modo Paso a paso).

Tras la ejecución de cada una de las acciones es posible comprobar el resultado producido, de forma que ante un mal funcionamiento es más sencillo determinar el error.

Usar macros en formularios

El lugar natural para utilizar las macros son los formularios. La razón es que los formularios están diseñados especialmente para que se relacionen el usuario y la base de datos. Mediante las macros se puede enriquecer enormemente esta interrelación, al poder dar a los formularios un carácter mucho más dinámico que sus equivalentes en papel.

Se pueden utilizar macros para que comprueben los datos introducidos por el usuario, para que realicen operaciones previas con esos datos, para que informen al usuario ante determinados eventos, etc. Las posibilidades que se derivan del uso conjunto de macros y formularios son enormes. Pero primero es esencial entender los eventos.

Los eventos

Windows es un sistema operativo que está orientado al evento. Al contrario de lo que ocurría en entornos anteriores (como DOS), es el usuario el que lleva la iniciativa en la comunicación usuario-ordenador. Por tanto, Windows está normalmente a la espera de que el usuario realice alguna acción (a que se produzca algún evento) para actuar.

Todo esto no tiene mayor trascendencia para el usuario normal, a no ser que éste pretenda programar (en mayor o menor grado) Access. Y, ciertamente, la creación de macros representa una forma de programación, aunque sea sencilla. Al igual que el resto de la interfaz de Access, la comprensión y la utilización de los eventos es algo sencillo e intuitivo.

Por ejemplo, se produce un evento siempre que se selecciona un control en un formulario. Sabiendo esto y teniendo claro lo que se desea hacer cuando seleccionemos ese control, habremos comprendido todo lo que hay que saber sobre los eventos. Una vez que haya decidido qué hacer cuando seleccione el control, sólo tendrá que escribir la macro que lleve a cabo tal tarea y "conectar" la macro a ese evento.

Nota:

Es imposible en tan poco espacio analizar todas las propiedades de evento que pueden darse en un formulario y en sus controles. Sin embargo, en la ayuda de Access puede encontrar información de todos estos eventos. Lo importante es saber cómo funciona de manera general.

Como ya sabemos crear macros, lo único que queda por ver es la forma de relacionar una macro con un evento. Pues bien, para tal fin están las propiedades de eventos que hemos visto en el capítulo 13. Por ejemplo, la mayoría de los controles tienen una propiedad que se llama Al entrar; cuando se selecciona este control, Access emite el evento Al Entrar y mira en la propiedad Al entrar del control por si hubiera especificado el nombre de una macro, en cuyo caso la ejecutaría. Esto tan sencillo es todo lo que necesitamos para conectar una macro con un evento: poner el nombre de la macro en la propiedad del control correspondiente al evento.

Ejemplo del uso de macros

Vamos a ver un primer ejemplo muy sencillo. Imagine que queremos que la persona que abra un formulario introduzca datos nuevos. Lo mejor es lograr que nada más abrirse el formulario, se desplace al final del mismo (evitando que cometa el fallo de sobrescribir algún dato ya existente o que al estar en la vista Presentación del formulario no sea capaz de introducir datos).

Para lograrlo, vamos a crear una macro que lleve a cabo dos operaciones:

1. Mostrar un cuadro de mensaje avisando del posible fallo.
2. Desplazar el formulario a un registro nuevo de manera automática en Vista Formulario.

La figura 17.8 muestra la ventana de diseño de la macro que hemos creado para este ejemplo y que hemos llamado **Introducir clientes**. En ella se han incluido dos acciones: mostrar el mensaje *"Recuerde que si teclea encima de un dato ya existente lo elimina"* e ir a un registro nuevo del formulario (valor Nuevo para el argumento Registro). Como no se han introducido ningún valor para los argumentos Tipo de objeto y Nombre del objeto, Access 2007 utilizará el objeto (consulta, tabla o formulario) que esté abierto cuando se ejecute la macro (deseamos ejecutar la macro cuando se abra el formulario, por lo que no necesitamos indicar qué formulario es).

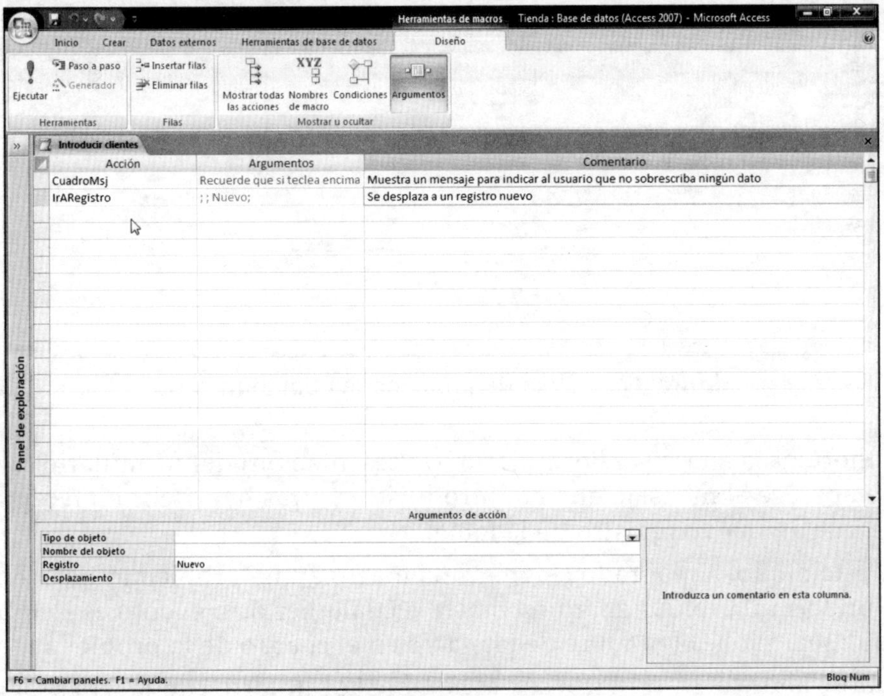

Figura 17.8. Diseño de la macro.

Como lo que queremos es que esta macro se ejecute nada más abrir el formulario, abra la hoja de propiedades del formulario y haga clic en la ficha Eventos (figura 17.9).

Una vez tenga en pantalla la hoja de propiedades, seleccione la macro que desee asignar al evento correspondiente en el cuadro de dicha propiedad. Por ejemplo, haga clic en la propiedad Al abrir, haga clic en la flecha de la lista desplegable y seleccione Introducir clientes (véase la figura 17.9).

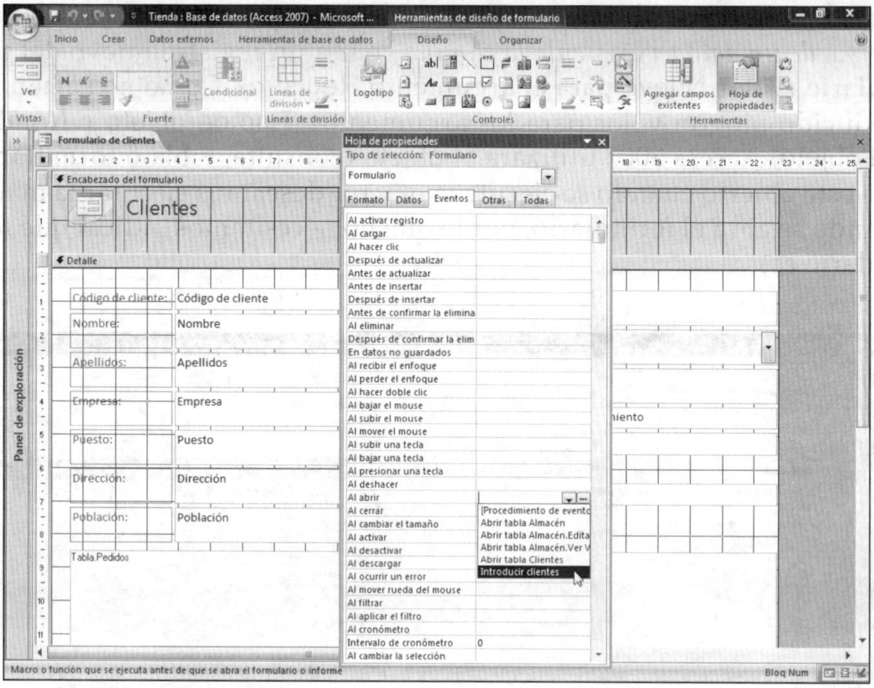

Figura 17.9. Hoja de propiedades del formulario.

Si ahora pasa a la vista Formulario (o Presentación) del formulario, verá que aparece el mensaje que ha introducido y, tras hacer clic en **Aceptar**, aparece un nuevo registro de la tabla.

De este modo, ha logrado asignar una macro a una propiedad de evento de un formulario. Asignar una macro a cualquier otro evento es siempre igual: seleccione el nombre de la macro en el cuadro de la propiedad.

Guarde ahora el formulario con el nombre **Formulario con macro** usando el comando Guardar como del botón de Office.

El generador de macros

Como puede ver en la figura 17.9, al hacer clic en el recuadro de una propiedad de evento, aparece una flecha de lista desplegable y el botón **Generar** (el de los tres puntos) Por medio de este botón **Generar** se puede acceder al Generador de macros. Los siguientes pasos muestran cómo usar este Generador:

1. Haga clic en el recuadro del control al que desee asignar la macro. Access muestra una flecha de lista desplegable y un botón **Generar**.
2. Seleccione el botón **Generar**. Aparecerá el cuadro de diálogo Elegir generador (si no aparece, salte directamente al paso 4).
3. Seleccione la opción Generador de macros y haga clic en **Aceptar**.
4. Aparece la vista Diseño de la macro. Defina las acciones, argumentos y comentarios de la macro y después, ciérrela.
5. Vuelve a aparecer la ventana de diseño del formulario con la hoja de propiedades abierta y el nombre de la nueva macro en la propiedad indicada en el punto 1.

Además de la utilidad de servir para crear una macro desde la hoja de propiedades, el Generador también permite modificar una macro que tengamos asignada a una propiedad. Si selecciona dicha propiedad y hace clic en el botón **Generar**, aparecerá directamente la vista Diseño de la macro.

Botones de comando

Al analizar los distintos tipos de controles que se podían usar en un formulario, vimos que uno de estos controles era el botón de comando. En aquella ocasión, aplazamos su estudio hasta que viésemos las macros. Pues bien, ha llegado el momento de ver cómo crear botones de comando en los formularios.

El motivo real de esperar hasta este momento es que existe un Asistente para botones de comando cuyo uso presupone ciertos conocimientos de los eventos y de las acciones.

Pruebe ahora a añadir un botón de comando a nuestro formulario llamado Formulario con macro. Para hacerlo, abra la vista Diseño de dicho formulario y cree un nuevo control independiente del tipo `Botón de comando`. Observará que aparece un Asistente para botones de comando (figura 17.10). Si no aparece, asegúrese de que está activa la herramienta Utilizar Asistentes para controles en la sección Controles de la Cinta de opciones (en la ficha Diseño).

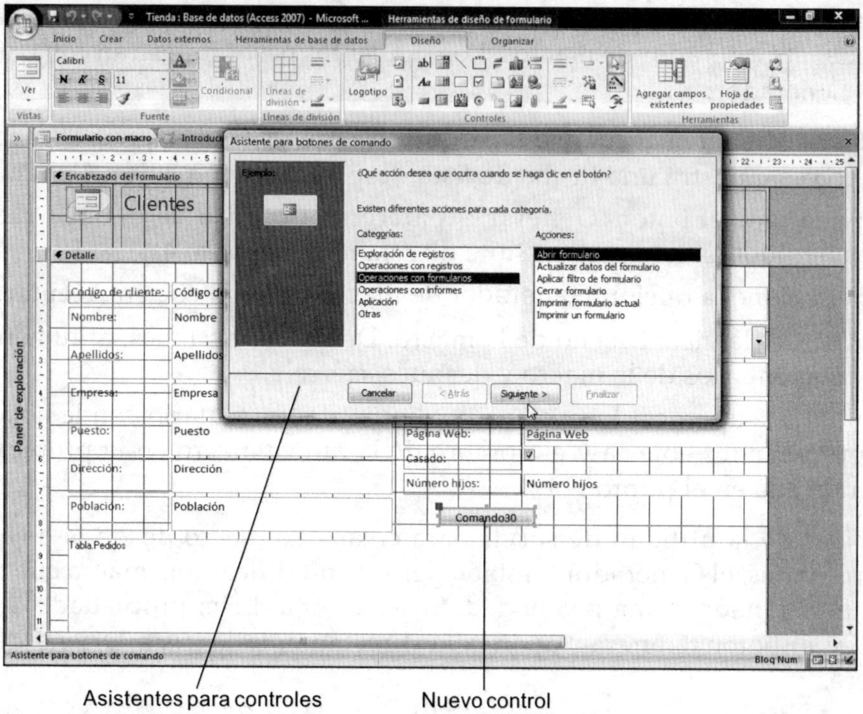

Figura 17.10. Primera ventana del Asistente para botones de comando.

En la parte izquierda de este cuadro de diálogo, se muestran las categorías de "acciones" que se pueden llevar a cabo cuando se haga clic en el botón de comando.

Nota:

Como ve, el Asistente para botones de comando enfoca su misión a definir lo que ocurrirá al producirse el evento "Al hacer clic".

Como lo que queremos es que al pulsar el botón de comando aparezca en pantalla el formulario de prueba de los pedidos, seleccione la categoría Operaciones con formularios. En la parte derecha del cuadro, aparecen las acciones que están catalogadas dentro de la categoría seleccionada. Deseamos abrir un formulario, así que seleccione la primera opción (véase la figura 17.10).

Dependiendo de la acción seleccionada, el Asistente mostrará una información u otra en el siguiente cuadro de diálogo. En nuestro caso, nos pide el formulario que deseamos abrir. Seleccione Formulario pruebas y haga clic en **Siguiente**.

En el siguiente cuadro, seleccione si desea ver todos los registros o buscar alguno en concreto. En nuestro caso, vamos a ver todos los registros. Los dos últimos cuadros de diálogo sirven para indicar si se desea asignar una imagen o un texto al botón de comando y para asignarle un nombre.

Cuando haga clic en **Finalizar** en el último cuadro del Asistente, volverá a la vista Diseño del formulario con el botón de comando en él. Abra la hoja de propiedades del mismo y observe la incidencia de las decisiones tomadas:

- La propiedad Nombre viene dada por el nombre escrito en el último cuadro del Asistente.
- La propiedad Imagen contendrá un mapa de bits si se ha seleccionado esta opción en el Asistente. En caso contrario, aparecerá el texto allí indicado en la propiedad Título.
- En propiedad Al hacer clic tiene que seleccionar la macro que desee que se ejecute cuando el usuario haga clic en dicho botón.

Otros usos de las macros en los formularios

Además de lo visto hasta ahora, también se suelen usar macros en los formularios para muchas otras operaciones. Entre ellas, merece la pena destacar las siguientes:

- Desplazarse entre controles, páginas y registros. Ya hemos visto un ejemplo mediante la acción IrARegistro.
- Establecer valores de algunos controles e, incluso, de propiedades.
- Imprimir formularios. (Aunque sigo recomendando que para la impresión se usen los informes.)
- Aplicar filtros con el fin de ver solamente parte de los registros o de ordenarlos.
- Localizar algún registro determinado que cumpla una condición específica.

- Comprobar que los valores introducidos en los controles cumplen las condiciones que nos interesen. En caso contrario, lo normal es mostrar un cuadro de mensaje como los usados en las macros de ejemplo de este capítulo.

Resumen

Las macros son los objetos de las bases de datos que permiten automatizar el trabajo con formularios, tablas y consultas, sin necesidad de conocer la programación de ordenadores.

Por tanto, son objetos potentes y fáciles de crear y utilizar. Sin embargo, dependiendo de las acciones que se incluyan en las macros, pueden ser peligrosas (sobre todo si se incluyen acciones que modifiquen datos o eliminen objetos).

Los grupos de macros permiten almacenar varias macros en una, con el fin de facilitar el trabajo con las mismas y evitar su proliferación. Mediante las condiciones, es fácil determinar las acciones de una macro o grupo de macros que han de ejecutarse en cada caso.

Las macros y los formularios están muy relacionados. De hecho, dentro de todos los controles de los formularios, están las propiedades de evento, relacionadas directamente con las macros.

Capítulo 18

Formularios de varias tablas

En este capítulo aprenderá:

- Las ventajas de usar varias tablas en un mismo formulario.
- Crear formularios con datos de varias tablas con un autoformulario.
- Utilizar el Asistente para formularios para crear formularios de varias tablas.
- Los conceptos de formulario principal y subformulario.
- Usar formularios existentes para crear formularios de varias tablas.
- A emplear consultas como base para formularios.
- A crear y usar tablas dinámicas.
- A crear y usar gráficos dinámicos.

Usar varias tablas en formularios

La misión principal de los formularios es facilitar la introducción, modificación y visión de los datos existentes en las tablas de Access. La posibilidad de incluir datos procedentes de varias tablas en un mismo formulario es imprescindible para poder sacar verdadero partido a esta herramienta.

La forma más normal de utilizar los datos de varias tablas en un formulario es el uso de *subformularios*. Los subformularios no son más que formularios que se incrustan en otro formulario. Se suelen utilizar cuando se necesitan datos de dos tablas que poseen una relación entre ellas de uno a muchos. De esta forma, el formulario principal se usa para representar los valores de la tabla del lado "uno" de la relación, mientras que el subformulario representa el lado "muchos" de la misma.

Por ejemplo, a lo largo del capítulo hemos trabajado con las tablas Clientes y Pedidos. Nuestro objetivo final es obtener un formulario como el que aparece en la figura 18.1. Los fines para los que se crea este formulario son los siguientes:

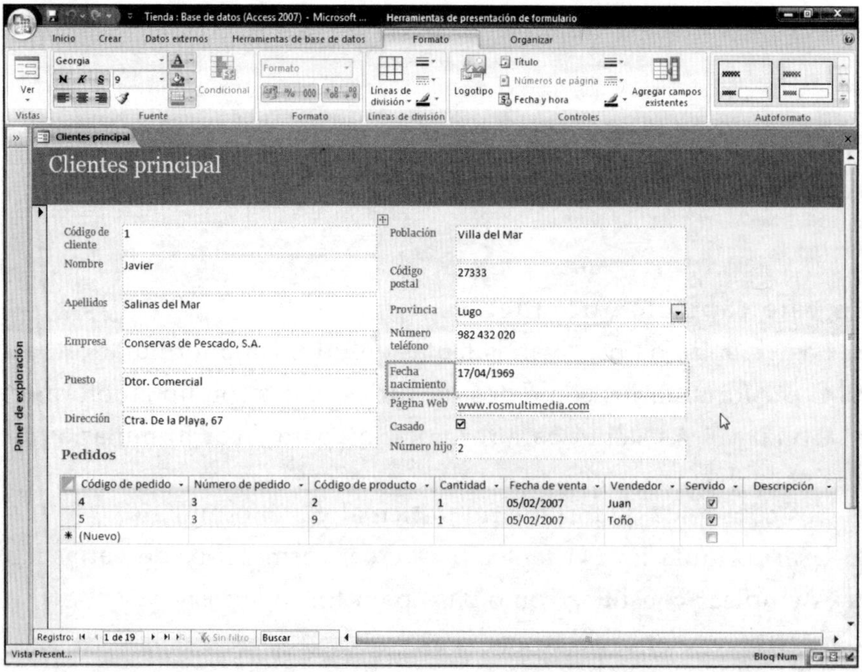

Figura 18.1. Un formulario con datos de varias tablas.

- Introducir datos de los nuevos pedidos.
- Modificar datos de los pedidos ya existentes.
- Incluir nuevos clientes en la tabla Clientes.
- Modificar algún dato de los clientes existentes en la tabla Clientes.

La parte superior del formulario contiene los datos del cliente y es nuestro formulario principal. La parte inferior del formulario contiene los datos de los distintos pedidos realizados por el cliente en cuestión. Por tanto, si se quiere añadir un nuevo pedido del cliente, solamente hay que utilizar la parte superior para localizarlo (por ejemplo, mediante el botón **Buscar** de la Cinta de opciones) y la parte inferior para añadir los datos del nuevo pedido.

Nota:

Recuerde que definimos una relación entre las tablas Clientes y Pedidos del tipo de uno a muchos. Por eso hemos usado Clientes para crear el formulario principal y Pedidos para crear el subformulario.

Creación de formularios de varias tablas

Al igual que ocurre con los formularios de una única tabla, hay varias formas de crear formularios con varias tablas. En este capítulo veremos las tres principales:

- Crear un formulario automático.
- Usar el Asistente para formularios.
- Aprovechar los formularios ya existentes.

Formulario automático

Aunque en los ejemplos de este libro no ha ocurrido, lo normal es que si hay relaciones creadas entre tablas, Access cree de forma automática un formulario con más de una tabla al utilizar el botón **Formulario** de la ficha Crear.

En otras palabras, que el formulario automático que crea Access puede ser suficiente en muchas ocasiones para crear formularios de varias tablas.

El motivo por el que en nuestro ejemplo no ha ocurrido esto es que al tener definidas varias relaciones con las tablas Pedidos, Access no podía adivinar cuál queríamos usar.

Por eso, vamos a abrir la ficha Relaciones y eliminar alguna. Por si no lo recuerda, la manera de abrir la ficha Relaciones consiste en seleccionar el botón **Relaciones** de la ficha Herramientas de bases de datos.

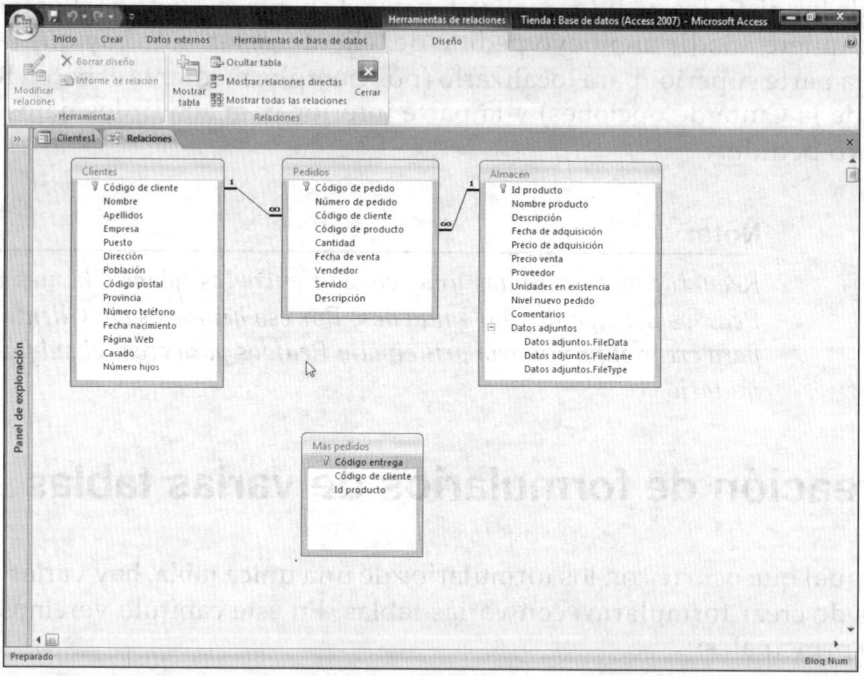

Figura 18.2. Ficha Relaciones con las tres tablas del ejemplo.

Elimine las relaciones existentes entre la tabla Más pedidos y las tablas Clientes y Almacén. La figura 8.2 muestra cuál debe ser el estado de la ficha Relaciones.

Si ahora creamos un formulario automático con la tabla Clientes (recuerde, seleccione la tabla Clientes en el Panel de exploración y haga clic en el botón **Formulario** de la Cinta de opciones en la ficha Crear), el resultado será similar al mostrado en la figura 18.3.

Observe que en la figura 18.3 aparecen los datos de los clientes, pero también aparecen los datos de los pedidos que ha realizado cada cliente. Por tanto, de manera automática Access ha creado nuestro primer formulario de dos tablas.

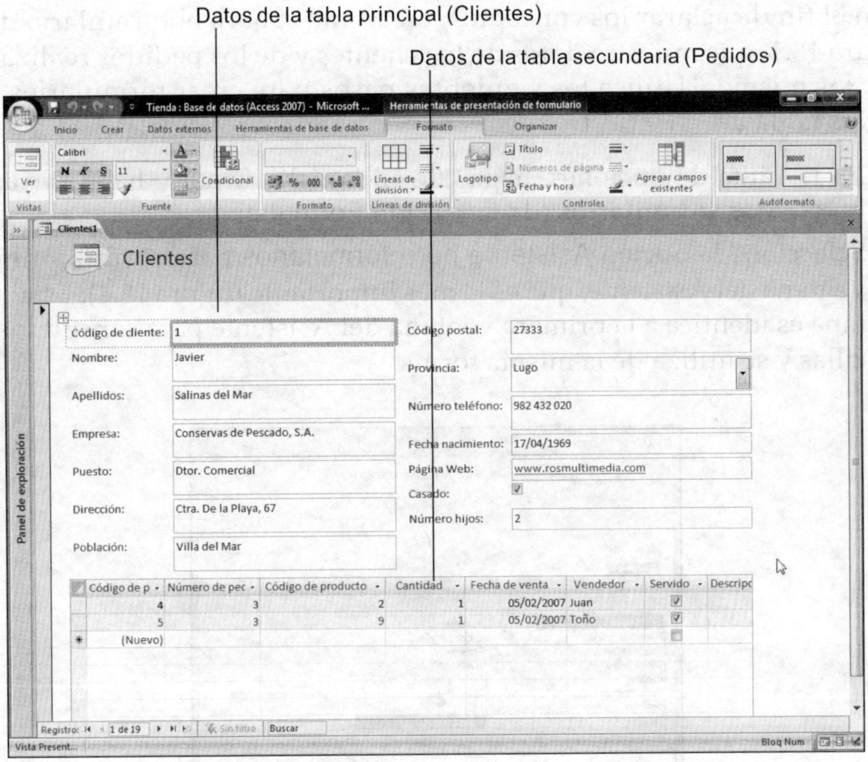

Figura 18.3. Formulario creado por Access.

Access ha podido crear este formulario ya que las dos tablas están enlazadas mediante una relación de uno a muchos. Si no existiera esa relación, habría creado el formulario sólo con los datos de la tabla Clientes.

El formulario de la figura 18.3 es mejorable, ya que, por ejemplo, no se ven bien los datos de los pedidos. A continuación vamos a crear otro formulario de varias tablas usando el Asistente para formularios genérico y, después, veremos algunos consejos para modificar los formularios usando la vista Diseño de formularios. Todo lo dicho allí es aplicable a este ejemplo.

Guarde el formulario con el nombre **Formulario varias tablas automático** y cierre su ficha.

El Asistente para formularios

La creación de formularios con el Asistente ya la hemos visto en capítulos anteriores, por lo que simplemente nos detendremos en aquellos pasos que difieran de lo allí visto.

Con el fin de aclarar los conceptos, crearemos ahora el formulario de la figura 18.1, que muestra datos de los clientes y de los pedidos realizados por los mismos. Utilice los siguientes pasos para crear formularios con varias tablas:

1. En la Cinta de opciones, haga clic en la ficha Crear y haga clic en el botón **Más formularios** (de la sección Formularios).
2. Seleccione la opción Asistente para formularios para abrir la primera ventana del Asistente, que es la más importante (figura 18.4). Esta ventana es idéntica a la primera ventana del Asistente para consultas sencillas y se utiliza de la misma forma.

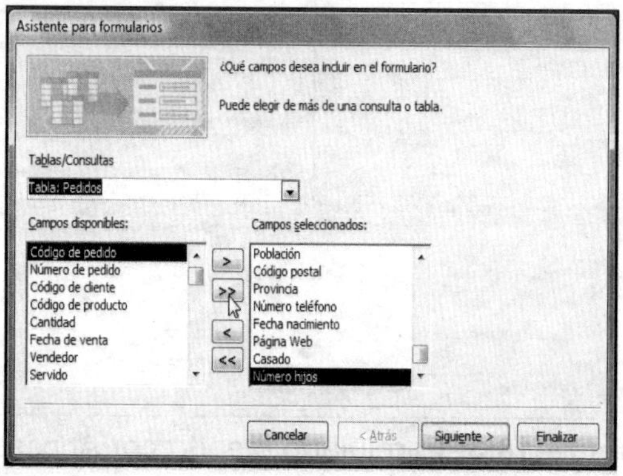

Figura 18.4. Primera ventana del Asistente.

3. Seleccione la tabla principal de la que vaya a obtener datos en el cuadro Tablas/Consultas y añada los campos que desee que aparezcan en el formulario pulsando el botón >. En el ejemplo, añada todos los campos de la tabla Clientes.
4. Repita el paso anterior para cada una de las tablas o consultas de las que desee obtener datos. En el ejemplo, añada todos los campos de la tabla Pedidos. Al terminar, haga clic en el botón **Siguiente**.
5. En la nueva ventana del Asistente, tiene que decidir si desea que los datos de la tabla secundaria aparezcan en el formulario como un subformulario o vinculados. La figura 18.1 es un ejemplo del primer caso. Si se vincula el formulario secundario, realmente lo que aparecerá en el formulario es un botón de comando que dará paso al subformulario. En el ejemplo, deje seleccionada la opción Formulario con subformularios y haga clic en **Siguiente**.

Nota:

En el paso 5, también puede indicar si desea ver los datos ordenados por una tabla (Clientes) o por otra (Pedidos). Seleccione siempre la tabla principal en la relación 1 a muchos.

6. En la ventana que aparece, simplemente indique si quiere ver el subformulario con la apariencia de una hoja de datos o de un formulario tabular. Recomiendo la opción Hoja de datos en este caso, ya que es menos elegante, pero da más juego a la hora de modificar los valores.
7. Tras pulsar el botón **Siguiente**, aparece una nueva ventana en la que especificar el estilo del formulario. En el ejemplo he usado el estilo Civil, pero elija el que desee y haga clic en **Siguiente**.
8. Finalmente, asigne un nombre al formulario principal y al subformulario en la última ventana del Asistente. Yo he usado **Clientes principal** y **Pedidos subformulario**, respectivamente. Haga clic en **Finalizar** y aparecerá la vista Presentación (o Formulario) del nuevo formulario.

La figura 18.5 muestra el resultado de seguir los pasos anteriores en mi ordenador. En realidad, al crear el formulario de este modo, se crean dos formularios distintos: el formulario principal (Clientes principal) y un subformulario (Pedidos subformulario). Por tanto, verá dos formularios en el Panel del explorador. Tenga cuidado, ya que si asigna un nombre de formulario que ya existe a cualquier de estos dos formularios, eliminará el anterior (previo aviso de Access).

Consejos para mejorar el rendimiento de los formularios

Si compara las figuras 18.5 y 18.1, encontrarás varias diferencias, sobre todo en lo referente al formato. El motivo es que el formulario obtenido desde el Asistente, no está depurado. Los siguientes consejos pueden ayudarle:

- Utilice la ventana Presentación del formulario (figura 18.6) para modificar el tamaño y posición de los controles, de manera que puedan mostrar su contenido y, a la vez, no sean excesivamente grandes. En la figura 18.1, he alineado a la derecha las etiquetas de los controles.

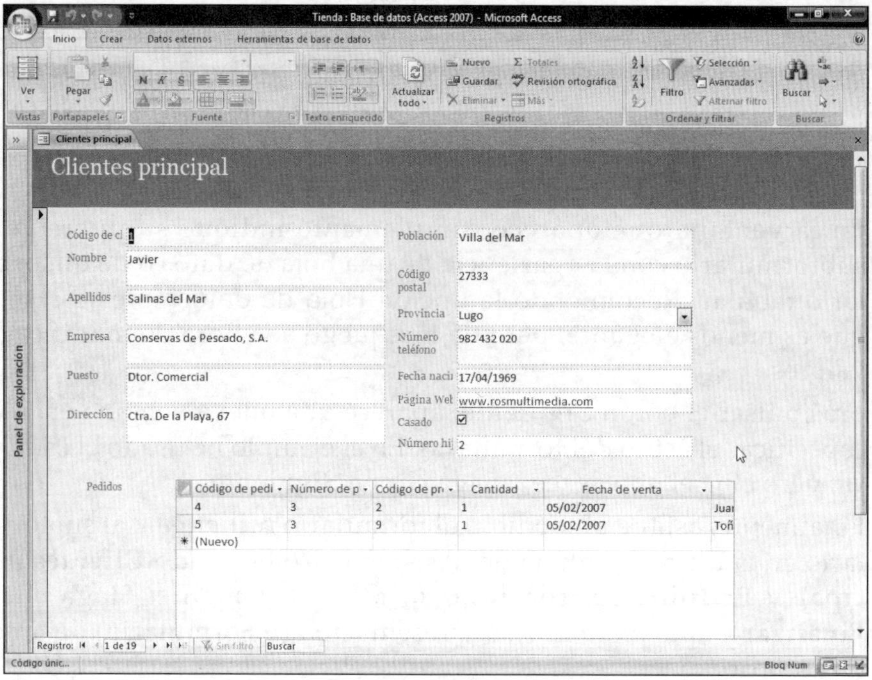

Figura 18.5. El formulario obtenido del Asistente.

- En la primera ventana del Asistente para formularios, no seleccione el campo de relación en la tabla secundaria. Por ejemplo, no debíamos haber seleccionado el campo Código de cliente de la tabla Pedidos, ya que aparecerá repetido tanto en el formulario principal como en el subformulario.
- En el subformulario, modifique el texto de su etiqueta y amplíelo lo suficiente para poder verlo bien. A continuación, muévalo encima del subformulario. Para hacerlo, tiene que desacoplar el subformulario y su etiqueta.
- Seguidamente, utilice los conocimientos que ya ha adquirido sobre las hojas de datos para modificar el ancho de las columnas del subformulario con el fin de que se vean todos los datos en la misma ventana de presentación del formulario (y evitar, así, usar las barras de desplazamiento).
- Amplíe el tamaño de la etiqueta Código de cliente para que se vea todo el texto.
- Haga lo mismo con la etiqueta Fecha de nacimiento.

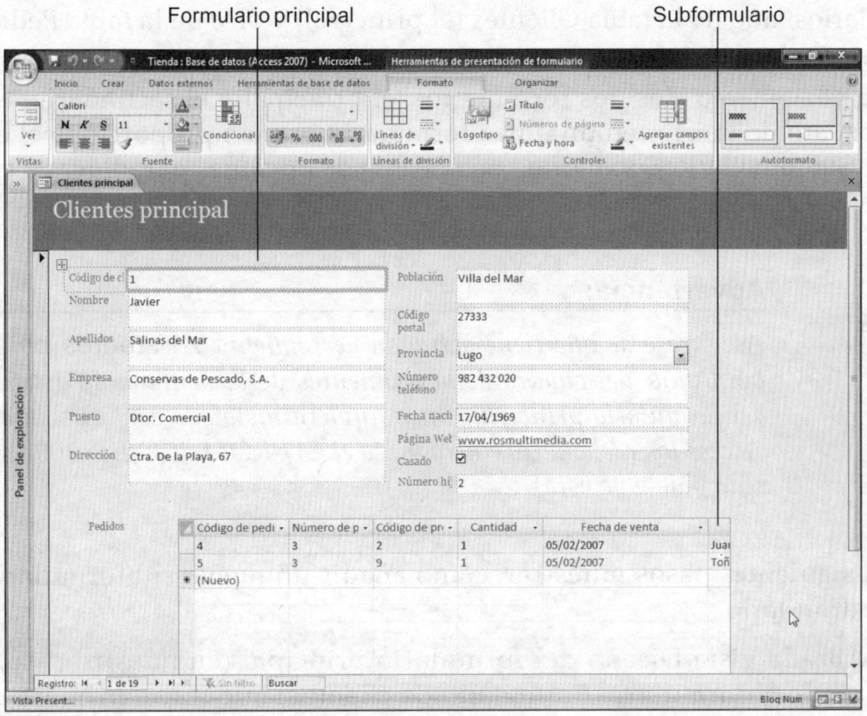

Figura 18.6. Vista Presentación del formulario creado con el Asistente.

Utilizar formularios ya existentes

Como ya hemos dicho, el Asistente, realmente, no hace más que crear dos formulario (uno principal y otro secundario) y, después, relacionarlos utilizando el campo de relación. Puede darse el caso de que ya se disponga de los formularios que sirvan como principal y/o secundario. En este caso, no es necesario crear nuevos formularios con el Asistente, ya que se pueden emplear los ya existentes. En concreto, los pasos que hay que seguir son:

1. Crear el formulario principal, si es necesario.
2. Crear el subformulario, si es necesario.
3. Incrustar el segundo en el primero y enlazarlos.

Añadir un subformulario a un formulario

No vamos a ver ahora cómo crear los dos formularios, ya que lo hemos hecho ya varias veces. Por tanto, asumiremos que disponemos de dos formularios, uno de la tabla Clientes (el principal) y otro de la tabla Pedidos (el secundario).

Una vez tenemos los dos formularios, el principal y el secundario, es el momento de unirlos en un único formulario. Access proporciona el control Subformulario/Subinforme en la Cinta de opciones para llevar a cabo esta operación.

Advertencia:

Asegúrese de que tiene activa la herramienta Asistentes para controles *del cuadro de herramientas de la ventana de diseño del formulario principal. Si no tuviera instalado este asistente, Access los reclamaría (introduzca el CD-ROM de Office 2003 si se lo pide y ya está).*

Los siguientes pasos muestran cómo añadir un nuevo subformulario a un formulario.

1. Abra la vista Diseño del formulario principal (en nuestro caso, he usado el formulario Formulario de clientes, que fue el primero que creamos).
2. Haga clic en el botón **Subformulario/Subinforme** de la Cinta de opciones. Access "hunde" el botón correspondiente a dicha herramienta para indicar que está seleccionada.
3. Haga clic en la zona del formulario principal en la que desee incluir el subformulario. Access añade un nuevo control al formulario y muestra la primera pantalla del asistente para subformularios (véase la figura 18.7).
4. Seleccione el nombre del subformulario en la lista Usar un formulario existente y haga clic en **Siguiente**.
5. En la lista de vínculos, seleccione el que Access propone por omisión (está resaltado) y haga clic en **Siguiente**.
6. Teclee el título que desee asignar al subformulario y haga clic sobre el botón **Finalizar**.

En la figura 18.8 puede ver el resultado de usar la secuencia de pasos anterior con nuestro subformulario "Pedidos subformulario". Si compara esta figura con la figura 8.1 verá que se ha conseguido un formulario con los mismos datos, aunque el formato.

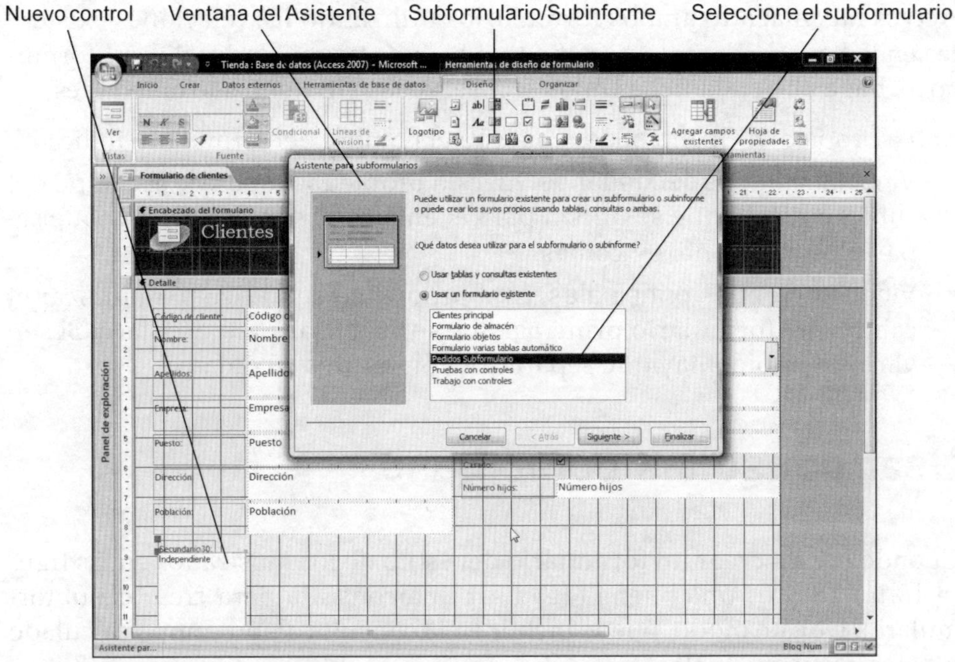

Figura 18.7. Primera ventana del Asistente para subformularios.

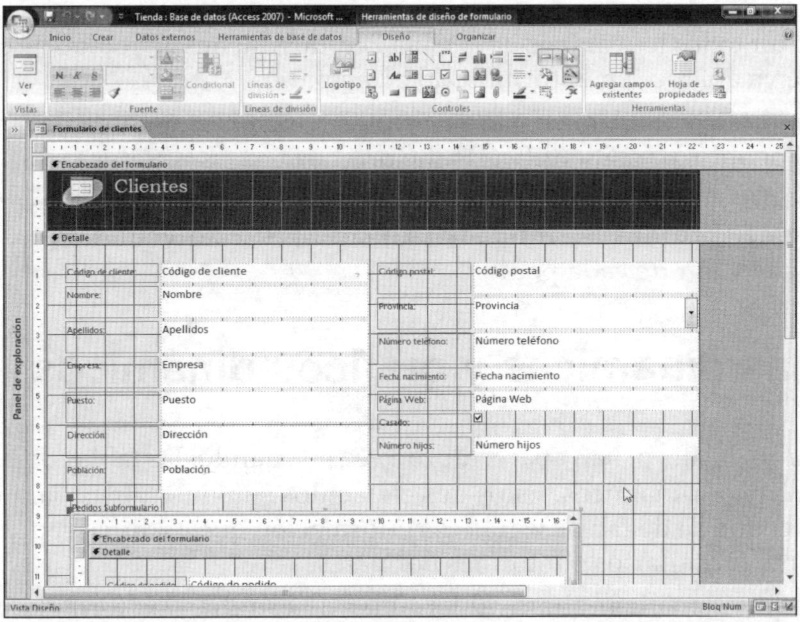

Figura 18.8. Resultado de usar el Asistente para subformularios.

Access ha enlazado ambos formularios utilizando las relaciones existentes en la base de datos. Abra ahora la hoja de propiedades del subformulario, haga clic en la ficha Datos y observe las siguientes propiedades:

- La propiedad Objeto origen muestra el nombre del formulario indicado.
- Vincular campos secundarios. En esta propiedad, aparece el campo del subformulario que se utiliza para el enlace. Si son varios, hay que separarlos con puntos y comas.
- Vincular campos principales. Esta propiedad se utiliza para indicar el campo del formulario principal que se va a usar para el enlace. Si son varios, también hay que separarlos con puntos y comas.

Usar consultas como base

Cuando vaya a crear un formulario del estilo de los mostrados en las figura 18.1 y 18.8, es una buena idea usar una consulta para crear el subformulario. De este modo, puede incluir en la consulta algún campo calculado y datos de varias tablas.

En nuestro ejemplo, sería útil incluir en dicha consulta las siguientes características:

- Incluir todos los campos de la tabla Pedidos, menos el Código de cliente, que ya aparece en el formulario principal.
- Añadir la tabla Almacén a la consulta, e incluir el nombre del artículo del pedido, para identificarlo mejor.
- Añadir un campo calculado llamado `Subtotal` con la expresión **=Suma([Pedidos]![Cantidad]*[Almacén]![Precio venta]**. Así, se tendría el valor de cada pedido.

Tablas dinámicas y gráficos dinámicos

A lo largo del libro, han aparecido, de vez en cuando, las tablas dinámicas y los gráficos dinámicos. Estos dos elementos son muy útiles para representar en forma de tablas y gráficos información que es difícil representar mediante formularios o informes normales.

Los vamos a analizar ahora, al terminar de estudiar los formularios, ya que los dos ejemplos que vamos a tratar los vamos a representar como formularios. Estos elementos recuerdan las consultas de referencias cruzadas, que vimos en el capítulo 16. Pero lo mejor es ver un ejemplo.

Tablas dinámicas

La figura 18.9 muestra un formulario del tipo Tabla dinámica. Como puede ver, el objetivo de este formulario es mostrar las cantidades vendidas por cada vendedor día a día entre los días 4 y 10 de febrero.

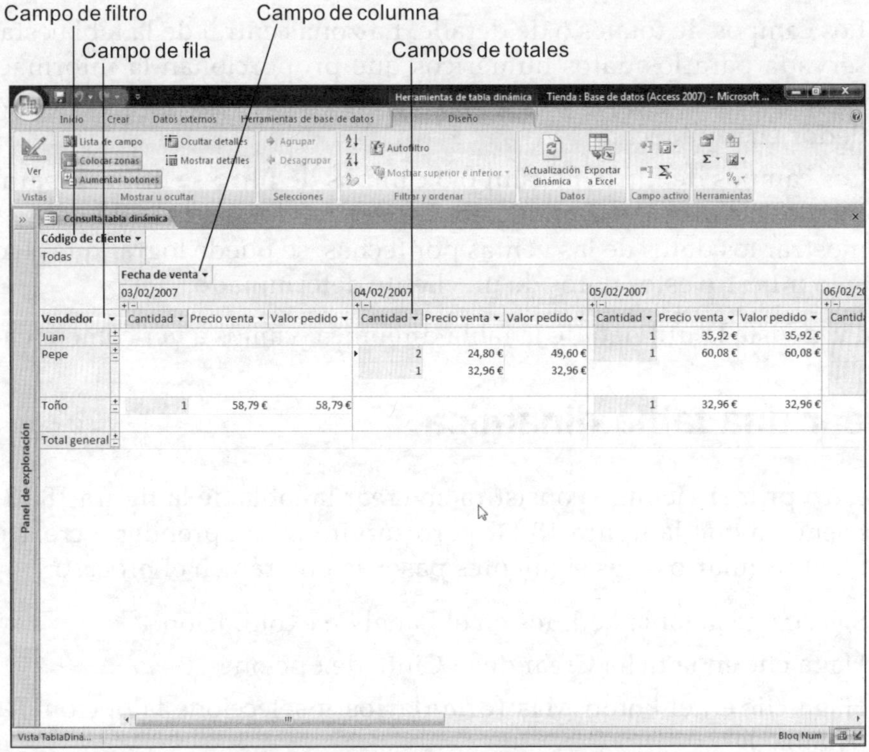

Figura 18.9. Ejemplo de tabla dinámica.

Se puede decir que las tablas dinámicas se utilizan para mostrar de manera rápida e intuitiva la información según varios criterios. Por ejemplo, en la figura 18.9, se muestra la cantidad y precio de cada pedido (además de la multiplicación de ambos campos); pero, lo interesante es que se muestra organizado por la fecha de pedido (las columnas) y por vendedor (las filas). Así, se pueden analizar las ventas de cada vendedor por fechas.

En la figura 18.9 se han marcado los elementos que componen una tabla dinámica, que son los siguientes:

- Los campos de columna. Como su nombre indica, son los campos que ocupan los encabezados de la columna. En nuestro ejemplo, los datos se muestran según las fechas y, por eso, el campo Fecha de venta es el campo de columna.
- Los campos de fila. Los campos de filas aparecen en la parte izquierda y son los otros campos que interesa conocer. En nuestro caso, queremos obtener las ventas por vendedor y, por tanto, necesitamos este campo en las filas.
- Los campos de totales o de detalle. La zona central de la tabla está reservada para los datos numéricos que proporcionan la información buscada: cantidad, precio y total de cada venta realizada por cada vendedor en cada fecha.
- Los campos de filtro. El campo o campos de filtro se utilizan para filtrar los valores del formulario. De ese modo, además de conseguir mostrar los datos de las ventas por fechas, se puede lograr que Access sólo muestre estos datos de un cliente determinado.

Una vez vista la utilidad de la tabla dinámica, vamos a ver cómo crearla.

Crear una tabla dinámica

Nuestro primer ejemplo consistirá en crear la tabla de la figura 18.12. Es más sencilla que la figura 18.11, pero servirá para aprender a crear este tipo de formularios. Los siguientes pasos le guiarán en el proceso:

1. Seleccione la tabla Pedidos en el Panel de exploración.
2. Haga clic en la ficha **Crear** de la Cinta de opciones.
3. Haga clic en el botón **Más formularios** y seleccione la opción Tabla dinámica.
4. Tras unos instantes, Access mostrará la vista de la tabla dinámica (figura 18.11). A partir de este punto, sólo resta indicar los campos de la lista de campos que deseamos que sean los campos de filtro, de columna, de fila y de totales.

En nuestro ejemplo, Código de cliente es el campo de filtro, Fecha de venta es el campo de columna, Vendedor es el campo de fila y Cantidad es el campo de totales.

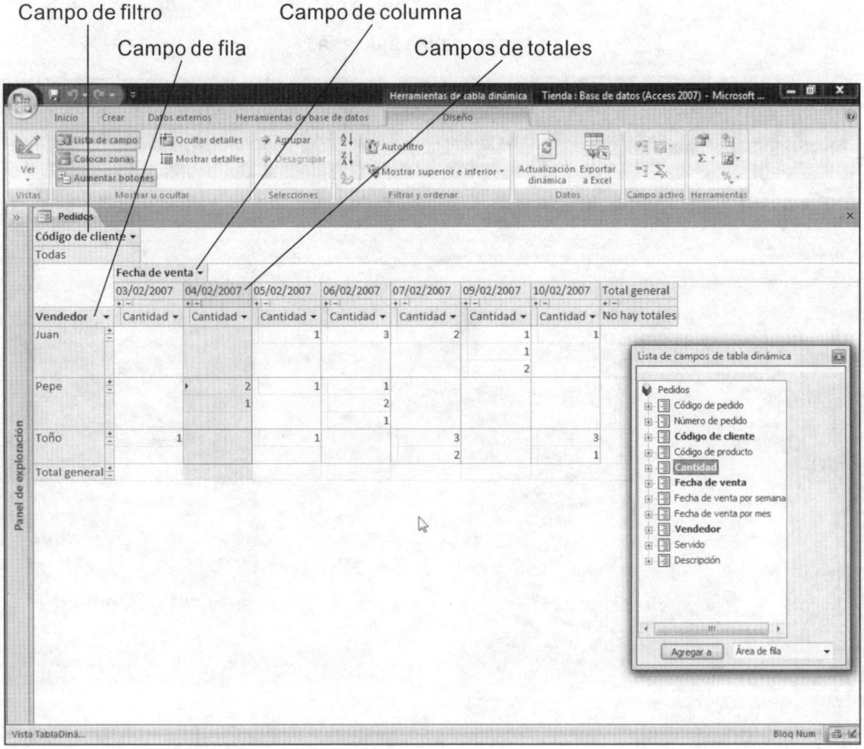

Figura 18.10. Nuestra primera tabla dinámica.

Para definir los campos, sólo hay que arrastrarlo desde la lista de campos a la posición de la tabla que se desee. Si no puede ver la lista de campos, haga clic en el botón **Lista de campo** de la sección Mostrar u ocultar. Por ejemplo, arrastre el campo Código de cliente desde la lista de campos hasta el texto Coloque campos de filtro aquí (figura 18.11).

Conforme vaya añadiendo los campos de fila, columna, filtro y totales, Access va mostrando el resultado en la ventana. Al terminar, obtendrá la figura 18.12. Guarde el formulario con el nombre **TablaDinámicaSimple** y cierre su ventana.

Tablas dinámicas desde consultas

Aunque la figura 18.10 muestra una tabla dinámica ciertamente útil, es mucho más útil la figura 18.9, que muestra, además de las cantidades de producto vendidas por cada vendedor, el precio del producto y el valor de cada pedido.

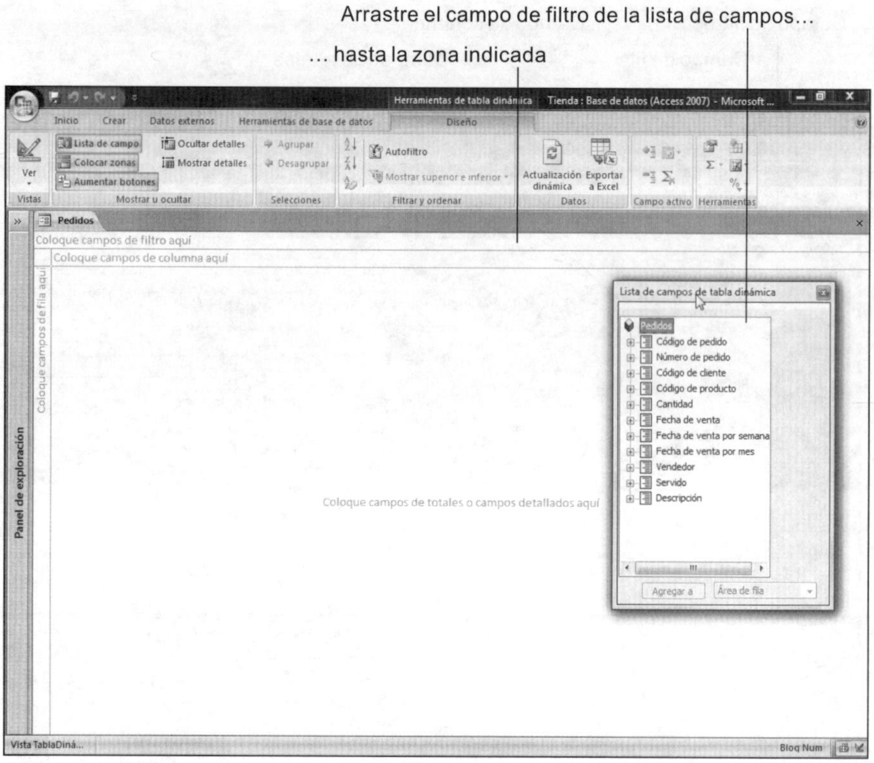

Figura 18.11. Ventana para definir la tabla dinámica.

La forma de lograr construir dicha tabla dinámica consiste en basarla en los resultados de una consulta en lugar de basarla en una tabla. La figura 18.12 muestra la consulta llamada Consulta tabla dinámica, creada para el ejemplo.

Cuando cree la consulta, cierre su ventana y aplique los pasos vistos en el apartado anterior para crear un formulario de tabla dinámica basado en esta consulta. La gran diferencia entre la figura 18.11 y la figura 18.12 es que en la primera se han introducido tres campos de detalle: Cantidad, Precio venta y Valor pedido.

Guarde este nuevo formulario utilizando el nombre **Formulario tabla dinámica**.

Observe las flechas que aparecen a la derecha de todos los nombres de campos (Código de cliente, Precio venta, etc.). Puede usar estas flechas para crear filtros, de manera que sólo vea los datos referentes a un cliente o de una fecha determinada o de un vendedor.

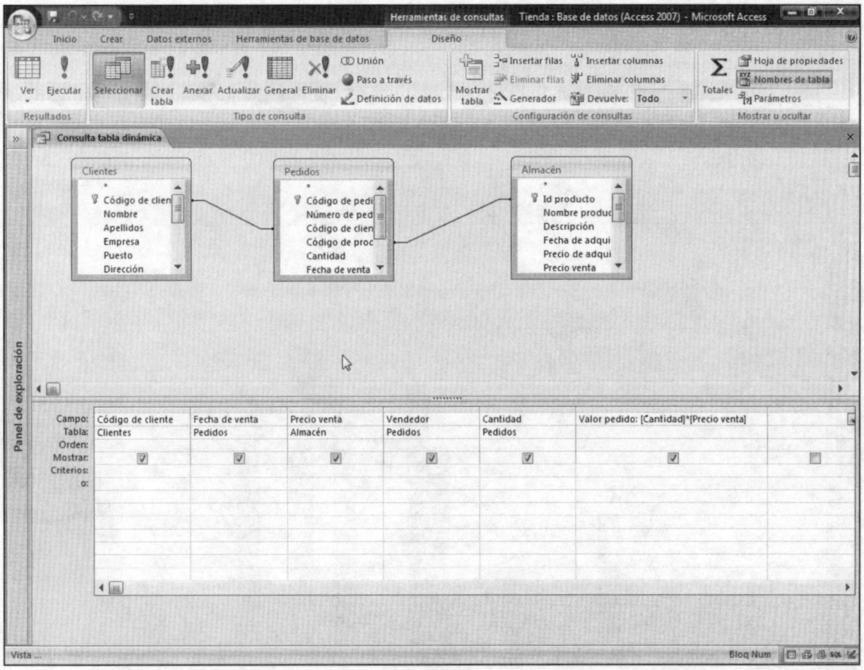

Figura 18.12. Consulta origen de la tabla dinámica.

Gráficos dinámicos

La figura 18.13 muestra un ejemplo de gráfico dinámico. En realidad, los datos representados no difieren mucho de los mostrados en la tabla dinámica de la figura 18.9: muestra las ventas de cada vendedor por fecha, pero de manera gráfica (y sólo muestra el valor total de la venta de cada pedido, ni la cantidad ni el precio unitario).

Volvemos a ver aquí que el objetivo de los gráficos dinámicos y de las tablas dinámicas es el mismo: mostrar los datos de manera más intuitiva que las tablas, formularios simples e informes.

Los siguientes pasos muestran cómo puede crear el ejemplo que se ilustra en la figura 18.13:

1. En el Panel de exploración, seleccione la consulta Consulta tabla dinámica.
2. En la ficha Crear, haga clic en el botón **Gráfico dinámico** de la sección Formularios.

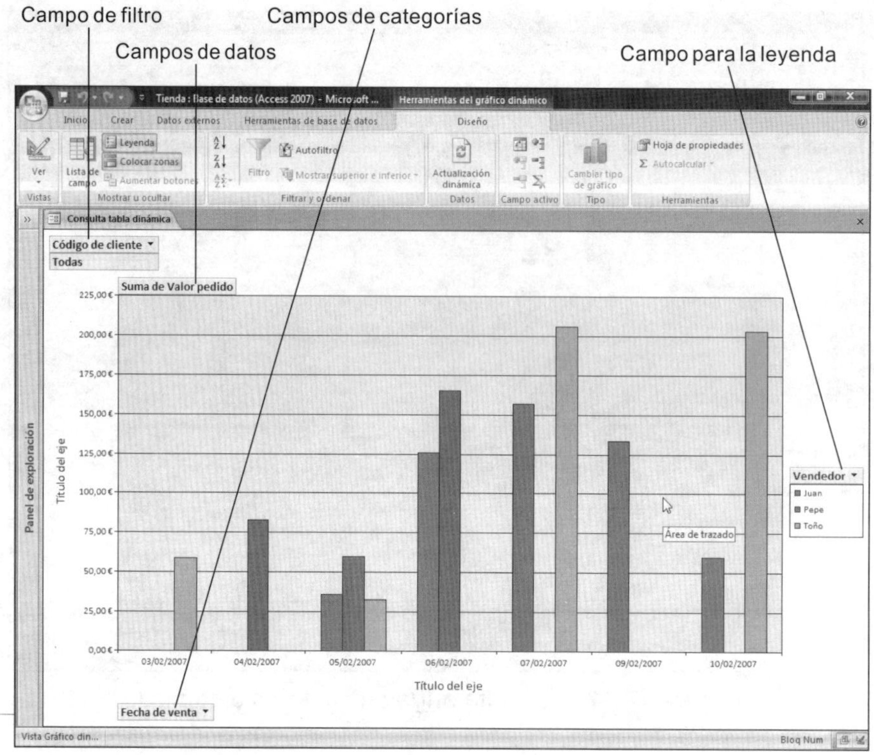

Figura 18.13. Ejemplo de gráfico dinámico.

3. En la ventana que aparece (figura 18.14), defina el campo de datos, el campo de serie y el campo de categoría arrastrándolos desde la lista de campos a la posición indicada en la ventana.
4. Introduzca un título para cada uno de los ejes, que indiquen qué representa el gráfico (haga clic con el botón derecho y seleccione Propiedades; en la ficha Formato, escriba el Título). Además, ejecute el comando Leyenda de la sección Mostrar u ocultar si no está activo.

En el ejemplo, hemos usado Código de cliente como campo de filtro, Fecha de venta como categoría, Vendedor como serie y Valor pedido como datos. Guarde el formulario con el nombre **Gráfico dinámico ventas**.

Resumen

Por fin, tras varios capítulos en los que hemos usado formularios por una parte y hemos visto cómo crear consultas de varias tablas, ha llegado el momento de crear formularios de varias tablas. Este tipo de formularios permite ver, modificar e introducir datos de varias tablas a la vez.

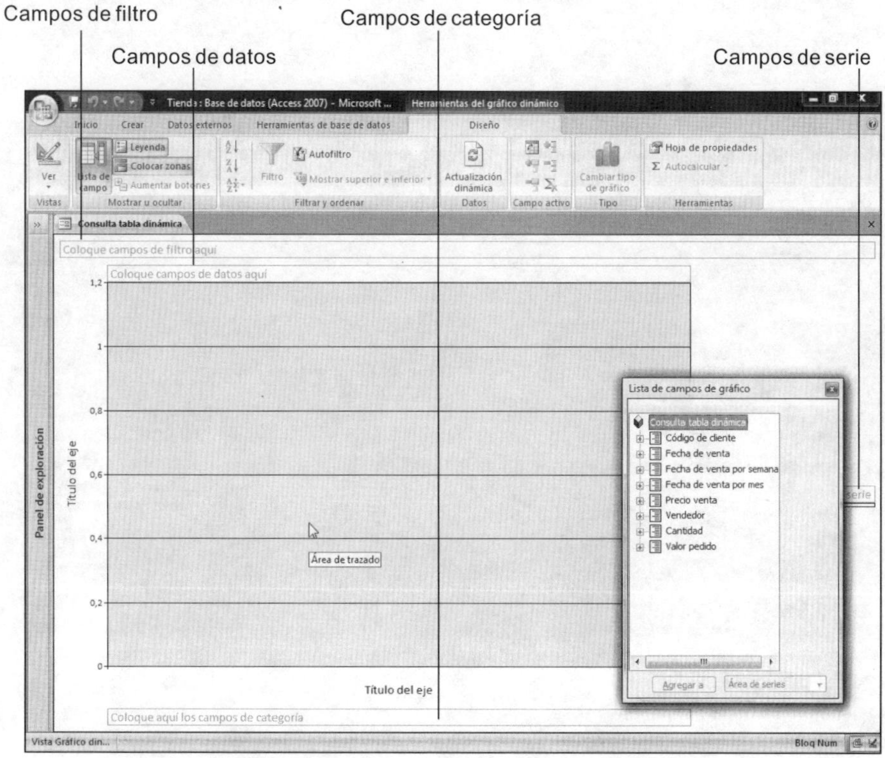

Figura 18.14. Ficha para diseñar el gráfico dinámico.

La creación de estos formularios es igual de sencilla que la creación de formularios de una tabla. De hecho, usando un autoformulario, se logra incluir dos tablas relacionadas (mediante una relación uno a muchos) en un mismo formularios.

Si ya existen formularios de dos tablas que estén relacionadas, se pueden usar para crear un formulario de varias tablas, sin necesidad de crear el formulario desde cero. Sin embargo, crearlos es tan sencillo que tampoco nos tiene que obsesionar esta idea.

Otra forma de incluir datos de varias tablas en un formulario es basar el formulario en una consulta que use datos de varias tablas relacionadas.

Las tablas dinámicas y los gráficos dinámicos permiten mostrar los datos de manera muy intuitiva, logrando que el usuario identifique los datos de varias tablas relacionadas de un simple vistazo.

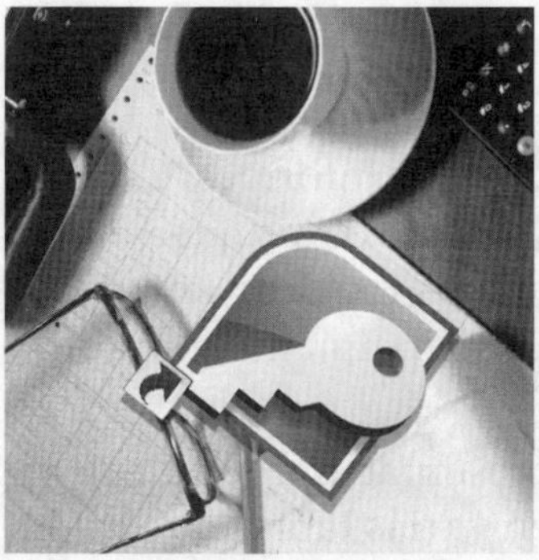

Capítulo 19

Informes

En este capítulo aprenderá:

- El concepto de informe, último gran objeto de base de datos que veremos en el libro.
- A crear un informe.
- A usar los asistentes para crear informes automáticos.
- A usar el Asistente para informes.
- Las distintas ventanas en que se pueden ver los informes.
- A aplicar las propiedades especiales de los cuadros de texto para los informes.

Los informes

Los dos últimos capítulos del libro están dedicados a los informes. Constituyen el último de los grandes elementos de una base de datos que vamos a analizar en este libro. En más de una ocasión, hemos repetido en los capítulos anteriores que los informes se utilizan, principalmente, para imprimir los datos existentes en las tablas de Access.

Los informes están pensados para mejorar la presentación de nuestros datos y para poder mostrar los datos existentes en varias tablas que estén relacionadas entre sí.

Mientras que los datos que utilicemos sean, única y exclusivamente, para nuestro uso personal, las consultas y los formularios serán más que suficientes para satisfacer nuestras necesidades de presentación de datos. Sin embargo, cuando deseemos mostrar nuestros datos a alguien más, será más que posible que no estemos satisfechos con la copia impresa que obtengamos de una consulta o un formulario.

La figura 19.1 muestra un ejemplo de informe. Como puede ver, este informe muestra información sobre los pedidos realizados por cada cliente de nuestra empresa ficticia.

Crear un informe

Ahora que ya sabemos cuál es la misión de los informes, vamos a ver cómo se pueden crear. Para crear un informe, hay varios procedimientos; los principales son:

1. Utilizar los asistentes para.
2. Utilizar el Asistente para informes estándar
3. Partir de una hoja en blanco. Al igual que con los formularios, no le aconsejo que use esta opción, ya que tendrá que diseñar el informe desde el principio. Es mejor que se deje ayudar por el Asistente para informes y, después, adapte el informe que obtenga si es necesario.

El informe automático

Al igual que ocurría con los formularios, también se puede crear un informe en un único paso. Access crea el informe partiendo de una tabla o consulta utilizando para ello todas las opciones por omisión. En la mayoría de los casos, será más que suficiente para imprimir los datos de una tabla o consulta.

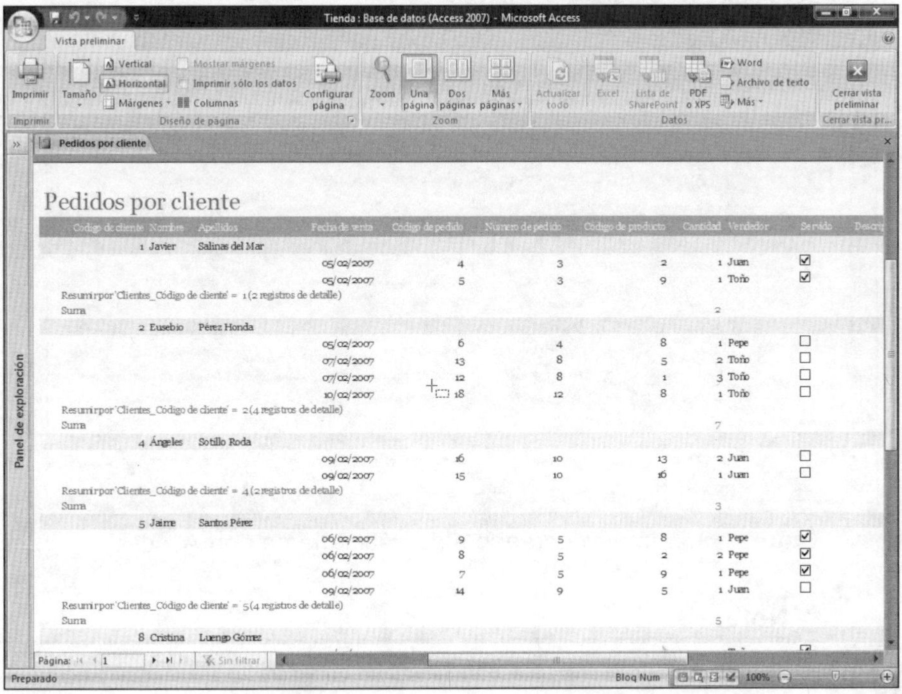

Figura 19.1. Ejemplo de informe.

Para crearlo, sólo hay que seguir estos pasos:

1. En el Panel de exploración, haga clic en la tabla o consulta con la que quiera crear el informe.
2. Haga clic en la ficha Crear de la Cinta de opciones.
3. Pulse en el comando **Informe** de la sección Informes de la Cinta de opciones.

La figura 19.2 muestra el informe obtenido de crearlo directamente con la tabla Clientes. Esta figura, en concreto, muestra la vista Presentación del informe. Al igual que ocurría con los formularios, la vista Presentación de los informes sirve para ver su resultado y realizar pequeñas modificaciones que mejoren la apariencia. Funciona básicamente igual que la de los formularios.

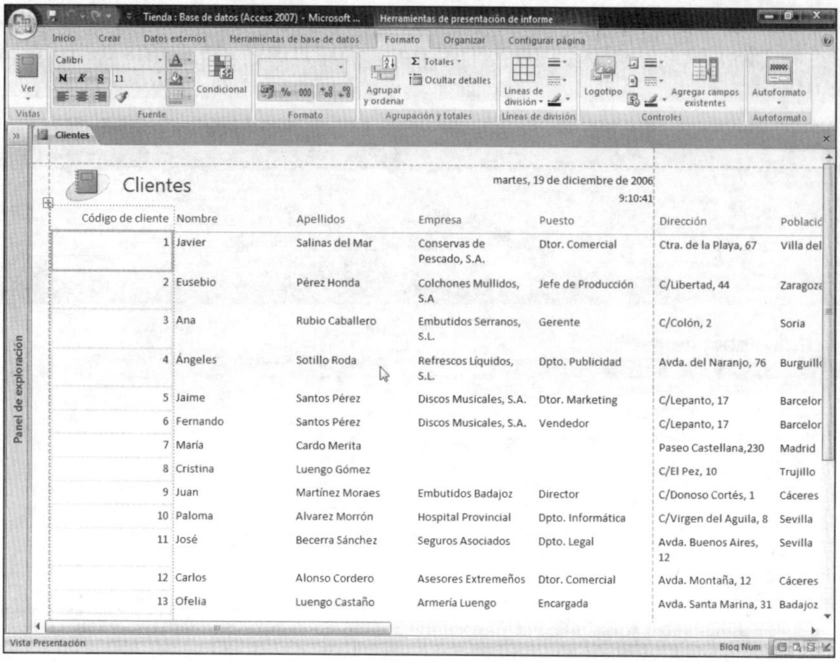

Figura 19.2. Informe creado automáticamente con Access.

Nota:

Las operaciones básicas con los informes (como guardar, copiar, borrar, etc.) se llevan a cabo exactamente igual que con el resto de objetos, como tablas, formularios o consultas.

Más control con el Asistente para informes

Además de la posibilidad de crear el informe directamente pulsando un botón, también Access pone a nuestra disposición un Asistente para informes similar al que vimos para los formularios. Este tipo de asistente alarga un poco el proceso de creación del informe, pero aumenta el grado de control sobre el resultado final.

Consejo:

Utilice este asistente cuando desee crear un informe de datos de más de una tabla.

Los siguientes pasos muestran cómo utilizar este asistente:

1. Haga clic en la ficha Crear de la Cinta de opciones.
2. En la sección Informes, haga clic en el botón **Asistente para informes**. Access mostrará el cuadro de diálogo Asistente para informes (figura 19.3) que es similar al que ya hemos visto varias veces en el libro para otros objetos.

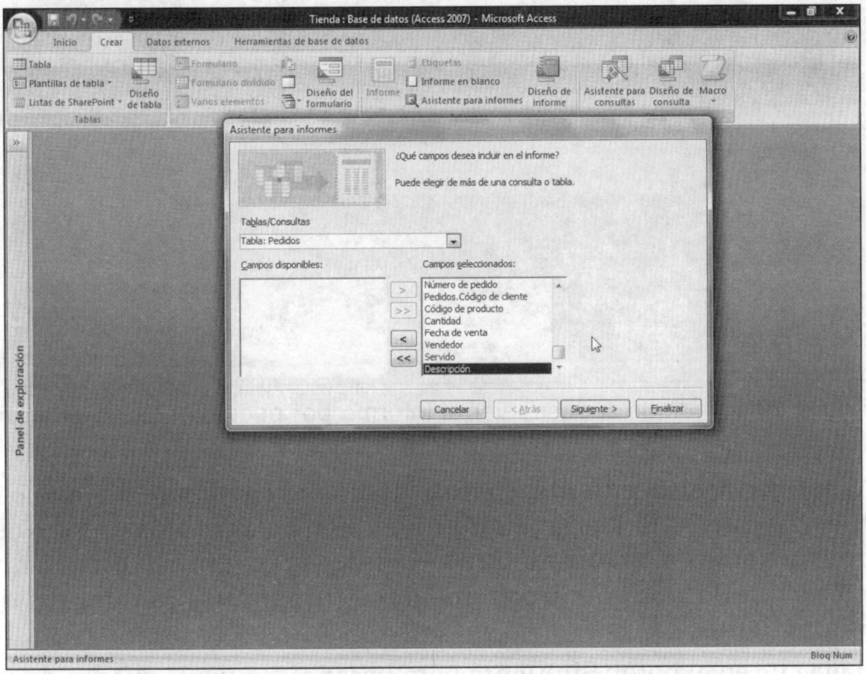

Figura 19.3. Cuadro de diálogo Asistente para informes.

3. Añada los campos que desee que aparezcan en el informe. Al igual que ocurría con los formularios y consultas, pueden proceder de varias tablas. En nuestro ejemplo, hemos añadido el código del cliente, así como su nombre y apellidos. Además, hemos incluido todos los campos de la tabla Pedidos (repitiendo el código del cliente, que eliminaremos después).
4. Cuando termine de seleccionar los campos, haga clic en **Siguiente**. Observe el nuevo cuadro de diálogo que aparece (figura 19.4). Este cuadro sólo aparece si ha incluido datos de varias tablas. Ha de indicar si quiere ver los datos por una tabla u otra. En el ejemplo, deseamos verlos por Clientes (es la tabla principal).

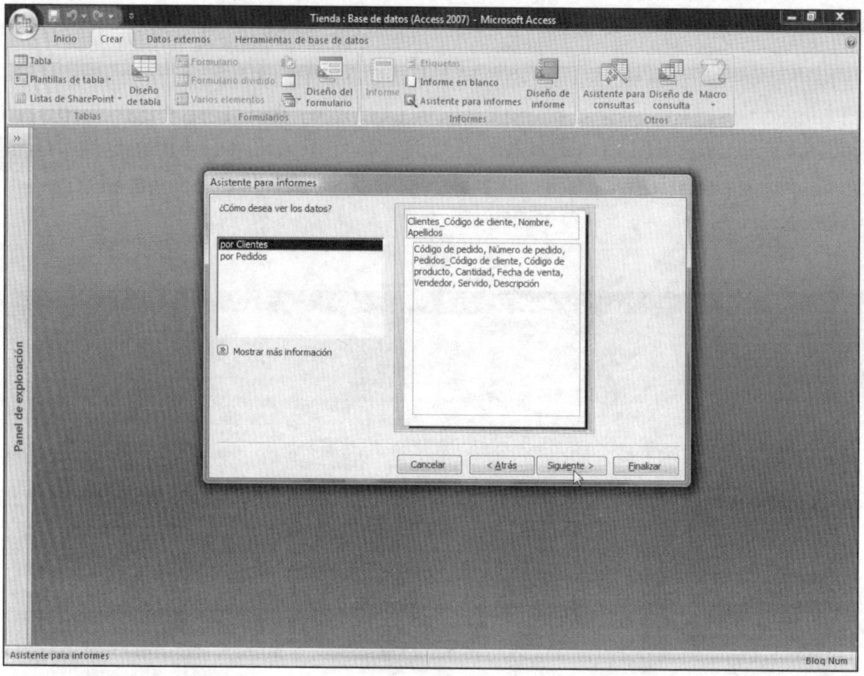

Figura 19.4. Indique si desea ver el informe por pedidos o por clientes.

5. Al hacer clic en **Siguiente**, aparece un nuevo cuadro de diálogo para que agregue, si lo desea, algún nivel más de agrupamiento. Nosotros no vamos a añadir ninguno, ya que si recuerda lo dicho antes, lo que queríamos era, precisamente, agrupar la salida por los distintos clientes.
6. Haga clic en el botón **Siguiente** para pasar al siguiente cuadro de diálogo. Este cuadro de diálogo le permite decidir el orden por el que quiere que aparezca la *información de detalle*. Esta información de detalle no es más que la información que va a aparecer dentro de cada grupo. En nuestro ejemplo, es la información de los pedidos que nos va a mostrar el informe para cada uno de nuestros clientes. Seleccione el campo Fecha de venta para ordenar la salida por orden cronológico.
7. Este cuadro de diálogo también permite definir si se desea incluir algún campo de totales en el informe. Estos campos de totales estarán representados por controles calculados y se usan para presentar información estadística en el informe. Para hacerlo, tiene que hacer clic en el botón **Opciones de resumen**. Aparece el cuadro de diálogo del mismo nombre (figura 19.5).

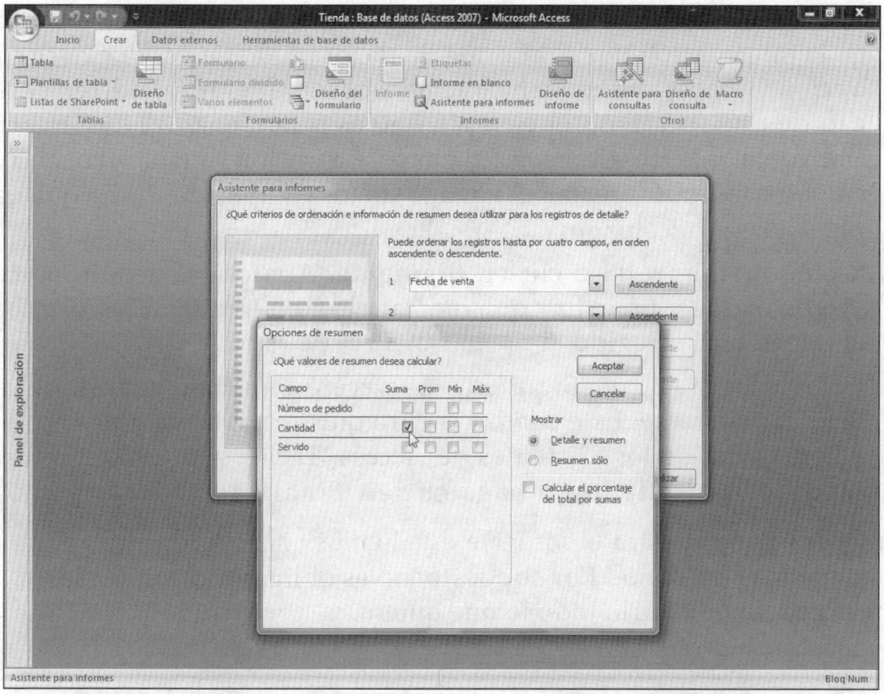

Figura 19.5. Cuadro de diálogo Opciones de resumen.

8. En este cuadro de opciones de resumen el asistente muestra todos los campos numéricos que se hayan seleccionado para el informe. Haga clic en la opción de resumen que desee usar (Suma, Promedio, Mínimo, Máximo). También puede indicar al asistente que muestre información de porcentajes. En el ejemplo, active la operación Suma del campo Cantidad. Al terminar, pulse el botón **Aceptar** para cerrar el cuadro de diálogo Opciones de resumen y volver al cuadro del asistente.

Nota:

Observe que en el cuadro Opciones de resumen *también aparece el campo Servido. El motivo es que Access almacena los campos lógicos como 0 o 1 (que son números).*

9. Haga clic en **Siguiente**. El siguiente cuadro de diálogo se encarga del formato del informe. Como primera decisión, seleccione si quiere ver

los datos en vertical o en horizontal. Después, decida la distribución de la información por el informe. El mejor modo de ver qué hace cada opción es hacer clic en dicha opción y observar el resultado en el cuadro de muestra. Para el ejemplo hemos seleccionado la orientación Horizontal y la distribución En pasos. La opción Ajustar el ancho del campo... permite ajustar el tamaño de los campos de forma que quepan en una única página.

10. Cuando termine, haga clic en **Siguiente**. Aparece el penúltimo cuadro de diálogo. En él hay que indicar el estilo que se desea usar para el informe. He elegido la opción Civil.

11. Cuando haga clic en **Siguiente**, aparecerá el último cuadro de diálogo del asistente. Este cuadro seguro que le suena, ya que es común a la mayoría de los asistentes de Access. Teclee el título del informe (**Pedidos por cliente**) y haga clic en **Finalizar**.

La figura 19.6 muestra el informe que hemos conseguido utilizando directamente el asistente. Por supuesto, no es obligatorio conformarse con éste. Puede modificarlo todo lo que quiera.

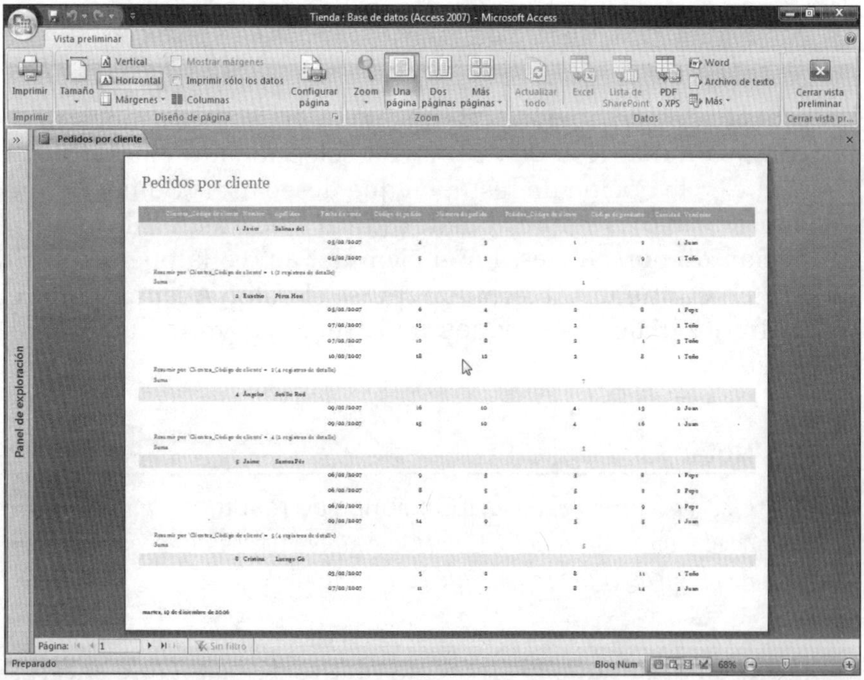

Figura 19.6. Resultado de usar el asistente para informes.

Las vistas de los informes

Para trabajar con los informes disponemos de varias vistas. Llegados a este punto, verá que Access es bastante consistente en sus vistas, ya que todas ellas las hemos visto con anterioridad en algún objeto (tablas, formularios o consultas). Las vistas de los informes son las siguientes:

- La vista Presentación de informes que es idéntica a la vista Presentación de los formularios.
- La vista Diseño, que, como siempre, se usa para modificar el diseño del informe y, por tanto, para indicar a Access cómo deseamos que sea el informe.
- La vista Preliminar, que es idéntica a la que vimos al analizar la impresión de tablas en el capítulo 4.
- La vista Informe, muy parecida a la vista Presentación, pero que no permite modificar el diseño de los controles aunque sí aplicar filtros y realizar búsquedas como ya vimos en la vista Formulario de los formularios.

La figuras 19.1 y 19.6 muestran dos ejemplos de la vista Preliminar, mientras que la 19.2 muestra la vista Presentación. Igual que en el resto de objetos de Access, para cambiar de vista lo mejor es usar los botones de vista de la barra de estado o el botón **Ver** de la Cinta de opciones (en su ficha Inicio). Abra ahora la vista Diseño del informe Pedidos por cliente (figura 19.7).

Tiene un gran parecido con la ventana de diseño de los formularios Y funciona de una manera similar en la mayoría de las operaciones: añadir nuevos controles (calculados, dependientes e independientes), modificar los ya existentes (seleccionar, mover, copiar, cortar, pegar, cambiar el tamaño, etcétera), modificar las propiedades de los controles para establecer su apariencia (color, tamaño, si presenta barras de desplazamiento) y funcionamiento (campo del que depende, expresión que lo define, etcétera), utilizar la sección Controles para añadir nuevos controles, modificar las propiedades por omisión de los tipos de controles, etcétera.

Advertencia:

A pesar de las similitudes, existen diferencias entre los informes y los formularios. Por ejemplo, no son útiles los cuadros combinados, ni las casillas de verificación, ya que no tienen sentido en el papel impreso (no puede desplegar una lista, por ejemplo); tampoco tienen sentido las propiedades de eventos de los controles.

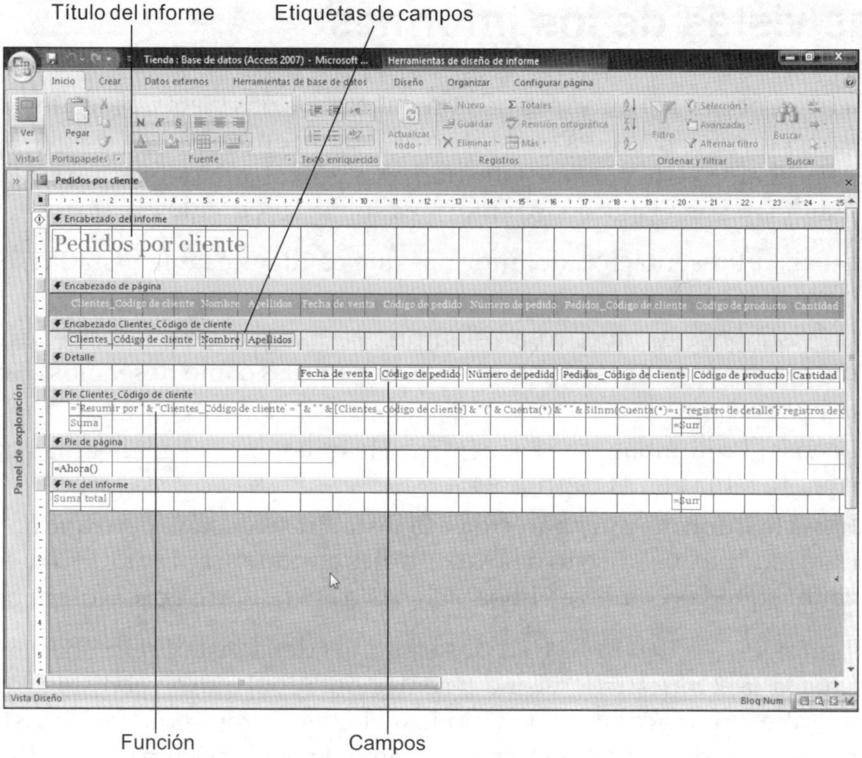

Figura 19.7. Vista Diseño del informe.

Esto significa que si desea realizar alguna acción en esta ventana y no recuerda cómo hacerlo, puede acudir al apartado correspondiente en los capítulos de formularios. Por ejemplo, para añadir un nuevo control al informe creado con el Asistente, tenemos que seguir los pasos que se indicaron en el apartado correspondiente a añadir un control en un formulario.

Pruebe ahora a modificar el diseño del informe que ha creado Access para que se parezca al mostrado en la figura 19.1. Los cambios son:

- Elimine el control del campo Código de cliente (tabla Pedidos). Observe que Access mueve los controles para rellenar el espacio libre.
- Cambie el título del control Código de cliente (de la tabla Clientes) para eliminar precisamente que viene de dicha tabla. Después, reduzca su ancho para adaptarlo a su nuevo título.
- Ensanche el campo Apellidos para que quepa el contenido.
- Ensanche el campo Servido para que se vea su título.
- Reduzca el ancho del campo Vendedor.

Nota:

Todos estos cambios se pueden realizar también en la vista Presentación, como vimos en el caso de los formularios.

Como no sería lógico repetir aquí cómo llevar a cabo todas las operaciones anteriores, vamos a dedicar el final de este capítulo y todo el capítulo siguiente a algunos temas que no hemos visto todavía y que le ayudarán a controlar mejor la apariencia de sus informes:

- Ciertas propiedades especiales de los cuadros de texto.
- Las secciones y saltos de página.
- Agrupación y clasificación de datos.
- Las propiedades del informe.

Propiedades especiales en cuadros de texto

En el capítulo 13 analizamos las distintas propiedades de los controles del tipo "cuadro de texto" en los formularios. A continuación, vamos a ver cuatro propiedades que tienen una gran importancia en los informes. Las dos primeras ya las conoce, pero es conveniente que las recuerde porque las utilizará frecuentemente en los informes:

- **Autoextensible** (ficha Formato). Esta propiedad indica a Access que puede aumentar, verticalmente, el tamaño del cuadro de texto, de forma que quepa todo el texto que contiene. Se suele utilizar cuando el control depende de un campo memo, de forma que el tamaño que se le asigna al control no es el tamaño máximo que puede poseer el campo memo, sino un tamaño intermedio. Si el texto de un registro no cupiera en el espacio que tiene asignado, Access aumentaría su tamaño todo lo necesario.
- **Autocomprimible** (ficha Formato). Tiene la misión contraria a la anterior: permite a Access disminuir, verticalmente, el tamaño de un cuadro de texto para no dejar espacios en blanco. Se utiliza en los mismos casos que la propiedad Autoextensible.
- **Ocultar replicados** (ficha Formato). La misión de esta propiedad es evitar que aparezcan repetidos los mismos datos en todas las líneas de

detalle de un informe. Si se define con el valor Sí, el control no aparecerá si tiene el mismo dato que el mismo campo del registro anterior.

- **Suma continua** (ficha Datos). Esta propiedad tiene tres valores posibles. El valor No, que es la opción por omisión, muestra el valor que posee el campo del que depende el cuadro de texto. El valor Sobre grupo realiza una suma acumulativa; esto es, en lugar de mostrar el valor que posee el campo del que depende el control, muestra el resultado de sumar el contenido de este campo en los registros anteriores dentro de su grupo (veremos los grupos más adelante). La opción Sobre todo es igual que la anterior, pero la suma acumulativa se realiza desde el principio del informe, sin tener en cuenta los grupos.

Nota:

Pruebe ahora los distintos valores de esta última propiedad en el control Cantidad *del informe Pedidos por cliente.*

Resumen

Los informes son los objetos de las bases de datos que están diseñados para mostrar los datos en pantalla o para imprimirlos. No están diseñados para modificar los datos de las tablas (para eso están los formularios), por lo que se utilizan sólo para mostrar los datos a terceros con cierto formato.

A la hora de crear un informe, si hay datos de varias tablas, lo mejor es utilizar el Asistente para informes, casi idéntico al Asistente para formularios, y que permite, por tanto, crear informes con datos procedentes de varias tablas y de varias consultas. Si son datos de una única tabla, usar el botón **Informe** de la Cinta de opciones (fiche Crear) es más rápido.

Las vistas de los informes son similares a las vistas para los formularios, excepto la vista Vista preliminar, que es igual que la usada a la hora de imprimir las tablas u otros objetos desde la Hoja de datos.

Con la vista Diseño, se pueden modificar los informes exactamente igual que vimos en los capítulos dedicados a los formularios. Hay ciertas propiedades de los cuadros de texto que tienen mucha más relevancia en los informes que en los formularios.

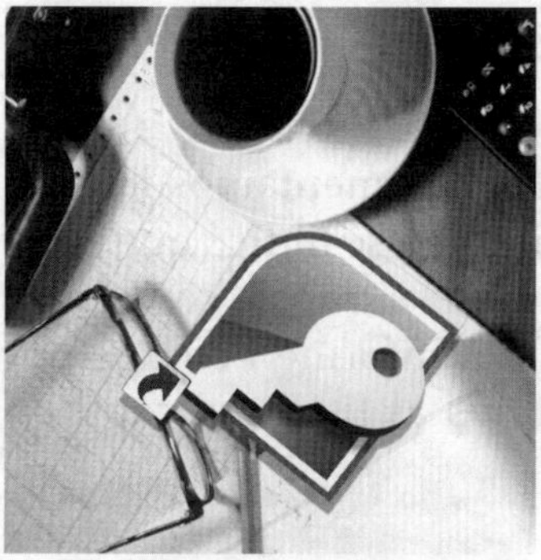

Capítulo 20

Secciones de informes

En este capítulo aprenderá:

- A identificar las secciones en los formularios.
- A trabajar con dichas secciones: añadirlas, eliminarlas, etcétera.
- La inclusión de saltos de página para separar partes de un informe en varias páginas.
- A sacar partido a las propiedades de las secciones.
- A agrupar y ordenar los datos de los informes.
- Las propiedades de los informes que más afectan a su presentación.

Las secciones y saltos de página

Al analizar los formularios en capítulos anteriores, comentamos la existencia de secciones dentro de los formularios. También se indicó que estas secciones adquieren verdadera importancia cuando se trabaja con los informes. La figura 20.1 muestra la vista Diseño del informe Pedidos por cliente. Recuerde que realizamos algunos cambios al final del capítulo anterior.

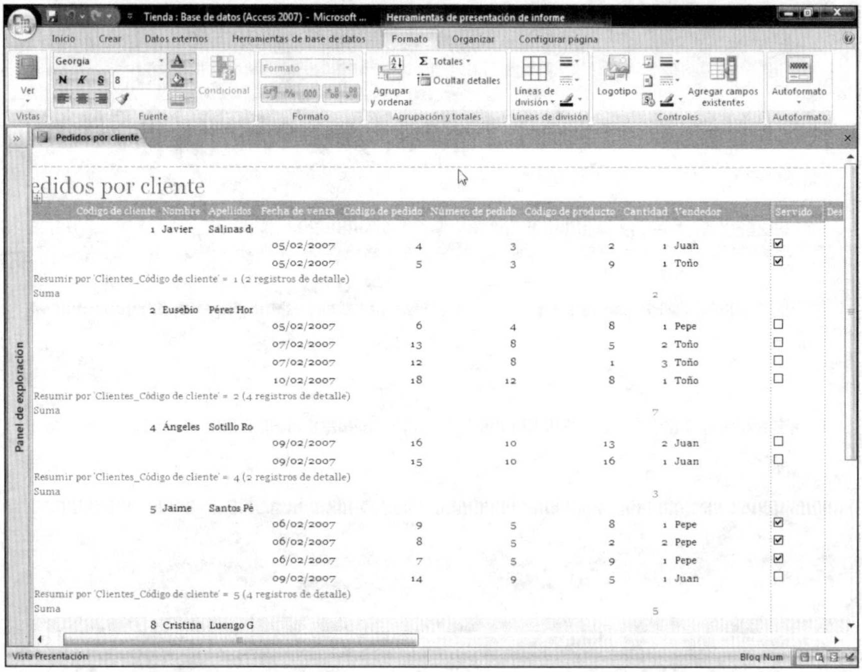

Figura 20.1. Vista Diseño del informe Pedidos por cliente.

Vamos a emplear esta ventana ya que muestra todas las secciones posibles en un informe, que son las siguientes:

- **Encabezado del informe**. Puede considerarlo como el título del informe, ya que solamente aparece una vez al principio del mismo. Es el título que se asigna en la última ventana del Asistente para informes.
- **Encabezado de página**. Aparece al principio de cada página. De esta forma, si desea incluir algún control (una etiqueta es lo más normal) que aparezca al principio de cada página, ha de hacerlo en esta sec-

ción. En nuestro ejemplo aparecen los nombres de los campos a los que se refieren los datos que se incluyen en la sección de Detalle. De este modo, observe que cada etiqueta está alineada con el control dependiente del campo del mismo nombre que se encuentra en la sección de Detalle.

- **Encabezado de grupo**. Al crear el informe usando el asistente genérico, tiene la posibilidad de definir un campo de agrupación (lo vimos en el capítulo anterior). Por cada campo de este tipo especificado, aparecerá una sección de encabezado de grupo y otra de pie de grupo. Incluya en la sección de encabezado los controles que desee que aparezcan al principio de cada grupo. En el ejemplo, como el informe está agrupado por el campo Código de cliente, en la sección de Detalle va a aparecer una línea por cada registro que tenga dicho código del cliente; no sería lógico repetir el código del cliente en todas las líneas. El nombre de esta sección es "Encabezado *nombre_campo*", donde *nombre_campo* es el nombre del campo que hemos utilizado para la agrupación (Clientes_Código de cliente en el ejemplo).
- **Detalle**. Es la sección principal del informe. En ella aparecerá el contenido de cada registro del informe. En este ejemplo, los registros aparecen en forma de tabla, de manera que los datos de cada registro aparecen en una fila. Hay ocasiones en las que el Asistente introduce en esta sección un control que nosotros deseamos que sólo aparezca una vez por grupo. En estos casos, sitúe dicho control en la sección de Encabezado de grupo o, como vimos, modifique el valor de su propiedad Ocultar replicados.
- **Pie de grupo**. Esta sección incluye los controles que deseamos que aparezcan al final de cada grupo. Lo normal es incluir campos calculados, con totales por grupos (promedios u otro tipo de cálculo estadístico). Al igual que el Encabezado de grupo, el pie recibe el nombre del campo por el que se agrupa el informe (Cliente_Código de cliente). En el ejemplo, presenta los controles calculados con los totales que indicamos en el cuadro de diálogo Opciones de resumen (figura 19.5). Así, puede ver un control que calcula el total del campo Cantidad para cada pedido. Además, muestra un texto explicando la operación del agrupamiento y resumen (indica que se resume por un código de cliente determinado e indica cuántos registro ha resumido).
- **Pie de página**. El contenido de esta sección aparece al final de cada una de las páginas que componen el informe. Lo normal es incluir aquí el número de página. En el ejemplo aparece (en la parte derecha) un

cuadro de texto con el texto ="Página " & [Page] & " de " & [Pages]. Access proporciona la propiedad Page para que la usemos en los informes, de manera que pueda calcular automáticamente el número de página. En este caso, aparece el texto "Página *x* de *y*", donde *x* será la página actual, e *y* el número total de páginas. Así, en la primera página aparecerá Página 1 de 1.

En la parte izquierda de la sección, aparece la función Ahora(). Esta función muestra la fecha del día en el que se imprime el informe. Es una buena idea incluir esta función en el pie o en el encabezado del informe, de manera que sepamos siempre, al imprimirlo, a qué día se refiere la información que presenta el mismo.

- **Pie del informe**. Esta sección incluye los controles que deseamos que aparezcan al final del informe. Suele contener algún tipo de control calculado, que presenta totales u otros cálculos estadísticos de los controles del informe. Esta sección aparece en la última página del informe, pero delante del pie de página de dicha página.

Añadir y eliminar secciones

No siempre será necesario usar todas las secciones que aparecen en el apartado anterior. En ocasiones, por simplificar el informe o por cualquier otro motivo, prescindirá de incluir controles en algunas de las secciones. En estos casos, podrá actuar siguiendo una de estas dos formas:

1. Reduciendo el tamaño de la sección al mínimo. Recuerde que para ello tiene que situar el puntero del ratón en el borde inferior de la sección (justo encima del nombre de la sección siguiente) y, cuando el puntero del ratón se haya convertido en una flecha de doble punta, pulsar el botón y arrastrar el ratón hacia abajo (para ampliar el tamaño) o hacia arriba (para disminuirlo).
2. Eliminando la sección en la vista Diseño. Para ello, haga clic con el botón derecho sobre una de las secciones del informe y, en el menú desplegable, seleccione el comando Encabezado o pie de página o Encabezado o pie de página del informe, según las secciones que desee eliminar.

Esta segunda opción es más atractiva, ya que simplifica la vista Diseño. Sin embargo, no es posible utilizarla más que cuando se desee eliminar tanto el Encabezado como el Pie de la página y/o del informe. Si quiere eliminar sólo una de estas secciones, tendrá que arrastrarla.

Si, por el contrario, una vez que haya eliminado alguna de estas secciones desea recuperarla, no hay más que:

1. Si se ha reducido su tamaño al máximo, volver a ampliarlo mediante la misma técnica de arrastre del ratón.
2. Si se han eliminado usando los comandos del menú contextual, hay que volver a ejecutar dichos comandos.

Cierre la vista Diseño del informe sin eliminar ninguna de las secciones (si lo ha hecho, no guarde los cambios).

Saltos de página

El salto de página es otro tipo de control que puede utilizar tanto en los formularios como en los informes. Sin embargo, es aquí donde toma especial importancia, ya que permite definir dónde deseamos que comience una página nueva.

Para ver cómo funciona el salto de página, vamos a crear un informe con el asistente para informes basado en la tabla Clientes. Siga las instrucciones:

1. Añada todos los campos de la tabla Clientes.
2. No agrupe por ningún campo.
3. No lo ordene por ningún campo.
4. En la ventana de distribución del informe (figura 20.2), seleccione la distribución En columnas.
5. Seleccione el estilo Flujo.
6. Dele como título **Informe clientes en una columna**.

La figura 20.2 muestra la vista Vista preliminar del informe creado.

El problema de este informe es que muestra los datos de los distintos clientes uno detrás de otros. Como lo que queremos es mostrar los datos de cada cliente en una página distinta, vamos a introducir un salto de página entre ellos:

1. Pase a la vista Diseño del informe.
2. Haga clic en el botón **Insertar o quitar salto de página** de la sección Controles de la Cinta de opciones.
3. Finalmente, haga clic en la parte izquierda inferior de la sección Detalle del informe.

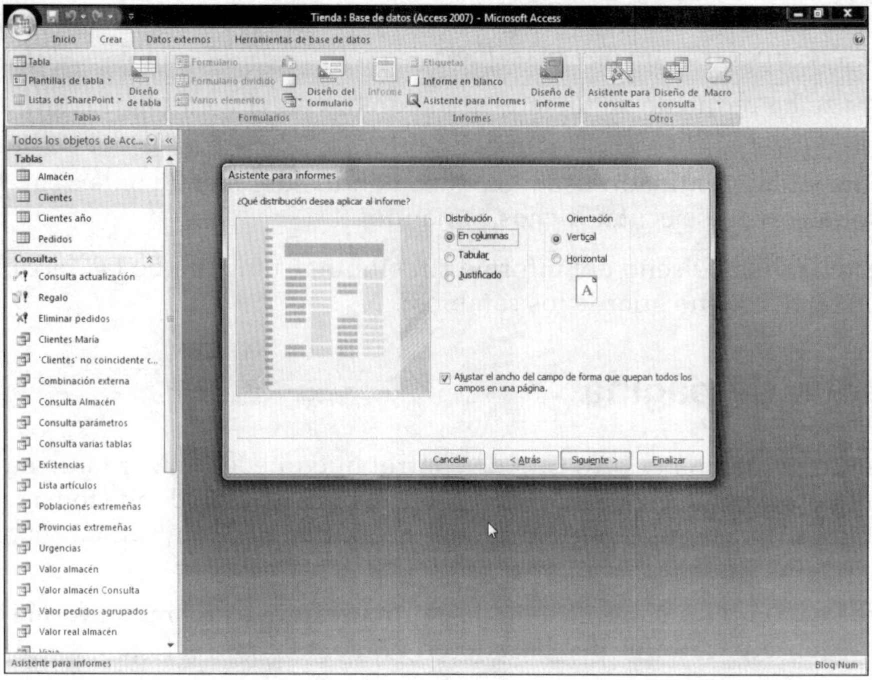

Figura 20.2. Vista preliminar del nuevo informe.

El control Salto de página tiene la apariencia de varios puntos, como puede ver en la figura 20.3. Este control se puede manipular como cualquier otro (copiar, mover, borrar, modificar sus propiedades, etcétera).

Cuando termine de llevar a cabo el proceso, pase a la Vista preliminar del informe para comprobar que los datos de cada cliente aparecen en una página distinta.

Propiedades de las secciones

Cada una de las secciones de un informe (y de un formulario) tiene sus propiedades. La mayoría son comunes con otros elementos del informe, pero hay tres que merece la pena que conozca y que no aparecen en las secciones de encabezado y pie de página:

- Forzar nueva página. Define si la sección se imprimirá en la página activa (opción Ninguno) o si se desea incluir un salto de página antes de la sección, después o antes y después.

- **Nueva fila o columna.** Define si la sección se imprimirá en la fila o columna activa (opción **Ninguno**) o si se desea incluir un salto de línea antes de la sección, después o antes y después.
- **Mantener juntos.** Esta opción indica si Access debe imprimir toda la sección en la misma página o no. Si está activada la propiedad y la sección no cabe en la página actual, Access inserta un salto de página delante.

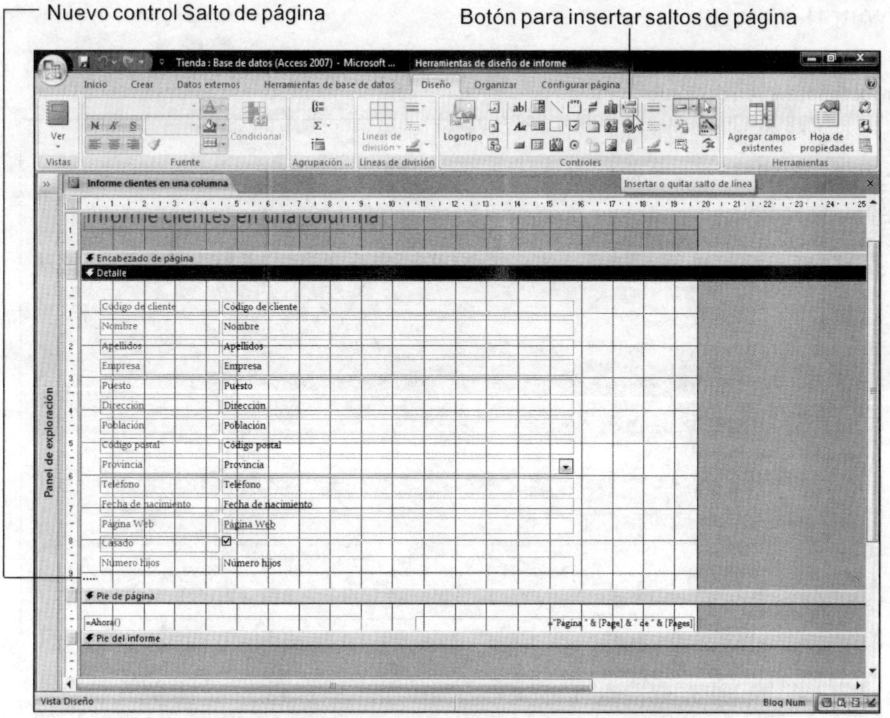

Figura 20.3. Un salto de página en un informe.

Agrupación y clasificación de datos

Al crear el informe de pedidos por cliente, indicamos al Asistente de informes de Access que deseábamos ver el informe por cliente (que es similar a decirle que lo agrupe alrededor del campo Código de cliente) y que queríamos también ordenarlo por la fecha de venta (Fecha de venta). Vamos a ver en este apartado cómo se pueden modificar, una vez creado el informe, los campos por los que se han de ordenar/agrupar los registros e, incluso, cómo eliminar la ordenación/agrupación. Para ello, volveremos a usar el informe Pedidos por cliente. Abra la vista Diseño de este informe.

Tanto la agrupación como la ordenación se controlan con la ventana Agrupación, orden y total (figura 20.4). Para abrir esta ventana, haga clic en el botón **Agrupar y ordenar** de la sección Agrupación de la Cinta de opciones. Esta ventana indica los campos por los que se agrupa y ordena el informe (en el ejemplo, aparecen los campos Código de cliente y Fecha de venta).

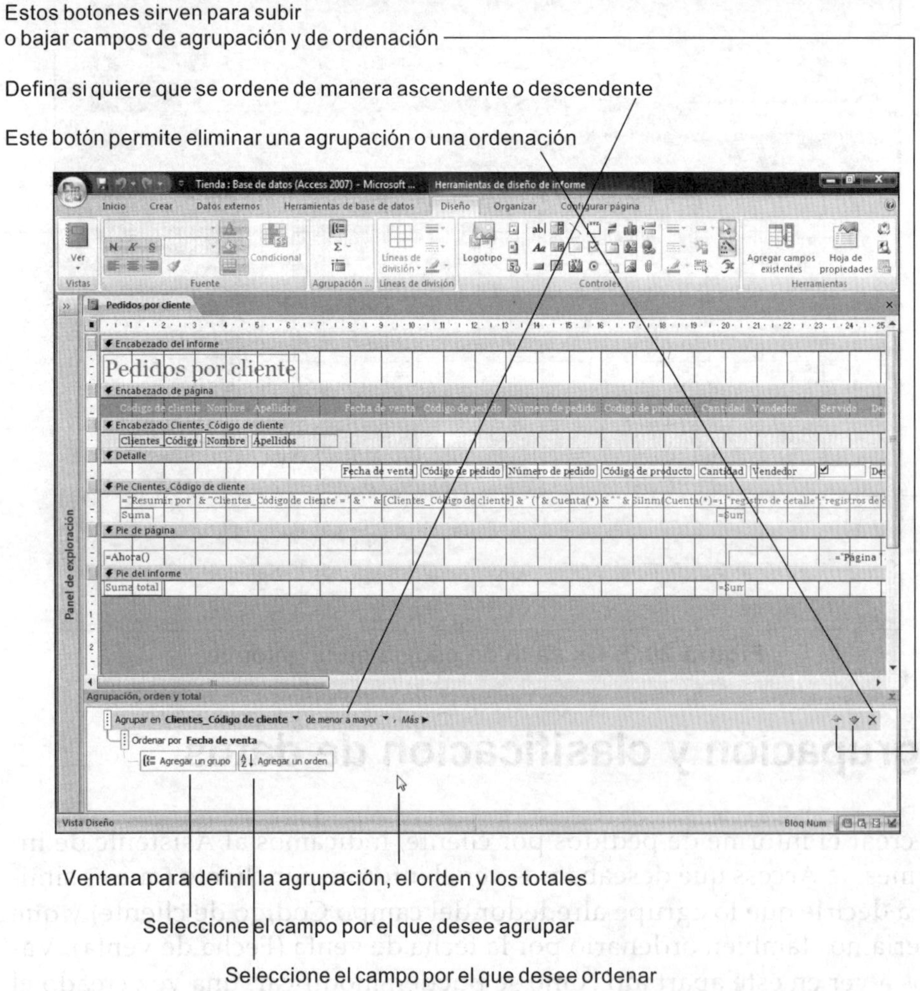

Figura 20.4. Ventana Agrupación, orden y total.

A partir de esta ventana, puede modificar los campos por los que ordenar y agrupar. En concreto:

- Para añadir un nuevo campo de agrupación, haga clic sobre el botón **Agregar un grupo** de esta ventana y seleccione el campo por el que quiera agrupar el informe. Pruebe ahora a añadir una agrupación por el campo Código de pedido.
- Si lo que desea es añadir un campo de ordenación, haga lo mismo pero usando el botón **Agregar un orden**.
- Si quiere eliminar una agrupación o una ordenación, haga clic sobre la línea que la representa y haga clic en el botón **Eliminar** (a la derecha de dicha agrupación u ordenación). Pruebe a eliminar ahora la fila correspondiente a la agrupación que hemos creado aquí (Código de pedido).
- Si quiere eliminar una agrupación o una ordenación, haga clic sobre la línea que la representa y haga clic en el botón **Eliminar** (a la derecha de dicha agrupación u ordenación).
- También puede cambiar el orden de agrupación y de ordenación de los campos. Para hacerlo, utilice las flechas existentes a la derecha de cada una de las filas.
- Finalmente, indicar que puede definir aquí si quiere que el orden utilizado en los campos sea ascendente o descendente utilizando el cuadro de lista desplegable que aparece a la derecha del campo de agrupación u ordenación.

Nota:

Recuerde que por cada campo de agrupación que defina, aparecerá una sección de encabezado y otra de pie.

Además de todo lo anterior, hay un botón con el texto **Más** que abre otra serie de opciones de agrupación y ordenación. Estas opciones, por ejemplo, permiten controlar:

- Si se quiere agrupar la salida por un número determinado de valores.
- Si se quiere mostrar un valor total de los campos que forman parte de la agrupación.
- También puede definir un título para el grupo, lo cual es útil cuando hay muchos grupos y no está claro su contenido.

- Después, hay dos opciones para decidir si quiere mostrar o no una sección de encabezado y de pie de grupo.
- Y, finalmente, también puede definir si quiere mantener el grupo todo junto en una misma

Nota:

Como puede comprobar, estas opciones permiten definir propiedades de las secciones que ya hemos analizado en estos capítulos, como **Mantener juntos**.

Las propiedades del informe

Al igual que ocurría con los formularios, el informe en sí tiene su propia hoja de propiedades. La figura 20.5 muestra la hoja de propiedades de nuestro informe Pedidos por cliente.

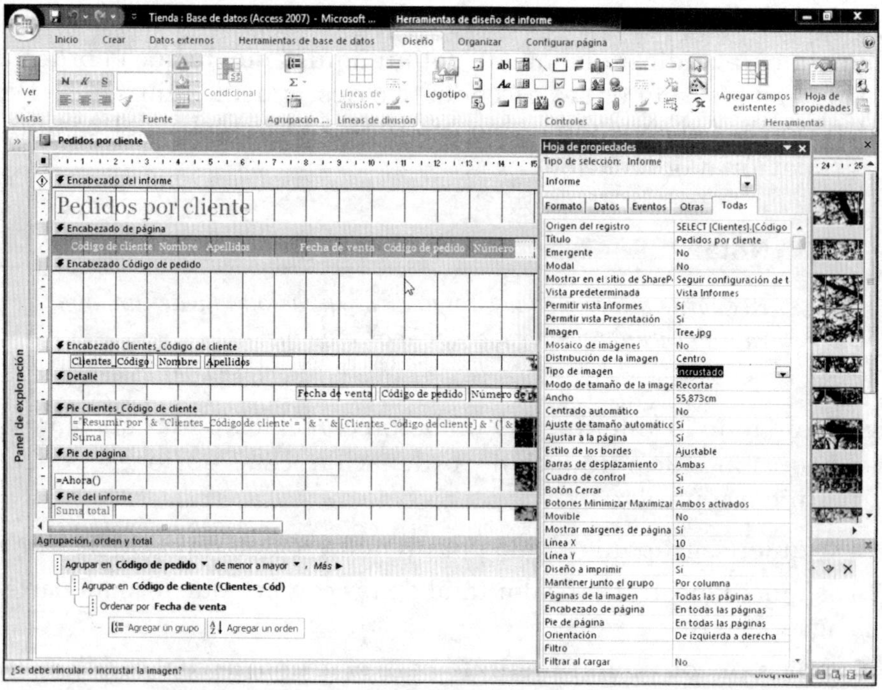

Figura 20.5. Hoja de propiedades del informe.

Así pues, como puede observar, los informes tienen en común muchas propiedades con los formularios (como por ejemplo, las propiedades Origen del registro, Título, Línea Y, Línea X, etcétera). Además de estos elementos, existen también otras dos propiedades propias de los informes que conviene destacar:

- Encabezado de página. Con esta propiedad, puede indicar a Access que no imprima el Encabezado de página en la página correspondiente al Encabezado del informe, que no lo imprima en la página del Pie del informe (o en ninguna de las dos).
- Pie de página. Es similar a la anterior; pero se refiere al Pie de página, en lugar de al Encabezado.

Otras propiedades de interés son:

- Imagen. Mediante esta propiedad, podemos definir una imagen como fondo del informe. Pruébela, ya que puede conseguir resultados espectaculares.
- Modo de tamaño de la imagen. Esta propiedad nos permite indicar si se quiere que la imagen ocupe toda la extensión disponible en el fondo del informe (opción Extender), su tamaño original (opción Recortar) o agrandarla lo máximo posible sin que pierda sus proporciones alto-ancho (opción Zoom).
- Distribución de la imagen. Esta es una propiedad que se encuentra relacionada con las anteriores, permite definir la posición de la imagen en el informe.
- Mosaico de imágenes. Si selecciona la opción Sí de esta propiedad, Access repetirá la imagen especificada en la propiedad Imagen hasta completar el fondo del informe.
- Tipo de imagen. En esta propiedad, se puede definir si se quiere que la imagen esté vinculada o incrustada.

Nota:

En la propiedad Origen del registro *de la figura 20.5 puede ver un ejemplo de una expresión del tipo SQL. Sitúe el punto de inserción en ella y pulse* ***Mayús-F2*** *para ver dicha expresión completa en la ventana* Zoom *o haga clic en el botón Generador para abrir la consulta que define el informe.*

Resumen

Este último capítulo del libro está dedicado, como el anterior, a los informes. Si en el anterior veíamos cómo crearlos, en éste se tratan las secciones. Las secciones, que también existen en los formularios, tienen especial importancia en los informes, ya que, según la sección en la que se coloque cada control, se conseguirá que éste aparezcan a lo largo de todo el informe, sólo al principio (o final) del mismo, o al principio (o final) de cada página.

Además de las secciones, hay otros controles, como los saltos de página, que también controlan la forma de mostrar los informes. En concreto, permite separar en varias páginas datos de un mismo registro o de registros contiguos.

Por último, indicar que igual que se pueden crear formularios con subformularios integrados, también es posible crear informes con subinformes. Las técnicas que se usan son las mismas que en el caso de los formularios: usar la herramienta Subformulario/Subinformes o usar el Asistente para informes seleccionando datos de más de una tabla.

Apéndice. Contenido del CD-ROM

En el CD-ROM encontrará la siguiente estructura de carpetas:

1. Ejemplos

Se trata de los archivos de práctica utilizados en el libro.

2. Plantillas

Contiene plantillas de utilidad para las diferentes aplicaciones de Office 2007. Le recomendamos que visite el sitio Web Microsoft Office Online:

`http://office.microsoft.com/es-es/templates/X100595493082.aspx?pid=CL100632983082.`

3. Vídeos

Contiene vídeos explicativos de las nuevas características que presenta la suite ofimática Office 2007.

4. Office

Aquí encontrará una versión de prueba de **Microsoft Office Professional 2007**, operativa durante un período de 60 días y en castellano. Para poder instalarla, es necesario observar los requerimientos mínimos que se adjuntan en la página siguiente.

Requisitos mínimos del sistema

Elemento	Requisitos mínimos
Sistema operativo	Microsoft Windows(R) XP con Service Pack (SP) 2, Windows Server(R) 2003 con SP1 o posterior.
Equipo y procesador	500 MHz de procesador o superior; 256 megabyte (MB) de RAM o superior; Unidad de DVD; 1 gigahertz (GHz) y 512 MB of RAM o superior.
Disco duro	2 gigabytes (GB); una parte de este espacio se liberará después de la instalación si se elimina el paquete de descarga original del disco duro.
Pantalla	Monitor con una resolución de 1024x768 o superior.
Conexión a Internet	Conexión de 128 Kbps o superior, para la descarga del código de activación del producto.
Componentes adicionales	Internet Explorer 6.0 o posterior, sólo exploradores de 32 bits. La funcionalidad de Internet requiere acceso a Internet (puede estar sujeto a cuotas).
	Para algunas funciones avanzadas de Outlook 2007, se necesita la conectividad a Microsoft Exchange Server 2000 o posterior. Para la búsqueda instantánea, se necesita Microsoft Windows Desktop Search 3.0. Los calendarios dinámicos requieren la conectividad del servidor. Para algunas funciones de colabora ción avanzadas, se requiere la conectividad a Microsoft Windows Server 2003 con SP1 o posterior ejecutando Microsoft Windows SharePoint Services u Office SharePoint Server 2007. La biblio teca de diapositivas de PowerPoint requiere Office SharePoint Server 2007. La conectividad con Office SharePoint Server 2007 es necesaria para los formularios de InfoPath habilitados para explorador y otras funciones de colaboración.
	Algunas funciones de entrada manuscrita requieren la ejecución de Microsoft Windows XP Tablet PC Edition o posterior. La funcionalidad de reconocimiento de voz requiere un micrófono para hablar de cerca y un dispositivo de salida de audio. Las funciones de Information Rights Management requieren acceso a un servidor Windows 2003 con SP1 o posterior que ejecute los Servicios de Windows Rights Management.

Índice alfabético

Símbolos

A

B

C

D

E

F

G

H

I

L

M

N

O

P

Q

R

S

T

U

V

W

Y

Z